財産的刑事制裁の研究

──主に罰金刑と被害弁償命令に焦点を当てて──

永田憲史

関西大学出版部

【本書は関西大学研究成果出版補助金規程による刊行】

はしがき

罰金刑をはじめとする財産を剥奪の対象とする刑事制裁には、もはや何の可能性も残されていないのか――。刑事学が研究対象とする領域は広大であり、その領域は現在も拡大している。本書が主に対象とする罰金刑は、周知の通り、伝統的な刑罰である。また、被害弁償や没収も古代からの伝統的な制裁である。しかし、死刑や自由刑に比べて、その研究が活発であるとは言い難く、価値ある先行研究が正当に評価されてきたとは思われない状況にある。

果たして、罰金刑をはじめとする財産を剥奪の対象とする刑事制裁には、本当に何の可能性も残されていないのか。学問の、とりわけ法律学研究の醍醐味は、自明のこととされている「常識」を疑い、揺さぶり、新たな理論の構築を行なうところにある。本書は、主に、「罰金刑は、支払ができない者には無意味な刑罰である」というこれまでの常識を疑い、揺さぶり、新たな理論の構築を行なって、罰金刑をはじめとする財産を剥奪の対象とする刑事制裁の適用領域を拡大し、幅広く活用可能な量刑の選択肢として再生しようと試みるものである。このことは、諸外国と比べて、罰金刑をはじめとする刑事制裁の利用やその位置付けが特殊なものとなって、言わば「ガラパゴス化」していると言ってよい我が国のこれらの刑事制裁にとって、意義あるものとなろう。

本書では、罰金刑、没収刑、被害弁償命令、費用・手数料の支払に焦点を当て、包括的に検討を行なう。検討対象とする刑事制裁の範囲は、従来、財産刑と称されてきた刑罰よりも広く、そのことを明確にするため、「財産的刑事制裁」と呼んで区別することとした。

本書の研究に当たっては、主にアメリカ法、ドイツ法、ニュージーランド法を参考とした。さらに、本書では直接取り上げてはいないものの、オセアニアの島嶼国家・地域の刑事司法制度の研究からも間接的に多くの知見を得ることができた。

学部及び大学院とお世話になった京都大学の先生方には、懇切この上ない御指導御鞭撻を賜ってきた。また、奉職した関西大学の先生方には、研究、教育及び学内行政の全ての面で御配慮を賜るとともに、多くのことを学ばせていただいている。とりわけ、出版を取り巻く環境が劇的に悪化する中、短期間のうちに研究書を相次いで上梓できる恵まれた研究環境にあることに深謝したい。そして、学会や研究会でお目にかかる他大学の先生方や実務家の方々には、日本刑法学会及び同関西部会における個別報告の司会をしていただくとともに、貴重な御指摘や御助言を頂戴してきた。さらに、三菱信託山室記念奨学財団（現・三菱ＵＦＪ信託奨学財団）には、大学二回生より大学院修士課程修了に至るまで奨学金を給付していただいた。最後に、家族にはいつも支えてもらってきた。本書を刊行することができたのは、これら全ての方々のおかげにほかならない。この場を借りて、謹んで謝意を表する。

末筆ながら、関西大学出版部出版課には、『死刑選択基準の研究』、『わかりやすい刑罰のはなし――死刑・懲役・罰金――』に引き続き、本書の出版においても大変お世話になった。厚く御礼を申し上げる。

二〇一三年一〇月

永田憲史

法令、文献及び資料などの引用方法

法令、文献及び資料などの引用方法については、次に掲げるもののほか、一般に用いられているところによる。

《法令名》

旧刑法	刑法（明治一三年太政官布告第三六號）
旧刑法附則	刑法附則（明治一四年太政官布告第六七號）
刑事収容施設法	刑事収容施設及び被収容者等の処遇に関する法律（平成一七年法律第五〇号）
刑訴法	刑事訴訟法（昭和二四年法律第一三一号）
銃刀法	銃砲刀剣類所持等取締法（昭和三三年法律第六号）
心神喪失者医療観察法	心神喪失等の状態で重大な他害行為を行った者の医療及び観察等に関する法律（平成一五年法律第一一〇号）
組織犯罪処罰法	組織的な犯罪の処罰及び犯罪収益の規制等に関する法律（平成一一年法律第一三六号）
大正刑訴法	刑事訴訟法（大正一一年法律第七五號）
道交法	道路交通法（昭和三五年法律第一〇五号）
道交法施行令	道路交通法施行令（昭和三五年政令第二七〇号）
独占禁止法	私的独占の禁止及び公正取引の確保に関する法律（昭和二二年法律第五四号）
罰金改正法	罰金の額等の引き上げのための刑法等の一部を改正する法律（平成三年法律第三一号）
罰臨法	罰金等臨時措置法（昭和二三年法律第二五一号）
保管場所法	自動車の保管場所の確保等に関する法律（昭和三七年法律第一四五号）

麻薬特例法　国際的な協力の下に規制薬物に係る不正行為を助長する行為等の防止を図るための麻薬及び向精神薬取締法等の特例等に関する法律（平成三年法律第九四号）

明治刑訴法　刑事訴訟法（明治二三年法律第九六號）

《判例及び裁判例並びに判例集》

最判（決）　最高裁判所判決（決定）

高判（決）　高等裁判所判決（決定）

地判（決）　地方裁判所判決（決定）

刑集　最高裁判所刑事判例集

家月　家庭裁判月報

判時　判例時報

判タ　判例タイムズ

《雑誌など》

ヴァリ　月刊警察ヴァリアント

大阪経法大法研紀要　大阪経済法科大学法学研究所紀要

関法　関西大学法学論集

近法　近大法学

警研　警察研究

警察公論　KEISATSU KORON

警時　警察時報

警論　警察学論集

刑雑	刑法雑誌
刑ジャ	刑事法ジャーナル
更生保護	更生保護と犯罪予防
甲法	甲南法学
戸籍	戸籍時報
産法	産大法学
自正	自由と正義
自治	自治研究
時法	時の法令
司法研究	司法研究報告書
ジュリ	ジュリスト
志林	法学志林
新報	法学新報
成城	成城法学
捜研	捜査研究
曹時	法曹時報
中大研究年報	中央大学大学院研究年報（法学研究科篇）
罪罰	罪と罰
同法	同志社法学
名法	名古屋大学法政論集
犯非	犯罪と非行

阪法	阪大法学
被害者	被害者学研究
比較法	比較法雑誌
比較法紀要	早稲田大学比較法研究所紀要
一橋法学研究	一橋大学研究年報法学研究
ひろば	法律のひろば
法協	法学協会雑誌
法研	法学研究
法曹界	法曹界雑誌
法時	法律時報
法総研	法務総合研究所研究部紀要
法務報告	法務研究報告書
名城	名城法学
立教	立教法学
立法	立法と調査
立命	立命館法学
レファ	レファレンス
論究ジュリ	論究ジュリスト
論叢	法学論叢

《欧文法令名》

AE	Alternativ-Entwurf eines Strafgesetzbuches Allgemeiner Teil 2. verbesserte Auflage 1969

BGB	Bürgerliches Gesetzbuch vom 2. 1. 2002 (BGBl. I S. 42, 2909; 2003 I S. 738)
E 1919	Entwurf eines Allgemeinen Deutschen Strafgesetzbuches von 1919
E 1922	Entwurf eines Allgemeinen Deutschen Strafgesetzbuches von 1922 (Radbruch-Entwurf)
E 1925	Amtlicher Entwurf eines Allgemeinen Deutschen Strafgesetzbuches von 1925 (Reichsratsvorlage)
E 1927	Entwurf eines Allgemeinen Deutschen Strafgesetzbuches von 1927 (Reichstagsvorlage)
E 1930	Entwurf eines Allgemeinen Deutschen Strafgesetzbuches von 1930 (Entwurf Kahl)
E 1936	Entwurf eines Allgemeinen Deutschen Strafgesetzbuches von 1936 (Entwurf Gürtner)
E 1956	Entwurf eines Strafgesetzbuches von 1956
E 1960	Entwurf eines Strafgesetzbuches von 1960
E 1962	Entwurf eines Strafgesetzbuches von 1962
EStG	Einkommensteuergesetz vom 8. 10. 2009 (BGBl. I S. 3366, 3862)
EStG 1949	Einkommensteuergesetz vom 10. 8. 1949 (WiGBl 1949 S. 166)
GE 1911	Gegenentwurf zum Vorentwurf zu eines Deutschen Strafgesetzbuch (Entwurf Kahl)
GG	Grundgesetz für die Bundesrepublik Deutschland vom 23. 5. 1949 (BGBl. I S. 1)
KE 1913	Der Entwurf eines Deutschen Strafgesetzbuches nach den Beschlüssen der Strafrechtskommission (*hrsgg. v. Ludwig Ebermayer*) (Kommissionsentwurf)
MVRA	Mandatory Victim Restitution Act (P. L. 104-132, *110 Stat.* 1227)
REStG 1920	Einkommensteuergesetz des Reiches vom 29. 3. 1920 (RGBl. S. 359)
REStG 1925	Einkommensteuergesetz des Reiches vom 10. 8. 1925 (RGBl. S. 189, 200)
REStG 1934	Einkommensteuergesetz des Reiches vom 16. 10. 1934 (RGBl. S. 1005)

RStGB	Strafgesetzbuch für das Deutsche Reich vom 15. 5. 1871; Reichsstrafgesetzbuch (RGBl. S. 127)
RStPO	Strafprozeßordnung für das Deutsche Reich vom 1. 2. 1877; Reichsstrafprozeßordnung (RGBl. S. 253)
StGB	Strafgesetzbuch in der Fassung der Bekanntmachung vom 13. 11. 1998 (BGBl. I S. 3322)
U. S. S. G.	United States Sentencing Guidelines
VE 1909	Vorentwurf zu einem Deutschen Strafgesetzbuch, Allgemeiner Teil von 1909
VWPA	Victim and Witness Protect Act of 1982 (P. L. 97-291, *96 Stat.* 1248)
2. StrRG	Zweites Gesetz zur Reform des Strafrechts vom 4. 7. 1969 (BGBl 1969 I S. 717)

《欧文雑誌・略称など》

A. 2d	Atlantic Reporter 2nd
Art.	Article
BGBl.	Bundesgesetzblatt
BGH	Bundesgerichtshof
Cir.	Circuit Court
F. 2d	Federal Reporter 2nd
F. 3d	Federal Reporter 3rd
Kans. Stat. Ann.	Kansas Statutes Annotated
MDR	Monatsschrift für deutsches Recht
Minn. L. R.	Minnesota Law Review
NJW	Neue Juristische Wochenschrift

N. W.	North Western Reporter
N. W. 2d	North Western Reporter 2nd
N. Y. U. L. R.	New York University Law Review
ÖJZ	Österreichische Juristen-Zeitung
P. L.	Public Law
P. 2d	Pacific Reporter 2nd
RGBl.	Reichesgesetzblatt
s.	section
S. Ct.	Supreme Court Reporter
S. E.	South Eastern Reporter
S. Rep.	Senate Reporter
Stat.	United States Statutes at Large
S. W. 2d	South Western Reporter 2nd
U. S.	United States Reports
U. S. C.	United States Code
U. S. Code Cong. and Adm. News	United States Code Congressional and Administrative News
ZStW	Zeitschrift für die gesamte Strafrechtswissenschaft

《通貨など》

EUR	Euro
DM	Deutschen Mark

GM	Gold Mark
M	Mark
NZD	New Zealand Dollar
RM	Reichsmark
USD	United States Dollar

目次

Chapter 13 Summary

A Study of Monetary Criminal Sanctions: Fines and Restitution Orders

学会報告

本書の内容に関して、以下の学会報告を行なう機会に恵まれ、質疑応答から貴重な示唆を得た。

①日本刑法学会関西部会　平成一五年（二〇〇三年）七月
　個別報告
「刑事制裁としての被害弁償命令」

②日本刑法学会　平成一九年（二〇〇七年）五月
　個別報告
「罰金刑の目的と量定」

③日本刑法学会関西部会　平成二〇年（二〇〇八年）一月
　共同研究　罰金刑の諸問題
「法定刑への罰金刑付加及び罰金刑の徴収・執行に関する理論的検討」

④日本刑法学会　平成二四年（二〇一二年）五月
　ワークショップ　罰金刑（話題提供者）
「罰金刑の諸問題」

初出一覧

本書に収録した論稿の原題及び掲載誌等は以下の通りである。

いずれも大幅に加筆及び修正を行なった。

執筆の機会を与えていただいた方々及び転載許可をいただいた関係各位に厚く御礼を申し上げる。


【第一章】

「罰金刑の現状及び課題」犯罪と非行一六一号（二〇〇九）八九―一一一頁

【第二章】
「刑事制裁としての被害弁償命令（一）」法学論叢一五三巻一号（二〇〇三）七二―九一頁
「刑事制裁としての被害弁償命令（二）・完」法学論叢一五三巻二号（二〇〇三）一一二―一三六頁
「ニュージーランドにおける刑事制裁としての被害弁償――我が国における損害賠償命令制度導入の際の議論を契機として――」関西大学法学論集五九巻三＝四号（二〇〇九）四〇五―四四九頁

【第三章】

「刑事制裁としての費用支払命令」関西大学法学論集五五巻六号（二〇〇六）六二―八三頁

【第四章】
書き下ろし

【第五章】
「ニュージーランドの罰金刑」関西大学法学論集五六巻二＝三号（二〇〇六）二六五―三一一頁

【第六章】
「ニュージーランドの反則金と我が国の交通反則金」関西大学法学論集五七巻一号（二〇〇七）一一二―一三七頁

【第七章】
「罰金刑の目的」関西大学法学論集五六巻五＝六号（二〇〇七）一三一―一五二頁

【第八章】
「罰金刑の量定（一）」関西大学法学論集五七巻二号（二〇〇七）四三―六七頁
「罰金刑の量定（二・完）」関西大学法学論集五七巻三号（二〇〇七）五五―一〇四頁

【第九章】
「貨幣価値の変動に対する罰金刑の調整」関西大学法学論集五七巻四号（二〇〇七）九五―一三一頁

【第一〇章】
「法定刑への罰金刑付加及び罰金刑の徴収・執行に関する理論的検討」刑法雑誌四九巻一号（二〇〇九）四―一九頁

【第一一章】
「罰金刑の適用領域拡大に向けた罰金刑に関する前科の封印――ニュージーランドの二〇〇四年刑事記録（封印）法を素材に――」関西大学法学論集六一巻五号（二〇一二）一―四七頁

【Chapter 12】
Fines in the Japanese Criminal Justice System, 34 *Kansai University Review of Law and Politics*（2013）, 1-16

【Chapter 13】
書き下ろし

第一章　財産的刑事制裁の現状及び問題の所在

第一節　現行法及び現状

我が国の刑法は、主刑として死刑（刑法一一条）、懲役刑（刑法一二条）、禁錮刑（刑法一三条）、罰金刑（刑法一五条）、拘留刑（刑法一六条）、科料刑（刑法一七条）を定め、付加刑として没収刑（刑法一九条）を定めている（刑法九条）。

我が国の刑法において、財産の剥奪を対象とする刑罰として、罰金刑、科料刑、没収刑がある。

罰金刑は、国庫に金銭を納付することを求める刑罰であって、その金額は原則として一万円以上とされ、減軽する場合においては一万円未満に下げることができる（刑法一五条）。科料刑も、国庫に金銭を納付することを求める刑罰であって、その金額は一〇〇〇円以上一万円未満とされている（刑法一七条）。罰金刑又は科料刑の不払に対しては、労役場留置が予定されている（刑法一八条）。

没収刑は、組成物件（刑法一九条一項一号）、供用物件、供用準備物件（刑法一九条一項二号）、生成物件、取得物件、報酬物件（刑法一九条一項三号）、対価物件（刑法一九条一項四号）について、国庫にその所有権その他一切の権利を移転する刑罰である（刑法一九条一項柱書）。そして、生成物件、取得物件、報酬物件、対価物件の全部又

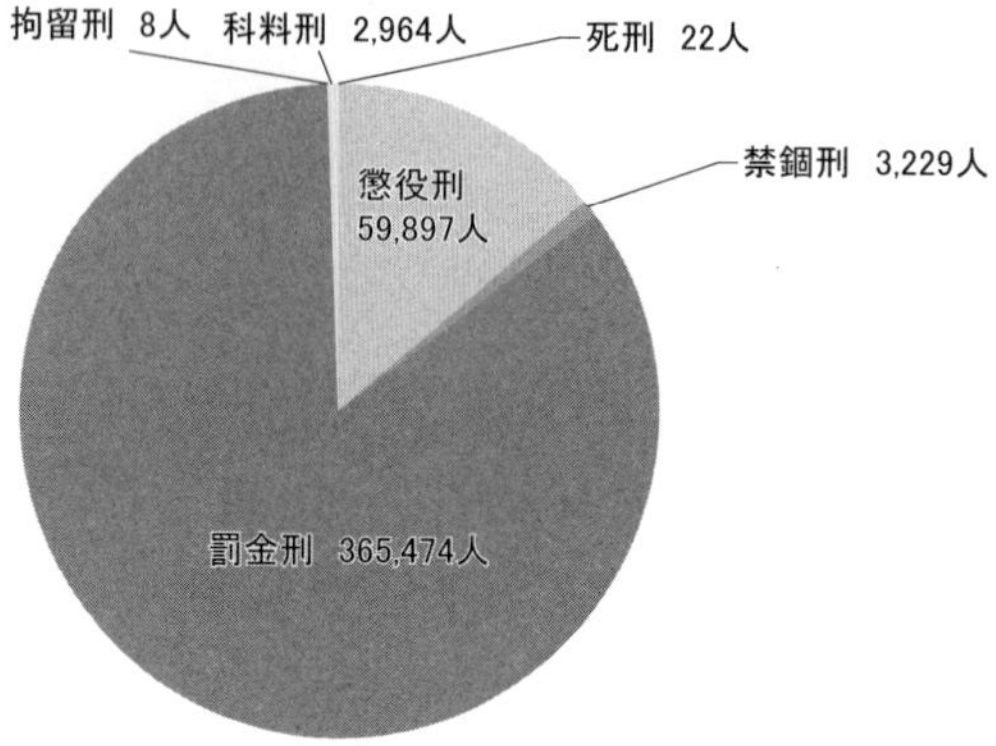

図1：裁判確定人員（刑種別）（平成23年）
出典：検察統計年報

は一部が没収できない場合に追徴を行なうことが認められている（刑法一九条の二）。従来、これら罰金刑、科料刑、没収刑、追徴刑を合わせ、財産刑と総称するのが通例であった。

この他、道路交通法において交通反則金制度（同法一二五条以下）が設けられている。同制度は刑罰ではなく、行政制裁であるものの、第五章で見るように、罰金刑と密接な関連を有している。

諸外国では、次章以下で取り上げるように、主に被害者への金銭の支払を求める被害弁償命令などの刑罰や刑事制裁が採用されているが、我が国には存在しない。

本書では、従来の財産刑に加えて、諸外国で採用されている被害弁償命令などの刑事制裁を含めて総合的に検討することとしたい。その際、財産刑と区別するために、財産の剥奪を内容とする刑事制裁を「財産的刑事制裁」と呼ぶこととする。

現在、我が国においては、財産的刑事制裁のうち、科料刑の賦科は少なく、罰金刑の賦科が圧倒的に多い（図1参照[1]）。

我が国における罰金刑の賦科件数は大きく変化してきた（図2参照）。ピークとなった昭和四〇年（一九六五年）には、罰金刑の確定人員が四五一万八八九六人に上った。これらのうち、大多数は軽微な交通事犯であって、第五章で見るように、司法機関への量的負担が問題視されるとともに、「一億総前科者」という状況を回避するため[2]、交通事犯の取扱いについて様々な方策が模索された結果、昭和四二年（一九六七年）の道交法の改正（昭和四二年法律第一二六号）で交通反則金制度が導入された。[3] これにより、昭和四四年（一九六九年）には、罰金刑の確定人員が一五六万七三五七人にまで減少した。

しかし、交通事犯はなおも減少せず、罰金刑の確定人員はその後増加に転じ、昭和五二年（一九七七年）には、二五三万七〇九〇人にまで増加した。道路交通関係の業務上過失傷害罪のうち全治二週間以内の比較的軽微な事案を起訴猶予とする実務が昭和六一年（一九八六年）に東京地方検察庁の管内で試行され、昭和六二年（一九八七年）に全国的に施行されるようになると、罰金刑の確定人員は大幅に減少することとなり、以後、若干の増減を繰り返しながら、長期的傾向としては減少することとなった。そして、平成一一年（一九九九年）に一〇一万六八二二人あった罰金刑の確定人員は、その後、年間一〇〇万人を割り込み、平成二三年（二〇一一年）には、三六万五四七四人にまで減少した。この要因となっているのは、後

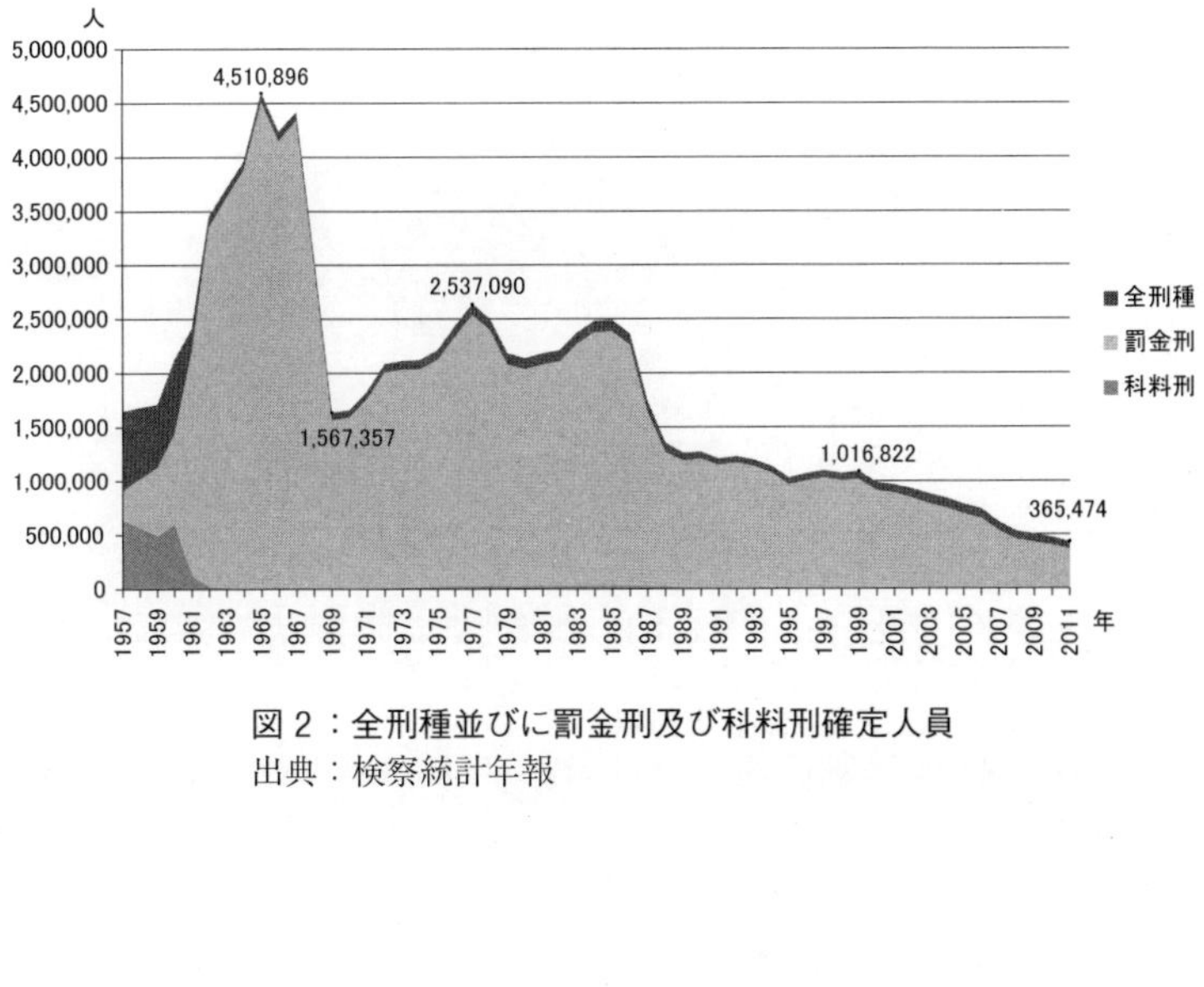

図２：全刑種並びに罰金刑及び科料刑確定人員
出典：検察統計年報

述するように、ここでもまた、道交違反、すなわち道交法及び保管場所法の違反に対する賦科の減少である。

　このように、罰金刑の賦科件数は減少傾向にあるとは言え、この間、懲役刑の年間の確定人員が増減を繰り返しながらも、一〇万人に達することがなかったことを考えると、罰金刑の確定人員は、依然として非常に多い。

　そのため、罰金刑の確定人員が全有罪確定人員中に占める量的な割合も、一貫して非常に大きい。すなわち、昭和三六年（一九六一年）以降、全有罪確定人員中の罰金刑の割合は、九割台が維持されてきた。この間、交通反則金制度が導入される直前である昭和四二年（一九六七年）には、全有罪確定人員四四一万九五五四人中、罰金刑が四三四万二〇一四人（九八・二％）を占めるまでに至っている。近時、懲役刑の数が増加する一方で、罰金刑の数が減少しているため、罰金刑の全有罪確定人員に占める割合は、従来に比べるとやや小さくなっており、平成二三年（二〇一一年）には、全有罪確定人員四三万一五九四人中の罰金刑が三六万五四七四人（八四・七％）となり、九割を切っている。今後、懲役刑の賦科が増加するか、又は罰金刑の賦科が減少すると、全有罪確定人員中の罰金刑の割合

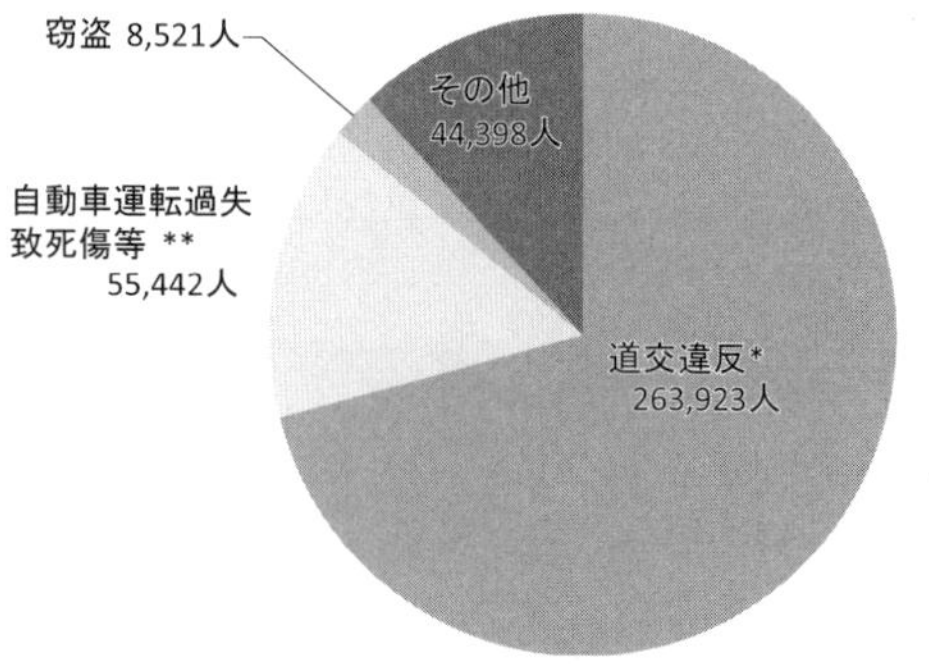

図 3：通常第一審及び略式手続における罪名別罰金刑科刑状況（平成 23 年）
出典：司法統計年報
　* 道交法違反及び保管場所法違反
　** 自動車運転過失致死傷、業務上過失致死傷、重過失致死傷、過失傷害

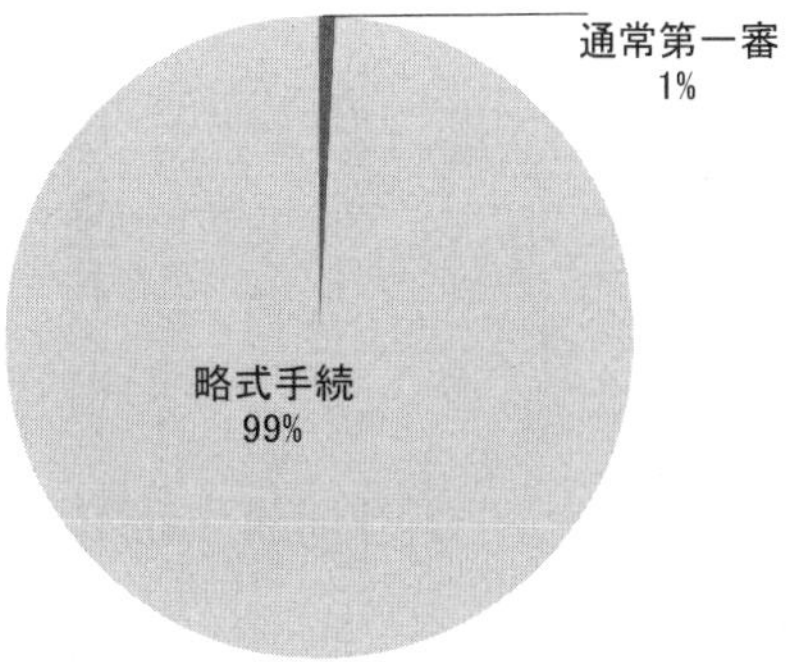

図 4：罰金刑言渡し人員（平成 23 年）
出典：司法統計年報

がさらに低下することも十分に考えられる。しかし、以下に述べる罰金刑の賦科状況に鑑みると、我が国の刑罰において、罰金刑の量的な優位は今後も動かないものと思われる。そして、刑事司法における全体の処理人員の増減を最も左右する刑種であるという状況も変わらないと考えられる。

それでは、罰金刑はどのような罪種に賦科されているのか。

先に触れたように、罰金刑の賦科は、道交違反と業務上過失致死傷罪に対するものが大半を占めている（図3参照）。そして、そのほとんどが略式手続によるものとなっている（図4参照）。例えば、平成二三年（二〇一一年）の第一審における終局処理人員を見ると、通常第一審における有罪人員総数のうち、罰金刑に処された者は二七四〇人（四・二％）にすぎない。これに対して、略式手続で罰金刑を科された者は、略式手続のうち三六万七八九九人（九九・二％）を占めており、第一審において罰金刑が科された総数のほとんどを占めている。このように圧倒的多数を占める略式手続における罰金刑のうち、道交違反が二六万三六五三人（七一・七％）、自動車運転過失致死傷罪及び業務上過失致死傷罪が五万五二四一人（一五・〇％）をそれぞれ占め、この二項目で三一万八八九四人（八六・七％）

律（平成一八年法律第三六号）により法定刑に罰金刑が付加された窃盗罪は七六六〇人（二・一％）、公務務執行妨害罪は八七一人（〇・二％）にすぎない。

自動車運転過失致死傷罪及び業務上過失致死傷罪のうち、ほとんどは自動車運転過失致死傷罪であって、道路交通におけるものであると考えられることから、罰金刑の賦科は、略式手続により道路交通関係の犯罪に科されることに限定されていると言え、幅広い罪種や犯罪者に対して利用されているとは言い難い。そのため、我が国では、数の上でこそ圧倒的ではあっても、実質的にその賦科の範囲はかなり限定されていると言えよう。

次に、罰金刑の賦科額はどの程度か。

地方裁判所、家庭裁判所及び簡易裁判所の第一審における罰金刑と科料刑を合わせた科刑状況を見ると、平成一三年（二〇〇一年）には、全罪名における八九万七三六人中五万円以上一〇万円未満が五一万九〇六二人（五八・三％）と過半数に達しており、一〇万円未満全体で七三万八九三八人（八三・〇％）を占めていた。このように低額の罰金刑が多い状況は、賦科人員全体の七五万三六八四人（八四・六％）を占めている道交違反においてはより顕著で、五万円以上一〇万円未満が五一万一七一一人（六七・九％）と七割近くに達しており、一〇万円未満全体が七二万九四二八人（九六・八％）を占めるに至っていた。科料刑の賦科が少ないことを考えると、これらの割合は罰金刑にほぼそのまま妥当するものと考えてよい。

このような状況は、道交法の改正（平成一三年法律第五一号）において、悪質又は危険運転に対する罰則が引き上げられたことにより（同法一一七条乃至一一九条）、大きく変化した。第一審における罰金刑の科刑状況を見ると、道路交通法の改正法施行後の平成二三年（二〇一一年）には、全罪名における三七万六三九人中、五万円以上

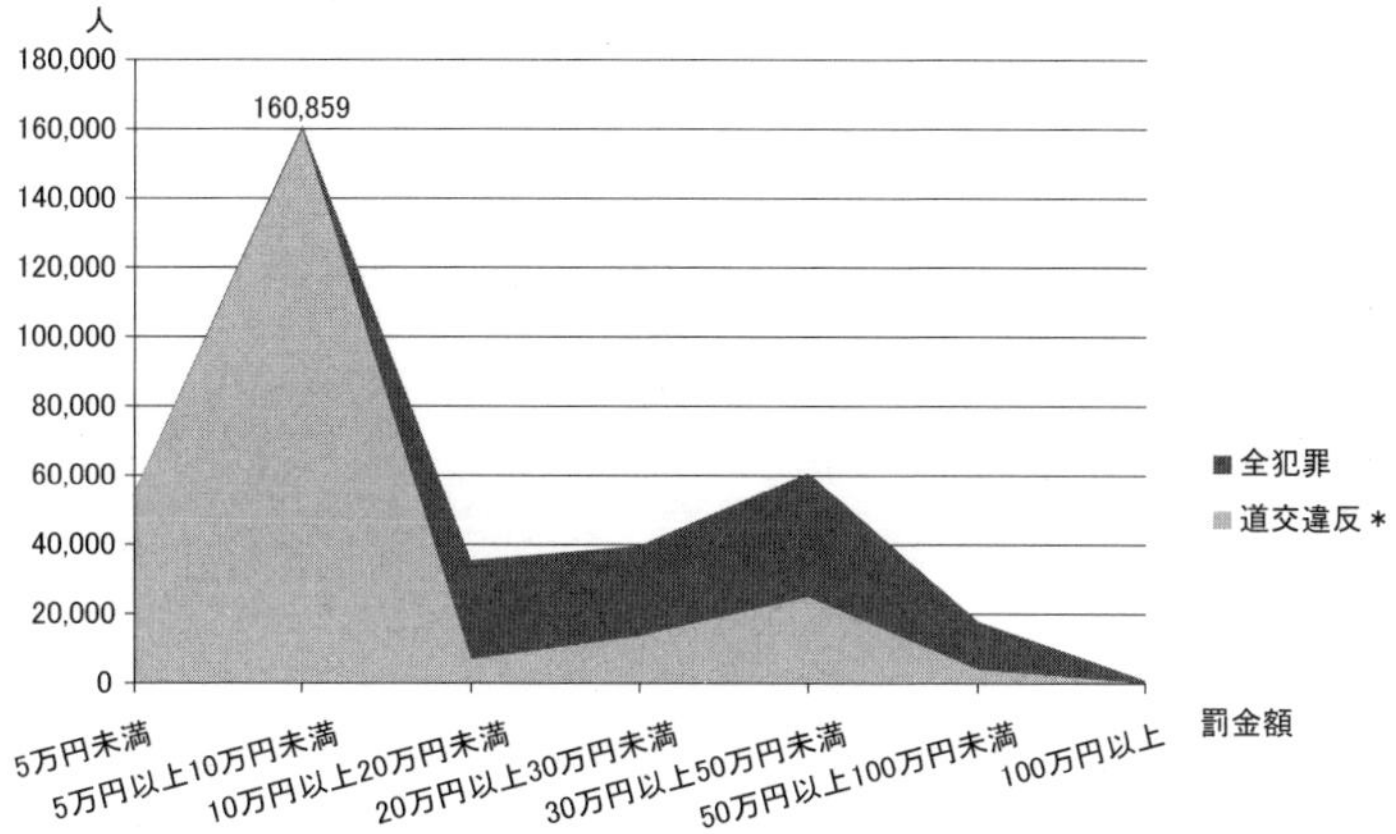

図5：通常第一審及び略式手続における罰金額（平成23年）
出典：司法統計年報
＊道交法違反及び保管場所法違反

一〇万円未満が一六万八五九人（四三・四％）となり、一〇万円未満全体で二一万六〇九一人（五八・三％）に低下する一方、二〇万円以上が一五万四五四八人（四一・七％）に達している（図5参照）。このような状況は、賦科人員全体の七一・五％（二六万三九二三人）を占めている道交違反においてより強く看取でき、五万円以上一〇万円未満が一五万九六八〇人（六〇・五％）となり、一〇万円未満全体が二一万四六六四人（八一・三％）に低下する一方、二〇万円以上が四万九二五九人（一八・七％）に達している。

　このように、低額の罰金刑が中心となっていた状況から、低額の罰金刑と比較的高額の罰金刑に二極分化する状況へと変化したと言える。すなわち、従来、罰金刑は一〇万円未満の低額のものが多く、道交違反ではそのほとんどを占めており、その賦科は道路交通関係の中でも軽微なものに限定されていた。しかし、道路交通法の改正後、一部の犯罪類型に二〇万円を超える罰金刑が集中的に賦科されるようになったため、二〇万円以上の比較的高額の罰金刑と五万円以上一〇万円未満の比較的低額の罰金刑が目立つ、ややつぶれた「M字型」の分布となっている。

このような状態を図式的に表現すれば、死刑や自由刑が重大な犯罪や犯罪者に重点的に中心部分で利用される一方で、罰金刑が道路交通関係事犯という周縁領域で特定罪種に偏在的に利用されているにすぎないと言えよう。こうした利用の在り方は、諸外国の状況と大きく異なる。我が国の罰金刑は「ガラパゴス化」していると言ってよい(第一二章11．参照)。

近時、懲役刑の利用が増加する一方で、罰金刑の利用が減少しているのは、微罪処分や起訴猶予などのディヴァージョンが幅広く活用されているという理由だけでなく、本来、罰金刑に向いている事案に十分に賦科できない又は賦科されていないという理由を無視することはできないように思われる。そもそも、罰金刑は、死刑や自由刑に比べて、その法益剥奪の程度がかなり小さく、その剥奪が原則として一回的で、自由刑のように継続的でないという特徴を有しており、道路交通関係だけにその利用を限定する必然性は乏しいはずである。窃盗罪や公務執行妨害罪の法定刑への罰金刑の付加はこうした考え方と軌を一にするものと言えよう。

続いて、罰金刑の徴収・執行の状況はどうか(5)。

我が国では、罰金刑の支払猶予や分割払についての法律上の規定はなく、一部納付の申出(徴収事務規程一六条前段)や納付延期の申出(同規程一七条)に対して、実務上、量刑後に検察官の許可の下で個別に対処がなされているにすぎない(6)。また、罰金刑の執行は検察官の命令によるとされており、この命令は執行力のある債務名義と同一の効力を有すると定められているが(刑訴法四九〇条一項。民事執行法二二条、二五条)、罰金刑を言渡した裁判の正本又は謄本を執行前に送達することを要しないとされているのみであって(刑訴法四九〇条二項但書。民事執行法二九条参照)、その他は民事執行法などの私法上の規定によるとされている(刑訴法四九〇条二項本文)。それゆえ、検察官が一部納付や納付延期を許可する以外には、強制執行や労役場留置（刑法一八条）の可能性を示唆して支払を促すほかなく、支払確保のための手段に乏しい。

昭和六四年・平成元年度（一九八九年度）には、総数一二四万五三二七件、七四八億五三七二万九〇〇〇円のうち、既済が一二三万六二二三件、七〇五億二三五二万六〇〇〇円であり、労役場留置処分が一四五四件（〇・一％。既済中の割合。以下同じ）、一億二八九六万九〇〇〇円（〇・二％）、徴収不能決定が四五五件（〇・〇四％）、二億七三一八万三〇〇〇円（〇・四％）であった。また、後述の一部納付は九三五六件であった。

平成二三年度（二〇一一年度）には、総数三八万七〇三七件、七四六億四三七五万七〇〇〇円のうち、既済が三六万九五八一件、六二二億一九八二万三〇〇〇円であり、労役場留置処分が七二八六件（二・〇％）、二九億八五二四万五〇〇〇円（四・八％）、徴収不能決定が七四四件（〇・二％）、一四億七二四九万一〇〇〇円（二・四％）となり、労役場留置処分及び徴収不能決定の件数及び金額並びにそれらの割合が上昇している。

これらの変化の原因としては、高額の罰金刑の増加と所得格差の拡大などが考えられる。

第二節　問題の所在

前節で見たような比較的高額の罰金刑の増加は、所得格差の拡大や景気の悪化と相まって、罰金刑の不払をさらに増加させる可能性を孕んでいる。

従来、ともすれば、犯罪者には資力がなく、罰金刑の支払が困難であることが当然の前提とされてきたようにも

思われる。このこともあって、既に明治時代には、罰金刑は軽微事犯のための刑罰であると考えられていた。(7)

しかし、現実に所得も資産も全くない者は多くはないはずである。逆に、多くの所得や資産がある者も少なくない。憲法三一条から導き出される実体的デュー・プロセス（substantive due process）、すなわち適正処罰の観点から、金銭の過度の剥奪が許されないことはもちろんであるが、行為者の経済状態に適した可能な範囲で、犯罪に見合った程度の剥奪を行なうことは、公正・公平な量定及び処罰のために必要であると考えられる。

また、これらのことを踏まえれば、必ずしも軽微事犯に適用領域を限定する必要はないはずである。

これまで、罰金刑に関する議論の中心は、どのような量定方法が望ましいかという点にあったと思われる。すなわち、第八章で詳細に検討するように、総額罰金制度（Geldsummensystem）と日数罰金制度（Tagessatzsystem; Tagesbußensystem; day fine system）のどちらの量定方法が望ましいのかが争われてきた。総額罰金制度は、行為責任と行為者の経済状態などの事情を総合的に斟酌し、罰金額を判断するものである。これに対し、日数罰金制度は、行為者の行為責任を「日数（Tagessatzzahl; Anzahl der Tagessätze）」で、行為者の事情を「日額（Tagessatzhöhe; Höhe eines Tagessatze）」でそれぞれ量定し、両者の積を罰金総額とするものである。従来、総額罰金制度の短所を改善することができるとして、日数罰金制度がかなり肯定的に評価されてきたと言える。

どちらの量定方法が望ましいのか、あるいは、第三の量定方法が模索されるべきであるのかを判断するためには、以下の二つの要請を踏まえて検討すべきである。第一に、罰金刑の目的に適った量定方法であることが求められる。これは、罰金刑のどのような点に着目し、どのような目的で罰金刑を利用しようとするのかによって、ふさわしい量定方法が異なってくると考えられるためである。第二に、実体的デュー・プロセスの観点から、行為者の法益剥奪に着目して公正・公平な量定を行なうことが要請される。具体的には、主に行為者の経済状態を斟酌して、実際の支払額が判断されなければならないこととなる。

また、諸外国で採用されている被害弁償命令などのその他の財産的刑事制裁を我が国においても導入すべきか、導入するとすれば、どのような目的で、どのような内容とすべきかが検討されなければならない。

そこで、本書においては、罰金刑をはじめとする財産的刑事制裁の特徴を活かし、その有効性を向上させ、その適用領域を拡大できないかという問題関心から、財産的刑事制裁の新たな可能性を探ることとしたい。とりわけ、財産的刑事制裁の役割分担を図りつつ、財産的刑事制裁の目的を踏まえて、それらの量定方法を検討することに主眼を置くこととする。その中心となるのは、罰金刑である。

そこで、本書では、まず、罰金刑の周辺に位置する財産的刑事制裁や行政制裁から探究を始め、その上で、罰金刑の検討に至ることとしたい。具体的には、第二章において、アメリカ合衆国及びニュージーランドの被害弁償命令を分析する。次に、第三章において、アメリカ合衆国の費用・手数料について検討する。そして、第四章において、我が国の没収刑の目的について解析する。加えて、第五章において、ニュージーランドの反則金と比較しつつ、我が国の交通反則金について検討する。その上で、第六章において、ニュージーランドの罰金刑の徴収・執行について紹介する。これらを踏まえて、第七章において、罰金刑の目的を探究し、第八章において罰金刑の量定方法を提案する。さらに、第九章において、貨幣価値の変動に対してどのように罰金額を調整するかについても提案する。これらの探究から得られた知見をもとに、第一〇章において、法定刑への罰金刑の付加について分析する。そして、第一一章において、財産的刑事制裁の適用領域の拡大に伴って生じうる問題への解決策を提示する。引き続いて、第一二章において、罰金刑に関する諸論点について、英語で論述する。最後に、第一三章において、英語で本書の要旨を記述する。

（1）以下の統計数値を一覧できるものとして、法務省法務総合研究所編『平成九年版犯罪白書――日本国憲法施行五〇年の刑事政策――』（大蔵省印刷局、一九九七）二〇四頁・Ⅱ－4表、法務省法務総合研究所編『平成一四年版犯罪白書――暴力的色彩の強い犯罪の現状と動向――』（財務省印刷局、二〇〇二）一〇九頁・2－3－3－3表、法務省法務総合研究所編『平成二三年版犯罪白書――刑務所出所者等の社会復帰支援――』（日経印刷、二〇一一）四九頁・2－3－1－1表、五〇頁・2－3－2－1表、五三頁・2－3－2－4表、五五頁・2－3－3－1表。

（2）警察庁「交通反則通告制度について」ジュリ三六九号（一九六七）九二頁以下、九三頁。

（3）交通反則金制度について詳細に説明したものとして、例えば、吉田淳一「交通反則通告制度について（一）」曹時二〇巻六号（一九六八）一頁以下、同「同・（二・完）」二〇巻七号（一九六八）五四頁以下、浅野信二郎「道路交通法の一部を改正する法律逐条解説（三・完）」警研三九巻二号（一九六八）八七頁以下。

（4）詳細な立法解説として、久木元伸「『刑法及び刑事訴訟法の一部を改正する法律』について」警論五五巻七号（二〇〇六）九八頁以下。

（5）法務大臣官房司法法制調査部調査統計課「第一一五検察統計年報　昭和六四年平成元年」（法務省、一九九〇）四〇六－四〇七頁、法務大臣官房司法法制部司法法制課「第一三三検察統計年報　平成一九年」（法務省、二〇〇八）四四八－四四九頁。

（6）「徴収金について納付義務者から納付すべき金額の一部につき納付の申出があったときは、徴収主任は、事情を調査し、その事由があると認めるときは、一部納付願を徴して検察官の許可を受ける」（徴収事務規程一六条前段）、「前条前段の規定は，徴収金について納付義務者から納付延期の申出があった場合に準用する」（同規程一七条一項本文）。

（7）井上操『刑法述義　第一編』（岡島寶文舘、一八八三）三六五丁、磯部四郎『改正増補刑法講義　上巻』（八尾書店、一八九三）五一九丁、井上正一『訂正日本刑法講義　再版』（明法堂、一八九三）二四七丁。なお、当時の旧刑法は、軽罪の主刑（旧刑法八條三号）及び附加刑（旧刑法一〇條五号）として罰金刑を規定していた。

第二章　刑事制裁としての被害弁償命令

第一節　はじめに

違法行為に対する制裁は、刑事制裁、行政制裁及び民事制裁に区別される。そのうち、財産の支払を内容とするものについて見ると、我が国には、刑事制裁として罰金刑、科料刑、没収刑及び追徴刑が、行政制裁として過料、独占禁止法上の課徴金（同法七条の二）などが、民事制裁として損害賠償がそれぞれ規定されている。そして、この三者の違いは、(1)刑事制裁が違法行為に対する倫理的な責任非難の要素を含むものであるのに対して、行政制裁はそうした非難の要素を含まないものであり、また、(2)刑事制裁と行政制裁が国家と行為者といういわば「タテ」の関係で用いられるものであるのに対し、民事制裁は私人間といういわば「ヨコ」の関係で用いられるものであると説明されることが多かった。しかし、このような説明に対しては、(1)刑事制裁と行政制裁の差異がそのような質的なものとは言えないのではないのかが問題となるなど、両者の違いが必ずしも明確ではないことが意識されてきている。[1]また、(2)アメリカ合衆国などでは、刑事制裁として被害者への金銭の支払などを求める被害弁償命令（restitution order）[2]が存在しており、[3]刑事制裁と民事制裁の区別について従来なされてきた説明では不十分なものが登場している。

そこで、財産的刑事制裁を違法行為に対してどのように使い分けていくのか、具体的には、どのような目的で、どのような行為者の、どのような行為に、どの程度の額の支払を求め、どのように執行するのかを検討する必要がある。そして、このような検討により、財産的刑事制裁と死刑や自由刑などの他の刑事制裁との役割分担をどのように図っていくのかを明らかにするとともに、財産的刑事制裁内部での役割分担をどのように行なうのかを論じる材料を得ることが可能となるように思われる。また、それとともに、従前、刑事の領域で扱われてきた犯罪の取扱を私人間の問題としてとらえようとする、近時注目を集めている修復的司法（restorative justice）(4)の位置付けを説明する一つの素材を提示できる可能性がある。

本章では、以上のような問題意識から、支払われた金銭が被害者という私人に帰属するという点で民事的性格を持つように思われる一方、犯罪者に対する量刑の選択肢として用いられるという点で刑事的性格を持つように思われるアメリカ合衆国の被害弁償命令に焦点を当てて、刑事制裁と民事制裁の差異を明らかにするとともに、刑事制裁である罰金刑との差異がいかなるもので、役割分担をどのように図るのかを検討することとしたい。なお、本書では、民刑の区別を明確にするため、犯罪者による被害者への金銭支払のうち、民事の場面で行なわれるものを「損害賠償」、刑事の場面で行なわれるものを「弁償」又は「被害弁償」、その双方の概念を包摂するものとして「被害填補」又は「被害回復」という語をそれぞれ用いることとしたい。

そこで、以下ではまず、刑事制裁と民事制裁の差異を明らかにするために、財産的刑事制裁に関する歴史的沿革、すなわち刑事制裁と民事制裁がどのように分化し、被害者への被害填補がどのように扱われてきたのかを概観した上で、被害弁償が着目され、独立の刑事制裁となる過程について、その目的に関する議論を紹介しながら見ることとしたい。

第二節　財産的刑事制裁と被害弁償の歴史的概観

一、民刑の分離

侵害行為に対する取扱においては、地域や時代によって差がある上、揺れ戻しがあるものの、今日までに多くの国家で民刑の分離が図られてきた。すなわち、直接被害を受けた個人だけでなく、国家や社会の秩序も侵害行為の対象に含まれるようになったのに伴い、国家や王権に対する侵害が犯罪として刑事の領域で取り扱われるようになる一方、侵害行為により直接に侵害された個人に対する被害は不法行為として民事の領域で取扱われることとなった。この変化において、本章が取扱う観点から重要であると考えられるのは以下の二つの点である(5)。

第一に、和解（Komposition, composition）の存在が挙げられる。もともと、原始社会においては、侵害行為に対して、「血の復讐」と呼ばれる暴力中心の報復を代表とする被害者及びその一族による報復・自力救済が多かったとされる。これに対して、紛争の非暴力的な解決を目指して行なわれるようになったのが和解であり、交渉により血の復讐を行なわないことを合意し、行為者又はその一族が金銭や財産的価値のある物を被害者又はその一族に譲渡する形が典型であった。

和解が行なわれる侵害行為の対象は、生命、身体及び財産といった個人の法益に関するものが中心であった。また、行為の種類、行為の重大性、被害者及び行為者の身分の差の有無及び血縁関係の有無、被害者の年齢及び行為がなされた場所などの類型ごとに、要求される支払額について詳細に定められていることが多かった。また、支払額は支払の算定基準を規定した法に従って画一的に算定されたため、行為者の経済状態をはじめとする行為者の事情を斟酌して減額されることはほとんどなかった。さらに、減額が認められないことと関連して、和解が成立しない場合や金銭が支払われない場合には、原則に戻って行為者に対する暴力的な復讐や追放刑（Acht）が行なわれた。

従って、今日の罰金刑と比べると、侵害行為の取扱において被害者の果たす役割が大きく、和解を通して私人間の紛争を解決し、被害の填補を図ろうとするとともに、侵害行為によって破壊されてしまった行為者及びその一族と被害者及びその一族、ひいてはその地域社会との関係の修復を行ない、行為者及びその一族の社会への再統合を促しつつ、それ以上の争いを避け、社会や公共の秩序維持を図る目的が認められる。すなわち、私人間紛争の解決による被害填補と関係性の修復が目指されていたと言える。また、行為者の経済状態などが斟酌されない上、支払不能時に行為者が厳しく処断されることから、被害填補の追求と規範違反に対する厳しい姿勢が窺え、行為者の経済状態への配慮がほとんどなされていなかったと考えられる。さらに、実際のところ、多額の金銭の支払が求められた上、貧富の差が大きいこともあって、こうした金銭の支払によって血の復讐を回避することは、権力者や富裕層だけしか利用できなかったであろう。もっとも、金銭の支払が生命剥奪などの厳しい制裁の第一、ともすれば唯一の代替手段として登場したことは看過すべきではない。

第二に、罰金刑の登場が挙げられる。罰金刑は、侵害行為によって国家の秩序が害されるという理念的な側面と、王権が収入を得たいという動機のために、被害者及びその一族からの暴力的復讐を禁圧して行為者を保護するために行為者から徴収された手数料から発展したとされるのが一般的である。

そして、それに加えて、当時は今日に比べてもともと人口が僅少である上、疫病や災害により激減してしまうこともしばしばあり、労働力及び軍事力を確保する要請があったことを考慮すべきであるように思われる。すなわち、重大でない犯罪で和解ができないことによって、行為者や家族の生命・身体が損なわれ、家族が崩壊し、ひいては労働力や軍事力が低下することを避ける必要性が存在したのである。このような行為者への配慮は、民刑の分離による刑事の場面での被害者への関心の低下と相まって、罰金刑の賦科における行為者の経済状態などの斟酌と不払時の制裁の緩和へとつながったと考えられる。これにより、損害賠償において犯罪者の経済状態を斟酌して賠償額を減額されることがほとんどないのに対し、罰金額の算定において被害額は一つの量刑要素にすぎず、犯罪者の経済状態などにより大きく減額されうることとなったのである。

従って、被害にどの程度着目するのか、また、行為者の経済状態をはじめとする行為者の事情をどの程度斟酌するのか、さらに、行為者が金銭を支払えない場合にどのような制裁を科すのかが、制度や制裁の相違点として存在していると言える。

このように、民刑の分離により、被害者救済・被害填補が主に民事の領域で図られることとなったものの[(6)]、その不十分さが徐々に意識されることとなったのである。

二、被害者救済への取組

刑事の領域において、被害者は捜査の端緒や証人として観念されることがほとんどで、被害者への関心は犯罪者への関心と比べると質量ともに格段に小さいものであることが多くなった。それに伴って、被害者への被害填補は冷淡な扱いを受けることとなったと考える論者が、被害填補は「刑事法のシンデレラ[(7)]」であるとして、被害填補がより重視されるべきであるにも拘らず不当に疎略に扱われていることを比喩的に評するような状態がもたらされた。他方、被害者への被害填補は、不法行為責任に基づく損害賠償として民事の領域で行なわれることとなったものの、費用、時間、立証などの負担があることもあって、多くの場合、不十分であった。被害者の救済が図られないこのような状況は、ベンサム（*Bentham*）らにより批判がなされ、犯罪者による被害填補が行なわれるべきであると主張されるに至った[8]。

費用や立証などの負担問題を解決するため、附帯私訴や私訴当事者（partie civile）としての関与といった刑事手続の中で民事の被害填補を実現するための制度を用意するところもあった。しかし、附帯私訴の利用は、今日に至るまで低調である。この理由として、①民刑の分離の例外という理念的な障壁に加えて、②刑事訴訟の中心課題が犯罪行為の認定と量刑であるのに対し、民事訴訟の中心課題は被害の認定と被害額の算定であって、その関心が異なっており、刑事の領域でその双方の関心を満たすことが困難であることなどが指摘されている[9]。また、③私訴当事者としての関与もそれほどなされていない。そして、これらの手続に関する情報が十分に提供されてこなかった。何よりもこれらの制度が実効をあげうるためには、犯罪者に資力があることが必要であるものの、現実には犯罪者に資力がないことも多く、こうした制度を利用する実益がそれほどないことも問題であった。

そこで、犯罪者、特に刑事施設に収容されている者の労働から得られた金銭により、被害填補、すなわち弁償を図ろうとする提案がなされるようになった。この方策は、特に一九世紀から二〇世紀にかけての各種の国際会議で熱心に議論されることとなった[10]。

一八七八年のストックホルム国際刑務会議[11]以降、犯罪被害者の問題は、旧約聖書並びに植民地での被害填補の慣習及び制度に触発されたこともあってしばしば議題に取り上げられた。一八八五年のローマ国際刑務会議[12]及び一八九一年の国際刑事協会会議では、犯罪被害者の窮状と被収容者による被害填補に関して問題提起がなされた。さらに、一八九五年のパリ国際刑務会議[13]及び一九〇〇年のブリュッセル国際刑務会議[14]において各国の代表によりこの問題が集中的に討議されたが、具体的な解決策は見出されなかった。しかも、これらの会議においては、会議の性質上、被害者救済よりも犯罪者の処遇としていかに利用するかという視点に傾斜しがちであった。また、刑務作業から得られる収入が僅少で被害填補を十分になしえないため、実効性に欠けると考えられたことも否定できない。

一方、量刑の選択肢として、被害填補、すなわち弁償を活用しようとする見解も主張された。第二次世界大戦後、イギリスのフライ（*Fry*）は、犯罪者の改善・更生のために、罰金刑を賦科するよりも弁償を行なわせることが望ましいと主張した。[15] しかし、その後、フライは、犯罪者に資力がないことが多く、弁償が現実的でないとして、犯罪被害者に対する国家補償制度の創設を主張するに至り、[16] 犯罪者へのアプローチと被害者救済の両立の難しさを窺わせることとなった。

以上のように、民刑の分離を前提としながら、刑事の場面で被害填補を図ろうとする場合、刑事の領域における主たる対象である犯罪及び犯罪者に関心が集中してしまうことは避けられない。そこで、民刑の分離に疑問を呈し、被害者救済を重視する見解も主張された。その代表的な論者は、国際刑務会議にも参加していたガロファロ（*Garofalo*）やフェリ（*Ferri*）といったイタリア実証主義者である。[17] 彼らは、被害填補を重視するブラジル法制に影響を受け、被害填補の意義を強調した。また、合わせて犯罪被害者に対する国家補償制度の必要性を説くなど、被害者救済を重視していた。例えば、ガロファロは、罰金刑を国家への被害填補と考えた。すなわち、罰金刑は、侵害された国家の法秩序を回復するためのものであり、被害者への被害填補と同列で、同じ被害填補として包摂されると主張した。彼らの考えはスペインやポルトガルなどに伝播し、さらにラテン・アメリカ諸国に大きな影響を与えたものの、民刑の分離への懐疑を示す点に支持が得られにくく、他の地域に大きな影響を与えることはなかった。[18]

以上のように、大勢として民刑の分離が維持される中で、刑事の領域において被害者救済を図ることが目指されたものの、困難に直面することとなったのである。

三、我が国における明治時代及び大正時代の制度と議論

我が国の古法においても、直接の被害者に対する被害填補が用いられた可能性があるが、歴史上明確であるのは、奈良時代の大宝令の定める「贖銅の制」である。[19] これは、贖罪金にあたる「贖銅」を支払うことで侵害行為に対する制裁を免れるという制度であり、制裁の等級に応じて額が定められていた。従って、より厳しい制裁の代替策として用いられていたと言える。「贖銅」は原則として国家へ納めることとされていたが、傷害及び虚偽告訴の場合には、例外的に被害者に支払われることとなっていた。このことから、基本的には私人間の紛争解決のためのものではなかったものの、被害者に支払われる場合には被害者への被害填補の機能が認められた。民刑の分離が完全に達成されていたわけではなかったのである。

「贖銅の制」は、養老律など律令制度の影響を受けた法に引き継がれ、[20] 律令の影響の強い明治初期の新律綱領や改定律例にも、同種の制度である「贖罪金」が定められた。[21]

しかし、こうした制度は、フランス法をはじめとする西洋の法制度が導入され、民刑の分離が図られると姿を消した。被害者への損害填補は原則として民事手続によるべきとされたのである。

とは言え、旧刑法は第四節で「徴償処分」[22]（旧刑法四五條以下）の規定を置き、これを受けて、旧刑法附則は第五章で「賠償處分」[23]（旧刑法五四條以下）の規定を整備していた。もっとも、これらの規定は、刑事処分が科されても損害賠償義務や盗品の返還義務が消滅しない（旧刑法四六條）などといった民法の原則を注意的に示すにすぎなかった。[24] しかも、これらの条文は、旧刑法と同時に布告された治罪法（明治一三年太政官布告第三七號）やそれに引

き続く明治刑訴法において認められていた刑事手続において民事手続を並行して進行する附帯私訴（治罪法二条以下、明治刑訴法二条以下）においてのみ適用することが予定されており、[25] 刑事手続本体の目的として被害填補が目指されていたわけではなかった。そもそも、当時から既に刑事責任と民事責任が別個のものであることは自明のこととされており、附帯私訴は民刑の分離の例外であることが強く意識されていたのである。[26] もっとも、当時の立法者が被害者救済に全く無関心であったわけではなく、旧刑法に至る草案においては、罰金刑よりも被害填補が優先すると規定されていた。[27]

また、明治三五年刑法改正案は、三月以下の懲役若しくは禁錮又は拘留に処せられた者が、情状により一円以上三〇〇円以下の「贖金」を納めてその執行の代替とすることを可能にしている（同改正案一八条）。[28] もっとも、この「贖金」は新律綱領や改定律例において採用されていた「贖罪金」と名称も内容も似ているものの、罪を償うものではなく、刑を代替執行するものと考えられていた。この規定はもともと外国人船員が日本で軽微な犯罪を犯した場合に適用するために置かれたものであるが、それ以外の場合の適用も想定されていたのである。[29] 従って、「贖金」という名称が付されているが、被害者救済よりも軽微事犯に対する自由刑の代替策の意味合いが強いものであった。

やがて制定された現行刑法は、民刑の分離を極めて明確に図っており、被害者への被害填補は規定されていない。また、明治刑訴法に代わった大正刑訴法でも認められていた附帯私訴（大正刑訴法五六七条以下）が現行刑訴法では認められなくなり、直接の被害者が被害填補を図る方法は民事訴訟以外に存在しないこととなった。

一方、一九世紀から二〇世紀にかけて、新派刑法学の立場から、牧野英一や正木亮らによって被害填補の重要性が語られた。[30] もっとも、彼らは、同じ頃行なわれた各種の国際会議の影響を受けて、受刑者による被害填補に重点を置いており、被害者の視点に立つものではなかった。

以上のように、我が国においても、「贖銅の制」や「贖罪金」といった被害者への被害填補のための制度が存在しており、これらはより厳しい制裁の代替策としての意味を有していた。その後、明治以降、フランス法をはじめとする西洋の影響を受けて、民刑の分離が図られ、附帯私訴を除けば被害填補が刑事の場面で目的とされることはなくなった。しかも、第二次世界大戦後、附帯私訴が認められなくなるに至って、世界的に見ても、民刑の分離が最も徹底される法制度となっている。そして、このことは、第五節以下で検討する損害賠償命令の導入によっても変わりがない。

四、我が国における刑法改正に向けた議論

我が国においては、刑法改正の議論において、被害者に対する損害賠償を求める命令を刑法に規定しようとする動きが見られた。

昭和三六年（一九六一年）に公表された改正刑法準備草案は、刑の執行猶予及び新設の宣告猶予の付随処分として損害賠償命令（同草案七九条二号、八五条二号）を規定していた[31]。この損害賠償命令は、当事者間の債権債務関係を確定するものではなく、債務名義としての効力はないと理解されていた[32]。

改正刑法準備草案を基礎に審議に当たった法制審議会刑事法特別部会第二小委員会においては、刑の執行猶予の付随処分としての損害賠償命令について、まず昭和四〇年（一九六五年）六月四日の第二九回会議において、以下のような議論がなされた[33]。

まず、理念的な批判として、①従来であれば実刑となっていた者が執行猶予となって過度の寛刑化をもたらし、妥当でないことが挙げられた。また、実務上の懸念として、②刑事手続において損害賠償額を算定することは困難

であり、訴訟遅延の可能性があること、③損害賠償額を争うだけの上訴が増加する可能性があり、裁判所に過度な負担を与えかねないこと、④損害賠償命令と民事の損害賠償との関係が不明確であり、損害賠償命令の方が民事上の損害賠償を命じる判決よりも多額とされた場合、その法律関係が不分明となるだけでなく、国民の不信感を招きかねないこと、⑤債務名義としての効力がない上、実刑の場合に損害賠償命令を認めないなど、被害者救済の方法として中途半端であることなどが挙げられた。

しかし、理念的な観点から、(a)被害者救済を重視すべきであって、被害者救済に役立つ制度であること、(b)刑事手続と民事手続に被害填補という同じ目的を達成するための制度があっても差し支えないこと、(c)損害賠償命令により実刑を回避できる事案が多く、妥当であると考えられること、(d)犯罪者に責任を自覚させ、改善更生を促進することができることなどが主張された。また、実務上の観点からも、(e)被害弁償の有無を量刑上の重要な因子として考慮しており、実務の方向性と矛盾しないこと、(f)被害弁償の完遂を待つために公判を延期させる事態を回避できることが指摘された。

この段階では、反対もあったものの、損害賠償命令の導入に賛成する委員が多数を占めていた。しかし、弁護士会をはじめとする反対意見が強いことを考慮し、刑の執行猶予の付随処分としての損害賠償命令については、昭和四二年（一九六七年）九月八日の第八〇回会議及び同年九月二九日の第八一回会議において、再度審議された(34)。

その際、新たな批判として、理念的には、⑥民事の紛争解決は当事者の自主的な解決に委ねればよいのであって国家が介入すべきでないこと、実務上も、⑦損害賠償を履行させるために執行猶予の取消の警告を行なった後、直ちに執行猶予を取消すのは酷に過ぎる場合があることなどが提起された。

一方、導入賛成の新たな主張として、理念的には、(g)附帯私訴の廃止により生じた不都合をある程度緩和すべく、簡易な方法で被害者の救済を図る必要が高いこと、実務上も、(h)刑事手続で明らかとなった範囲での賠償を命ずれば損害賠償命令の額の算定に特別の困難がないこと、(i)犯罪者の損害賠償能力や意思を確かめる措置を予め講ずれば、支払不可能な額の支払を命じる損害賠償命令が言渡されることもないことが挙げられた。

このような議論を踏まえて、刑の執行猶予の付随処分としての損害賠償命令の導入について採決を行なったところ、賛否の意見が同数であったため、同命令を導入する案と導入しない案の双方の参考案を作成することとなり[35]、昭和四二年（一九六七年）一〇月六日の第八二回会議において、導入する案（A案）と導入しない案（B案）の参考案がそれぞれ決定された[36]。

これを受け、宣告猶予の付随処分としての損害賠償命令についても、昭和四三年（一九六八年）三月二九日の第九三回会議において、導入する案（イ案）と導入しない案（ロ案）の参考案がそれぞれ決定された[37]。

法制審議会刑事法特別部会においては、(A)刑事手続において損害賠償額を算定することは困難であり、訴訟遅延の可能性があること、(B)民事責任との関係で複雑かつ困難な問題が生ずることなどから、改正刑法草案に損害賠償命令を導入しないと決せられ[38]、法制審議会においても同じ理由で損害賠償命令は採用されなかった[39]。

改正刑法準備草案及び改正刑法草案において導入が検討された損害賠償命令は、民刑の分離が強く意識される中、刑事手続に持ち込まれる異物として理念的に忌避されたことは否定できない。とは言え、我が国でもこの時期に被害者救済の動きが本格化したことは特筆すべきことである。

また、この損害賠償命令は、刑の執行猶予及び宣告猶予の付随処分とされていた。それゆえ、不履行に対して、刑の執行猶予又は宣告猶予の取消がなされうるものの、その性質は必ずしも刑罰的なものとは言えず、かと言って民事の損害賠償と同じものでもなかった。審議経過を見ると、このような性質の曖昧さが実務上の懸念を惹起したところがある。研究者にも、実務家にも、民刑の分離のドグマが広く共有されている中にあって、理論的な対立を避けるためにその性質をぼかす意図があったように感じられるが、そのことがかえって多くの問題を招いてしまったように思われる。

それでは、アメリカ合衆国では、どのようにして刑事制裁としての被害弁償命令が導入されたのだろうか。項を改めて、その経緯とその背後にある理論を見ていくこととしたい。

五、アメリカ合衆国における弁償への取組と議論の活発化

これまでに紹介した被害填補を図ろうとする動きは、アメリカ合衆国においても、一九五〇年代まで被害者への関心が低調であったこともあって、立法や実務に活かされることはなかった。しかし、その後、被害者の問題が強く意識されるに伴って、その風向きが一変することとなる。アメリカ合衆国では、(1)被害者の再発見の影響、(2)一九六七年の法執行及び司法運営に関する大統領委員会が弁償の利用を呼びかけたこと、(3)処遇の有効性への問題提起や拘禁コストの増大への対策の必要性などを理由に、一九七〇年前後から弁償が爆発的に支持され、それとともに、刑事司法の枠組の中で弁償が実務上用いられ始めることとなった。(40) その嚆矢となったのは、一九六〇年代に行なわれたカリフォルニア州のプログラムであるとされている。(41) その後、連邦の法執行援助局により各種プログラムへの助成がなされたこともあって、州や郡レベルで弁償プログラムが広範に実施されるようになった。その内容も、ミネソタ被害弁償センター（Minnesota restitution center）のように対象者を居住させて雇用先へ通勤させるものから、社会内で暮らす対象者に金銭の支払を行なうよう促すだけのものまで多岐にわたっていた。また、プログラムの対象も、公判前の段階から、量刑段階、拘禁段階、さらに刑事施設釈放後の段階に至るまで様々であった。そ

のためもあって、その目的も、被害者への被害填補に重点が置かれていたり、犯罪者の改善・更生に重点が置かれていたりするなど区々に分かれていた[42]。

プログラムの実施をはじめとする実務における弁償への取り組みと並行する形で、現在に至るまで弁償の目的や有効性についての議論が展開されている。弁償の魅力は、その「カメレオン」のごとき多面性にあるとされ、幅広い論者が弁償を支持することとなった。しかし、一方で、弁償に関する様々な評価や理解が生じ、それに伴って、利用の限界の曖昧さ、恣意的な利用や解釈、成果についての検証の困難さ、コストの増大などをもたらしかねないという危惧感をも生み出し、議論をいっそう活発化させることとなった[43]。

こうした議論の方向性は、大きく二つに分けることが可能である。まず、一つは、⑴従来の刑罰同様、犯罪者に焦点を当てるという観点から、弁償を理解・活用しようとするものである。この考え方からすると、弁償の目的の議論は、⒜改善・更生・社会復帰、⒝抑止・威嚇、⒞応報・報復などの従前なされてきた刑罰の目的の議論と重なることとなる。もう一つは、⑵被害者に焦点を当てるという観点を前面に押し出すものである。これらの議論が被害弁償命令の立法化及び運用にどのような影響を与えたかを検討するために、以下では、まず、議論の内容を見ることとしたい。

まず、⑴犯罪者に焦点を当てる見解、すなわち、⒜改善・更生・社会復帰、⒝抑止・威嚇、⒞応報・報復といった従来の刑罰目的と同じように弁償の目的を理解する見解が数多く主張された。これらの見解は、民刑の分離を維持し、刑事の場面で伝統的に行なわれてきたように犯罪者に焦点を当てるものであり、ともすれば被害者の救済はその反射的効果にすぎないととらえる傾向にある。

第一に、⒜改善・更生・社会復帰の観点からは、弁償によって犯罪者が自己の行為とその結果を認識し、その責任を果たすことが有益とされる[44]。この見解によれば、犯罪結果の認識のために、物質的被害だけでなく、精神的被害も弁償の対象に含まれるべきこととなる。また、弁償の意義は、被害者の被害填補が実現することよりも、犯罪者が支払うことにあるとされる。この考えを押し進めたのが、後に修復的司法を提唱したイグラッシュ（*Eglash*）であった[45]。彼は、精神医学及び宗教の「回復」という概念を参考にしながら、犯罪者が自己決定により被害填補を行ない、建設的な行為をなし、改善・更生・社会復帰をなすという、「創造的弁償（creative restitution）」の概念を唱えた。

改善・更生・社会復帰の観点は、弁償の場合、従来の刑罰よりも実際に生じた被害に着目して弁償額を算定するため、犯罪により惹起した結果を犯罪者に認識させやすいという特徴を活かそうとする。また、ここでは、犯罪者の犯罪性の除去や環境の改善といった、従来、拘禁刑や社会内処遇に関して述べられてきた「改善・更生・社会復帰」の内容の基盤となる認識、すなわち自己の犯罪行為から生じた結果を認識させることを「改善・更生・社会復帰」と結び付けることに主眼があると言えよう。従って、犯行が未遂に終わり、実質的な結果が発生しなかった場合や、被害者なき犯罪のように直接の被害者が存在せず実際に生じた被害を把握し難い場合には、実際に生じた被害に着目する形で弁償を科すことは難しく、自己の犯罪行為の悪性を理解させることは困難である。さらに、財産に被害が生じた場合は金銭評価になじみやすい一方、生命、身体又は名誉に被害が生じた場合は金銭的評価が困難であり、犯罪者に自己が惹起した結果を認識させ難いきらいがある。

また、犯罪者に自己が惹起した結果を認識させることは、以下のような二つの全く別の方向性を持っている。一つの方向性は、具体的に生じた被害に着目する程度が大きいこと以外は、従来の刑罰、特に罰金刑と同じように考えるというものである。この方向性からは、犯罪者に結果を認識させることができれば、そもそも金銭が帰属するのは被害者でなくてもよいこととなる。そこまでいかなくとも、犯罪者に自己が惹起した結果を認識させることで足り、現実に弁償が履行されること、特に被害額全額が支払われることまでは必要とされないことになる。むしろ、多額の金銭の支払が不適切であって犯罪者の社会復帰の障害となる場合、犯罪者の経済状態を斟酌して被害者への被害填補の要請を後退させ、犯罪者の支払うことのできる程度に弁償額を減額することが望ましいとも言える。また、不払時の制裁も謙抑的なものとすべきだと考えられやすい。公正な刑事制裁を目指す観点から、法益剥奪による苦痛の量に着目することは、それまでにも罰金額の算定の際に行なわれてきたものである。

これに対し、もう一つの方向性は、具体的な被害への着目にとどまらず、その被害を受けた客体である被害者との関係性にも視点を広げようとするものである。すなわち、イグラッシュが後に修復的司法へとその考えを発展させたことからも看取できるように、自己の行為結果の認識を被害者との関係で促進し、被害者ひいては地域社会との関係性を回復するという考え方が導き出される[46]。

このように、二つの異なる方向性を内在しているのは、ここで着目されている「被害」が、犯罪者が惹起するという面と被害者が受けるという面の二つの面を有しているためである。

第二に、(b)抑止・威嚇の観点からは、犯罪者が被害者に生じさせた被害を弁償しなければならないとされれば、犯罪は割にあわないものになり、この点に意義が見出される[47]。

抑止・威嚇の観点は、弁償により犯罪の費用対効果が悪化することを狙っており、費用対効果を意識しやすい財産犯などの類型になじみやすいと考えられる。また、抑止・威嚇の効果を高めるため、弁償額が被害額を超えることも主張されやすい。しかし、このことは単に弁償額を高額にすればよいという考え方につながりやすく、具体的に生じた被害がそれほど重視されないようになる可能性を孕んでいる。また、実質的な被害がない場合や把握し難い場合には弁償を科し難く、抑止・威嚇効果に欠けることとなる。さらに、検挙されなければ弁償を求められることもないため、抑止・威嚇効果がどの程度あるのかという疑問が呈せられうる。ここでもまた、被害への着目は、改善・更生・社会復帰の観点と同じように、二つの方向性を有している。すなわち、犯罪者への抑止・威嚇の観点を強調すれば、支払われた金銭が被害者に帰属しなくともよいことになりかねず、その場合、罰金刑との違いは、支払額の算定の際に具体的に生じた被害に着目する程度のみとなってしまう。他方で、被害が被害者に生じたという点を強調すれば、犯罪者の経済状態からは過酷な場合でも支払が求められることになるとともに、不払に対して拘禁を含めた厳しい制裁が科されることもありうる。

第三に、(c)応報・報復の観点からも、犯罪者が被害者に負わせた被害を被害者に弁償することは正義・公平を満たし、応報に適うとして、支持された[48]。

この観点からは、具体的に生じた被害額を弁償額とすることになり、物質的被害だけでなく、精神的被害も弁償の対象とされるべきことになる。また、被害額を超える弁償が求められにくい一方で、犯罪者の経済状態を斟酌して弁償額を減額することも行なわれ難くなる。従って、被害者への被害填補だけを見れば、私人間の紛争解決という民事の損害賠償と変わらないことになる。そして、不払時には、拘禁のような他の制裁が科されやすくなる。他方で、この観点からも、被害が生じなかった場合や直接の被害者が把握し難い場合には、弁償を科すことが困難となる。

以上のように、弁償の目的を従来の刑罰目的と同様に考える見解は、いずれも、罰金刑に比べて、生じた具体的被害に焦点を当てている。そのため、弁償の対象となる被害の範囲や被害者の範囲が問題となる。また、生じた被害に着目する理由が異なっているため、被害額に対してどの程度の額を弁償額とするかに差がある。そして、金銭の帰属や不払時の制裁の点で、いずれの見解も、被害を与える犯罪者に関心が終始してしまい被害者救済が劣後する可能性がある一方で、被害を受けた客体である被害者に関心が広がって被害者救済や被害者との関係性の回復の方向へ軸足が移る可能性を有している。

他方、(2)被害者に焦点を当てる見解は、民刑の分離に対する考え方により、大きく二つに分けられる。まず、(a)民刑の分離と従来から存在する刑罰の存在を肯定しつつ、これを補完するものとして弁償を利用しようとする見解が多数存在する。[49]

その代表的な論者であるガラウェイ（*Galaway*）は、拘禁の代替策として、被害填補を弁償の第一目的とする。彼は、プロベーション（probation）には改善効果を望めないことを前提に、プロベーションの条件に弁償を付すことで、プロベーションを改善・更生の手段ではなく被害填補の手段、すなわち金銭徴収の手段として活用するべきだと主張する。さらに、彼は、弁償を直接の被害者及び社会との「和解」と観念し、犯罪者を社会に再統合する「社会統合的制裁」であるとする。

この見解も、具体的に生じた被害に着目している。そして、不払時の制裁を意識させつつも、刑罰としての限界から、犯罪者の経済状態を考慮しながら一定の被害填補を図ることが意図されるにとどまり、そのような制約がほとんどない損害賠償との違いがある。また、現行の刑罰枠組の中で被害填補を優先するものであるが、その対象として主に非重大事犯の拘禁回避が想定されており、重大事犯の被害填補はそれほど意識されていない。

これに対して、全犯罪の完全な被害填補を目指すものとして、いわゆるリバタリアニズムの立場から、(b)民刑の分離及び刑罰の存在に否定的で、犯罪を私人間の紛争と観念し、弁償を侵害行為に対する第一の制裁として活用しようとする見解が存在する。

リバタリアンとして有名なバーネット（*Barnett*）は、刑罰を中心に据える従来の刑事司法システムは破綻しかかっており、これを改善する試みも十分でないとして、「純粋弁償（pure restitution）」の考え方を示した。[50] これは、現在の刑事司法の全領域で、刑罰の代替として弁償を用いるものである。犯罪者は、被害者に実際に生じた被害の弁償だけでなく、捜査費用や訴追費用など刑事司法機関の法執行の際に生じた費用の支払も求められることとなる。この考えの下でも、犯罪者が弁償をできない場合には拘禁されるものの、この拘禁は刑罰としてそれ自体が目的とされるものではなく、刑務所内での作業により、弁償金を生み出すための手段にすぎないとされる。犯罪者が自らの得た収入を積み立て、被害者に完全に弁償を行なうとともに、法執行費用や拘禁費用を支払うことができれば、拘禁を解かれるとしている。この見解は、犯罪を私人間の紛争と観念しようとするクリスティーエ（*Christie*）の考えと共通するものである。[51] 従って、その点で、修復的司法に親和的である。

また、イギリスのK・スミス（*Smith*）は、刑の重さを期間ではなく、金銭で評価し、全ての犯罪者に弁償と罰金刑を用いることを提案した。[52] バーネットとは異なり、彼女は、弁償額の算定の際に、具体的な被害に犯罪類型、動機及び行為態様などを加味して判断すべきであるとした。この考え方は、弁償額が単純に被害額によるのではなく、被害の原因となった犯罪行為を考慮しており、具体的な被害が生じていない場合や把握しづらい場合にも弁償を科しうる点で特徴的である。しかし、他方で、具体的な被害以外の要素を加味して考慮することは、抑止・威嚇といった被害填補以外の目的が入り込む余地を有している。また、このことは、私人間の紛争解決だけでなく、国家や社会公共の秩序に対する侵害をも考慮していると評価でき、民刑の分離をバーネットほど否定するものではないと言える。

以上のように、被害者救済を前面に出す見解も、罰金刑に比べて、実際に生じた被害に着目している。また、民刑の分離を否定すればするほど、従来の刑罰目的が入り込みにくくなるとともに、民事の損害賠償と近似することになり、犯罪者の経済状態などを考慮して弁償額が減額されることが認められにくくなる。

このように、弁償の目的に関する議論は、罰金刑に比べて具体的な被害に着目する点で、おおよその一致が見られたものの、民刑の分離に対する考え方を始めとする根本的な点に対立がある。その差異は、(1)弁償の内容と額の算定、(2)弁償の帰属、(3)不払時の制裁に反映されるように思われる。そして、これらは、第一節で述べた民刑の分離へと至る変化における重要な点と共通している。にもかかわらず、その根本的な争点である弁償の目的について解決を見ないまま、弁償は刑事制裁化されることとなった。

六、被害弁償命令の独立の刑事制裁化への道程

もともと、連邦レベルでは、一九二五年の連邦プロベーション法（Federal Probation Act）により、[53]プロベーションの条件として弁償を科しうるとされるとともに、多くの州で同様の規定が置かれたものの、ほとんど利用されてこなかったとされる。[54]

被害弁償命令が独立の制裁として連邦レベルで立法化されたのは、一九八〇年代に入ってからのことである。被害者への関心が爆発的に高まる中、一九八二年、レーガン大統領によって設立された大統領犯罪被害者作業部会（President's Task Force on Victims of Crime）の最終報告書の勧告の中で弁償が取り上げられ、[55]同年一〇月には、一九八二年被害者及び証人保護法（ＶＷＰＡ）が連邦法として成立し、[56]被害弁償命令が独立の制裁とされるなど、総則的な弁償規定が創設された。[57]

連邦の弁償規定は、その後、数次の改正を経て整備されたが、[58]謀殺、拐取、強盗及び性的虐待など重大事犯での

利用率は低いままであった。そこで、一九九四年暴力犯罪統制及び法執行法（Violent Crime Control and Law Enforcement Act of 1994）の一部である、女性に対する暴力法（Violence Against Women Act）が、性的虐待、性的搾取及びその他の児童虐待並びに家庭内暴力について、必要的に全額弁償を求めることとした[59]。もっとも、この法律は対象となる犯罪類型を限定していたため、(1)全ての犯罪に対して全額弁償を求め、(2)手続規定を整備し、(3)徴収・執行の規定を充実させることを目指して、一九九六年反テロリズム及び有効な死刑法（Antiterrorism and Effective Death Penalty Act of 1996）の一部である、必要的被害者弁償法（ＭＶＲＡ）が制定され[60]、総則規定について大幅な改正がなされた[61]。

州レベルにおいても、一九七〇年代から一九八〇年代にかけて、弁償の関連法が多数制定され、一九八七年までに全ての州で弁償に関する規定が置かれるか、従来の規定が修正されるに至った。また、州憲法の改正により、被害者の弁償を受ける権利が憲法上の権利として明文で規定された州もある[62]。

我が国と違って、アメリカ合衆国においては、完全な形の司法統計が存在せず、被害弁償命令の利用がどの程度なされているのかを正確に示すことはできないが、各種の調査により、被害弁償命令が、罰金刑同様、法整備の進展とともに、刑事司法の中へ定着しつつあることが明らかとなってきている[63]。そこで、次節では、被害弁償命令の制度がどのようなものであるのか、さらに、弁償についての議論が制度にどのような影響を及ぼしてきたのかを連邦法を概観しながら検討することとしたい。連邦法に比べて各州法の方が、管轄の関係上、実際の適用が多いものの、弁償に関する連邦法は、各州法よりも包括的で詳細であり、各州法の模範となるよう制定されたという経緯があることから[64]、本書では、連邦法を取り上げることとする。そして、それと比較するために、罰金刑についても連邦の制度を取り上げることとする。

第三節　アメリカ合衆国の被害弁償命令

本節では、被害弁償命令の賦科の際に問題となる、(1)被害弁償の内容と額の算定、(2)支払われた金銭の帰属先、(3)不払時の制裁といった諸点に関して、連邦法の罰金刑及び民事の損害賠償と比較しながら、条文及び判例を中心に検討を行なうこととしたい。

一、被害弁償の内容と賦科額の量定

被害弁償の内容と額の算定の場面では、損害賠償の場合、いかなる手続で課されるかが問題となるにすぎないのに対して、罰金刑の場合、いかなる行為に対して、どの程度の上限でどの程度の額を科されるのかも問題となる。それに加えて、被害弁償命令の場合、誰に生じたいかなる被害について科されるのかも確定されなければならない。以下では、(一)対象となる行為、(二)対象となる被害者の範囲、(三)対象となる被害の範囲、(四)上限額、(五)要求される行為の内容、方法及び期限並びに賦科の肯否及び賦科額、(六)手続の順に見ていくこととしたい。[65]

(一)対象となる行為

損害賠償の場合、あらゆる被害が賠償の対象となって被害を惹起した行為の範囲が問題とされることがないのに対して、刑事制裁の場合、行為が犯罪を構成することが必要とされるために賦科の対象となる行為の範囲が問題となる。

まず、罰金刑の場合、当該犯罪類型が罰金刑を法定していない場合で、かつ、罰金刑の適用を排斥することが明

示されている例外的な場合を除いて、有罪認定された全ての行為が対象となりうる。従って、被告人が答弁取引の際に有罪答弁をしなかった部分の行為や犯罪行為と密接に関連しているがそもそも犯罪とされていない行為については、有罪認定がなされていない以上、対象とならない。(66) なお、我が国では罰金刑が法定されていない犯罪類型が多数あるのに対してアメリカ合衆国では一般にそのような罪種の限定はなされていない。

一方、被害弁償命令の場合、有罪認定された行為以外の行為についても賦科の対象とされるなど、賦科の対象となる行為が罰金刑の場合よりも拡大されている。

ＶＷＰＡが賦科の対象としていたのは、条文上列挙された刑法典上の犯罪と若干の特別法上の犯罪であり、これらの犯罪を構成する行為から被害が生じたことが特定されなければならないのが原則である。(67) また、これらの犯罪により被告人が有罪認定される必要がある。そして、有罪認定された行為から生じた被害だけが賦科の対象となるのが原則であり、連邦最高裁もこのことを明言した。(68) この原則は答弁取引が行なわれた場合にも妥当する。(69) 従って、同一の陰謀や共同謀議から生じた犯罪行為であっても、被害弁償が求められるのは、有罪とされた行為から生じた被害に限定されることになるはずである。

もっとも、このように解すると、特に答弁取引が行なわれた場合、一部の被害者や被害だけが救済されるに留まり、妥当でない。そのため、一九九〇年犯罪統制法（Crime Control Act of 1990）による改正(70)で、答弁取引の当事者によって合意されれば、有罪認定されていない犯罪行為も賦科の対象となり、さらにこの犯罪行為が本来賦科の対象となっていない犯罪でもよいことになった。(71)

しかし、巡回裁判所の多くは、一九九〇年改正以前から、被害弁償の対象となる行為をさらに拡大していた。例えば、①被告人が陰謀について有罪認定されただけであっても、当該陰謀から発展した行為やその行為に密接に関連する別の行為まで賦科の対象となりうるとする判例や、(72) ②被告人が共同謀議から発展した行為の一部に関与しているだけであり、共同謀議の一部について有罪認定されただけだったとしても、共同謀議から発展した全ての行為が賦科の対象になるとする判例がある。(73) また、③全訴因の被害弁償をすると答弁していれば、有罪認定されていない訴因を含む、訴因を構成する全ての行為について賦科の対象となるとする判例がある。(74) さらに、④有罪とされた犯罪行為に関連してなされた行為全部が賦科の対象になるとする判例もある。(75) MVRAは、賦科の対象となる犯罪の範囲を広げ、VWPAが規定していた犯罪に加えて、特定の被害者が存在しないような薬物犯罪の一部についても賦科の対象としたが、(76) 必要とされる有罪認定の範囲について明示しておらず、この問題は残されたままである。

以上のように、刑事制裁の場合、賦科の対象は原則として有罪認定された行為に限定されている。それでも、被害弁償命令の場合、その範囲が拡張され、犯罪行為との関連性のある行為全てが含まれるとする判例まで現れている。これは、被害弁償命令の場合、罰金刑に比べて、生じた被害が意識されやすく、被害をできる限り把握する要請が強く働きうるという特徴を有しているためであると考えられる。それゆえ、こうした拡張は、改善・更生・社会復帰などの刑罰目的からも、被害填補の目的からも支持されることになるが、他方で、有罪認定を欠いており、十分な手続保障があると言えるか疑問が呈せられよう。

（二）対象となる被害者の範囲

損害賠償の場合、被害を受けたあらゆる被害者が対象となるため、賠償を請求できる主体に、法人、さらに政府も含まれる。また、罰金刑の場合、犯罪行為が国家に対するものと観念されることもあって、直接の被害者の範囲が厳格に認定されなければならないということはほとんどなく、被害者なき犯罪のように直接の被害者が曖昧な場合にも賦科が認められている。これに対して、被害弁償命令の場合、被害弁償額の算定、ひいては支払われた財産の帰属先なども絡んで、いかなる被害者の被害が賦科の対象となるのかが問題となる。

まず、ＶＷＰＡでは、文言上、「あらゆる被害者」とされているだけで、その内容については規定されていなかった。[77] そのため、裁判所は、「被害者」を広く解し、自然人でなくともよく、政府やその機関が含まれるとし、さらには、直接の被害者に保険金を支払った保険会社も含まれるとした。[78]

ＭＶＲＡは、この点について定義規定を置き、「犯罪実行の結果として直接かつ直近に侵害された者」を「被害者」と定義したため、直接の被害者に保険金を支払った保険会社は、「被害者」に含まれず、その被害は賦科の対象とならないことになった。もっとも、全ての被害者への被害填補が完了していれば、「被害者」にあたらなくとも、保険会社のように「被害者」の被害を填補した者も支払を受けうるとされた。[79] また、ＭＶＲＡは、薬物犯罪など、特定の被害者が存在しない場合に社会全体が被るような被害についても、社会全体を「被害者」と目することで、賦科の対象となりうるとした。[80]

以上のように、「被害者」に政府が含まれることは、ＶＷＰＡ以来一貫している。これは具体的な被害が生じた以上、その客体を区別せず賦科の対象としようとするものであると考えられる。もっとも、政府が「被害者」である場合、金銭は政府に支払われることとなり、罰金刑との差はその算定の際に具体的な被害にどの程度着目したかという点以外に存在しなくなる。確かに、具体的な被害に着目しているため、罰金刑に比べて、改善・更生・社会復帰などの刑罰目的には適うことになる。しかし、国家に金銭が帰属するという点では、実質的に罰金刑と変わらない。また、被害弁償命令と罰金刑が併科されることも認められているが、実際上、被害弁償命令が問題とする被害と、罰金刑が問題とする侵害はほぼ重なるものであり、二重評価ではないのかとの懸念が生じる。

このように、具体的な被害が強調されているように見える部分がある一方で、薬物犯罪のような具体的な被害が考え難い犯罪にも社会という「被害者」がいると観念するなど、具体的な被害を重視していない部分もあり、「被害者」の定義によっては被害の具体性が曖昧にされる可能性も看取できる。また、この場合も、被害弁償命令に罰金刑を併科することが認められている。後述のように、被害弁償命令として支払われた金銭は州に帰属するとされる一方、罰金刑として支払われた金銭は連邦に帰属するとされているため、帰属先は異なるものの、いずれも刑罰の賦科主体である国家であることには変わりがなく、実質的に同一である。そして、問題となる被害と侵害は完全に重なるものであって、政府に直接の被害があった場合と違って両者の区別は不可能であり、二重評価となってしまう。加えて、「被害者」の範囲の拡張で問題となったのは、政府や保険会社であり、本来、被害弁償命令で救済すべきだと考えられていたはずである個人の被害者ではない。従って、「被害者」の範囲が拡張されても、個人の被害者の救済が厚くなるわけではなく、その意味での被害者救済が充実したわけではない。また、犯罪を目撃してショックを受けた者まで「被害者」として含めるなどの形で私人間の紛争を観念し、より広い範囲で取り上げるようになったわけでもない。

(三) 対象となる被害の範囲

損害賠償の場合、あらゆる被害が対象となるため、精神的被害なども含まれる。一方、罰金刑の場合、被害者に生じた被害額と科される罰金額との関係が必ずしも密接ではないため、いかなる被害が罰金刑の対象となるかを明確にする必要性が低い。もっとも、被告人が被告人以外の者に金銭的損失を生じさせた場合に、全損失の二倍を上限として罰金刑を科しうるとされているが、ここでの対象は、経済的損失、すなわち財産的被害に条文上限定されている上[81]、後述のように他の要素を考慮して罰金額が決められており、被害額から直ちに罰金額が導かれるわけではない。これに対して、被害弁償命令の場合、後述のように、被害額と被害弁償額との間に密接な関係があるため、いかなる被害が賦科の対象となるのかが問題となる。

VWPAは、(1)財産に対する被害、損失又は破壊を生じた犯罪の場合、被害、損失又は破壊を受けた財産の価値、(2)(a)身体への傷害を生じた犯罪の場合、医療及び関連するサービスの費用並びに身体的、精神的及び心理的治療に関連する費用、作業療法、リハビリテーションの費用及び逸失所得、(b)このうち、死の結果が生じたときには、葬儀費用が賦科の対象となるとした[82]。

また、実質的な被害がなければ賦科の対象とはならず、犯罪者の動機は問題とされていない[83]。そして、賦科の対象となるのは、直接被害に限定され、条文上列挙されていない限り、間接被害は対象とならないとされている[84]。そこで、一九九四年の改正で、児童の世話、旅費、当該犯罪の捜査若しくは訴追への関与又は当該犯罪に関連する手続への参加の際に生じた費用についても被害弁償の対象に含まれるとされた[85]。それゆえ、条文の反対解釈から、間接被害である捜査費用、訴追費用及び弁護士費用は被害弁償の対象とならないのが原則である[86]。また、直接被害であっても、精神的被害は連邦憲法修正七条により陪審裁判を受ける権利の保障された民事訴訟で追求されるべきであるとして、被害弁償の対象とされていない[87]。一方、被害弁償しなければならない被害の利息も被害弁償の対象とされている[88]。MVRAも以上のようなVWPAの規定を引き継いでいる。また、控除対象及び範囲について、VWPAもMVRAも、財産が返還された場合、犯罪者により被害填補がなされた場合、連邦や州の民事手続で被害が回復された場合、被害弁償額から控除されるとしている[89]。

以上のように、対象となる被害は、被害者が実質的に受けた被害に限定され、既に紹介したK・スミスが主張したように、犯罪行為の問題性を加味して判断するようなことは行なわれていない。すなわち、損害賠償で問題とされる被害と同様の概念が用いられている。しかし、損害賠償と異なり、賦科の対象となる被害には限定が加えられている。被害填補の目的からは、精神的被害を含めたあらゆる被害が対象とされるべきであるにもかかわらず、陪審を利用する権利について定めた連邦憲法修正七条の関係で精神的被害が被害弁償命令の賦科の対象となっておらず、場合によっては、その被害の大半が賦科の対象とならない可能性もあり、この目的が強調されているわけではない。しかも、改善・更生・社会復帰の目的からは、自己の惹起した行為結果を認識するために、被害者の受けた財産的被害だけでなく、精神的被害を一体として理解することが必要であり、むしろ精神的被害に共感することのほうが重要であることが少なくないにもかかわらず、この目的が大きな影響を与えているとは言えない。また、同じ理由で、抑止・威嚇の目的及び応報・報復の目的が十分にあるとも考えられない。さらに、精神的被害を対象外とすることは、被害者と犯罪者の相互理解を目指す修復的司法の考え方とも相容れない。もっとも、財産犯の場合、精神的被害の占める割合が身体犯などに比べて小さいことも多く、改善・更生・社会復帰、抑止・威嚇、応報・報復などの目的が存在すると言いやすい。また、間接被害のうち、旅費などの算定の容易な被害は被害弁償の対象となる一方、算定の困難な被害は対象とされていないが、いずれの目的からも含められることが望ましいはずである。

このように賦科の対象となる被害が限定されているのは、公正で迅速な手続の下で犯罪者から金銭を剥奪するという点に配慮しているためであると考えられる。すなわち、精神的被害や間接被害のうち非定型的であるために算定が困難で被剥奪者の手続保障が必要な被害について、後述のように、陪審利用の権利が保障されていないなど、手続保障の劣る刑事の量刑段階で賦科を行なうことは望ましくないためである。また、仮に手続保障が十分であったとしても、刑事の事実認定と被害額の算定を同時に行おうとすると、審理が長期化・複雑化し、迅速裁判の要請に反しかねない。そこで、こうした被害については、刑事手続とは別に、民事の損害賠償により填補されることが求められている。逆に、比較的定型的に算定できる場合、例えば身体的侵害の伴わない財産犯において直接の被害者が受けた財産的被害だけを被害弁償させる場合、手続保障の要請が相対的に低いことから、刑事の量刑段階で賦科することも問題はないと考えられていると言える。このことは、罰金刑の量定の際に財産的被害だけを問題とする場合と共通する。また、実際の被害弁償額は、後述のように犯罪者の経済状態に応じて調整されるため、問題とならないことも多いと考えられるが、精神的被害や間接被害が被害弁償の対象となると、一般に被害弁償額が莫大なものとなることも多く、被害弁償の過度な要求が犯罪者の社会復帰を妨げてしまいかねないとの配慮もあると考えられる。

以上のように、損害賠償に比べて、被害弁償の対象となる被害の範囲が限定され、一部の財産犯のように、その範囲内の被害だけが問題となる場合を除いて、犯罪者が金銭を剥奪されるという点が主に手続面で重視される傾向が強いという特徴を有していると言える。このことは、損害賠償で請求できる額よりも小さい額になることが多く、被害者救済の要請は後退させることをもたらしている。

(四) 上限額

損害賠償の場合、上限額は設けられていない。また、アメリカ合衆国の場合、我が国とは異なり、懲罰的損害賠償が認められており、被害額を超える賠償が求められることもある。(90) 一方、罰金刑の場合、上限が定められている。(91)なお、前述のように、被告人が犯罪から金銭的利得を得た場合又は被告人以外の者に金銭的損失を生じさせた場合には、全利得の二倍又は全損失の二倍が上限となることがある。

被害弁償命令の場合、既に見たように、行為、被害者及び被害という要件で被害弁償の対象が限定されていることもあって、一般的な上限額は定められていない。もっとも、次のような制約が設けられている。第一に、民事裁判における懲罰的損害賠償とは異なり、被害額を越える額が被害弁償の元本とされることはない[92]。第二に、対象となる行為との関係から、その範囲内であっても、被告人が答弁取引で認めた額以上の被害弁償を求めることはできない[93]。第三に、ＭＶＲＡによれば、「被害者」が社会全体とみなされる犯罪の場合、当該犯罪に対して科されうる罰金額の上限を超えない範囲で、公共に対する侵害の程度に基づき、連邦量刑ガイドライン（Federal Sentencing Guidelines）に従って賦科される[94]。

以上のように、被害弁償命令においては、限定されてはいるものの、被害に着目しており、被害填補の目的、改善・更生・社会復帰の目的及び応報・報復の目的がある程度考慮されうる。もっとも、懲罰的損害賠償とは異なり、被害額とその利息以上の被害弁償を求めえないことから、高額化を志向しやすい抑止・威嚇の目的が重視されているとは言い難い。むしろ、被害弁償額が実際に生じた被害と同じか、それより小さい額に抑えられていることは、一定の範囲内で応報・報復を達成しようとするものであると言え、犯罪者の経済状態を考慮し、過度の法益剥奪を防ぐという面があることを示している。他方で、社会全体が被害者と考えられるような犯罪の場合、被害弁償の上限が罰金刑の上限と同一であり、公共に対する侵害が問題となる場面においては、被害弁償と罰金刑が等しく扱われる面を有している。

（五）要求される行為の内容、方法及び期限並びに賦科の肯否及び賦科額の量定

損害賠償とは異なり、罰金刑と被害弁償命令においては、被害が認定されても常に賦科されるとは限らず、いか

なる場合にいかなる量を賦科するかが問題となるが、その判断の前提として、要求される内容がいかなるもので、いかなる方法で、いつまでになされなければならないかを見ておくこととする。

①要求される行為の内容

第一に、求められる内容について見ると、罰金刑と被害弁償命令とで若干異なっている。[95]罰金刑の場合、金銭の支払であるが、[96]被害弁償命令の場合、金銭の支払に限られず、財物の返還、さらには役務の提供が選択されることがある。すなわち、財産に対する犯罪の場合には、財物の返還によって被害弁償がなされる。財物返還が無理である場合又は不十分な場合には、金銭の支払によってなされる。また、身体への傷害を惹起した犯罪の場合には、原則として金銭の支払によってなされる。また、被害者が同意すれば、役務の提供による被害弁償も認められる。さらに、必要的被害弁償においては、代替物の提供による被害弁償も選択肢に挙げられている。そして、これら以外の方法によることはできない。また、金銭や物は、被害者又は指定された者に対して直接引き渡す方法と司法長官を経由して引き渡す方法の二種類が規定され、判決において方法が指示される。なお、役務による被害弁償は、プロベーション・オフィサー（probation officer）により執行される。このように、被害弁償命令では、原状回復や被害回復の色彩が強調される場面がある。

②要求される行為の方法及び期限

第二に、金銭の支払方法及び期限の点では、罰金刑と被害弁償命令は同じ扱いをされている。[97]すなわち、原則としてただちに全額を支払わなければならず、例外的に一定期間後の支払や分割払も認められるが、裁判所が判決においてその旨を判示しなければならないとされている。その場合には、全額の支払が合理的になされると推測される最短期間を判断し、支払期限としなければならない。また、不払の場合を想定して、代替となる制裁を予め言渡しておくことは許されていない。

③賦科の肯否及び賦科額の量定

では、このような内容、方法及び期限を有した制裁が、いかなる場合に、どれだけの量を科されるのか。

まず、罰金刑の場合、刑法典及び連邦量刑ガイドライン上、必要的賦科が求められない限り、その賦科は任意的であるとされる。また、他の刑罰に付加的又は代替的に科されうる。もっとも、被害弁償命令が科されるときには、罰金刑の賦科は被害弁償命令を害さない程度に限られるとされている。結局、賦科、額の算定、履行期限、履行方法を判断する際には、量刑において一般に考慮すべき要素に加えて、条文上、特に、(1)被告人の収入、所得能力、資産、(2)他の刑罰が科された場合の負担と比較して、罰金刑が科された場合に、被告人に経済的な扶養を求めるあらゆる者又はかかる者の福祉のために責任を負う政府を含むその他の者に科される負担、(3)犯罪により被告人以外の者に生じた経済的損失、(4)被害弁償の賦科及び履行並びにその額、(5)犯罪から違法に得られた利得を被告人から剥奪する必要性、(6)拘禁刑、監視付釈放（supervised release）及びプロベーションなどの他の手段をとった場合に政府が負う費用、(7)被告人が消費者に罰金刑の支出を転嫁する可能性、(8)被告人が団体である場合、その構成員を規律するため及び犯罪の再発防止のために当該団体がとった方策を考慮することとされている。(98) このように、罰金刑の場合、財産的被害が全く着目されないわけではないが、被害額の大きさは、考慮されるべき多くの要素のうちの一つにすぎず、被告人の経済状態により大きな制約を受けうる。

一方、被害弁償命令も、罰金刑同様、任意的なものであったが、近時、一定の場合に必要的に賦科するよう求められることとなった。また、他の刑罰との関係について、拘禁されると被害弁償が困難になることが多く、被害者の被害回復が害されるため、特に拘禁刑との併科が問題となる。

まず、VWPAは、その理由が示されれば、全部又は一部の被害弁償を命じなくともよいとし、賦科を必要的とはしていなかった。すなわち、被害弁償命令の賦科、額の算定、履行期限、履行方法を判断する際には、被害者が被った被害額、被告人の資産、被告人及びその扶養家族の経済的なニーズ及び所得能力、裁判所が適切と思料するその他の要素を斟酌するよう求めていた[99]。ここでは、将来の収入についても考慮しなければならず、量刑時に資産がなくとも、収入を得る能力があれば、被害弁償を科してもよいとされていた[100]。

これに対し、MVRAは、暴力事犯、詐欺を含む重罪の財産犯、その他の犯罪のうち、被害者が特定された事案で、当該被害者が傷害又は金銭的損失を被った事案など一定の犯罪類型については、必要的に被害弁償命令を科さなければならないとした。また、この場合、対象となる被害額全額の被害弁償を求めることとした。それ以外の犯罪類型の場合、これまで通り賦科するか否かは裁判所の裁量に委ねられているものの、賦科する際には経済状態等の斟酌により被害弁償額を減額することは許されず、全額被害弁償が求められている[101]。

もっとも、いずれの場合も、被害弁償命令で賦科される額の判断において経済状態などの事情を斟酌しえないものの、支払計画の策定の段階で経済状態を考慮できるため、実質的には、従前通り妥当な金額の支払を命じうることとなっている[102]。従って、MVRAにおいては、従来の量刑とは異なり、被害額全額を被害弁償額とする、言わば「名目上の量刑」と、実際に支払を求められる額である、言わば、「実質上の量刑」という二つの量刑が存在することとなったと言える。これにより、「名目上の量刑」において、生じた被害を量刑上明示しつつ、「実質上の量刑」

において経済状態などの事情を取り込むことで、犯罪者からの法益剥奪の面を考慮していると言える。もっとも、「名目上の量刑」で賦科する対象となる被害が限定されているため、必ずしも生じた全被害が把握されるわけではない。従って、被害に着目しうるものの、損害賠償とは違って、全ての被害を把握し難く、一部の財産犯の場合を除いて、これまで取り上げてきた目的が十分考慮されにくくなってしまう面を見出すことができる。むしろ、「実質上の量刑」において、犯罪者からの法益剥奪の量が過度になって公正さを損ね、ひいては社会復帰を妨げてしまわないように配慮されており、罰金刑と類似した発想をとりやすいと言える。

なお、VWPAは、被害弁償命令の賦科が量刑手続を不適切に複雑化する場合又は遅延させる場合には被害弁償命令を科さなくてもよいとしている。[103] また、MVRAも、任意的被害弁償の場合と必要的被害弁償が求められる場合を問わず、財産犯で被害者の数が被害弁償を非実効的にするほど多いとき又は審理の複雑化又は遅延を招くときには、被害弁償命令を科さなくてもよいとしている。[104] これは迅速裁判の要請に沿ったものと考えられる。これにより、ここでもまた、全ての被害を把握しようとする姿勢が後退しやすい面を有している。

次に、他の刑罰との関係について、VWPAは、軽罪か重罪かを問わず、被害弁償命令を付加的又は代替的に科しうるとしていた。[105] MVRAは、重罪の被告人に対しては付加的に、軽罪の被告人には代替的に被害弁償を科しうるとした。また、罰金刑と併科された場合は、被害弁償命令の支払が優先する。さらに、後述する連邦への被害弁償は、他の被害者への被害弁償に劣後するとされた。[106]

これらの規定と関連して、VWPA、MVRAだけでなく、連邦量刑ガイドラインも、拘禁と被害弁償の併科を予定しているものの、[107] 拘禁されれば、収入を得る途が断たれ、被害弁償がより困難になりかねない。そこで、連邦量刑ガイドライン上認められている例外的逸脱（disparity）により、拘禁刑を科さず、被害弁償のみを賦科することが考えられる。しかし、判例は、連邦量刑ガイドラインがそのような状況をも想定していることを理由に挙げ、特段の事情なくして拘禁刑を科さないことは許されないとして、両者の併科が原則として認められるとしている。また、拘禁刑とともに即時の被害弁償を求めることも禁止されていない。(108) 従って、被害弁償は罰金刑に優越するものの、拘禁刑に劣後しており、拘禁刑が併科される場合、被害填補の目的は後退してしまうこととなる。ここから、特に重大事犯で長期の拘禁刑が科されるような場合、被害が大きく、被害填補の必要性が高いことが多いにもかかわらず、軽微事犯で拘禁が科されない場合に比べて被害填補がなされにくくなってしまう面がある。

㈥ 手続

被害弁償命令は、罰金刑と同様、刑事制裁である。しかし、被害者に金銭を支払うという側面を重視して損害賠償に準じた手続を行なうべきか、いくつかの点で問題となる。以下、手続の順序に従って見ていくこととしたい。

第一に、証明責任について、罰金刑の場合、被告人に支払能力がないこと以外の事項の証明責任が一般に検察官に課されているのに対して、被害弁償命令の場合、証明対象に応じて規定されている。(109) すなわち、⑴被害者が被った被害額の証明責任は検察官に、⑵罰金刑同様、被告人の資産並びに被告人及び被告人の扶養家族の経済的ニーズの証明責任は被告人に、⑶裁判所が適切と思料するその他の事項の証明責任は正義の観点から裁判所によって指定された当事者に、それぞれ証明責任が負わされる。そして、被害弁償額又は類型についてのあらゆる争点の証明については、ＶＷＰＡもＭＶＲＡも、証拠の優越があれば足りるとしている。また、答弁取引によって、被告人が被害弁償の基礎とすることを認めても、その証明責任の軽減が答弁において合意されない限り、検察官が被害額を立証しなければならないことに変わりはない。裁判所は、各当事者の立証に加えて、プロベーション・サービスにより提供される、被害弁償の賦科、被害弁償額の算定、被害弁償内容の判断の際に斟酌される要素についての情報と、VWPAにおける被害弁償額やMVRAにおける被害弁償計画などについての意見を含んだ判決前調査報告書(presentence report)を参考に被害弁償額や被害弁償計画を判断する。[110]このように、損害賠償とは異なって、被害者ではなく検察官が証明責任を負っており、罰金刑など他の刑事制裁の量刑と同じ扱いがなされる。また、アメリカ合衆国では、一般に、量刑段階では証拠の優越で足りるとされているため、この点でも他の刑事制裁との差異はなく、刑事制裁であるという点が強調される側面を有している。

第二に、賦科及び賦科額の算定のために陪審を利用すべきか否かについて、罰金刑の場合、他の刑罰の量刑と同様、被告人の要請があっても、裁判所が罰金額を判断できることに異論はない。他方、被害弁償命令の場合、剥奪された金銭が被害者に帰属する点が損害賠償と同じであることから、民事訴訟同様、金額の算定に陪審を要求できるのではないかが問題となる。しかし、被害弁償の賦科は、民事手続の中ではなく、刑事裁判の量刑手続の中で行なわれるものであって、連邦憲法修正七条により規律されるコモン・ロー(common law)上の訴訟として陪審裁判が要求できるわけではなく、陪審によらずして被害弁償額を定めても、陪審を利用する権利について定めた連邦憲法修正七条に反しないとされている。[111]また、被害弁償命令の賦科は、民事上の請求ではなく、量刑の一つの選択肢にすぎないことから、検察官の要求がなくとも、裁判所の職権でなしうるとされている。[112]他方、陪審によらない衡平法上の救済であると考えられているため、被害者は連邦憲法修正七条違反を主張できない。[113]

従って、損害賠償とは異なり、被告人にとって、陪審の利用は権利として認められておらず、ここでも、罰金刑の量刑と同様に扱われている。既に述べたように、このことは、精神的被害のように、被害額の算定が困難で支払う者への手続的保障が強く要求される被害項目を被害弁償の対象から除外することをもたらしている。そして、検察官の請求がなくとも科しうるなど、ここでもまた、刑事制裁であるという点が強調される側面を看取できる。これらのことは、被害者にとってみても、陪審利用の権利が認められておらず、被害填補が後退する可能性を有していると言える。

第三に、裁判所が、考慮すべき諸要素を判文中で個別に認定する必要があるかについては、罰金刑においても、[114]被害弁償命令においても、[115]巡回裁判所ごとに判断が分かれている。従って、罰金刑においては、財産的被害の額が量刑上考慮されるものの、必ずしも判決文において摘示されるとは限らず、被害の量が明らかにされない可能性がある。これに対して、被害弁償命令においては、ＭＶＲＡにより対象となる被害額全額が賦科されるようになり、対象となる被害については明確にされることとなった。従って、被害弁償命令は、法益剥奪による苦痛とその量を把握しつつ、被害への着目を可能にするという特徴を有することとなった。

第四に、上訴権者については、罰金刑の場合、直接の被害者が存在し、罰金刑の賦科がないときや罰金額が小さく妥当でないと考えられるときでも、他の刑罰同様、検察官に限定されることに争いはない。これに対し、被害弁償命令の場合、後述のように、金銭は主に被害者に支払われるため、被害弁償を受ける利益があるとして、上訴権者に含まれるべきだと主張された。しかし、被害者や破産管財人は、私人である以上、上訴の利益を有さないとされている。[116]他方で、異議申立ての点では共通するにもかかわらず、支払額の判決後の修正については、被害者がさらなる損失を発見した場合に判決の修正の申立てができるとする規定がＭＶＲＡに置かれた。また、被告人の経済状態が大きく変化した場合、被告人だけでなく、被害者もこの変化を裁判所に通知でき、被告人だけでなく被害者の申立てによっても、裁判所は支払計画を調整するか、ただちに全額を支払うよう求めることができるとされている。[117]このように、上訴権者の判断の際に、刑事制裁であることを強調して被害者を排除しつつ、被害者が判決の修正を促しうるとすることは、後述のように、被害弁償命令が民事判決として扱われるようになるとされていないため、整合的に説明し難いものの、この点において刑事制裁の性格が被害者の利益のために後退する可能性を看取できる。

以上から、手続について見ると、証明責任、陪審の利用及び上訴など手続の主要な点では、被害弁償命令が刑事制裁である点が強調され、損害賠償とは一線を画している。このことは、一面においては、被害者にとって負担が少なく、便宜である一方、刑事の場面においては手続を主導できず、被害填補を自らの手で追求することができないということをもたらしている。

二、支払われた金銭の帰属

罰金刑が連邦の国庫に帰属するのに対し、被害弁償は、原則として被害者に帰属する。(118) 但し、例外として以下のような取扱いが認められている。すなわち、被害者死亡の場合、相続人に帰属する。(119) また、被害者又は相続人が同意した場合、被害者又は相続人が指定する第三者や団体にも帰属する。(120) さらに、被害者が犯罪者から被害弁償を受け取ることを望まない場合などで、被害者の合意があれば、他の者や団体に帰属させうる。加えて、MVRAは、答弁取引において両当事者の合意があれば、被害者又は相続人以外の者に帰属させることができ、(121) 支払われた金銭を当該被害者に帰属させる判決が確定した後であっても、被害者の被害弁償を受ける利益を犯罪被害者基金（Crime Victims Fund）に譲渡できるとした。(122)

従って、損害賠償と同様、被害弁償命令により支払われた金銭が主に被害者に帰属し、支払われる金銭について被害者の処分権が認められ、被害填補の目的が存在しうる点で、罰金刑と決定的な違いを生じうる可能性が高い。

他方で、ＭＶＲＡは、薬物犯罪など社会全体が被害者と目されるような犯罪については、州に被害弁償金が帰属するとしている。[123] この場合、既に指摘したように、連邦と州という差異はあるものの、私人ではなく国庫に納められるという点で、罰金刑と変わりがなくなってしまうという側面も見受けられる。

三、不払時の制裁

罰金刑及び被害弁償命令が履行されない場合に備えて、徴収及び執行の規定が置かれている。以下のように両者の規定は似ているが、若干の差異もある。

第一に、未払の罰金刑に対しては、民事判決の執行手続により、原則として被告人の有する全ての財産又は財産に対する権利を対象に司法長官により当該判決が執行されうる。[124] また、連邦には先取特権が認められている。[125] 被害弁償命令においても、罰金刑同様に、民事判決の執行手続に則った、司法長官による執行が前提とされている。それに加えて、金銭の支払を内容とする場合、ＶＷＰＡでは、民事判決と同様の方法で被害者により執行されうるとされていた。[126] ＭＶＲＡでは、被害弁償命令の判決を用いて一般の民事判決と同様の方法、程度、条件の下で、被告人の財産に先取特権を得ることができるとしている。[127] もっとも、こうした規定が存在するからといって、被害弁償命令が民事判決として扱われるようになるとされているわけではない。[128] このように、支払により直接に利益を受けることから、被害者に便宜な制度とされている。

第二に、滞納（delinquency）、さらに、その後に陥る不履行（default）に対して、それぞれ制裁金（penalty）が科される。[129] 罰金刑と被害弁償命令で共通である。

第三に、罰金刑の不履行に対し、裁判所は、被告人の雇用状態、所得能力、資産、不履行についての故意の存在、履行能力又は不履行に影響を与えるあらゆる事情を考慮した上で、法廷侮辱罪での拘禁刑をはじめとするあらゆる方策をとりうる。もっとも、以下のような連邦最高裁の判例及びそれを受けた条文が存在するため、不履行の制裁として拘禁刑が科されることはほとんどない。すなわち、連邦最高裁は、資産があるにもかかわらず故意に不払としている場合や、資産がないにも関わらず所得を得る努力を行なっていない場合には、制裁として拘禁が許される余地があるものの、努力をしたにも拘わらず不払の場合には、適正手続の観点から、拘禁以外の代替策を検討しなければならないと判示した[130]。これにより、努力をしたにも拘わらず不払の場合には、ほぼ全ての事例で拘禁以外のより軽微な代替策が選択されるため、所得を得る努力がされていれば、不払があっても拘禁を科しえなくなった。条文上も、被告人が貧困であるために支払能力を欠くという理由だけでの拘禁は禁止されている[131]。

他方で、被害弁償命令においては、不履行に対する制裁が整備されていった。すなわち、ＶＷＰＡの下では、被害弁償がプロベーション又は監督付釈放の条件とされたにもかかわらず履行されない場合にのみ、プロベーション又は監督付釈放の取消を通して拘禁刑などの制裁が科されうるとされるにとどまっていた[132]。従って、被害弁償がプロベーション又は監督付釈放の条件とされず、単独で科された場合には、不履行に対して何らの制裁も科せなかった。また、不払に対する制裁として拘禁刑を科しうる場合であっても、罰金刑についての連邦最高裁の判決の射程が及び、同様の基準が妥当していた。ＭＶＲＡの下では、罰金刑と同様の規定とされ、被害弁償がプロベーション又は監督付釈放の条件とされなくとも、制裁を科しうることとなって制裁を科しうる場面が広げられることとなった[133]。

このように、被害者による執行が認められており、被害填補の目的が考慮されやすい特徴を有している。また、罰金刑に関する連邦最高裁判決の影響を受けて、不払に対する制裁として拘禁刑を賦科することが相当限定されており、罰金刑同様、経済的不平等により犯罪者から金銭を剥奪することが過度な苦痛を招かないよう配慮されやすい性質があると言える。

第四節　被害弁償命令の目的、性質及び適用領域

それでは、以上のような歴史及び制度の検討から、被害弁償命令はいかなる目的を有していると言えるだろうか。また、被害弁償命令は、実質的に見て、刑事制裁と民事制裁のうち、どちらにどのように位置付けられるのであろうか。そして、それらを踏まえて、どのように利用することが妥当であろうか。

まず、VWPAの立法資料は、被害弁償命令の目的について、被害填補をできる限り行なわせることにあると明言している。[134] 判例の中にも被害填補を目的ととらえるものが見受けられる。[135] これに対し、MVRAの立法資料は、連邦事件の被告人の八五％が量刑時に貧しく、支払能力に欠けるという調査結果を示し、被害者への被害填補を果たせない可能性が高いことを認めた上で、犯罪者に自己の惹起した行為結果を認識させることができるとし、被害弁償命令の目的を犯罪者の改善・更生・社会復帰にも置いている。[136] 判例の中にも、従来の犯罪者志向の伝統的な刑罰目的と同一であるとするものがある。[137]

VWPAとMVRAで、被害填補の強調から犯罪者による行為結果の認識へとその重点が変化したのはなぜであろうか。確かに、これまで見てきたように、被害弁償命令は、損害賠償と同じく、支払われた金銭を主に被害者に帰属させる。そして、罰金刑に比べて、被害に着目しやすい。しかし、ここで把握される被害は、法益剥奪の際の

手続的保障という観点から、精神的被害が含まれないなど限定されている。しかも、刑事制裁としての公正さを維持するため、犯罪者の経済状態により被害弁償額は減額されうる。その上、犯罪者に資力がないなどの理由で、実際に被害弁償がなされないこともありうる。このように、デュー・プロセスの観点から、手続的にも、実体的にも、執行の場面でも、強制的な法益剥奪という点が考慮されるため、被害填補の目的はそもそも制約を受けやすい。そのため、被害填補以外の目的が求められることとなり、これが被害弁償命令の重点の変化につながったと考えられる。

もっとも、被害弁償命令と損害賠償は、ともに被害に着目し、支払われた金銭が主に被害者に帰属するものである。そして、懲罰的損害賠償という例外があるものの、基本的に損害賠償が被害填補以外の目的を有さないとする見解が一般的である。従って、被害弁償命令に伝統的な刑罰目的と同じ目的を併有させるのは、法益剥奪としての性格と、法益剥奪をされる客体としての犯罪者への関心であると考えられる。このことは、MVRAにおいて、被害填補の目的と従来の刑罰目的から「名目上の量刑」でできる限り被害を把握しようとしつつ、制裁としての性格から、「実質上の量刑」で公正な刑事制裁を目指したことに顕著である。他方で、既に見たように、法益剥奪としての性格を考慮することによって被害弁償の対象となる被害や被害弁償額が限定されることになり、伝統的な刑罰目的自体がそもそも制約を受けやすい特徴を有している。

以上のように、被害弁償命令の目的には、被害填補目的と従来の刑罰目的が含まれ、その全てが法益剥奪への着目という実体的デュー・プロセスの観点からの制約を受けやすいと考えるべきである。

そのため、少なからぬ事例において、被害填補目的も従来の刑罰目的も完全には図られない。とは言え、被害填補目的と従来の刑罰目的を達成するための前提として、被害の内容や範囲について、裁判所が金銭の単位によって表示・表現することが成し遂げられている。これにより、犯罪者が自己の犯罪行為によって惹起した被害を認識することができるとともに、被害者は自らが受けた被害が公的に認定されたことを認識することができる。また、事件に関係を有さないその他の国民も、犯罪被害が公的に取り扱われていることを認識することができる。このように、犯罪被害の大きさを金銭の単位によって表示・表現する目的（表示・表現目的）が被害弁償命令には認められる。

被害填補目的や従来の刑罰目的は犯罪者が被害弁償命令の少なくとも一部を履行しなければ達成されないのに対して、表示・表現目的は裁判所が被害弁償命令を言渡せば犯罪者が被害弁償命令を全く履行できなくとも達成されることになる。第七章において罰金刑の目的を検討する際に詳述するように、犯罪者を刑事施設に収容すれば執行が可能となる自由刑とは異なり、金銭の支払を内容とする財産的刑事制裁の場合、支払の履行を前提とする目的を設定することには無理がある。むしろ、支払の履行がなされなくとも達成可能な目的を模索すべきであり、それが表示・表現目的なのである。

もちろん、表示・表現目的が達成されたからと言って、犯罪者が改善・更生するとは限らず、抑止・威嚇の効果が生じるとは限らない。せいぜい、犯罪者が改善・更生し、他の者に抑止・威嚇の効果が生じる「契機」に留まることには注意が必要である。

ところで、被害填補目的と従来の刑罰目的が法益剥奪への着目というデュー・プロセスの観点からの制約を受けやすいという傾向を刑事制裁と民事制裁の違いだと考えるべきである。すなわち、民刑の分離により、刑事の領域では、犯罪は国家への侵害と観念され、侵害とその侵害をもたらした犯罪者に焦点が当てられることとなった。他方、民事の領域では、侵害結果が被害と観念され、被害とその被害を受けた被害者に焦点が当てられることとなった。従って、刑事制裁においては、法益を剥奪される犯罪者に関心が寄せられるため、手続的にも、実体的にも、執行の場面でも、公正な刑事制裁を目指して、法益剥奪の際に配慮がなされるべきとされるようになった。経済的不平等が意識されやすい金銭の支払を制裁の内容とする罰金刑において、このことは伝統的に顕著であった。

このため、被害弁償命令は、罰金刑に比べて被害に着目しており、支払われた金銭が被害者に帰属するなど、民事の損害賠償と共通する点を有するものの、刑事制裁の特徴である法益剥奪の観点が重視されやすい。従って、刑事制裁と民事制裁の中間領域、言い換えれば、罰金刑と損害賠償の中間領域にある制裁と理解するよりも、刑事制裁ではあるものの、被害填補の目的と従来の刑罰目的を併有し、従来の刑事制裁よりも被害により強い関心を有した刑事制裁と位置付けることが妥当である。

このように考えると、古代の金銭支払、附帯私訴及び修復的司法との差異が明確となる。古代の金銭支払は、私人間での紛争解決のためになされ、法益剥奪の点が考慮されにくい点で、刑事制裁である現代の被害弁償命令とは一線を画していると見るべきである。また、附帯私訴は刑事手続においてなされるものの、被害弁償命令のように法益剥奪の点を考慮するものではない。それゆえ、附帯私訴は、刑事手続中で被害填補を簡易になしうるものの、本質的に犯罪者に関心を有する刑事手続になじみにくいと言える。これに対して、修復的司法は、その方法と重点に幅があるため、一概に論じることは難しいが、被害者と加害者が交渉を通じて和解に至るという典型的な過程において加害者の事情が被害者に理解されて加害者に科される法益剥奪の点が考慮されることが多いと考えられ、刑事制裁に親和的であると言える。このことは、既に見たように、イグラッシュがその考えを被害弁償から修復的司法へと発展させた経緯に照らしても相当と思われる。

以上のような目的と性質を有する被害弁償命令を我が国でどのように利用するべきであろうか。まず、歴史的にも、アメリカ合衆国の現行制度においても見られるように、被害に着目しやすい点から、個人の法益を害する犯罪が対象としてなじみやすいと考えられる。

そして、精神的被害などの算定困難な被害をも被害弁償の対象とすると、公正な手続による法益剥奪及び迅速裁判の要請に反しやすく、妥当でないように思われる。しかし、これを被害弁償の対象としない結果、実際の被害と被害弁償命令で把握される被害の乖離が顕著になれば、被害者救済の観点から不適切であると思われる。実務上、精神的被害については、既に交通事故における損害賠償などにおいて定型的な算定方法がほぼ確立されおり、そのような算定方法を参考にすれば、公正な手続による法益剥奪及び迅速裁判の要請に反することなく、精神的被害をも被害弁償の対象とすることができよう。

もっとも、被害弁償命令を財産的刑事制裁の中でどのように利用すべきかについては、罰金刑をはじめとする他の財産的刑事制裁の目的、さらにはその目的を踏まえた役割分担や量定方法をどのように構築するかにかかっている。この点については、次章以下で検討することとしたい。

ところで、我が国においては、犯罪被害者等の権利利益の保護を図るための刑事訴訟法等の一部を改正する法律（平成一九年法律第九五号）により、損害賠償命令制度が導入された。この制度の導入に当たってアメリカ合衆国の被害弁償命令を我が国に導入することには否定的な意見が出された。果たして、そのような意見は正鵠を得たものであったのだろうか。損害賠償命令制度の内容や同制度導入の際の議論について節を改めて検討することとしたい。

第五節　損害賠償命令制度の創設

犯罪被害者等基本法（平成一六年法律第一六一号）は[138]、犯罪被害者等基本計画を定めることを求めており（同法八条一項）、その基本的施策の一つとして、「国及び地方公共団体は、犯罪等による被害に係る損害賠償の請求の適切かつ円滑な実現を図るため、犯罪被害者等の行う損害賠償の請求についての援助、当該損害賠償の請求についてその被害に係る刑事に関する手続との有機的な連携を図るための制度の拡充等必要な施策を講ずるものとする」としていた（同法一二条）。

内閣府の犯罪被害者等施策推進会議に設置された犯罪被害者等基本計画検討会における審議結果に基づいて、平成一七年（二〇〇五年）一二月二七日、犯罪被害者等基本計画が閣議決定された[139]。この中では、犯罪被害者等基本法一二条を具体化すべく、「法務省において、附帯私訴、損害賠償命令、没収・追徴を利用した損害回復等、損害賠償の請求に関して刑事手続の成果を利用することにより、犯罪被害者等の労力を軽減し、簡易迅速な手続とすることのできる制度について、我が国にふさわしいものを新たに導入する方向で必要な検討を行い、二年以内を目途に結論を出し、その結論に従った施策を実施する」こととされた（V．重点課題に係る具体的施策　第一　損害回復一．損害賠償の請求についての援助等）。

平成一八年（二〇〇六年）九月六日、法務大臣は、「第一　損害賠償請求に関し刑事手続の成果を利用する制度」を含む、諮問第八〇号を発した。これを受け、法制審議会総会は、第一五〇回会議において、刑事法（犯罪被害者関係）部会を設置して審議することを決定した。同部会は八回の会議を行ない、平成一九年（二〇〇七年）一月三〇日の第八回会議において委員の賛成多数で損害賠償命令の導入を含む、要綱（骨子）を可決した。同年二月七日、法制審議会総会は、第一五二回会議において、犯罪被害者等の権利利益の保護を図るための法整備に関する要綱（骨子）を採択し、同日、法務大臣に答申を行なった。その後、同年三月一三日に第一六六回通常国会に法律案が提出されて審議され、一部修正の上、同年六月二〇日、犯罪被害者等の権利利益の保護を図るための刑事訴訟法等の一部を改正する法律（平成一九年法律第九五号）が成立した。[140] これにより、犯罪被害者等の保護を図るための刑事手続に付随する措置に関する法律（平成一二年法律第七五号）が改正され、犯罪被害者等の権利利益の保護を図るための刑事手続に付随する措置に関する法律と改称されるとともに、損害賠償命令制度（同法九条以下）が導入された。[141]

殺人等の一定の犯罪の被害者又はその一般承継人は、当該刑事被告事件の係属する地方裁判所に対し、その弁論の終結までに、当該被告事件に係る訴因として特定された事実を原因とする不法行為に基づく損害賠償の請求について、その賠償を被告人に命ずるよう申立てをすることができる（同法九条一項）。当該裁判所は、当該申立てについての審理及び裁判を刑事被告事件について終局裁判の告知があるまでは行なうことができず（同法一二条一項）、刑事被告事件について有罪の言渡しがあった場合、最初の審理期日たる口頭弁論又は審尋において（同法一五条）、刑事被告事件の訴訟記録のうち必要でないと認めるものを除き、その取調べをしなければならない（同法一六条一項、四項）。当該裁判所は、原則として四回以内の審理期日において審理を終結して、その旨の宣言を行ない（同法一六条三項、一七条）、決定により、その裁判を行なう（同法一八条）。当該裁判所は、最初の審理期日を開いた後、審理に日時を要するため原則として四回以内の審理期日において審理を終結することが困難であると認めるときは、申立てにより又は職権で損害賠償命令事件を終了させる旨の決定をすることができる（同法二四条一項）。また、刑事被告事件について終局裁判の告知があるまでに、申立人から損害賠償命令の申立てに係る請求についての審理及び裁判を民事訴訟手続で行なうことを求める旨の申述があったときなどには、当該裁判所は、損害賠償命令事件を終了させる旨の決定をしなければならない（同法二四条二項）。損害賠償命令事件が終了した場合、地方裁判所等への訴えの提起が擬制されるなどし（同法二四条四項・二〇条乃至二二条）、民事訴訟手続へ移行する。

このように、損害賠償命令制度は、損害賠償請求に係る裁判手続の特例として設けられたものである。すなわち、民事の損害賠償請求権の支払を命じるものであり、刑罰ではないことが明確にされている。(142) 従って、これまで検討してきた刑事制裁としての被害弁償命令とは異なるものである。

第六節　刑事制裁としての被害弁償命令に対する見方

そもそも、損害賠償命令の導入にあたって目指されたのは、ヨーロッパ諸国に倣った附帯私訴の導入であった。(143) 刑事制裁としての被害弁償命令は、比較的初期の段階から検討の対象から外されていたのである。(144)

この動きに大きな影響を与えたと考えられるのは、平成一六年（二〇〇四年）一二月に犯罪被害者のための施策を研究する会が作成した、「犯罪被害者のための施策に関する調査・研究（中間取りまとめ）」である。この中では、刑事制裁としての被害弁償命令を損害賠償命令と呼び、同命令に関して検討すべき課題として、①「損害賠償命令の法的性質については、刑罰に近いものととらえる考え方（刑罰モデル）と、民事賠償を命ずるものととらえる考え方（民事賠償命令モデル）とがあり得るのではないか」という法的性質に関する問題、②「民事訴訟と同じく厳密に損害額の認定を行なうのであれば、民事上の争点が刑事裁判に持ち込まれ、刑事裁判の遅延を招くなど……の問題が生ずることになる」という迅速裁判の要請に関する問題、③「刑事裁判で取り調べた証拠の範囲で認められる損害額についてのみ、賠償命令を発するものとすると、被害者は、別途、民事裁判で残額の請求をせざるを得なくなり、被害の実態に即した有効な救済とはなり得ないのではないか」という損害回復の範囲に関する問題、④「損害賠償命令を刑罰ととらえると、罰金のように主刑として科すか、没収・追徴のような付加刑として科すか、あるいは付随処分として科すなど種々の考え方があろうが、いずれにしろ、本来の主刑の重さにどのような影響を与えるかという問題があろう」という他の刑罰との関係の問題、⑤「被告人が損害賠償命令に従わず、任意に履行しない場合には、強制執行の手間がかかることになるのではないか。この場合に被告人を労役場に留置しても、被害者の被害救済には資さないのではないか」という不履行時の問題、⑥「損害賠償命令が出されても被告人に資産がなければ実質的な被害回復を図ることはできないのではないか」という犯罪者の資力の問題の六点が指摘されていた[145]。そして、これらの問題点については、その後の犯罪被害者等基本計画検討会や法制審議会刑事法（犯罪被害者関係）部会においても繰り返し指摘されることとなった[146]。

しかし、刑事制裁としての被害弁償命令についてのこのような理解は妥当であろうか。

まず、①法的性質に関する問題はどうか。

この点については、刑事制裁としての被害弁償命令を否定する趣旨ではないだろう。すなわち、刑事制裁の一種とすることも、民事の損害賠償とすることも可能であり、理論上、どちらも採用しうる。また、実際に、諸外国でどちらの制度も構築されている。

それでは、②迅速裁判の要請に関する問題はどうか。この問題は、通常、迅速裁判の要請を満たすためには、刑事制裁としての被害弁償命令の対象を限定しなければならないと考えやすいため、③損害回復の範囲に関する問題と表裏一体のものであると言える。言い換えれば、損害回復の範囲を拡大すればするほど、通例、迅速裁判の要請を害するとも考えられるため、問題となる。

確かに、精神的被害などについて、民事訴訟と同様に被害額を厳密に算定しようとすれば、刑事裁判が長期化することは避けられないように思われる。迅速裁判は、被告人にとって憲法上の権利であり（憲法三七条一項）、この問題は無視できない。

もっとも、窃盗などの財産犯のように、被害額を厳密に算定したとしても、迅速裁判の要請に適う犯罪類型も少なくないはずである。また、生命又は身体に関わる事案であったとしても、現在、交通事故の損害額算定のために利用されている損害賠償額算定基準を活用することで、迅速に認定可能であるとする提案もなされている。(147)

そもそも、民事訴訟と同様に被害額を厳密に算定することが迅速裁判の要請を害するとの考え方は、①法的性質に関する問題について、被害弁償命令を民事の損害賠償とすることを前提としているきらいがある。①法的性質に関する問題について、被害弁償命令が刑事制裁とされれば、被害弁償命令の賦科額を判断することは、刑事裁判の一つの目的となるはずである。そして、いわゆる高田事件判決においては、「具体的刑事事件における審理の遅延が……保障条項に反する事態に至つているか否かは、遅延の期間のみによって一律に判断されるべきではなく、遅延の原因と理由などを勘案して、それ遅延《ママ》がやむをえないものと認められないかどうか、これにより右の保障条項がまもろうとしている諸利益がどの程度実際に害せられているかなど諸般の情況を総合的に判断して決せられなければならないのであつて、たとえば、事件の複雑なために、結果として審理に長年月を要した場合などはこれに該当しないこともちろんであ」るとされている。(148) それゆえ、殺人事件のような重大な事案において、精神的被害なども含めて、民事訴訟と同様に被害額を厳密に算定し、損害回復の範囲を拡大することが直ちに迅速裁判の要請を害するものとはなり得ない。

続いて、④他の刑罰との関係の問題はどうか。

被害弁償命令を刑事制裁とすれば、懲役刑などの他の刑罰と合わせて賦科されることになる。そして、被告人の刑事責任は、刑事制裁の種類が増加することによって変わるものではない。それゆえ、被害弁償命令の目的として損害回復を重視すればするほど、被害弁償命令を賦科することにより、他の刑罰は被害弁償命令を賦科しない場合に比べて、軽いものとされなければならない。例えば、窃盗などの軽微な財産犯においては、被害弁償命令を賦科することにより、懲役刑が相当程度軽いものとされることも少なくないであろう。一方、殺人事件のような重大な事案においては、被害弁償命令を賦科したとしても、懲役刑が大幅に軽いものとされることはあまり想定されない。

最後に、⑤不履行時の問題はどうか。この問題は、犯罪者の経済状態が悪い場合に生じやすいため、⑥犯罪者の資力の問題と表裏一体のものであると言える。

確かに、犯罪者の事情に応じて、被害者又は被害者遺族が被害弁償の支払を受けられないことがあることは否定できない。しかし、このことは、今回導入された損害賠償命令においても共通するはずである(149)。

以上のように、刑事制裁としての被害弁償命令について「犯罪被害者のための施策に関する調査・研究（中間取りまとめ）」において指摘された問題点は、解決可能であるか、あるいは、刑事制裁としての被害弁償命令に固有の問題ではない。それゆえ、これらの問題点を理由に、刑事制裁としての被害弁償命令を我が国に導入することが適切ではないとすることは妥当でない。

もっとも、刑事制裁としての被害弁償命令について指摘された問題点はこれだけではない。法制審議会刑事法（犯罪被害者関係）部会においては、(a)被害額全額が賦科されず、犯罪者の事情に応じて減額されてしまいかねないこと、(b)被害弁償の額の算定にあたって、被害者又は被害者遺族が主体的に関与できないことが問題点として挙げられている。[150]また、これらの点が、前述の「犯罪被害者のための施策に関する調査・研究（中間取りまとめ）」をはじめとして、[151]種々の論稿において刑事制裁としての被害弁償命令の内容としてしばしば紹介されている。[152]それゆえ、この点が刑事制裁としての被害弁償命令を採用しなかった主たる理由であると思われる。刑事制裁としての被害弁償命令についてのこれらの理解は妥当であろうか。

まず、(a)被害額全額が賦科されず、犯罪者の事情に応じて減額されてしまいかねないという点についてはどうか。既に本章で紹介したように、アメリカ合衆国の連邦における刑事制裁としての被害弁償命令においては、一九九六年のＭＶＲＡにより、多くの犯罪類型において、被害額全額の賦科が必要的に行なわれるようになった。確かに、ＭＶＲＡの下でも、犯罪者の事情に応じて支払計画が策定され、実質的に減額されることはありうる。もっとも、犯罪者の事情に応じて、被害者又は被害者遺族が被害弁償の支払を受けられないことは、既に、⑤不履行時の問題及び⑥犯罪者の資力の問題において見たように、今回導入された損害賠償命令においても共通するはずである。

確かに、イングランド及びウェールズの被害弁償命令（Compensation Order）は、被告人の資力を考慮して賦科するとされている。[153]そのため、アメリカ合衆国の連邦の制度について誤解され、この誤解が法制審議会刑事法（犯罪被害者関係）部会における審議に影響を与えた可能性がある。

アメリカ合衆国の被害弁償命令が被害額全額を必要的に賦科することは、法務省の担当者が述べているように、[154]損害を回復することだけを考えれば、無駄なことのようにも思われる。しかし、被害者は、必ずしも損害を回復することだけに関心があるわけではない。[155]犯行の動機や、犯罪者の事件に対する視点や反省を含めた事件の全体像を明らかにすることで、犯罪者の責任を追及し、損害や被害が公的に認定されることに関心を有する被害者も多い。

本章で既に指摘した表示・表現目的が重視されているのである。そして、犯罪者に資力がないこととも相まって、表示・表現目的が損害回復よりも重視されることも少なくない。このような観点からは、被害額全額を必要的に賦科することは、被害者にとって積極的な意義を有すると考えるべきである。そして、民事手続によらず、刑事手続のみで損害回復を図りうることは、被害者の精神的負担を増大させないことにもつながる。(156)

次に、(b)被害弁償の額の算定にあたって、被害者又は被害者遺族が主体的に関与できないという点についてはどうか。そもそも、刑事制裁としての被害弁償であれば、被害者又は被害者遺族が主体的に関与できないということは論理必然ではないはずである。

ニュージーランドにおいては、刑事制裁としての被害弁償（reparation）(157)が他の刑事制裁の条件や付随的な命令としてではなく、独立の刑事制裁として規定されている。(158)そもそも、ニュージーランドにおいても、一九五四年刑事司法法（Criminal Justice Act 1954）(159)や一九六一年犯罪法（Crimes Act 1961）(160)などで財産の損失に対する損害回復（compensation for loss of property）などが規定されていたにすぎなかった。(161)これらの規定を統一するとともに、被害弁償の対象となる犯罪被害の間隙を埋めるべく、(162)一九八一年刑罰政策検討委員会（1981 Penal Policy Review Committee）は、被害弁償の導入を勧告したのである。(163)拘禁刑などに比べて執行費用が小さいことなどもあって、(164)一九八五年刑事司法法（Criminal Justice Act 1985）(165)において被害弁償が導入され、(166)二〇〇二年量刑法（Sentencing Act 2002）(167)に受け継がれた。

さらに、同じく独立の刑事制裁として被害弁償命令（reparation order）も規定されている。これは、訴追の終結（discharge）(168)又は召喚時に量刑言渡しのために出頭する命令（Order to come up for sentence if called on）の際や、(169)一九八九年児童、青少年及び家族法（Children, Young Persons and Their Families Act 1989）において、(170)

児童（child）若しくは青少年（young）又は児童若しくは一六歳未満の青少年の親若しくは監護者（guardian）に対して賦科されるものである。[171]

ニュージーランドにおいては、修復的司法の考え方が重視され[172]、財産の損失に対する損害回復などが刑事制裁としての被害弁償へと発展してきたという経緯がある。そこで、ニュージーランドの刑事制裁としての被害弁償の制度を検討し、刑事制裁としての被害弁償の制度内容と我が国への導入の可能性を探ることとしたい。

第七節　ニュージーランドにおける刑事制裁としての被害弁償

ニュージーランドにおける刑事制裁としての被害弁償は、どのような制度となっており、どのように運用されているのか。以下では、アメリカ合衆国における刑事制裁としての被害弁償命令を紹介した際の枠組に沿って、検討することとしたい。その上で、被害弁償の目的、性質及び適用領域を考察することとしたい。

一、被害弁償の内容と賦科額の算定

（一）対象となる行為

被害弁償の対象となる行為は、アメリカ合衆国の連邦法とは異なり、有罪認定された行為だけに限定されている。

一九八一年刑罰政策検討委員会は、有罪認定された行為と関連する起訴された同種犯罪などについて、有罪認定されていなくとも、対象とすべきとしていた。[173]しかし、現在のところ、こうした改正は行なわれていない。

（二）対象となる被害者の範囲

被害弁償の対象となるのは、裁判所により有罪認定された犯罪を通して又は当該犯罪によって惹起された、(a)財産の損失又は損害、(b)精神的侵害（emotional harm）、(c)あらゆる精神的若しくは身体的な侵害又は財産の損失若しくは損害に引き続いて生じた損失又は損害のいずれかを被った者である。(174)

但し、(c)のうち、二〇〇一年傷害防止、リハビリテーション・リハビリテーション及び補償法（Injury Prevention, Rehabilitation, and Compensation Act 2001）(175)に基づき権利を有すると確信される被害者は対象から除外される。(176)

また、同じく(c)のうち、精神的侵害若しくは身体的侵害に引き続いて生じた損失若しくは損害として精神的侵害を被った者は、二〇〇二年量刑法の規定する「被害者」でなければ対象から除外される。(177)ここで、「被害者」とは、(a)(i)他者によって実行された犯罪により不利益を受けた者、(ii)他者によって実行された犯罪を通して又は犯罪によって身体的侵害又は財産の損失若しくは損害を被った者、(iii)(i)又は(ii)に含まれる幼児又は青少年の親又は法的な監護権者のうち、当該犯罪の実行によって訴追され又は当該犯罪によって有罪認定され若しくは答弁取引（plead guilty）を行なっていない者、(iv)他者によって実行された犯罪の結果として死亡又は重篤な後遺障害が生じた者の直近の家族の構成員であって、当該犯罪の実行によって訴追され又は当該犯罪によって有罪認定され若しくは答弁取引を行なっていない者のうち、主犯（principal）、関与者（party）、事後従犯（accessory after the fact）又はその他であるかを問わず、当該犯罪又は当該犯罪と同じ事件若しくは当該犯罪と一連の事件と関連する犯罪の実行によって訴追され、又は当該犯罪によって有罪認定され若しくは答弁取引を行なった者を除く全ての者である。(178)

もともと、一九八五年刑事司法法においては、(a)財産の損失又は損害を被った者だけが対象であり、財産犯の被害者だけが対象として想定されていたと考えられる。その後、一九八七年刑事司法修正法（三号）（Criminal Justice

Amendment Act（No 3）1987）[179]によって、(b)精神的侵害を被った者も対象として加えられた。[180]こうした経緯もあって、そのしばらく後に成立した、一九八九年児童、青少年及び家族法における被害弁償命令においては、(c)あらゆる精神的又は身体的な侵害又は財産の損失若しくは損害に引き続いて生じた損失又は損害が対象とされておらず、直接の被害者に限定されている。[181](c)あらゆる精神的若しくは身体的な侵害又は財産の損失若しくは損害に引き続いて生じた損失又は損害を被った者は、二〇〇二年量刑法において初めて対象とされた。

その結果、刑事制裁としての被害弁償においては、アメリカ合衆国の連邦法とは異なり、(c)あらゆる精神的若しくは身体的な侵害又は財産の損失若しくは損害に引き続いて生じた損失又は損害のいずれかを被った者という間接の被害者が含まれている点が特徴的である。犯罪行為による影響が広範に及ぶことを考えれば、間接の被害者まで含まれることは評価されよう。

（三）対象となる被害の範囲

被害弁償の対象となるのは、犯罪者が裁判所により有罪認定された犯罪を通して又は当該犯罪によって惹起した、(a)財産の損失又は損害、(b)精神的侵害、(c)あらゆる精神的又は身体的な侵害又は財産の損失若しくは損害に引き続いて生じた損失又は損害である。[182]

条文上、精神的被害は定義されていない。実務上、精神的被害は大変広く解釈されているものの、精神的侵害に対して賦科されることはそれほどないとされる。[183]

前述のように、一九八五年刑事司法法においては、当初、(b)精神的侵害すら対象とされておらず、一九八九年児童、青少年及び家族法における被害弁償命令においては、(c)あらゆる精神的又は身体的な侵害又は財産の損失若しくは損害に引き続いて生じた損失又は損害が対象とされていない。[184] アメリカ合衆国の連邦法とは異なり、刑事制裁としての被害弁償においては、(c)あらゆる精神的若しくは身体的な侵害又は財産の損失若しくは損害に引き続いて生じた損失又は損害という間接の被害が含まれている点が特徴的である。犯罪行為による影響が広範に及ぶことを考えれば、間接の被害まで含まれることは評価されよう。

(四) 上限額

既に見たように、行為、被害者及び被害という要件で対象が限定されていることもあって、一般的な上限額は定められていない。

被害弁償は、懲罰的損害賠償とは異なるため、被害額を超える額が被害弁償の元本とされることはない。

(五) 要求される行為の内容、方法及び期限並びに賦科の肯否及び賦科額の量定

①要求される行為の内容

要求される行為の内容は、金銭の支払である。裁判所は被害弁償の言渡しにあたって、まず、被害弁償の支払総額を明示しなければならない。[185]

被害弁償の全部又は一部の支払が不可能な場合であっても、侵害、損失又は損害が生じた者のために何らかの作業又は役務を実施するよう犯罪者に義務を科してはならない。[186] 一九九三年被害者作業部会(Victims Task Force 1993)は、ポリネシアの社会で行なわれているものを範として、修復的司法の発想から、被害者に対する役務提供もできるようにすべきとしていた。[187] しかし、被害者が犯罪者と接触を望まないことも多く、役務提供は現実的では

ないとの批判がある。[188]また、被害者に対する役務提供について犯罪者と被害者の合意をどのように得るのか、合意を得たとして執行と監督をどのように行なうのかといった問題も指摘されており、[189]未だ法改正には至っていない。

②要求される行為の方法及び期限

要求される行為の方法及び期限については、次のように定められている。

まず、当該金額を全額一括で支払わなければならないのか、分割払とするのかを判断しなければならない。[190]そして、全額一括で支払わなければならないとする場合、即時に支払わなければならないのか、将来の特定の日に支払えばよいのかを判断しなければならない。[191]裁判所は、即時支払のための十分な資産を有していると考えられる場合、住所不定である場合、犯罪の重大性、犯罪の性質又はその他特別の状況に関するあらゆる理由により執行（execution）が遅滞なく行なわれる必要がある場合、即時支払を求めることができる。[192]即時支払が求められた場合、犯罪者は、原則として賦科された日から二八日以内に全額を支払わなければならない。[193]一方、分割払とする場合、裁判所はその間隔と毎回の支払額を判断しなければならない。[194]裁判所は合理的な期間内に支払が完了しうるようにすべきとして、分割払の期間を二年乃至三年とすることが多い。[195]また、支払期限の延長を行なう支払猶予とすることも認められている。[196]

分割払又は支払猶予の場合、裁判所の書記官（registar）は、できる限り速やかに、手渡しにより、又は、犯罪者の最後に知られた居所若しくは職場への郵送により、被害弁償の通知をしなければならない。[197]その通知には、(a)被害弁償の支払額、(b)支払がなされるべき日限、(c)支払の回数と場所、(d)上訴権の存在、(e)書記官又は執行吏（bailiff）が支払猶予又は分割払その他の伴う変更を行なう可能性、(f)不払時に執られる一般的な手続が記載される。

分割払とされた場合、一度でも不払（default）があれば、未払の残部全てについて不履行があったとして後述する不払時の制裁の手続が執られうる。[198]

③賦科の肯否

このような内容、方法及び期限を設定された被害弁償が、いかなる場合に科されるのか。

二〇〇二年量刑法において、被害弁償は、罰金刑と並ぶ二番目に軽い刑事制裁として規定されている。すなわち、軽い刑事制裁から順に、召喚時に量刑言渡しのために出頭する命令、罰金刑及び被害弁償、社会奉仕（community work）及び監督（supervision）、集中監督（intensive supervision）及び社会内拘禁（community detention）、在宅拘禁（home detention）、拘禁刑（imprisonment）となっている。[199]これらの刑事制裁の軽重は、犯罪者の監督、監視及び制限の相対的な程度を反映するとされている。[200]

そして、被害弁償は、あらゆる個々の犯罪に関連して、単独で又は他の刑事制裁に付加して賦科することができる。[201]

裁判所は、被害弁償を賦科する適法な権限を有する場合、被害弁償が犯罪者又は犯罪者の扶養家族に「不適切な困難（undue hardship）」をもたらすこと又はあらゆるその他の特別な状況が被害弁償の賦科を不適切にすることが確信されない限り、被害弁償を賦科しなければならない。[202]ここで、「不適切な困難」とは、被害弁償をなすのに十分な資産がないことと解釈されており、実務上、資力がない場合、被害弁償は賦科されないのが通例である。[203]

この点は、もともと、「不適切な場合」に賦科しないことができるとされていた。これに対し、一九九二年の司法省（Ministry of Justice）の報告書などにおいて、被害者が存在し、金銭換算可能な損失がある場合には必要的に賦科されるべきという被害者の主張が紹介され[204]、被害弁償をより多くの場合に賦科する必要性が広く認識されることとなった。もっとも、犯罪者の支払を期待できないような額の賦科は被害者にとっても有用性を向上させるものではないとする指摘もなされた[205]。また、被害弁償を期待した被害者が支払を受けられず犯罪被害に加えて新たな怒りを抱くことも指摘されている[206]。こうした理由もあって、必要的な賦科とされることはなかったものの、一九九三年刑事司法修正法（Criminal Justice Amendment Act 1993）[207]により、「明らかに不適切な場合」に賦科しないことができるにとどまると改正され[208]、賦科が原則であることが強調された[209]。二〇〇二年量刑法において、「明らかに不適切な場合」から「不適切な困難」とさらに改正されたことにより、賦科しない例外的な場合がいっそう限定され、賦科を促進しようとしていると言えよう[210]。

裁判所は、被害弁償が適切か否か判断する際、被害弁償を受けうる者が制定法又は法の支配に基づいて関連する手続を適用したり、援用したりする可能性のある権利があるか又はありうるかを考慮しなければならない[211]。何らかの権利が行使されてきたか、何らかの権利が行使できる終期を徒過しているか否かに拘らず、適用の可能性のある権利が現にあるか又は将来ありうるかが考慮されなければならない[212]。もっとも、被害弁償の賦科は、侵害、損失又は損害を被った者が被害弁償が及ぶ額を超えるあらゆる損害賠償を民事手続において得るあらゆる権利に影響を与えるものではない[213]。

裁判所が被害弁償を賦科する適法な権限を有するにもかかわらず、被害弁償を賦科しない場合、その理由を示さなければならない[214]。

④賦科額の量定

裁判所が被害弁償を賦科することが適切であると思料した場合、プロベーション・オフィサー（probation officer）又は裁判所によってその目的のために任命されたあらゆるその他の者に裁判所のために被害弁償報告書を準備するよう命じることができる[215]。犯罪者が損失、損害又は侵害の全価値を支払う十分な資力を有しているかどうかは、例えば、収入、資産、家族の扶養義務、債務、生活状況、拘禁刑の賦科の有無、経済状態や雇用状態の予測などから総合的に判断することになるため[216]、その資料として被害弁償報告書は重要である。対象となるのは、(a)財産の損失又は損害の事例においては、当該損失又は損害及び引き続いて生じた損失又は損害の価値、(b)精神的侵害の事例においては、当該侵害の性質及び引き続いて生じた損失又は損害の価値、(c)身体的侵害に引き続いて生じた損失又は損害の事例においては、損失若しくは損害の性質及び価値、又は損失及び損害を被った者が二〇〇一年傷害防止、リハビリテーション及び補償法に基づく権限によって補償される見込みの範囲、(d)犯罪者の経済的能力[217]、(e)犯罪者が被害弁償に基づき支払うことができると思われる最高額、(f)分割払による支払が望ましいと思料される場合、被害弁償に基づいて要求されるべき支払の間隔と毎回の支払額である[218]。

裁判所は、原則として、一〇〇ニュージーランドドル（NZD）（約六〇〇〇円。一NZD六〇円で換算。以下同じ）以上の被害弁償が相当と考えられる場合で、犯罪者の支払能力が不明であるとき、被害弁償報告書の準備のために、経済的能力について、犯罪者自身に陳述（declaration）を行なわせることができる[219]。経済的能力についての陳述は、書面でなくともよく、口頭でも構わない[220]。そして、陳述は、(a)給与及び賃金、(b)利得及び年金、(c)各種の手数料収入、(d)利息及び配当、(e)賃貸財産からの収入、(f)不動産の所有、(g)車両の所有、(h)その他の財産の所有、(i)犯罪者が現在は所有していないものの、陳述から一二か月以内に受け取ると予想される収入及び現実化する資産、

(j)借入金、(k)犯罪者及びその扶養家族の不可欠な支出をはじめとする、あらゆる種類の収入、資産、債務及び支出についての情報を含んでいなければならない[221]。陳述は、犯罪者の経済的能力に適合した被害弁償の量定を行なうために重要であることから、犯罪者を裁判所に最大二時間を留置し、陳述を作成させることができる[222]。また、陳述において、虚偽の情報をもたらした場合、三月未満の拘禁刑又は一〇〇〇NZD(約六万円)未満の罰金刑が科されることとなっている[223]。

但し、(a)裁判所が犯罪者が支払うべき被害弁償の額について確信を得た場合、(b)被害弁償報告書において言及される情報の種類が他の手段によって得られる場合、(c)裁判所が報告書を不必要であると思料した場合、裁判所は被害弁償報告書を準備するよう命ずることなく、他の調査をすることもなくして、被害弁償を賦科することができる[224]。もっとも、被害弁償報告書なくして被害弁償を言渡すのは「無分別」であると理解されており、特段の事情がなければ、被害弁償報告書の作成が求められているようである[225]。

裁判所により被害弁償報告書を準備するよう命じられたプロベーション・オフィサー又は裁判所によって任命された者は、修復的司法の観点から[226]、犯罪者が被害弁償として支払う額について、侵害、損失又は損害を被った者と犯罪者との間で合意を得るよう努力しなければならない[227]。もっとも、この手続において、侵害、損失又は損害を被った者が犯罪者と対面することが強制されたり、報告書の準備において参加を強制されたりすることは許されない[228]。強制に至らなくとも、圧力とならないよう、配慮すべきであろう[229]。

合意が成立した場合、プロベーション・オフィサー又は裁判所によって任命された者は、裁判所に対し合意の内容を報告しなければならない[230]。

一方、合意が成立しなかった場合、プロベーション・オフィサー又は裁判所によって任命された者は、合意が不成立に至った事情等について被害弁償報告書に記載しなければならない[231]。すなわち、(a)精神的侵害については、犯罪者と侵害を被った者の各々の主張及びその点につき合意が得られていないことを記載しなければならない。また、(b)財産の損失又は損害については、(i)入手しうる証拠に基づいて判断された損失又は損害及び引き続いて生じた損失又は損害の価値を記載するか、(ii)その判断が不可能又は困難であれば、その点につき合意が得られていないことを記載しなければならない。さらに、(c)精神的侵害又は身体的侵害に引き続いて生じた損失又は損害については、(i)入手しうる証拠に基づいて判断された損失又は損害の価値を記載するか、(ii)その判断が不可能又は困難であれば、犯罪者と侵害を被った者の各々の主張及びその点につき合意が得られていないことを記載しなければならない。実際上、合意が成立しなかった場合、侵害、損失又は損害の評価が困難であることも多く、被害弁償報告書は有益な情報とはならないことも多いとされる[232]。

プロベーション・オフィサー又は裁判所によって任命された者は、被害弁償報告書を完成させた後、裁判所に原本を提出するとともに、侵害、損失又は損害を被った者にその謄本を交付しなければならない[233]。もっとも、被害弁償報告書の謄本が交付されなかったとしても、一連の手続や賦科された被害弁償の有効性に影響を与えない[234]。

それでは、裁判所はどのような指導理念に基づき量定を行なうべきか。

刑事制裁の目的として一般に挙げられてきたのは、抑止（deterrence）、改善（reform）、隔離（prevention）、応報（retribution）などであった[235]。二〇〇二年量刑法は、量刑目的について、犯行により被害者及び地域社会が被った侵害に対する責任（accountable）を犯罪者に負わせること、当該侵害に対する責任の感覚及び認識を犯罪者に促進させること、犯罪者が関与した行為を非難すること、犯罪者又はその他の者による同じ又は同種の犯罪の遂行を抑止すること、犯罪者から地域社会を保護すること、犯罪者の社会復帰や再統合を援助することだけでなく、犯罪被害者に利益をもたらすこと、犯行により被った侵害に対する損害回復を行なうことを明確にしている[236]。そして、これらのいかなる目的も他の目的に優先劣後することはないとしている[237]。

このような刑事制裁の目的を踏まえて、およそ刑事制裁の量定にあたっては、量刑の際に考慮すべき因子として、被害者に及ぼされた犯行の影響に関して裁判所に提出されたあらゆる情報、当該事件において生じた又は裁判所が生じうることについて確信した修復的司法の結果が挙げられており[238]、被害弁償にも妥当する。

また、量刑の際に刑事制裁を加重するよう考慮すべき因子として、犯罪から生じたあらゆる損失、損害又は侵害の程度が挙げられている[239]。一方、量刑の際に刑事制裁を減軽するよう考慮すべき因子として、犯罪者が示す自責の念又は賠償（compensation）などの申出、合意若しくは実行などが挙げられている[240]。そして、(a)犯罪者により被害者に対してなされる償いの申出、(b)犯罪者によって惹起された悪事、損失若しくは損害を犯罪者がどのように救済するかについて、又は犯行が継続しない若しくは再発しないことを確実にすることについての犯罪者と被害者の間でなされる合意、(c)犯行に対する犯罪者又は犯罪者の家族、マオリ族の場合の拡大家族（ファナウ。whanau）若しくは家族集団の対応、(d)犯罪者の家族、ファナウ若しくは家族集団によってとられたか、とられることが提案された、(i)犯行のあらゆる被害者、被害者の家族、ファナウ若しくは家族集団に対してなされる賠償、(ii)犯行のあらゆる被害者、被害者の家族、ファナウ若しくは家族集団に対してなされる謝罪、(iii)生じた侵害に対するその他の償い、(e)犯罪者によってとられたか、とられることが提案されたあらゆる救済行為を考慮すべきであるとしている[241]。さらに、こうした賠償が、誠実で実現可能かどうか、悪事の償い又は軽減として被害者に受け入れられたかどうかを斟酌しなければならない[242]。そして、賠償などの実現が完了した上で刑事制裁の賦科又はその程度を決定するために、裁判所は賠償などの実現が完了するまで量刑判断を行なわないことができる[243]。これらについても、いずれも被害弁償に妥当する。

裁判所は、被害弁償の額を判断する際、以上の指導理念に加えて、損害回復に関する種々の提案、合意、反応、手段、行動を考慮に入れなければならない[244]。また、あらゆる精神的又は身体的な侵害又は財産の損失若しくは損害に引き続いて生じた損失又は損害の額について判断する際、被害弁償を受けうる者が制定法又は法の支配に基づいて関連する手続を適用したり、援用したりする可能性のある権利があるか又はありうるかを考慮しなければならない[245]。ここでもまた、何らかの権利が行使されてきたか、又は、何らかの権利が行使できる終期を徒過しているか否かに拘らず、適用等の可能性のある権利が現にあるか又は将来ありうるかが考慮されなければならない[246]。

犯罪者が損失、損害又は侵害の全価値を支払う十分な資力を有していない場合、裁判所は、犯罪者に対して、(a)損失、損害又は侵害の価値よりも少ない額の被害弁償を言い渡すか、(b)分割払による支払を求めるか、(c)(a)と(b)の両方の言渡しをしなければならない[247]。

被害弁償の条件の謄本は、侵害、損失又は損害を被った者に交付されなければならない[248]。もっとも、被害弁償の条件の謄本が交付されなかったとしても、一連の手続や賦科された被害弁償の有効性に影響を与えない[249]。この手続は、侵害、損失又は損害の評価を行なわなければならないプロベーション・オフィサーの負担が大きい。また、量刑を遅延させるとして裁判官に不評であるとの指摘もある[250]。

以上のように、ニュージーランドの刑事制裁としての被害弁償の賦科手続においては、刑事制裁でありながら、被害弁償の賦科額の決定に当たって、原則として犯罪者と被害者の合意が求められている点が特徴的である。このような制度となっているのは、既に紹介したように、修復的司法の発想が強く影響したためであると考えられる。

（六）手続

被害弁償の賦科及び賦科額の算定のために陪審が利用されることはない。

また、被害弁償の賦科及び賦科額の算定に対して、被害者が上訴することはできない。

さらに、被害弁償は証明可能債務（provable debt）とならず、破産者が破産免責を受けた際にも免責されない。[251]

三、支払われた金銭の帰属

被害弁償として支払われた全額が、侵害、損失又は損害を被った者に帰属する。但し、その者の同意がある場合には、その者の契約する保険会社に帰属する。[252]

犯罪者が被害弁償と罰金刑を併科された場合であって、犯罪者がその両方の金額の和よりも小さい額を支払った場合、被害弁償に充当されなければならない。[253]

犯罪者が一つの犯罪により複数の被害者に対する被害弁償を賦科された場合であって、支払われた金銭がかかる被害弁償の賦科額に満たないときには、裁判所による特段の指示がなければ、支払われた金銭は個々の賦科額に応じて按分比例される。[254] 犯罪者が複数の犯罪によりそれぞれの被害者に対する被害弁償を同じ日に賦科された場合であって、支払われた金銭がかかる被害弁償の賦科額に満たないときには、裁判所による特段の指示がなければ、支払われた金銭は個々の賦科額に応じて按分比例される。[255] 一方、異なる日に賦科された場合、裁判所による特段の指示がなければ、支払われた金銭は賦科された被害弁償の順に充当される。[256] 以上の按分比例又は充当についての国の誤り、遺漏又は遅延に対して、国家賠償責任は生じない。[257]

支払がない場合又は支払われた額が賦科された額よりも小さい場合であっても、被害者は国から補填を受けることはできない。一九九三年被害者作業部会は、被害者が二五〇NZD（約一万五〇〇〇円）未満の全額と二五〇NZD以上の一部の額を国から受け取ることができるようにすべきとの提案を行なっていた。[258] しかし、このような提案に対しては、国家が代替して支払うことにより、犯罪者が支払についての責任感を減退させてしまいかねないこと、修復的な側面が失われてしまいかねないこと、犯罪者に資力がないことも多いために執行費用などを含めずとも単純な計算で年間一〇〇万NZD（約六億円）乃至一五〇万NZD（約九億円）を国家が負担しなければならないことなどが指摘され、[259] 実現に至っていない。

四、不払時の制裁

罰金刑と同様である。[260] 詳しくは第六章で紹介するように、被害弁償の一部減額・全額免除、支払猶予・分割払、氏名の公表、銀行口座からの控除、資産差押え及び資産売却、給与差押え、拘禁刑・社会奉仕作業の言渡しが可能である。

被害弁償の一部減額・全額免除がなされたとしても、被害者が損害賠償を民事手続において得るあらゆる権利に影響を与えるものではなく、二〇〇一年傷害防止、リハビリテーションテーション及び補償法などに基づき減額又は免除相当額を補填することができる。[261]

五、運用

被害弁償の賦科は、一九八九年度には一万六七六件であったが、一九九七年度には一万二八八〇件、二〇〇六年度には一万七三九二件となり、[262] 多少の増減はあるものの、件数は増加傾向にある。

このうち、財産犯が一万二八二六件（七四％）を占めているが、その割合は一九九七年度の一万一一四七件（八七％）からは減少している。[263] 一九九八年度には、故意の器物損壊（willful damage）の賦科率が五九・四％であるのに対し、財産犯への賦科率は、二一％にすぎなかった。[264] 被害弁償を賦科しなかった理由について、財産犯を対象とした司法省のサンプル調査（一九九六年）によれば、既に損害が回復されていたため（四五％）、損失がなかったため（二二％）、警察が求めなかったため（二一％）、犯罪者が拘禁刑受刑中で支払が期待できなかったため（一六％）、犯罪者が十分な資産を有していなかったため（一五％）となっており、犯罪者の資産状態について情報がなかったためと回答した裁判官はいなかった。[265] このように、被害弁償が賦科されなかった六割以上の事件で被害弁償を賦科する必要性がないとされており、賦科率が相当程度下がることもやむを得ない。一方で、被害弁償が必要である又は必要である可能性がある事件のうち、支払が期待できないとする事例がかなりに部分を占めていることが窺える。こうした事例の多くは、被害弁償額が大きく、支払に時間がかかる上、犯罪者が失業中であったり、家族の扶養で精一杯であったり、拘禁中であったり、多額の借金を抱えていたりすることが多いと指摘されている。[266]

交通事犯と暴力事犯への賦科件数及び割合が増加しており、それぞれ、六九八件（五％）（一九九七年度）から二一〇四件（一二％）（二〇〇六年度）、五三九件（四％）（一九九七年度）から一七四一件（一〇％）（二〇〇六年度）となっている。[267] 薬物事犯にはあまり賦科されていない。[268]

他の刑種との併科状況を見ると、他の刑事制裁と併科されることが多い。一九九八年度には、週末拘禁刑三八七三件（三四・五％）、被害弁償のみで併科なし二三二六件（二〇・六％）、監視一三三五件（一一・九％）、社会奉仕一三三一件（一一・九％）、罰金刑一二九六件（一一・五％）、拘禁刑六一九件（五・五％）、社会プログラム一一二件（一・〇％）であった。[269]

賦科額の中央値は、一九九七年度には二一八NZD（約一万三〇〇〇円）であったが、二〇〇六年度には三〇〇NZD（約一万八〇〇〇円）まで上昇している。[270] これまでの最高額は三七万七五一八NZD（約二二六〇万円）である。[271] 二〇〇二年度に五〇〇〇NZD（約三〇万円）を超えたのは五七二件（三・九％）にすぎず、大半は低額のものである。[272] 年間の賦科額の総額は、一九八九年度には六七〇万NZD（約四億二〇〇万円）であったが、一九九八年度には一三〇〇万NZD（約七億八〇〇〇万円）、二〇〇六年度には二三〇〇万NZD（約一三億八〇〇〇万円）へと増加した。[273] しかし、例えば、一九九八年度には、三四三万NZD（約二億六〇〇万円）（二六・四％）が支払われたにすぎない。[274]

一九九二年の調査によると、一年以内に全額の支払が求められたものが三八％、その他分割払とされたものが六二％であった。[275] 少額の分割払が多年にわたって続いたり、分割払が不規則になされたり、支払が完全になされなかったりすることもある。[276]

不払終局処理率（clearance rate）は二八％であった。[277] これは、罰金刑の不払終局処理率の五三％や、反則金の不払終局処理率三一％に比べると、低い数字である。被害弁償の場合、犯罪者の状況を考慮して被害額を減額して賦科していることがその原因であろう。[278]

六、被害弁償の目的、性質及び適用領域

それでは、被害弁償の目的及び性質はどのようなものか。被害弁償は被害者の利益に焦点を当てる点で他の刑事制裁とは異なっているため、[279] その目的については、ニュージーランドにおいても種々の議論がある。

前述のように、一九八五年刑事司法法は、財産の損失又は損害だけを対象としており、財産犯の被害者だけが対

象と想定されていたと考えられる。そのため、財産犯の被害者救済、すなわちとりわけ財産犯の損害回復を目的として導入されたことが窺われる。(280) その後、精神的侵害や間接被害まで対象となる中で、あらゆる犯罪からの損害回復が目的となっていったと考えられる。こうした背景として、犯罪が国家や社会だけでなく、被害者個人を侵害するということが強く認識されるようになったことが挙げられよう。(281)

この考え方からは、被害者の損害回復に焦点を当てているため、犯罪者の経済状態を考慮せず、被害額を減額することなく賦科すべきこととなろう。そのため、被害弁償の性質は、事実上、民事の損害賠償であるとし、量刑の付随物にすぎないとする見解(282)と結び付きやすいと言えよう。

これに対し、犯罪者に着目し、改善・更生・社会復帰や抑止・威嚇の目的を持たせようとする考え方も存在する。(283) これらの見解は、被害弁償の目的を伝統的な刑罰目的と同様に捉え、被害者よりも犯罪者に着目しようとするものである。この背景として、損害回復に成否は犯罪者の経済状態に依存するため、被害弁償を賦科したとしても、必ずしも損害回復が果たされるわけではないことが挙げられよう。

一方で、この考え方からは、刑罰であるとするため、実体的デュー・プロセスの観点から、犯罪者の経済状態を考慮して、被害額を減額して賦科すべきこととなろう。言い換えれば、法益剥奪を刑事制裁として適切な程度に留めるため、被害者の利益が後退し、二次的に考慮されるに過ぎなくなる場面も認められることとなる。(284) 被害弁償の性質が刑事制裁である以上、量刑としての適切さと国民の期待との間で衝突が生じることも、(285) やむを得ない。

ニュージーランドにおいては、前述のように、犯罪者の経済状態を考慮して、被害額を減額して賦科することが認められている。それゆえ、被害者の損害回復の目的が貫徹されているわけではない。むしろ、被害者の受けた被害が意識された刑事制裁であると理解すべきである。

このような理解は、先に紹介したアメリカ合衆国の連邦レベルの被害弁償命令の理解と類似している。しかし、被害者の被害を意識する程度は異なっている。すなわち、アメリカ合衆国の連邦レベルの被害弁償命令においては、被害額全額を必要的に賦科することとなっており、被害者の被害が強く意識されることとなっている。これに対して、ニュージーランドの被害弁償においては、被害額全額の賦科が必要的に求められているわけではなく、被害者の被害の大きさが強く意識されているとまでは言えない。

そして、被害者の被害を意識する程度は、被害弁償の適用領域を左右すると考えるべきである。なぜなら、既に指摘した通り、被害者の関心は、損害回復だけにあるのではなく、被害の公的認定にもあり、重大な被害が生じている場合、むしろ後者により強い関心があることが少なくないためである。

それゆえ、被害者の被害が強く意識されているアメリカ合衆国の連邦レベルの被害弁償命令においては、被害の公的認定が果たされるため、重大な被害が生じた事件にも適合する。これに対し、被害者の被害が強く意識されているとまでは言えないニュージーランドの被害弁償においては、被害の公的認定が十分に果たされないため、重大な被害が生じた事件には不向きである。低額の賦科が中心である被害弁償の運用もこれを裏付けるものと言えよう。

第八節　検討

ニュージーランドにおける刑事制裁としての被害弁償の内容を踏まえ、我が国への刑事制裁としての被害弁償命令の導入可能性を検討することとしたい。

まず、第六節で取り上げた、(b)被害弁償の額の算定にあたって、被害者又は被害者遺族が主体的に関与できないという点についてはどうか。

ニュージーランドの制度に見られるように、被害者又は被害者遺族が被害弁償の額の算定に関わることができるようにすることも可能である。刑事制裁としての被害弁償命令であるからと言って、必ずしも額の算定にあたって、被害者又は被害者遺族が主体的に関与できないというわけではなく、この点は、制度構築の問題にすぎないと言える。もちろん、ニュージーランドのように、被害弁償の額について、被害者又は被害者遺族と犯罪者との合意を図るよう調整する制度においては、合意が成立せず、被害弁償の額の最終的な判断を裁判所が行なう場合も多数存在することが予想される。しかし、裁判所による判断は、損害回復命令を含む損害賠償においても予定されているのであり、刑事制裁としての被害弁償命令に固有の問題ではない。

以上のように、刑事制裁としての被害弁償命令について指摘された問題点は、いずれも解決可能であるか、あるいは、刑事制裁としての被害弁償命令に固有の問題ではない。

法制審議会刑事法（犯罪被害者関係）部会においても指摘されたように[286]、刑事制裁としての被害弁償命令の場合、不払時の制裁が予定されている。また、そもそも犯罪被害は、犯罪者による犯罪に関わるものであるから、量刑の選択肢として刑事の場面で取扱うことが望ましい。それゆえ、刑事制裁としての被害弁償命令を導入すべきだったのではないか。少なくとも、導入についてより詳細に検討されるべきだったのではないか。法制審議会刑事法（犯罪被害者関係）部会における先行研究の調査が著しく不十分であったために、的外れな批判がなされ、本来なされるべき議論がなされなかったことは残念でならない。

もとより、刑事制裁としての被害弁償命令の導入と損害賠償命令の創設は、互いに排斥しあうものではない。損害賠償命令については、事実の存否が争われる事案や複雑な民事上の争点を有する事案も少なくないと予想されることから、被害者の損害回復が飛躍的に促進されるというものではなく、損害回復の選択肢を一つ増やすに留まるとの分析がなされている。[287] そのため、損害賠償命令は損害回復のための万能薬とは言い難い。そして、このことは、刑事制裁としての被害弁償命令にも妥当する。

被害者にとっては、被害額の大小、損害回復実現の可能性、被害の公的認定の必要性の大小、被害者の置かれている状況などの事情に応じて、ふさわしい損害回復の方法を選択できることが望ましい。

それゆえ、損害回復の選択肢を増やす観点から、さらに、表示・表現目的を達成する観点から、損害賠償命令だけでなく、刑事制裁としての被害弁償命令の導入がなされるべきである。

（1）*Emil Reinhardt*, Geldstrafe und Buße（1890）, S. 28 ff.

（2）restitution order については、既に、「損害賠償命令」や「損害回復命令」などの訳語があてられている。しかし、「損害賠償命令」とすると、民事の命令という誤解を招きかねない。また、「損害回復命令」とすると、「損害回復」の訳語をあてることが定着している、ドイツの Wiedergutmachung に対応する英語の reparation の訳であるかのような誤解が生じかねない。アメリカ合衆国の restitution order は、第三節で見るように、金銭の支払、サービスの給付及び現物返還を内容に含む、より広い内容である。そこで、本書では、restitution order に対して、「被害弁償命令」の訳語をあてることとする。

（3）包括的な検討を行なったものとして、佐伯仁志「刑罰としての損害賠償――アメリカ合衆国連邦法を素材として」内藤謙ほか編集委員『平野龍一先生古稀祝賀記念論文集　下巻』（有斐閣、一九九一）八五頁以下［『制裁論』（有斐閣、二〇〇九）所収、一六三頁以下］、同「刑罰としての損害賠償――アメリカ法の最近の動向」産法三四巻三号（二〇〇〇）九八頁以下［『制裁論』所収、一六三頁以下］、藤本哲也「非拘禁措置としての被害弁償制度」比較法二九巻

三号（一九九五）一頁以下［『刑事政策の諸問題』（中央大学出版部、一九九九）所収、一八三頁以下］がある。

（4） 例えば、Galaway, B. (eds.), *Restorative Justice: international perspectives*（Criminal Justice Press, 1996）、ジム・コンセディーンほか編・前野育三ほか監訳『修復的司法』（関西学院大学出版会、二〇〇一）、高橋則夫『修復的司法の探求』（成文堂、二〇〇三）、同『対話による犯罪解決――修復的司法の展開――』（成文堂、二〇〇七）、細井洋子ほか編著『修復的司法の総合的探求――刑罰を超え新たな正義を求めて――』（風間書房、二〇〇六）など参照。

（5） このような観点から整理するものとして、例えば、Childres, R. D., Compensation for Criminally Inflicted Personal Injury, *39 N. Y. U. L. R.*（1964）444, 445; Wolfgang, M. E., Victim Compensation in Crimes of Personal Violence, *50 Minn. L. R.*（1965）, 223, 223-224; Schafer, S., *Compensation and Restitution to Victims of Crime 2nd.* ed.（Patterson Smith, 1970）, pp. 4-8; Jacobs, B., The Concept of Restitution, In: Hudson, J. et al.（eds.）, *Restitution in Criminal Justice*（Lexington Books, 1977）, pp. 45, 45-48; Harland, A. T., *Restitution to Victims of Personal and Household Crimes*（U. S. Deptartment of Justice, Bureau of Justice Statistics, 1981）, p. 2; Smith, S. R. et al., *Adjusting the Balance: Federal Policy and Victim Services*（Greenwood Press, 1988）, p. 12; Abell, R. B., A Federal Perspective on Victim Assistance in the United States of America, In: Viano, E. C.（ed.）, *Crime and Its Victims*（Hemisphere Publishing Corporation, 1989）, p. 214; Sarnoff, S. K., *Paying for Crime*（Praeger, 1996）, p. 17; Karmen, A., *Crime Victims: An Introduction to Victimology Seventh Edition*（Wadsworth Publishing Company, 2010）, pp. 338-339.

（6） このような民刑の分離は、ヨーロッパだけなく、北米においても同じように見受けられる。この動きを整理したものとして、例えば、McDonald, W. F., The Role of the Victim in America, In: Barnett, R. E. et al.（eds.）, *Assessing the Criminal*（Ballinger Publishing, 1977）, pp. 295, 295-298; Hillenbrand, S., Restitution and Victim Rights in the 1980s, In: Lurigio A. J. et al.（eds.）, *Victim of Crime Problems: Politics, and Programs*（Sage Publications, 1990）, pp. 188, 189; Silverman, E., United States of America, In: *Albin Eser et al.*（Hrsg.）, Wiedergutmachung im

Kriminalrecht / Reparation in Criminal Law Band/Volume 2, (Edition iuscrim, 1997), S. 1, 8-11; Beloof, D. E., *Victims in Criminal Procedure* (Carolina Academic Press, 1999), p. 8. もっとも、北米においては、民刑の分離が図られた後も、特に財産犯に対して、罰金刑や拘禁刑ではなく、直接の被害者への金銭支払を内容とする制裁が原則とされていた。しかし、やがて、独立戦争後に人的流動性が高まったことで匿名性が生じ、金銭の支払が犯罪統制に不十分となったという実際的な要請もあって、原則と例外が逆転し、直接の被害者への金銭支払が減少する一方で、原則として罰金刑や拘禁刑が制裁として科されるようになった。マサチューセッツにおける被害額の三倍の支払が一八〇五年の法改正により廃止されたのを最後に、刑事の場面において被害者に金銭を支払うことを内容とする制裁が消滅することとなった。

（7） Schafer, *supra* note 5, at 8.

（8） J・ベンタム著・E・デュモン編・長谷川正安訳『民事および刑事立法論』（勁草書房、一九九八）四九三―五四〇頁; See, Jacobs, *supra* note 5, at 45.

（9） Greer, D, Concluding Observations, In: Greer (ed.), *Compensating Crime Victims* (Edition Iuscrim, 1996), pp. 681, 693.

（10） Schafer, *supra* note 5, at 9-11; Jacobs, *supra* note 5, at 49; Rock, P., *Helping Victims of Crime: Research, Policy, and Practice* (Sage Publications, 1990), pp. 49-50.

（11） 会議の概況については、法務大臣官房司法法制調査部『国際監獄会議』法務資料三九六号（一九六六）二六頁以下。

（12） 会議の概況については、法務大臣官房司法法制調査部・前掲注（11）二九頁以下。

（13） 会議の概況については、法務大臣官房司法法制調査部・前掲注（11）五四頁以下。本書に関係する議論の内容については、六一―六二頁参照。

（14） 会議の概況については、法務大臣官房司法法制調査部・前掲注（11）七八頁以下。本書に関係する議論の内容については、八二頁参照。

（15） Fry, M. *Arms of the Law* (Gollancz, 1951), pp. 124, 126.

（16） Fry, M. Justice for Victims, *The Observer, 7. 7. 1957*, 8, reprinted *8 Journal of Public Law* (1959) 191.

（17） Garofalo, R., Millar, R. W. (trans.), *Criminology* (Little, 1914), pp. 227-228, 338-343. See, Madlener, K., Compensation, Restitution, Sanción pecuniaria and other Ways and Means of Awarding Damages to the Victims of Crime through the Courts, In: Kaiser, G. et al. (eds.), *Legal Protection, Restitution, and Support* (Max-Planck-Institut für ausländisches und internationales Strafrecht, 1991), pp. 269, 287-288.

（18） Madlener, *supra* note 17, at 275, 280-283; Madlener K. et al, The Past and Present State of Victim's Compensation in Brazilian Law and the Need for Reform, In: Kaiser, *supra* note 17, 305, 339.

（19） 松尾浩也解題『増補刑法沿革綜覧』（信山社出版、一九九〇）五六五頁［村田保発言］、石井良助『日本刑事法史』（一九八六、創文社）四〇―四一頁。

（20） 井上操『刑法述義　第一編』（岡島寳文舘、一八八三）三六五丁。

（21） 新律綱領においては「贖罪收贖例圖」などの図表が掲げられ、改定律例においては「改正贖罪收贖例圖」などの図表があった。

（22） 「刑事ノ裁判費用ハ其全部又ハ幾分ヲ犯人ニ科ス但其費用ノ額ハ別ニ規則ヲ以テ之ヲ定ム」（旧刑法四五條）、「犯人刑ニ處セラレ又ハ放免セラルルト雖モ被害者ノ請求ニ對シ贓物ノ還給損害ノ賠償ヲ免ルルコトヲ得ス」（旧刑法四六條）、「數人共犯ニ係ル裁判費用贓物ノ還給損害ノ賠償ハ共犯人ヲシテ之ヲ連帯セシム」（旧刑法四七條）、「裁判費用贓物ノ還給損害ノ賠償ハ被害者ノ請求ニ因リ刑事裁判所ニ於テ之ヲ審判スルコトヲ得若シ贓物犯人ノ手ニアル時ハ請求ナシト雖モ直チニ之ヲ被害者ニ還付ス」（旧刑法四八條）。なお、刑事裁判費用に関する規則は、旧刑法附則四八條以下に規定されていた。

（23） 「贓物犯人ノ手ニ在ル時ハ直チニ被害者ニ還付スト雖モ若シ輾轉シテ他人ノ手ニ在ル時ハ被害者ノ請求ニ因リ還給セシムルモノトス」（旧刑法附則五四條）、「贓物輾轉シテ他人ノ手ニ在ル時公商ニ由リ買取シタル物品ハ其公商若クハ被害者ヨリ買取者ニ原價ヲ償ハサレハ直チニ還給セシムルコトヲ得ス」（旧刑法附則五五條一項）、「若シ公商ニ由ラスシテ買取シタル物品ハ其還給ヲ拒ムコトヲ得ス但シ其ノ買取者ハ賣者ニ對シ轉償ヲ求ムルコトヲ得」（旧刑法附則五五條二項）、「贓物ヲ受ケ又ハ典物トシテ受取タル者其贓物現在スル時ハ還給ヲ拒ムコトヲ得ス但典物トシテ受取タル者《ママ》ヲ典主ニ對シ轉償ヲ求ムルコトヲ得」（旧刑法附則五六條）、「贓物交換シテ現在スル時ハ公商ニ由ルト否トヲ區別シ第五十五條ノ例ニ從テ處分ス可シ」（旧刑法附則五七條）、「贓物已ニ費用シタル時又ハ色別ス可カラサル時又ハ其所在ノ知レサル時ハ損害ノ賠償ヲ請求スルコトヲ得」（旧刑法附則五八條）、「人ノ名譽若クハ殺傷ニ關シタル損害其他犯罪ノ爲メ現ニ生シタル損害ハ其賠償ヲ請求スルコトヲ得但失火ハ此限ニ在ラス」（旧刑法附則五九條）、「贓物ノ還給損害ノ賠償ハ其ノ犯罪ヲ審判スル刑事裁判所ニ請求スルコトヲ得若シ審判已ニ終リタル後ハ民事裁判所ニ非サレハ之ヲ請求スルコトヲ得ス」（旧刑法附則六〇條）、「刑事裁判所ニ於テ贓物ノ還給損害ノ賠償ヲ請求スル者ハ通常ノ文書又ハ言語ヲ以テ之ヲ爲スコトヲ得其民事裁判所ニ請求スル者ハ民事訴訟ノ程式ニ從ウ可シ」（旧刑法附則六一條）、「贓物ノ還給損害ノ賠償ハ本犯死スル時ハ其相續人ニ對シ之ヲ要求スルコトヲ得」（旧刑法附則六二條）、「贓物ノ還給損害ノ賠償ノ宣告ヲ受ケタル者還給賠償セサル時ハ被害者ヨリ更ニ民事裁判所ニ身代限ノ處分ヲ請求スルコトヲ得」（旧刑法附則六三條）。

（24）井上操『刑法述義　第一編』（岡島寳文舘、一八八三）五五九丁、宮城浩藏『刑法講義　第一巻　四版』（明治法律學校、一八八七）三三〇―三三一、三三七丁、磯部四郎『改正増補刑法講義　上巻』（八尾書店、一八九三）六三八、六四五―六四六丁、野中勝良『刑法彙論』（明法堂、一八九七）一六五丁。

（25）井上・前掲注（24）五六〇丁。

（26）井上・前掲注（24）五六二―五六四丁。堀田正忠『刑法釋義　第壹篇』（瀛開社、一八八四）四〇九―四一〇丁も、刑事裁判と通常の民事裁判が別個のものであるとする。

（27）日本帝国刑法初案七一條から確定日本刑法草案完六〇條までの草案参照。

（28）「三月以下ノ懲役若クハ禁錮又ハ拘留ニ處セラレタル者ハ情状ニ因リ一圓以上三百圓以下ノ贖金ヲ納メシメ其執行ニ

充ツルコトヲ得」（明治三五年刑法改正案一八條）。

(29) 松尾浩也・前掲注（19）五六二―五六三頁［石渡敏一発言］、六二二―六二三頁［清浦奎吾発言］、一四八〇―一四八一頁［倉富勇三郎発言］。

(30) 牧野英一「犯罪被害者に対する弁償の実際的方法」法協二二巻一号（一九〇四）九四頁以下、正木亮「被害賠償の刑事政策的意義」刑政四九巻一〇号（一九三六）五頁以下。なお、被収容者に限定しないものとして、常盤敏太「犯罪の被害者に対する損害賠償問題（一）」志林三三巻三号（一九三一）七五頁以下、「同・（二）」同六号四〇頁以下、「同・（三）」同七号二三頁以下、「同・（四・完）」同八号六九頁以下。

(31) 「刑の執行猶予を言い渡すときは、次の付随処分をすることができる。一　刑の執行を猶予された者を保護観察に付すること。二　金額、期間及び方法を定めて、犯罪によつて生じた損害の賠償を命ずること」（改正刑法準備草案七九条）。「判決の宣告を猶予するときは、次の付随処分をすることができる。一　判決の宣告を猶予された者を保護観察に付すること。二　金額、期間及び方法を定めて、犯罪によつて生じた損害の賠償を命ずること」（改正刑法準備草案八五条）。

(32) 刑法改正準備会『改正刑法準備草案　附　同理由書』（法務省、一九六一）一六三、一六七頁、法務省編「法制審議会刑事法特別部会第二小委員会議事要録（二）」（法務省、一九六四）一二九頁。

(33) 法務省編・前掲注（32）一二九―一三〇頁。この他、損害賠償命令と保護観察が別個の処分とされている点について、保護観察の実施と損害賠償命令履行の監督が別個の機関で行なわれると、保護観察の成績とは無関係に損害賠償の不履行を理由とする保護観察の取消が行なわれかねないなどとして反対する委員も存在したが、賛成が多数を占めた。法務省・前掲一三〇頁。

(34) 法務省編「法制審議会刑事法特別部会第二小委員会議事要録（五）」（法務省、一九六八）四三六―四三八頁。

(35) 法務省編・前掲注（34）四三八―四三九頁。

(36) 「刑の執行猶予を言い渡すときは、次の処分をすることができる。一　刑の執行を猶予された者を保護観察に付すること。二　金額、期間及び方法を定めて、犯罪によって生じたことの明らかな損害の全部又は一部の賠償を命ずること。」（改正刑法草案七九条一項Ａ案）、「刑の執行猶予を言い渡すときは、猶予の期間中保護観察に付する旨の言渡をすることができる。」（同草案七九条一項Ｂ案）。法務省編・前掲注（34）四四一―四四五頁。

（37）「金額、期間及び方法を定めて、犯罪によって生じたことの明らかな損害の全部又は一部の賠償を命ずること」（改正刑法草案八五条二号イ案）。法務省編・前掲注（34）五二三―五二七頁。

（38）法制審議会刑事法特別部会『改正刑法草案　附　同説明書』（法曹会、一九七二）一三九、一四三頁。

（39）法制審議会『改正刑法草案　附　同説明書』（法務省、一九七四）一四六頁。「刑の執行猶予を言い渡すときは、保護観察に付する旨の言渡をすることができる」とされた（改正刑法草案六九条一項）。宣告猶予については、採用されなかった。法制審議会・前掲一四三―一四五頁。

（40）Galaway, B., Is Restitution Practical?, *41-3 Federal Probation* (1977), 3; McAnany, P. D., Restitution as Idea and Practice, In: Galaway, et al. (eds.), *Offender Restitution in Theory and Action* (Lexington Books, 1978), pp. 15, 16; Karmen, *supra* note 5, at 338-340.

（41）Hahn, P. H., *Emerging Criminal Justice* (Sage, 1998), p. 145; Galaway, B., Restitution as an Integrative Punishment, In: Barnett, *supra* note 6, at 331, 334.

（42）例えば、Challeen, D. A. et al., The Win-onus Restitution Program, In: Galaway, *supra* note 40, at 151; Raue, C. H., Victims' Assistance Program, In: Galaway, at 173; Patterson, M., The Oklahoma Restitution Program, In: Galaway, at 179.

（43）Thorvaldson, S. A., Toward the Definition of the Reparative Aim, In: Hudson, J. et al. (eds.), *Victims, Offenders, Alternative Sanctions* (Lexington Books, 1980), pp. 15, 16; Sebba, L., *The Third Parties Victims and the Criminal Justice System* (Ohio State University Press, 1996), p. 168. もっとも、今日ではパロールの条件とされることがしばしば見受けられる。Schmallegger, F., *Criminal Justice Today: An Introductory Text for the Twenty-first Century*

Eleventh Edition (Pearson Prentice Hall, 2011), p. 427.

（44） Newton, A., Alternatives to Imprisonment, *8 Crime and Delinquency Literature* (1976), 109, 120; Jacobs, *supra* note 5, at 51; Austin, J. et al., The Unmet Promise of Alternative to Incarceration, *28 Crime and Delinquency* (1982), 374, 378; Dagger, R., Restitution, Punishment, and Debts to Society, In: Hudson, *supra* note 5, at 3, 9, 10-11; Davis, B., *Instead of Prison* (F. Watts, 1986), p. 95; Sessar, K., Offender Restitution as Part of a Future Criminal Policy, In: Miyazawa, K. et al. (eds.), *Victimology in Comparative Perspective* (Seibundo, 1986), pp. 392, 396; Sebba, *supra* note 43, at 176.

（45） Eglash, A., Creative Restitution, *48 Journal of Criminal Law, Criminology, and Police Science* (1958) 619, 621-622; Eglash, Creative Restitution, *10 British Journal of Delinquency* (1959) 114, 117-118.

（46） Hahn, *supra* note 41, at 145.

（47） Dagger, *supra* note 44, at 9. なお、連邦最高裁は罰金刑に抑止目的を認めている。*Rodgers v. U. S.*, 332 U. S. 371, 374 (1947).

（48） McAnany, *supra* note 40, at 24.

（49） Galaway, B., Probation as Reparative Sentence, *47-3 Federal Probation* (1983), 9; Sessar, *supra* note 44, at 400; Evers, W. M., *Victims' Rights, Restitution, and Retribution* (Liberty Tree Pr., 1996), pp. 5-6, 27, 29.

（50） Barnett, R. E., Restitution, In: Barnett, *supra* note 6, at 349, 354-364, 371. 紹介として、橋本祐子「刑罰から損害賠償へ」同法五二巻六号（二〇〇一）三七〇頁以下。

（51） Christie, N., Conflicts of Property, *17 The British Journal of Criminology* (1977) 1, 4-9. 田口守一「『財産としての紛争』という考え方について」『法学論集第一巻 愛知学院大学法学部同窓会創立三十周年記念』（一九九一）九三頁以下参照。

（52） Smith, K., Implementing Restitution Within a Penal Setting, In: Hudson, *supra* note 5, at 131, 134-135.

(53) P. L. 68-596, *43 Stat.* 1259 Chap. 521 (1925).

(54) Ginsburg, W. L., *Victims' Rights: A Complete Guide to Crime Victim Compensation* (Sphinx Publishing, 1994), pp. 65-66.

(55) *President's Task Force on Victims of Crime: Final Report* (Government Printing Office, 1982).

(56) P. L. 97-291, *96 Stat.* 1248. これを受け、連邦量刑ガイドライン（Federal Sentencing Guidelines）の関連条項であるU. S. S. G. §5E4.1が一九八七年一一月一日に施行された。同条項は、一九八九年一一月一日にU. S. S. G. §5E1.1に変更された。T. W. Hutchison (eds.), *Federal Sentencing Law and Practice 2012 Edition* (West, 2012), p.1656.

(57) 18 U. S. C. §§ 3663, 3664 (1985).

(58) P. L. 98-473, *98 Stat.* 1837; P. L. 98-596, *98 Stat.* 3134; P. L. 99-646, *100 Stat.* 3592; P. L. 100-182, *101 Stat.* 1266; P. L. 100-185, *101 Stat.* 1279; P. L. 100-690, *102 Stat.* 4181; P. L. 101-647, *104 Stat.* 4789; P. L. 103-272, *108 Stat.* 745; P. L. 103-322, *108 Stat.* 1902; S. *Rep.* No. 104-179 p. 13, reprinted in *1996 U. S. Code Cong. and Adm. News* 924, 926.

(59) P. L. 103-322, *108 Stat.* 1902; 18 U. S. C. §§2248 (a), (b) (1), (4), 2259 (a), (b) (1), (4), 2264 (a), (b) (1), (4).

(60) S. *Rep.* No. 104-179 pp. 13-14, reprinted in *1996 U. S. Code and Adm. News* 924, 926-7; P. L. 104-132, *110 Stat.* 1227. 立法経緯を詳述したものとして、Doyle, C. Criminal Restitution in the 110th Congress: A Sketch, In: Allerton Jr., P. N. (ed.), *Fines and Retitutions in Federal Criminal Cases* (Nova Science Publishers, Inc., 2008), pp. 51, 52-60. これを受け、連邦量刑ガイドラインの関連条項であるU. S. S. G. §5E1.1も全面的に書き換えられることとなった。T. W. Hutchison (eds.), *supra* note 56, p.1656; R. W. Haines, Jr. (eds.), *Federal Sentencing Guidelines Handbook -Text and Analysis- 2011-2012 Edition* (West, 2012), p.1413.

(61) 18 U. S. C. §§3663, 3663A, 3664.

(62) California Constitution, Art. 1, §28 (b); Michigan Constitution, Art. 1, §24; Rhode Island Constitution, Art. 1, §23. Evers, *supra* note 49, at 25. 各州の弁償規定の概略については、Sarnoff, *supra* note 5, at 19 の表を参照。

(63) Silverman, *supra* note 6, at 75-76.

(64) Hillenbrand, *supra* note 6, at 192.

(65) 概説したものとして、Doyle, C., Restitution in Federal Criminal Cases, In: Allerton Jr., P. N. (ed.), *supra* note 60, pp. 1, 5-15; Doyle, C., Restitution in Federal Criminal Cases: A Sketch, In: *supra*, pp. 61, 62-68.

(66) 18 U. S. C. §3571 (a), (e).

(67) 18 U. S. C. §3663 (a) (1) (A) (1985); *U. S. v. Neal, 36 F. 3d 1190, 1200-1201 (1st Cir. 1994)*.

(68) *Hughey v. U. S., 495 U.S. 411, 413 (1990)*.

(69) *U. S. v. Wainwright, 938 F. 2d 1096, 1098 (10th Cir. 1991)*.

(70) P. L. 101-647, 104 *Stat.* 4789.

(71) 18 U. S. C. §3663 (a) (3).

(72) *U. S. v. Black, 767 F. 2d 1334, 1343-4 (9th Cir. 1985)*.

(73) *U. S. v. All Star Industries, 962 F. 2d 465, 478 (5th Cir. 1992)*.

(74) *U. S. v. Peredo, 884 F. 2d 1029, 1031 (7th Cir. 1989)*.

(75) *U. S. v. Mounts, 793 F. 2d 125, 128 (6th Cir. 1986)*.

(76) 18 U. S. C. §3663 (a) (1) (A).

(77) 18 U. S. C. §3663 (a) (1) (1985).

(78) *U. S. v. Fountain, 768 F. 2d 790, 802 (7th Cir. 1985); U. S. v. Durham, 755 F. 2d 511, 513-4 (6th Cir. 1985)*.

(79) 18 U. S. C. §§3663 (a) (2), 3663A (a) (2), 3664 (j) (1).

(80) 18 U. S. C. §3663（c）（1）（3）; U. S. S. G. §5E1.1（d）.

(81) 18 U. S. C. §3571（b）（2），（c）（2），（d）.

(82) 18 U. S. C. §3663（b）（1）（B），（2），（3）（1985）.

(83) *Peredo, 884 F. 2d at 1031.*

(84) *Hughey, 495 U. S. at 418.*

(85) P. L. 103-272, *108 Stat.* 745; 18 U. S. C. §3663（b）（4）.

(86) *U. S. v. Pollak, 844 F 2d. 145, 154（3rd Cir. 1988）; U. S. v. Salcedo-Lopez, 907 F. 2d 97, 98（9th Cir. 1990）.* 検挙のために捜査機関が禁制品を購入する費用も弁償の対象とはならず、この理はたとえ答弁取引で被告人の明示の同意があったとしても変わらない。U. S. v. Meacham, 27 F. 3d 214, 219（6th Cir. 1994）. 但し、U. S. v. Brick, 905 F 2d. 1092, 1099-1100（7th Cir. 1990）は反対。また、性犯罪の被害者を支えるために被害者のそばに赴く家族の旅費は賦科の対象に含まれる。*U. S. v. Keith, 754 F. 2d 1388, 1393（9th Cir. 1985）.*

(87) *U. S. v. Husky, 924 F. 2d 223（11th Cir. 1991）.*

(88) 判決前後を通じて含むとする判決の例として、*U. S. v. Rochester, 898 F. 2d 971, 983（5th Cir. 1990）.* 判決前の利息が含まれることを否定するものとして、*U. S. v. Sleight, 808 F 2d. 1012, 1021（3rd Cir. 1987）.*

(89) 18 U. S. C. §§3663（b）（1）（B）（ii），3664（j）. 被告人が行なった役務についても同様である。*U. S. v. Guthrie, 64 F. 3d 1510, 1516（10th Cir. 1995）.*

(90) 例えば、18 U. S. C. §§248（c）（1）（B），2520（b）（2），2707（c），2710（c）（2）（B），2724（b）（2）.

(91) 18 U. S. C. §3571（b）（3），（4），（5），（6），（7），（c）（3），（4），（5），（6），（7）. 連邦量刑ガイドラインは、犯罪レベル（offense level）に応じて、その多額と寡額を定めている。自然人に対しては、犯罪レベル三以下の場合、多額が五〇〇ドル（ＵＳＤ）（約四〇万円。一ＵＳＤ八〇円で換算。以下同じ）、寡額が一〇〇ＵＳＤ（約八万円）とされており、犯罪レベル三八以上の場合、多額が二五万ＵＳＤ（約二〇〇〇万円）、寡額が二万五〇〇〇ＵＳＤ（約二〇〇万円）とされている。U. S. S. G. §5E1.2（c）(3). 団体に対する罰金額の上限は、自然人の罰金額の上限のそれぞれ二倍である。また、自然人か団体かを問わず、犯罪を規定する法規において、これより大きい額が上限とされている場合には、その額が上限となる。逆に、これよりも小さな額が上限とされている場合で、かつ、この一般規定を排斥することが明示されている場合には、一般規定よりも低い額が上限となる。U. S. S. G. §5E1.2（b）,（c）(4).

(92) *Hughey, 495 U. S. at 420.*

(93) *U. S. v. Paul, 783 F. 2d 84, 88 (7th Cir. 1986).*

(94) 18 U. S. C. §3663（c）(2).

(95) 18 U. S. C. §3612（c）.

(96) 18 U. S. C. §§3663（b）, 3664（f）,（n）. なお、公共に対する役務の提供については、象徴的被害弁償（symbolic restitution）と呼ばれている。Neubauer, D. W., *America's Courts and the Criminal Justice System Ninth Edition*（Thomson/Wadsworth, 2008）, p. 334.

(97) 18 U. S. C. §§3572（d）(1), (2),（e）, 3664（f）(2), (3)（A）, 3572; U. S. S. G. §5E1.1（f）.

(98) 18 U. S. C. §§3553, 3572（a）. 連邦量刑ガイドラインにおいては、必要的賦科が求められない場合であっても、被告人に支払能力がなく、かつ、将来の支払能力も見込めないことが証明された場合を除いて、原則として罰金刑を科さなければならないとされている。U. S. S. G. §5E1.2（a）,（e）. 同ガイドラインにおいては、(1)犯罪の重大性の反映、法に対する尊敬の促進、公正な処罰の実行及び適切な抑止のための必要性、(2)被告人の所得獲得能力及び資産を踏まえた支払能力、(3)代替的制裁に比べて、罰金刑が被告人及びその扶養家族に及ぼす負担、(4)被告人が行なう又は行なうよう求められている被害弁償又は損害回復、(5)被告人の行為についての民事責任を含む有罪認定に付随する義務、(6)被告人が同種犯罪に対して罰金刑を過去に受けた経験の有無、(7)プロベーション期間、拘禁刑（imprisonment）の期間、監視付釈放の期間にかかると予想される政府の費用、(8)その他あらゆる適切な衡平法上の考慮を裁判所は斟酌しなければならないとされている。U. S. S. G. §5E1.2（d）.

(99) 18 U. S. C. §§3663 (a) (2), 3664 (a) (1985).

(100) *U. S. v. Casamento, 887 F. 2d 1141, 1178 (2nd Cir. 1989); U. S. v. Logar, 975 F. 2d 958, 962 (4th Cir. 1992).*

(101) 18 U. S. C. §§3663A (a) (1), (b), (c) (1), 3664 (f) (1) (A); U. S. S. G. §5E1.1 (a) (1), (b) (1).

(102) 18 U. S. C. §3664 (f) (2), (3) (B); U. S. S. G. §5E1.1 (f).

(103) 18 U. S. C. §3663 (d) (1985).

(104) 18 U. S. C. §§3663 (a) (1) (B) (ii), 3663A (c) (3).

(105) 18 U. S. C. §3663 (a) (1) (1985).

(106) 18 U. S. C. §§3663 (a) (1) (A), (c) (5), 3664 (i); U. S. S. G. §5E1.1 (c).

(107) U. S. S. G. §5E1.1 (c).

(108) *U. S. v. Angelica, 859 F. 2d 1390, 1393 (9th Cir. 1988); U. S. v. Rivera, 994 F. 2d 955, 955-6 (1st Cir. 1993).*

(109) 18 U. S. C. §3664 (e).

(110) 18 U. S. C. §3664 (b) (1985); §3664 (a), (d) (1), (3), (5); *U. S. v. Stuver, 845 F. 2d 73, 75-76 (4th Cir. 1988).*

(111) *U. S. v. Satterfield, 743 F. 2d 827, 836-9 (11th Cir. 1984).*

(112) *U. S. v. Patterson, 837 F. 2d 182, 183 (5th Cir. 1988).*

(113) *U. S. v. Fountain, 768 F. 2d, at 801 (7th Cir. 1985).*

(114) 必要とするものとして、*U. S. v. Harvey, 885 F. 2d 181, 183 (4th Cir. 1989).* 不要とするものとして、*U. S. v. Marquez, 941 F. 2d 60, 65 (2nd Cir. 1991); U. S. v. Lombardo, 35 F. 3d 526, 530 (11th Cir. 1994).*

(115) 必要とするものとして、*U. S. v. Palma, 760 F. 2d 475, 480 (3rd Cir. 1985); U. S. v. Bruchey, 810 F. 2d*

456, 458 (4th Cir. 1987); U. S. v. Owens, 901 F. 2d 1457, 1459 (8th Cir. 1990). 上訴審が審理しうる程度の記録があれば足りるとするものとして、*U. S. v. Purther, 823 F. 2d 965, 969 (6th Cir.1987); U. S. v. Grewal, 825 F. 2d 220, 223 (9th Cir. 1987); U. S. v. Patterson, 837 F. 2d at 183-184 (5th Cir. 1988); U. S. v. Hairston, 888 F. 2d 1349, 1352-3 (11th Cir. 1989); U. S. v. Clark, 901 F. 2d 855, 857 (10th Cir.1990); U. S. v. Savoie, 985 F. 2d 612, 618 (1st Cir. 1993); U. S. v. Bapack, 129 F. 3d 1320, 1328 (D. C. Cir.1997).* 全く不要とするものとして、*U. S. v. Gomer, 764 F. 2d 1221, 1223 (7th Cir. 1985); U. S. v. Atkinson, 788 F. 2d 900, 902 (2nd Cir. 1986).*

(116) *U. S. v. Grundhoefer, 916 F. 2d 788, 793 (2nd Cir.1990); U. S. v. Johnson, 983 F. 2d 216, 221 (11th Cir. 1993).*

(117) 18 U. S. C. §§3572, 3573, 3664 (d) (5), (k).

(118) 18 U. S. C. §3663 (a) (1) (A).

(119) 18 U. S. C. §3663 (a) (1) (A).

(120) 18 U. S. C. §3663 (b) (5).

(121) 18 U. S. C. §3663A (a) (3).

(122) 18 U. S. C. §3664 (g) (2).

(123) 18 U. S. C. §3663 (c) (1), (3).

(124) 18 U. S. C. §§3612 (c), 3613 (a).

(125) 18 U. S. C. §3613 (c).

(126) 18 U. S. C. §3663 (h) (1985).

(127) 18 U. S. C. §§3613 (a), (c), (f), 3664 (m) (1) (A) (i), (B).

(128) *U. S. v. Florence, 741 F. 2d 1066, 1067-8 (8th Cir. 1984).*

(129) 18 U. S. C. §§3572 (h), (i), 3612 (d), (e), (f) (1), (2), (g).

(130) *Bearden v. Georgia*, 461 U. S. 660, 668, 672-4 (1983). 本件の紹介として、英米刑事法研究会「貧困による罰金刑の不払いを理由とするプロベイションの取消しと修正一四条」判タ五三九号（一九八五）一四四頁以下〔酒井安行〕。連邦最高裁は、故意の不払又は所得獲得努力怠慢の場合でも、当該犯罪類型によって科しうる拘禁刑の上限を超える期間にわたり、不払の制裁として拘禁をなすことは、連邦憲法修正一四条の平等原則に反し、許されないと判示している。*Williams v. Illinois, 399 U. S. 235, 240-4 (1970)*. さらに、連邦最高裁は、この理が当該犯罪類型に拘禁刑の定めが制定法上ない場合にも妥当し、この場合には、不払があっても拘禁刑を科しえないとしている。*Tate v. Short, 401 U. S. 395, 397-401 (1971)*. 一方、逆に、罰金刑の支払が可能であるにもかかわらず、不履行を故意になした場合、刑事不履行（criminal default）として不払の罰金額の二倍以下若しくは不払の罰金額が一万ＵＳＤを超える場合は一万ドル以下又は一年以下の拘禁刑を単独又は併科して言渡すことができるとされている。18 U. S. C. §3615.

(131) 18 U. S. C. §§3613A (a), 3614 (c).

(132) 18 U. S. C. §§3613 (a), 3614 (c), 3663 (g) (1985).

(133) 18 U. S. C. §§3663 (d), 3664.

(134) S. *Rep.* No. 97-532 p. 30, reprinted in *1982 U. S. Code and Adm. News 2515, 2536*.

(135) S. *Rep.* No. 104-179 p. 18, reprinted in *1996 U. S. Code and Adm. News 924, 931*.

(136) *U. S. v. Kress, 944 F. 2d 155, 159-160 (3rd Cir. 1991)*.

(137) *U. S. v. Brown, 744 F. 2d 905, 909 (2nd Cir. 1984)*.

(138) 詳細については、井川良「犯罪被害者等基本法」ジュリ一二八五号（二〇〇五）三九頁以下、牛山敦「犯罪被害者等基本法」法令解説資料総覧二七九号（二〇〇五）四四頁以下、同「犯罪被害者等の権利利益の保護――社会的・経済的・心理的バックアップのために――犯罪被害者等基本法」時法一七四一号（二〇〇五）六頁以下、同「犯罪被害者等基本法の概要」ひろば五八巻五号（二〇〇五）四〇頁以下、最高裁判所「犯罪被害者等基本法について」家月五

七巻四号（二〇〇五）二〇五頁以下、衆議院法制局「犯罪被害者等基本法」自正五六巻五号（二〇〇五）一二四頁以下、神村昌通「犯罪被害者等基本法と犯罪被害者等基本計画」警論 五九巻四号（二〇〇六）一六三頁以下、一六五―一六八頁、髙井康行ほか『犯罪被害者保護法制解説［第二版］』（三省堂、二〇〇八）五―二〇頁。

(139) 詳細については、神村昌通「犯罪被害者等基本計画策定の経緯と目的」ひろば五九巻四号（二〇〇六）四頁以下、同・前掲注（138）一六八―一七六頁、最高裁判所「犯罪被害者等基本計画について」家月五八巻四号（二〇〇六）一二七頁以下、佐伯仁志「犯罪被害者等基本計画について」罪罰四三巻二号（二〇〇六）六頁以下、番敦子ほか『犯罪被害者等基本計画の解説』（ぎょうせい、二〇〇六）、岡村勲監修『犯罪被害者のための新しい刑事司法――解説　被害者参加制度と損害賠償命令制度』（明石書店、二〇〇七）一二五―一三五頁（以下、岡村「初版」）、同監修『犯罪被害者のための新しい刑事司法　第二版――解説　被害者参加・損害賠償命令・被害者参加弁護士・犯給法』（明石書店、二〇〇九）三六―四九頁（以下、岡村「二版」）、冨田信穂「経済的損害回復制度」被害者一七号（二〇〇七）一〇一頁以下、一〇二―一〇四頁、髙井ほか・前掲注（138）二四―二七頁。

(140) 成立に至る一連の経緯については、岡村「初版」・前掲注（139）一三七―一三二頁、同「二版」・前掲注（139）五〇―五二、八八―一二三、二〇一―二三八、二四三―二四四、二六〇―二六七頁、親家和仁ほか「犯罪被害者等の権利利益の保護を図るための刑事訴訟法等の一部を改正する法律の概要」ひろば六〇巻一一号（二〇〇七）一四頁以下、一四―一八頁、椎橋隆幸「『犯罪被害者等の権利利益保護法』成立の意義」ひろば六〇巻一一号（二〇〇七）四八頁以下、四八―五一頁、髙井ほか・前掲注（138）三二―三六頁。

(141) 詳細については、岡村「初版」・前掲注（139）一七―五〇、二七〇―二七五頁、同「二版」・前掲注（139）三九―四四、一五七―二三八頁、岡本章「『犯罪被害者等の権利利益の保護を図るための刑事訴訟法等の一部を改正する法律』の概要」刑ジャ九号（二〇〇七）八頁以下、一一―一二頁、白木功「『犯罪被害者等の権利利益の保護を図るための刑事訴訟法等の一部を改正する法律』の概要」ジュリ一三三八号（二〇〇七）四八頁以下、五二―五四頁、親家和仁「『犯罪被害者等の権利利益の保護を図るための刑事訴訟法等の一部を改正する法律』について」警論六〇巻一〇号（二〇〇七）一〇九頁以下、一二〇―一二四頁、馬場嘉郎「犯罪被害者等の簡易迅速な被害の回復に向けて」ひろば六〇巻一一号（二〇〇七）三七頁以下、同「『犯罪被害者等の権利利益の保護を図るための刑事訴訟法等の一部を改正する法律』の概要」捜査研究五六巻一二号（二〇〇七）五四頁以下、六一―六四頁、平城文啓「法令解説 被害者参加制度と損害賠償命令制度の創設――併せて犯罪被害者等に関する情報の保護、公判記録の閲覧・謄写範囲の拡大等を規定――犯罪被害者等の権利利益の保護を図るための刑事訴訟法等の一部を改正する法律」時法一八〇一号（二〇〇八）六頁以下、一一―一五頁、本多恵美「犯罪被害者等の刑事裁判参加――犯罪被害者等の権利利益保護法案」立法二六七号（二〇〇七）一七頁以下、一九―二一頁、岩田研二郎「犯罪被害者等の権利利益の保護を図るための刑事訴訟法等の一部を改正する法律の概要」自正五九巻七号（二〇〇八）五三頁以下、五七―五九頁、川出敏裕「損害回復のための刑事手続の成果の利用」酒巻匡編『Q&A 平成一九年犯罪被害者のための刑事手続関連法改正』（有斐閣、二〇〇八）二六頁以下、四一―四九頁、白木功ほか「犯罪被害者等の保護を図るための刑事手続に付随する措置に関する法律の改正」酒巻・前掲一四〇頁以下、一四〇―一九六頁、髙井ほか・前掲注（138）七三―七八頁、第一東京弁護士会犯罪被害者保護に関する委員会編著『被害者参加・損害賠償命令制度の解説』（東京法令出版、二〇〇八）二五―四〇頁。

（142） 法制審議会刑事法（犯罪被害者関係）部会第一回会議議事録、岡村「初版」・前掲注（139）一八、一三七頁、同「二版」・前掲注（139）三九―四〇、一五九頁。

（143） 犯罪被害者等基本計画V．第一 一．及び法制審議会刑事法（犯罪被害者関係）部会においては、「損害賠償命令」の用語が用いられているが、民事の命令という誤解を招きかねない。そこで、本書では、ここでもまた、刑事制裁であることを明確にするために、「被害弁償」又は「被害弁償命令」の訳語をあてることとする。

（144） 岡村「初版」・前掲注（139）一二六―一二九、一三七―一四〇頁、同「二版」・前掲注（139）二〇二―二〇七頁。法制審議会刑事法（犯罪被害者関係）部会では、刑事制裁としての被害弁償命令に関する質問が第一回会議において若干なされただけで、附帯私訴制度や損害賠償命令制度の検討に議論は集中した。同・第一回乃至第八回会議議事録。

(145) 犯罪被害者のための施策を研究する会「犯罪被害者のための施策に関する調査・研究（中間取りまとめ）」（二〇〇四）三〇—三一頁。議論を紹介したのものとして、奥村正雄「犯罪被害者等の損害回復と損害賠償命令制度」ジュリ一三三八号（二〇〇七）六三頁以下、六七—六八頁、同「犯罪被害者と損害賠償命令制度——刑事手続からのアプローチ」刑ジャ九号（二〇〇七）二二頁以下、二四—二五頁。

(146) 例えば、法務省平成一七年五月二三日付「第二回犯罪被害者等基本計画検討会における検討課題について～損害回復・経済的支援への取組（基本法第一二、一三、一六、一七条関係）～」三頁、及び、犯罪被害者等基本計画検討会（第二回）議事録［河村博発言］においては、②迅速裁判の要請に関する問題が指摘されていた。また、「このような制度を導入する場合の功罪についてですが……『犯罪被害者のための施策に関する調査・研究（中間取りまとめ）』の三〇頁に記載されておりますので、参考にしていただければと思います。なお、その内容等を簡単に御紹介いたしますと、法務省におきましては、平成一五年九月から、現行の制度に加えて更にどのような被害者の保護・支援の充実を図ることができるかについて、調査・研究するための研究会を開催しておりました。先ほどの資料一七は、この研究会の中間的な取りまとめでございますが、これによりますと、諸外国で導入されている損害賠償命令等の制度を導入することにつきましては、『簡易迅速に賠償命令が出されるとすれば、被害者にとってメリットがあるのではないか』とされる一方で、『損害賠償命令の法的性質については、刑罰に近いものととらえる考え方と、民事賠償を命ずるものととらえる考え方があり得るが、仮に、その法的性質を刑罰ととらえるとした場合には、主刑、付加刑、付随処分等どのような性質の刑罰と考えるのか、また、本来の主刑の重さにどのような影響を与えるかを検討する必要があるのではないか』、また、『民事訴訟と同じく厳密に損害額の認定を行なうのであれば、民事上の争点が刑事裁判に持ち込まれる結果、迅速な刑事裁判の実現を阻害するおそれがあるのではないか』、『その一方で、刑事裁判で取り調べた証拠の範囲で認められる損害額についてのみ、賠償命令を発するものとすると、被害者は、別途、民事裁判で残額の請求をせざるを得なくなり、被害の実態に即した有効な救済とならないのではないか』などの検討すべき課題が示されているところです。」との発言もなされた。同・第四回会議議事録。議論を紹介したものとして、奥村・前掲注

(145) ジュリ六八頁、同・前掲注(145)刑ジャ二五頁、瀬川晃ほか「【座談会】犯罪被害者の権利利益保護法案をめぐって」ジュリ一三三八号(二〇〇七)二頁以下、七—八頁[大谷晃大発言]。さらに、川出・前掲注(141)四九—五〇頁は、③損害回復の範囲に関する問題及び④他の刑罰との関係の問題を指摘している。

(147) 瀬川晃ほか・前掲注(146)一九頁[高橋正人発言、川上拓一発言]。

(148) 最大判昭四七年一二月二〇日刑集二六巻一〇号六三一頁。

(149) 例えば、奥村・前掲注(145)刑ジャ三〇頁は、被告人の資力の問題は賠償制度全体に関係するとしている。また、冨田・前掲注(139)一〇八頁も、「加害者の賠償能力に左右されること」を認めている。

(150) 被害弁償命令について、「裁判官が被告人の懐加減とか、いろいろなものを見て目分量で今は決めている。しかもその実質は、国に払う罰金ではないんでしょうが、払うべき金を被害者に払えという刑事罰の一種ではないかということになったわけです。民事訴訟である以上はきちんとした証拠調べも必要ですし、大体この被害者にはこれくらい負担させようということになりますと、被害者にとっても非常に不公平な金額になるわけです。むしろ刑罰もこれは一緒ではないか」、「裁判所が一方的に決める、被害者の関与しないところで決めてしまう。そういうことになると、被害者の尊厳回復にどれだけ役に立っているのかということであります」との発言がなされていた。法制審議会刑事法(犯罪被害者関係)部会第一回会議議事録。

(151) 犯罪被害者のための施策を研究する会・前掲注(145)は、「裁判所は、命令額及びその支払方法の決定に際し、被害者が被った損害額のほか、被告人の資力、稼働能力、扶養家族等を考慮しなければならない」とし、「賠償命令額の認定には、損害額のほか被告人の資力等が考慮されて」いるとする。二〇、三〇頁。

(152) 椎橋隆幸「『犯罪被害者等の権利利益保護法』成立の意義」刑ジャ九号(二〇〇七)二頁以下、六頁、奥村・前掲注(145)刑ジャ二七頁、山本克己「犯罪被害者と損害賠償命令制度——民事手続からのアプローチ」刑ジャ九号(二〇〇七)三一頁以下、三三頁。瀬川晃ほか・前掲注(146)九頁[高橋発言]。さらに、山本・前掲三三頁は、被害弁償命令が刑事制裁であるとしても、罰金刑などと同様に劣後的破産債権(破産法九九条一項一号・九七条六号)となれば、被害者の不利益となりかねないと主張する。しかし、第七章で検討するように、罰金刑が債務であるとする債務説（Obligationstheorie）を採るならば格別、債務ではなく、刑罰に純化されたものであるとする純粋刑罰説（Lehre von der reinen Strafnatur der Geldstrafe）に則るのであれば、刑罰としての性質を歪めるものであって、破産法上、「債権」とすることがそもそも不当である。刑事制裁としての被害弁償命令は、「債権」でない以上、破産債権とすべきではない。それゆえ、被害者に二重の不利益となることはない。なお、後述のように、ニュージーランドにおいては、刑事制裁としての被害弁償は証明可能債務（provable debt）に含まれないとされている。

(153) 奥村正雄「刑事制裁としての損害賠償命令――イギリスの損害賠償命令の現状と課題――」同志社女子大学社会システム学会現代社会フォーラム一号（二〇〇五）六九頁以下、七二頁。Compensation は、「損害賠償」と訳すことが定着していると言えるものの、そのように訳してしまうと純然たる民事の命令という誤解を招きかねない。また、内容としてアメリカ合衆国の被害弁償命令と類似しているため、ここでは、被害弁償命令と訳すこととする。

(154) 「附帯私訴制度や損害賠償命令制度を導入してほしいとのご要望につきましては、結局、刑事手続の成果を利用することにより損害を回復するための制度を拡充・整備してほしいという点に要点があるものと考えられます」としていた。犯罪被害者等基本計画検討会（第二回）議事録［河村博発言］。

(155) 法制審議会刑事法（犯罪被害者関係）部会においては、「『あすの会』は、損害賠償命令は採らなかったということですけれども、損害賠償命令であれば刑罰の一種だということで、損害回復が実現する可能性は相当高くなる可能性があるのではないか。例えば執行猶予とか保護観察の条件にするといったことであれば、必死になって賠償するということは考えられる。しかも迅速に事が運ぶということはあり得ると思うんですけれども、その点については、例えば一部は採り得るとか、そのようなことはお考えになったのでしょうか。それからもう一つ、附帯私訴の場合にも、刑事の判決を利用する。それで迅速に労力を掛けないで効率的に損害賠償を図るということがねらいだと思うんですけれども、そのためには、迅速に処理できる範囲内の事件に限定する、クリアケースに限るとか、複雑困難な事件は除くとか、そのような罪種の限定についてはいかがお考えでしょうか」との発言に対し、「まず、なぜ民事訴訟を起こすのかという点が一つあると思います。これは、ただ金を取ればいいというだけでなくて、加害者の責任を追及するには民事訴訟しか被害者としてはないわけです。今度の基本計画の中で、司法制度は犯罪被害者のためにもなければならないと、やっと書いてもらいました。我々の主張が通ったんですけれども、被害者のためにやっている裁判ではない、刑事司法ではないということになると、被害者は何も加害者を追及する方法がないわけです。せめて、相手は無資力だと思っても、分かっても、民事訴訟を起こして責任を追及する。その結果、取れないかもしれないけれども、しかし尊厳の回復を図る。こういう意味が民事訴訟にはむしろ大きいんです。いろいろ新聞に何億といった判決が出ますけれども、全部絵にかいたもち。プラス弁護士費用その他の持ち出しになっております。だけど起こすというのは、そういう点があります」との発言がなされ、事件の全体像を明らかにすることで、犯罪者の責任を追及することに強い関心があることが示されている。同・第一回会議議事録。また、犯罪被害者等基本計画検討会においては、「例えば附帯私訴のような中で、刑事裁判の中できちんと損害賠償命令が出されるのであれば、加害者に与える刑事罰と同様に経済的な補償も行なわれて当たり前だ、国が命令をしてくれたんだから自分は安心して受け取ってもいいんだ。そのお金を受け取って精いっぱいこれから生きていこう、そのように思えるんだと思いますが、それさえも受け取れないでいまだに悩んでいる、そういう被害者の方がたくさんあるわけですね」と損害や被害が公的に認定されることに関心があることが示されている。同・(第二回)議事録[大久保恵美子発言]。さらに、瀬川ほか・前掲注(146)二一頁[高橋発言]。

(156) 犯罪被害者等基本計画検討会においては、「私の例を申しますと、私は、妻を私の身代わりに殺害されました。私は、本当に加害者は嘘八百を言う人間的にも極めて低劣な人間であったと思います。それに二年間、刑事の判決が出るまで振り回されました。くたくたになりました。そして、私は民事の損害賠償を仮に取れなくても、慰謝料一億円の請求をしたいと思いました。だけど、またあの男を相手に一年も一年半も訴訟をやるのかということは、もう精神的に耐えられなかった。時効ぎりぎりまで私は考えましたけれども、自分自身が涙を出しながら民事の訴訟を起こすエネルギーがなかった。附帯私訴の制度があれば、当然私は起こしました。……そのように、刑事の裁判でくたくたになって、民事の訴訟をこれ以上起こせないという人がいっぱいあるわけです。刑事の記録を取って、謄写して、それで訴訟を起こせばいいじゃないかとおっしゃいますけれども、それは本当に訴訟、刑事事件の被害者になった者の苦しみを知らない方の発言ではないかと思います。実際に苦しんだ者は、そう何回も刑事と民事とやっているわけにはいきません。民事裁判を起こすという人は、よっぽどこれではもうおさまらない、これでは仏様に申しわけないというふうな気持ちで起こしている方がほとんどであって、これが刑事と民事と一本でやり、刑事の証拠の九〇％以上が民事の証拠にそのまま使える、新しく記録の謄写の必要もない、印紙も張る必要もないということになれば、どれだけ助かるかわからないということなんです」との発言がなされている。同・（第二回）議事録［岡村勲発言］。

（157） 紹介したものとして、藤本哲也ほか「ニュージーランドにおける修復的司法の一手段としての賠償命令」新報一〇九巻三号（二〇〇二）四七頁以下、千手正治「ニュージーランドにおける賠償命令と修復的司法：二〇〇二年の量刑法を踏まえて」藤本哲也編著『諸外国の修復的司法』（中央大学出版部、二〇〇四）八一頁以下、奥村正雄「ニュージーランドにおける犯罪被害者と刑事司法」同法五九巻一号（二〇〇七）一頁以下、五―七頁。本章・注（1）で述べたように、reparation は、「損害回復」と訳すことが定着していると言えるものの、ニュージーランドの刑事制裁は、ドイツの Wiedergutmachung とは異なる。また、内容としてアメリカ合衆国の被害弁償命令と類似しているため、ここでは、被害弁償と訳すこととする。

（158） Ministry of Justice Criminal Justice Policy Group, *Review of Monetary Penalties in New Zealand* (Ministry of Justice, 2000), p. 118. 隣国オーストラリアにおいても、同様の命令が各州で規定されている。Edney, R., et al., *Australian Sentencing: Principles and Practice* (Cambridge University Press, 2007), pp. 366-367.

（159） 1954 No 50（repealed）.

（160） 1961 No 43.

（161） s. 45A of Criminal Justice Act 1954（repealed）; s. 403 of Crimes Act 1961. compensation も「被害弁償」と訳すことが可能であるが、ここでは、reparation と区別するために訳し分けることとしたい。

(162) Ministry of Justice Criminal Justice Policy Group, *supra* note 158, at 34.

(163) See Ministry of Justice Criminal Justice Policy Group, *supra* note 158, at 25-26, 34.

(164) Ministry of Justice Criminal Justice Policy Group, *supra* note 158, at 26.

(165) 1985 No 120. その内容について解説したものとして、佐藤繁實「ニュージーランド一九八五年刑事裁判法」犯非七二号（一九八七）一七九頁以下がある。Criminal Justice の訳は、「刑事司法」とすることが定着しており、本法も刑事司法全体を取扱うものであるから、「刑事司法」と訳出することとする。

(166) ss. 22-25 of Criminal Justice Act 1985 (repealed).

(167) 2002 No 9. 解説したものとして、ニュージーランド司法省著・高橋貞彦訳「『二〇〇二年量刑判決法』と『二〇〇二年パロール（仮釈放）法』刑事司法制度を改革すること（ニュージーランドの刑事裁判法）」近法五一巻三＝四号（二〇〇四）四三頁以下。また、千手正治「ニュージーランドにおける社会内処遇の新動向――二〇〇二年の量刑法におけるコミュニティ内量刑」ＪＣＣＤ九四号（二〇〇四）二〇頁以下参照。Sentencing の訳は、「量刑」とすることが定着しており、本法も量刑全体を取扱うものであるから、「量刑」と訳出することとする。

(168) ss. 106 (3) (b), 108 (2) (b) of Sentencing Act 2002.

(169) s. 110 (3) (b) of Sentencing Act 2002.

(170) 1989 No 24.

(171) ss. 84 (1) (b), 283 (f) of Children, Young Persons and Their Families Act 1989.

(172) Ministry of Justice Criminal Justice Policy Group, *supra* note 158, at 129.

(173) See Ministry of Justice Criminal Justice Policy Group, *supra* note 158, at 118.

(174) s. 32 (1) of Sentencing Act 2002. See ss. 106 (3) (b), 108 (2) (b), 110 (3) (b) of Sentencing Act 2002.

(175) 2001 No 49.

(176) s. 32 (5) of Sentencing Act 2002. See ss. 106 (5), 108 (4), 110 (5) of Sentencing Act 2002.

(177) s. 32 (2) of Sentencing Act 2002. See ss. 106 (4), 108 (3), 110 (4) of Sentencing Act 2002.

(178) s. 4 of Sentencing Act 2002.

(179) 1987 No 168.

(180) s. 4 (1) of Criminal Justice Amendment Act (No 3) 1987.

(181) ss. 84 (1) (b), (2), 283 (f), 287 of Children, Young Persons and Their Families Act 1989.

(182) s. 32 (1) of Sentencing Act 2002. See ss. 106 (3) (b), 108 (2) (b), 110 (3) (b) of Sentencing Act 2002.

(183) Ministry of Justice Criminal Justice Policy Group, *supra* note 158, at 121.

(184) ss. 84 (1) (b), (2), 283 (f), 287 of Children, Young Persons and Their Families Act 1989. See s. 4 (1) of Criminal Justice Amendment Act (No 3) 1987.

(185) s. 36 (1) (a) of Sentencing Act 2002.

(186) s. 32 (7) of Sentencing Act 2002.

(187) See Ministry of Justice Criminal Justice Policy Group, *supra* note 158, at 128–129.

(188) See Ministry of Justice Criminal Justice Policy Group, *supra* note 158, at 129.

(189) See Ministry of Justice Criminal Justice Policy Group, *supra* note 158, at 129.

(190) s. 36 (1) (b) of Sentencing Act 2002; s. 19 (1) (b) of Crimes Act 1961 (1961 No 43); ss. 79 "Fine" (a), 81 (1) (b) of Summary Proceedings Act 1957 (1957 No 87). 一九五七年略式手続法は、被害弁償の賦科並びに執行及び徴収について、罰金刑の賦科並びに執行及び徴収と同様に扱うこととしている。s. 79 "Fine" (a) of Summary Proceedings Act 1957.

(191) s. 36 (1) (c) of Sentencing Act 2002.

(192) s. 36 (2), (3) of Sentencing Act 2002; s. 83 (1) of Summary Proceedings Act 1957.

(193) s. 80 of Summary Proceedings Act 1957.

(194) s. 36 (1) (d) of Sentencing Act 2002. 被告人に継続的に犯行を思い起こさせ、再犯を予防するために分割払とすることもある。Chhana, R. et al., *The Sentencing Act 2002: Monitoring the First Year* (Ministry of Justice, 2004), p. 31.
(195) Ministry of Justice Criminal Justice Policy Group, *supra* note 158, at 126.
(196) s. 19 (1) (a) of Crimes Act 1961; s. 81 (1) (a) of Summary Proceedings Act 1957.
(197) s. 84 (1) of Summary Proceedings Act 1957.
(198) s. 19 (2) of Crimes Act 1961; s. 81 (2) of Summary Proceedings Act 1957. See ss. 86 (4), 86A (6) of Summary Proceedings Act 1957.
(199) s. 10A (2) of Sentencing Act 2002. 罰金刑及び被害弁償、社会奉仕及び監督、集中監督及び社会内拘禁はそれぞれ同列のものとされている。
(200) s. 10A (1) of Sentencing Act 2002.
(201) s. 12 (2) of Sentencing Act 2002.
(202) s. 12 (1) of Sentencing Act 2002.
(203) Chhana, *supra* note 194, at 30.
(204) See Ministry of Justice Criminal Justice Policy Group, *supra* note 158, at 119.
(205) Ministry of Justice Criminal Justice Policy Group, *supra* note 158, at 119-120.
(206) Ministry of Justice Criminal Justice Policy Group, *supra* note 158, at 124.
(207) 1993 No 43.
(208) s. 11 of Criminal Justice Act 1985; s. 4 of Criminal Justice Amendment Act 1993.
(209) Ministry of Justice Criminal Justice Policy Group, *supra* note 158, at 35.
(210) Ministry of Justice Criminal Justice Policy Group, *supra* note 158, at 48-49.

(211) s. 32 (3) of Sentencing Act 2002.
(212) s. 32 (4) of Sentencing Act 2002.
(213) s. 38 (2) of Sentencing Act 2002.
(214) s. 12 (3) of Sentencing Act 2002.
(215) s. 33 (1) of Sentencing Act 2002. See ss. 106 (3A), 108 (2A), 110 (3A) of Sentencing Act 2002.
(216) Ministry of Justice Criminal Justice Policy Group, *supra* note 158, at 119-120.
(217) 将来の収入も斟酌することができるとする見解もある。Ministry of Justice Criminal Justice Policy Group, *supra* note 158, at 125-126.
(218) s. 33 (3) of Sentencing Act 2002.
(219) s. 41 (2) of Sentencing Act 2002; s. 82 (1) of Summary Proceedings Act 1957.
(220) s. 82 (2) of Summary Proceedings Act 1957.
(221) s. 42 of Sentencing Act 2002.
(222) s. 82 (2) of Summary Proceedings Act 1957.
(223) s. 42 of Sentencing Act 2002.
(224) ss. 33 (2), 41 (1), (3) of Sentencing Act 2002; s. 82 (1), (5) of Summary Proceedings Act 1957.
(225) Chhana, *supra* note 194, at 31.
(226) Ministry of Justice Criminal Justice Policy Group, *supra* note 158, at 123.
(227) s. 34 (1) of Sentencing Act 2002.
(228) s. 34 (4) of Sentencing Act 2002.
(229) Ministry of Justice Criminal Justice Policy Group, *supra* note 158, at 123.
(230) s. 34 (2) of Sentencing Act 2002. 裁判所が報告書に記載するよう求めた事項についても合わせて報告しなければ

ならない。

(231) s. 34 (3) of Sentencing Act 2002.
(232) Ministry of Justice Criminal Justice Policy Group, *supra* note 158, at 122.
(233) s. 34 (5) of Sentencing Act 2002.
(234) s. 34 (6) of Sentencing Act 2002.
(235) Lawrence, M., *Legal Studies — A First Book on New Zealand Law (5th Edition)* (The Dunmore Press, 1998), p. 67.
(236) s. 7 (1) of Sentencing Act 2002.
(237) s. 7 (2) of Sentencing Act 2002.
(238) s. 8 (a), (b), (f), (h), (i), (j) of Sentencing Act 2002.
(239) s. 9 (1), (4) (a) of Sentencing Act 2002.
(240) s. 9 (2), (4) (a) of Sentencing Act 2002.
(241) s. 10 (1), (3) of Sentencing Act 2002.
(242) s. 10 (2) of Sentencing Act 2002.
(243) s. 10 (4) of Sentencing Act 2002.
(244) ss. 10, 32 (6) of Sentencing Act 2002. See ss. 106 (6), 108 (5), 110 (6) of Sentencing Act 2002.
(245) s. 32 (3) of Sentencing Act 2002.
(246) s. 32 (4) of Sentencing Act 2002.
(247) s. 35 (1) of Sentencing Act 2002.
(248) s. 37 (1) of Sentencing Act 2002.
(249) s. 37 (2) of Sentencing Act 2002.

(250) Ministry of Justice Criminal Justice Policy Group, *supra* note 158, at 121. 一九九二年の司法省の報告書においては、被害弁償に対して、裁判官やプロベーション・オフィサーの間に相当の温度差があることが指摘されている。at 26-27.

(251) s. 232 (2) of Insolvency Act 2006 (2006 No 55). See s. 231 (1) of Insolvency Act 2006 (2006 No 55).

(252) s. 38 (1) of Sentencing Act 2002.

(253) s. 35 (2) of Sentencing Act 2002.

(254) s. 145A of Sentencing Act 2002. 本条は、二〇〇六年量刑修正法 (Sentencing Amendment Act 2006) (2006 No 12) により新設されたが、施行日以前に賦科された被害弁償についても適用される。s. 145A (1) of Sentencing Act 2002.

(255) s. 145B (1), (3), (6) of Sentencing Act 2002. 本条は、二〇〇六年量刑修正法により新設されたが、施行日以前に賦科された被害弁償についても適用される。s. 145B (2) of Sentencing Act 2002.

(256) s. 145B (1), (4), (5), (6) of Sentencing Act 2002. 本条は、二〇〇六年量刑修正法により新設されたが、施行日以前に賦科された被害弁償についても適用される。s. 145B (2) of Sentencing Act 2002.

(257) s. 145C of Sentencing Act 2002.

(258) Ministry of Justice Criminal Justice Policy Group, *supra* note 158, at 127.

(259) Ministry of Justice Criminal Justice Policy Group, *supra* note 158, at 127-128.

(260) ss. 79 "Fine" (a), 86-106F of Summary Proceedings Act 1957.

(261) s. 145 (3) of Sentencing Act 2002.

(262) Ministry of Justice Criminal Justice Policy Group, *supra* note 158, at 41; Ministry of Justice, *An Overview of Conviction and Sentencing Statistics in New Zealand: 1997 to 2006* (Ministry of Justice, 2007), p. 18. 一九八五年刑事司法法において認められていた被害者への支払を求める罰金刑 (part payment of fine) は、二〇〇二年量刑法の

施行とともに廃止されたものの、施行後もなお賦科されている。もっとも、その件数は、二〇〇〇年度の二〇二一件から二〇〇二年度には一六八件まで減少している。廃止されたはずの被害者への支払を求める罰金刑がなぜ賦科されているのかは不明である。Chhana, *supra* note 194, at 32. 最新の数値を入手しようと試みたが、近時、罰金刑の数値と被害弁償の数値などが金銭的制裁全体の数値としてまとめて公表されるようになったため、個別の数値を入手できなかった（以下、本章において同じ）。

(263) Ministry of Justice, *supra* note 262, at 18. 被害弁償が第一の刑事制裁として科された罪種を見ると、一九九八年度には三八九七件中、財産犯が、二九六九件（七六％）、交通事犯が四五七件（一二％）、暴力事犯が一八三件（五％）となっており、他のより重い刑事制裁と併科されたものと比較すると、おおむね同じ傾向があることが窺われる。Ministry of Justice Criminal Justice Policy Group, *supra* note 158, at 44.

(264) Ministry of Justice Criminal Justice Policy Group, *supra* note 158, at 45-46. 一九八九年度には全罪種の平均賦科率は一九・一％であった。一九八九年度乃至一九九八年度においては、詐欺（fraud）が一八・三％乃至二六・二％、放火（arson）が一一・二％乃至二九・七％、強盗（burglary）が一八・九％乃至二三・二％、窃盗（theft）が一一・一％乃至一八・八％などとなっていた。

(265) Ministry of Justice Criminal Justice Policy Group, *supra* note 158, at 47-48. 但し、警察からの略式手続で賦科されたものを対象としており、裁判所で賦科されたものとは異なる点に注意が必要である。

(266) Ministry of Justice Criminal Justice Policy Group, *supra* note 158, at 48-49.

(267) Ministry of Justice, *supra* note 262, at 18.

(268) Ministry of Justice, *supra* note 262, at 18.

(269) Ministry of Justice Criminal Justice Policy Group, *supra* note 158, at 37, 47.

(270) Ministry of Justice, *supra* note 262, at 19

(271) Chhana, *supra* note 194, at 4, 34. 被害者に許しを請うために、被告人側から提案されたものである。Chhana, at

35.

(272) Ministry of Justice, *supra* note 262, at 34.

(273) Ministry of Justice Criminal Justice Policy Group, *supra* note 158, at 43; Ministry of Justice, *supra* note 262, at 80.

(274) Ministry of Justice Criminal Justice Policy Group, *supra* note 158, at 123-124.

(275) Ministry of Justice Criminal Justice Policy Group, *supra* note 158, at 126.

(276) Ministry of Justice Criminal Justice Policy Group, *supra* note 158, at 126.

(277) Ministry of Justice Criminal Justice Policy Group, *supra* note 158, at 124.

(278) Ministry of Justice Criminal Justice Policy Group, *supra* note 158, at 124.

(279) Ministry of Justice Criminal Justice Policy Group, *supra* note 158, at 118.

(280) Ministry of Justice Criminal Justice Policy Group, *supra* note 158, at 25. s. 11.

(281) Ministry of Justice Criminal Justice Policy Group, *supra* note 158, at 26.

(282) Ministry of Justice Criminal Justice Policy Group, *supra* note 158, at 26.

(283) See Ministry of Justice Criminal Justice Policy Group, *supra* note 158, at 26.

(284) Ministry of Justice Criminal Justice Policy Group, *supra* note 158, at 118-119.

(285) Ministry of Justice Criminal Justice Policy Group, *supra* note 158, at 119.

(286) 法制審議会刑事法（犯罪被害者関係）部会第一回会議議事録・前掲注（155）。

(287) 奥村・前掲注（145）ジュリ七二一頁、同・前掲注（145）刑ジャ三〇頁、川出・前掲注（141）五九頁。

第三章　刑事制裁としての費用支払命令

第一節　はじめに

アメリカ合衆国においては、特に州レベルで、刑事司法に関わる費用（cost）又は手数料（fee）を賦科し、徴収する動きが急速に進み、費用又は手数料を徴収する州は少なくとも四〇に及んでいる。(1) 全ての犯罪者に費用又は手数料を賦科しているわけではなく、対象となる費用の項目、犯罪類型、犯罪者、犯罪者の支払能力によりその賦科は限定されている。(2) もっとも、賦科対象となる項目は、捜査段階から行刑段階まで、およそ刑事司法機関の法執行全般に及んでいる。(3) すなわち、従来から存在した訴訟費用に加えて、尿検査、保釈適格性の調査、判決前調査報告書（presentence report）作成、検察官などの人件費、刑事和解斡旋、ワーク・リリース・センター（work release center）又はその他の居住型矯正施設の利用、被害弁償（restitution）の徴収、薬物やアルコールなどの濫用の有無についての調査、薬物などの濫用者の処遇、交通事犯に対する交通安全教育、犯罪者に対するカウンセリング、社会奉仕命令（community service order）の運営、在宅拘禁の運営、ジェイル拘禁（jail）、プロベーション（probation）又はパロール（parole）若しくは監督付釈放（supervised release）などの費用がある。

しかも、こうした費用は、その細目においても、多岐にわたっている。例えば、オレゴン州のある第二級誘拐事件においては、捜査の際に利用されたモーテル代金、捜査官の食事代及び日当、警察車両のガソリン代、捜索のための航空機の賃貸及び燃料代金、航空地図代、捜査のためのポスター代金、追跡捜査のための報告費用、シェリフ（sheriff）への長距離電話代、通信傍受費用、精神医学的調査費用、身体的調査費用、被告人の供述を録音するためのテープ代、証人の供述の筆記援助費用、犯行車両の写真代、犯行に使われた被告人の車両の輸送代などの実際に要した金額を個別に提示した上で支払うよう求めている。[4]

このような状況は、訴訟費用（刑事訴訟法一八一条以下）などの極めて限定された費用を賦科し徴収するに留まっている我が国とは、大きな違いがある。そこで、本章では、アメリカ合衆国における刑事司法に関わる費用又は手数料の賦科形式、賦科範囲及び賦科目的について紹介した上で、我が国でもこのような賦科及び徴収を行なうべきか検討することとしたい。

第二節　賦科形式

アメリカ合衆国においては、我が国とは異なり、法域ごとにその制度が存立しているため、犯罪者に対する費用又は手数料の賦科形式もそれぞれ異なっている。これを類型化すると、おおよそ以下の四つに分けられる。

一、罰金刑

第一の形式は、罰金刑（fine）である。これは、罰金刑が単独で科される場合又は併科される場合に、実際に要した又は要することが予想される費用又は手数料を罰金刑の量定の際に斟酌し、加味することによって、犯罪者に支払わせようとするものである。連邦事件の裁判例の中には、費用又は手数料が罰金刑の量定因子として法定されていない場合でも、このような斟酌が許されるとするものがある。(5)

この形式は、不払の際に犯罪者に拘禁刑を科しうることから、支払に向けた一定の事実上の強制力を有していると言える。すなわち、アメリカ合衆国においては、連邦憲法修正一四条の適正手続条項により、罰金刑の支払ができない場合に直ちに拘禁刑とすることは許されないものの、資産を有するなど支払能力があるにもかかわらず、不払であったり、職業に従事して金銭を得る能力があるにもかかわらず、そのような努力を欠いて不払となっていたりするときには、拘禁刑を科すことができるとする法理が連邦最高裁の判決により確立している。(6) 従って、この形式によれば、資産を有する者や収入を得うる者の支払が期待できる。他方で、資産もなく、収入を得ることができない者に対しては、事実上、支払わせることができない。さらに、不払の者を拘禁すれば、さらに拘禁費用が膨らむこととなる。

この形式は、罰金刑が賦科できる場合にのみ利用できるにすぎない点で問題がある。もっとも、アメリカ合衆国においては、我が国とは異なり、罰金刑がほぼ全ての犯罪類型に適用可能であるので、この点での問題はほとんど生じないと思われる。(7) むしろ、問題であるのは、罰金刑とすることによって、どのような費用項目がどの程度斟酌され、どのように罰金額に取り込まれたのか曖昧なものとなってしまうことである。これは、詳しくは第八章で見るように、アメリカ合衆国では、我が国と同様、総額罰金制度が採られており、行為の重大性などの他の量定因子も含めて罰金額の算定が行なわれるためである。(8) しかも、アメリカ合衆国においては、ここでもまた我が国と同様、判決文においてどのような量定因子がどのように斟酌されたのか必ずしも明らかにされるわけではないためである。(9)

二、プロベーションの条件

第二の形式は、プロベーションの条件（condition）とすることである。これは、プロベーションが単独で科される場合又は併科される場合に、実際に要した又は要することが予想される費用又は手数料の支払をプロベーションの条件の内容に加えるものである。プロベーションの条件とすることは、我が国において保護観察の遵守事項（更生保護法五〇条以下）を定めるのに近い。一部の州では、費用又は手数料の支払をプロベーションの条件とすることが明文により認められていない場合でも、プロベーションの条件とすることができると古くから判示されてきた。[10]

この形式は、刑事制裁であるため、不払の際にプロベーションが取消された場合の拘禁刑の利用について、罰金刑と同様の法理が適用される。[11] それゆえ、罰金刑同様、資産を有する者や収入を得うる者の支払が期待できる一方で、資産もなく、収入を得ることができない者に対しては、事実上、支払を促すことができない。そのような者を拘禁すれば、さらに拘禁費用が膨らむ点も罰金刑と同様である。

この形式も、プロベーションが賦科できる場合にのみ、利用できるにすぎない。もっとも、アメリカ合衆国においては、保護観察を単独で賦科できない我が国とは異なり、軽微な犯罪の多くに独立の制裁としてプロベーションを単独で適用可能であるため、[12] 適用範囲はかなり広い。むしろ、ここでもまた、プロベーションの条件とされる場合、どのような費用項目がどの程度斟酌され、どのように条件に取り込まれたのか曖昧なものとなってしまう可能性があることが問題である。罰金刑同様に、個別の費用項目が個別に算定され、判決文で明示されるとは限らないためである。プロベーションの条件の場合、条件の内容及び種類についての裁量が大きいこともあって、罰金刑以上になぜその金額を支払わなければならないのかが不明確となる恐れが強い。

三、被害弁償命令

第三の形式は、被害弁償命令（restitution order）である。費用又は手数料を法執行機関が受ける「被害」ととらえ、これを犯罪者に弁償させようとするものである。第二章で紹介したように、被害弁償命令は、アメリカ合衆国において、被害に強く着目し、被害を量定の基礎とする刑事制裁であり、連邦をはじめとする多くの法域で独立の制裁として利用されている(13)。

この形式は、刑事制裁であるため、不払の際の拘禁刑の利用について、罰金刑と同様の法理が適用される(14)。それゆえ、先の二つの形式と同様、資産を有する者や収入を得うる者の支払が期待できる一方で、資産もなく、収入を得ることができない者に対しては、事実上、支払を促すことができない。そのような者を拘禁すれば、さらに拘禁費用が膨らむ点もやはり同様である。

この形式も、被害弁償命令が賦科できる場合にのみ、利用できるにすぎない点で問題である。アメリカ合衆国においては、被害弁償命令がほぼ全ての犯罪類型に適用可能であるものの(15)、被害が生じていなかったり、そもそも被害が観念できなかったりするような事案については適用できない。

この形式が、罰金刑やプロベーションの条件とする形式よりも優れているのは、どのような費用項目により、いかなる額が賦科されたのか明らかとしやすいことである。これは、被害弁償命令が文字通り、「被害」に着目していることによる。

もっとも、被害弁償命令について各州の模範となるよう制定された連邦の制度においては(16)、判例上、間接被害を被害弁償命令の対象に含まないとされている(17)。犯罪者が法執行機関の法執行を直接妨害するなど、法執行機関の負担が直接被害と評価される場合を除けば、法執行機関が法執行に要する費用又は手数料という被害は、通例、間接被害と評価される。それゆえ、被害弁償命令は、通常、費用又は手数料の徴収のためには用いられていない。

四、費用又は手数料

第四の形式は、端的に、費用（cost）又は手数料（fee）とするものである。その法的性質は曖昧で、少なくとも刑事制裁でないとされる。制定法上、どのような費用を徴収できるか具体的に定めている場合もあるものの[18]、単に、「費用」又は「手数料」を徴収できるとしているだけの場合もある。一部の州の判例の中には、後者の場合であっても、費用を徴収することができるとするものもある[19]。

この形式は、刑事制裁として負担させるものではないため、先の三つの形式に比べると、強制力に劣ることは否定できない。他方で、刑事制裁でないために憲法上の適正手続の保障が及びにくく、ともすれば、過度に広範な徴収を行なったり、犯罪者やその家族にとって過酷な徴収を行なったりする危険性がある。実際、アメリカ合衆国の多くの州においては、この形式における徴収が増加しており、しかも、その額が罰金額より大きいことも稀ではなく、実務上、罰金刑に優先して徴収されているとされる[20]。

この形式は、賦科の際に、どのような費用項目でいくら支払うよう求められているのかを明確にすることができるという長所を有している。

五、小括

以上のように、それぞれの形式によって、①不払の際に犯罪者に拘禁刑を科しうるなど、支払に向けた一定の事実上の強制力を有しているかどうか、そして、憲法上の適正手続の保障が及ぶか、また、②どのような費用項目により、いかなる額が賦科されるのかが明確にされるかどうかが異なっている。罰金刑やプロベーションの条件とする形式では、①の事実上の強制力と適正手続保障を満たしているが、②の賦科根拠の明確性に欠ける。これに対して、端的に費用又は手数料とする形式では、②の賦科根拠の明確性は確保しうるが、①の事実上の強制力と適正手続保障に乏しい。また、被害弁償命令とする方式では、①の事実上の強制力と適正手続保障も、②の賦科根拠の明確性も満たしているが、実際上多くを占める、間接被害と認識される費用又は手数料には用いることができない。

このように、アメリカ合衆国において現在用いられている費用又は手数料の賦科形式には、一長一短があり、徴収形式が分かれている。また、それだけでなく、犯罪者に対する費用又は手数料の賦科範囲についても争いがある。そこで、次に、費用又は手数料の実情に迫るために、その賦科範囲を見ることとしたい。

第三節　賦科範囲

先に述べたように、アメリカ合衆国において、犯罪者に対する費用又は手数料の賦科対象となる項目は、捜査段階から行刑段階まで、およそ法執行機関の活動全般に及んでいる。しかし、費用又は手数料の中には、国家による刑事司法の運営にあたって、個別の犯罪の発生がなくとも当然必要とされる類のものがあり、そのような費用又は手数料は個々の犯罪から個々の犯罪者に賦科するべきではないのではないかが問題となる。

アメリカ合衆国においては、この問題がかなり意識されており、判例も分かれている。例えば、プロベーションの条件の賦科形式で肯定されたものとして、横領事件における特別検察官及び会計監査に関する費用[21]、シェリフの費用[22]、外国への送還費用[23]などがある。また、費用の賦科形式で肯定されたものとして、弁護士費用[24]、判決前調査報告の費用[25]などがある。

一方で、賦科することを否定されたものとして、警察官及び検察官の給与並びに大陪審に関わる費用[26]、陪審費用[27]、裁判所が指名した弁護人の弁護士費用などがある。[28] また、費用の賦科形式で否定されたものとして、脱税事犯の調査費用[29]、起訴前の全ての費用[30]、陪審の費用及び廷吏の給与[31]などがある。

賦科を否定する見解は、起訴以前に要した費用又は手数料について否定するものと、有罪認定以前にかかった費用又は手数料についてまで否定するものに分けられる。前者の例は、警察官及び検察官の給与並びに大陪審に関わる費用、脱税事犯の調査費用などの賦科を否定する判例である。後者の例は、陪審費用、裁判所が指名した弁護人の弁護士費用、廷吏の給与などの賦科を否定する判例である。

起訴以前に要した費用又は手数料について否定する見解は、捜査段階の費用について、無定型で広範に行なわれるため、その者に関して支出されたとは必ずしも言い難いとする一方、起訴後に要する費用は、その者のために支出されたことが明確であることから、起訴後に要する費用の賦科を認めていると考えられる。言い換えれば、起訴以前に要した費用又は手数料は、犯罪者の行為との因果関係が必ずしも明確ではないため、国家による刑事司法の運営に必要不可欠のものであって、犯罪者に負担させるべきものではないと考えているように思われる。また、有罪認定以前にかかった費用又は手数料についてまで否定する見解は、有罪認定以前には、未だ「犯罪者」となっておらず、無罪の推定が働くため、「犯罪者」と認定された後に、「犯罪者」とされていなかった時期に要した費用を遡及的に賦科することは許されないと考えているのであろう。有罪認定以後に要した費用又は手数料については、既に、「犯罪者」と認定された後のものであるため、賦科する法的根拠がある上、個々の犯罪者に要する支出となることから、犯罪者に負担させる合理性があると言いやすい。

一方、シェリフの費用など、起訴以前に要した費用又は手数料についても肯定する見解は、その事件に関して支出されたおよそ全ての費用又は手数料を含むとするものと、起訴前と起訴後を区別せず、その者のために支出されたことが明確であれば、賦科しても構わないとするものに分けられるであろう。前者の見解に対しては、捜査方針が妥当でなかったために余分にかかった費用についてまで負担させることにつながるとの批判が考えられる。それゆえ、後者の見解のように、賦科対象を限定する試みがなされようが、これに対しては、どこまで犯罪者の行為との因果関係を認めて負担させるかの基準が不明確であるとの批判も予想される。

以上のように、アメリカ合衆国における犯罪者に対する費用又は手数料の賦科範囲は、①起訴以前に要した費用も含んだ全段階の全ての費用を無制約に対象とする見解、②犯罪者のために支出されたことが明確な起訴以前に要した費用と起訴後に要した全ての費用を対象とする見解、③起訴後に要した全ての費用を対象とする見解、④有罪認定後に要した全ての費用を対象とする見解の四つに大きく分かれている。賦科対象は、①から④の順に狭くなることになる。

いかなる賦科範囲が妥当であるかという問題と、前節で検討した賦科形式のうち、どの形式が妥当であるか、あるいは別個の賦科形式を採用するべきかという問題は、いずれも、費用又は手数料の賦科の目的をどうとらえるかという問題と密接に関連する。そこで、続いて、費用又は手数料の賦科目的を検討することとしたい。

第四節　賦科目的

それでは、このような費用又は手数料を賦科する目的は、どのようなものであろうか。

まず、財政上の目的が考えられる。すなわち、国家、具体的には法執行機関が、犯罪者から費用又は手数料を賦科し、徴収することによってその支出を取り戻そうとすることである。

アメリカ合衆国において、二〇〇六年には、連邦、州及び地方政府は、民事も含んだ司法運営に合わせて一八五〇億USD（約一四兆八〇〇〇億円。一USD八〇円で換算。以下同じ）を用いている。これは、アメリカ合衆国の国家予算三兆USD（二四〇兆円）のうちの六％を占める。このうち、州の支出のうち最も多いのは、ジェイル、刑務所、プロベーション、パロールなどの矯正関係であって三九〇億USD（三兆一二〇〇億円）であるのに対し、連邦と地方政府の支出のうち最も多いのは、警察であってそれぞれ二〇〇億USD（一兆六〇〇〇億円）、五八〇億円（四兆六四〇〇億円）である。このように、アメリカ合衆国では、捜査段階から行刑段階までの刑事司法運営に多額の金銭が投入されている。また、約二三〇万人がこの領域で働いている。そのうち、警察関係で一一〇万人、矯正関係で七四万八〇〇〇人、裁判所、検察、弁護、法的サービス関係で四九万四〇〇〇人となっており、多額の人件費を要していることが窺える。多くの犯罪が州レベル又は地方レベルで規定され、取扱われることもあって、刑事司法に対する支出は、州レベルと地方レベルで、連邦も含めた国家全体の司法運営の八七％を占めている。州レベル及び地方レベルで、国民一人当たり年間三五四USD（約二万八三〇〇円）を司法運営のために支出していることとなる。これらの費用は過去二〇年間で三倍になった[32]。

このように、特に州レベルで刑事司法の運営にかかる費用が膨大で、さらに増加している上、収容人数の増加、犯罪への不安の高まり、そして各部門での職員の人員不足から、今後も費用が増加する可能性が高いとされる。[33]州レベルで費用又は手数料の徴収が活発化している背景には、このような費用を少しでも支払わせたいという事情があることが容易に推察できる。加えて、アメリカ合衆国では、我が国よりも納税者のコスト意識が高いとされる。それゆえ、費用又は手数料の賦科において、財政上の目的が無視できないものとなっていることは否定できない。

もっとも、財政上の目的により徴収することは、犯罪者の経済状態から、制約されることとなる。確かに、たくさんの資産を有している者や多くの収入を得ている者から費用又は手数料を徴収することは、十分可能であろう。実際、対象者が職業を有しており、社会内で安定した生活を送ることができることが、社会内処遇の事実上の要件となっていることもあって、犯罪者の多くが合理的な額の費用又は手数料を支払うことができるとされる。[34]例えば、テキサス州では、プロベーション費用の約半分がプロベーション対象者の支払う手数料で賄われている。[35]しかし、他方で、財産をほとんど持っておらず、失業していたり、低収入であったりする者から費用又は手数料を徴収することは困難であり、無理に徴収しようとすれば、犯罪者やその家族の生活を脅かすことにもなりかねない。とりわけ、刑事制裁として費用又は手数料の徴収を行なう場合には、第二章で検討したように、法益剥奪に着目するという実体的デュー・プロセスの観点から、犯罪者の事情、特に経済状態を斟酌する必要性が強い。また、端的に費用又は手数料として徴収する形式のように、刑事制裁でないとしても、犯罪者に過度の負担を迫ることは、犯罪者の社会復帰を妨げるものとして妥当でないと思われる。このように、犯罪者の事情、特に経済状態を斟酌して減額を行なうこととなれば、財政上の目的により徴収することは貫徹されず、後退することとなる。

しかし、費用又は手数料を賦科する目的は、財政上の目的に留まるものではなく、留めるべきでもない。費用又は手数料を犯罪者に賦科することは、自己の行為が直接の被害者に被害を及ぼすだけでなく、法執行機関に負担をかけ、間接的に国家や社会、ひいては納税者たる一般の国民に被害を生じさせていることを表示・表現することになる（表示・表現目的）。犯罪者は、費用又は手数料を賦科されることを通して、自己の行為が法執行機関にいかなる負担を及ぼしたのかを知ることができる。確かに、これによって、ただちに犯罪者の改善・更生・社会復帰が図られるわけではない。しかし、抽象的に、「多くの人に迷惑をかけた」というだけではなく、具体的にどのような形でどれほどの金額が自己の行為のために支出されたのかを知ることができれば、自己の行為の影響の大きさや広さを確認することができる。このことは、改善・更生・社会復帰をなすにあたって、その前提となるものである。すなわち、費用又は手数料を賦科されることは、犯罪者の改善・更生・社会復帰の契機となると考えられる。それゆえ、こうした理解からは、概括的な形で費用又は手数料の額を示すのではなく、個別具体的な費用又は手数料の内訳を明示することが求められる。既に見てきたように、アメリカ合衆国の実務においては、個別の費用項目を示して請求する例が多く見受けられ、こうした目的が存在することを裏付けるものとなっている。

加えて、費用又は手数料が実際に支払われれば、自己の行為と国家や社会に与えた結果に対して責任を果たすことになり、社会再統合が達成されることにもなろう[36]。また、費用又は手数料を賦科することにより、犯罪が検挙されれば割に合わないものとなることがより明らかとなるため、抑止・威嚇の効果も一定程度存在するであろう。

一方、一般国民も、費用又は手数料が犯罪者に賦科されることにより、犯罪者の行為が法執行機関にいかなる負担を及ぼしたのかを知ることができる。犯罪者の行為のために支出された費用又は手数料を犯罪者に賦科し、徴収しようとすることは、犯罪に関する支出を看過しているわけではないというメッセージを法執行機関の活動を納税を通して支えている国民に送ることにもなって国民の理解や納得を得やすく、法執行機関の活動への信頼を高めることにもなろう。

このように、費用又は手数料を賦科する目的は、犯罪者が法執行機関にどのような負担を与えたのかを表示・表現する目的をも有していると言える。これにより、犯罪者に自己が惹起した負担とその程度を認識させ、改善・更生・社会復帰の契機とするとともに、犯罪を抑止・威嚇し、さらに、一般国民に犯罪者が負うべき責任を明らかにし、刑事司法への信頼を確保することができる。実際の金銭の支払だけに重きを置くのではなく、賦科自体に意義を認めるこうした理解は、第二章で見たような被害弁償命令の理解と類似するものであると言える。

以上のように、アメリカ合衆国において、費用又は手数料を賦科する目的は、財政上の目的だけにとどまらず、犯罪者が法執行機関にどのような負担を与えたのかを表示・表現する目的をも有していると考えられる。

第五節　我が国における賦科の是非

それでは、我が国においても、刑事司法に関わる個別の費用又は手数料を犯罪者に賦科するべきであろうか。我が国においては、既に訴訟費用（刑事訴訟法一八一条以下）などについて、犯罪者に負担させているため、捜査に要する費用や行刑に要する費用などを犯罪者に賦科すべきか問題となる。

前節で検討したように、アメリカ合衆国において、費用又は手数料を賦科する主な目的は、財政上の目的と、犯罪者が法執行機関に与える負担の量を表示・表現する目的の二つであると言える。そこで、これらの目的が我が国にも当てはまるか、順に検討することとしたい。

第一に、我が国において、財政上の目的が求められる状況にあるだろうか。平成二四年度（二〇一二年度）一般会計予算の当初予算によれば、財政支出は、警察については、警察庁の組織において二四〇〇億円が計上されている。また、裁判所については、裁判所の組織において三一四七億円となっている。さらに、法務省については、法務本省の組織において一九〇一億円、検察庁の組織において一〇六四億円、矯正官署の組織において二一七六億円、更生保護官署の組織において二三四億円などとなっている。なお、裁判所については、民事事件に関する費用などを含んだ数字となっており、法務本省の組織についても、犯罪以外に要する費用も含んだ数字となっている。先に述べたアメリカ合衆国と比べれば、人口の違いを考慮しても、我が国の財政支出は相対的に小さい。しかし、刑務所や少年院などの矯正官署だけでも、年間二〇〇〇億円以上の費用を要しており、その絶対的な量は決して小さなものではない。近時、財政支出の抑制が叫ばれる一方、国民の税負担の増大が懸念されていることを考えれば、アメリカ合衆国ほどでないにしても、刑事司法に関わる個別の費用又は手数料を犯罪者に賦科する財政上の要請は否定できない。

第二に、我が国において、犯罪者が法執行機関に与える負担の量を表示・表現する目的が求められる状況にあるだろうか。近時、我が国では、治安への不安や量刑への関心が高まっている。また、犯罪被害者を取り巻く問題が強く意識されるようになってきている。それゆえ、犯罪者が国家や社会に与える負担にも国民が敏感になってきており、裁判員法に基づく裁判員制度の定着と相まって今後一層敏感になっていくことが予想される。従って、犯罪者が法執行機関に与える負担の量を表示・表現する要請は高まりつつあると言える。

それでは、我が国において、費用又は手数料を賦科する際に、どちらの目的を重視するべきであろうか。前節で見たように、財政上の目的は犯罪者の経済状態から制約を受ける。適正手続保障や社会復帰促進の観点から、犯罪者に過度の負担を求めることは避けるべきである。それゆえ、犯罪者が法執行機関にどのような負担を与えたのかを表示・表現する目的を重視するべきである。そして、表示・表現目的を達成するために、概括的に「費用」又は「手数料」として支払を求めるのではなく、個別具体的な費用項目を示して支払を求めるべきである。

次に、いかなる徴収形式が妥当であろうか。財政上の目的を犯罪者の経済状態などに配慮した形で取り込むためには、第二節で検討した、①事実上の強制力と適正手続保障を満たす必要がある。また、表示・表現する目的を重視するためには、同じく第二節で検討した、②賦科根拠の明確性を確保することが必須である。この点で、①の要請も②の要請も満たすことのできる、被害弁償命令が優れていることは間違いない。しかし、間接被害である費用又は手数料にまで被害弁償命令を利用することとなれば、直接の被害を弁償するという被害弁償命令の特徴がわかりにくくなってしまうことになりかねない。それゆえ、費用又は手数料の賦科のために、被害弁償命令を用いることは妥当でない。

そこで、費用又は手数料の賦科は、罰金刑や被害弁償命令と並ぶ、独立した刑事制裁として行なうべきである。このような提案には、安易に刑事制裁化すべきでないとの批判も考えられる。しかし、端的に費用又は手数料として賦科するような曖昧な形をとれば、アメリカ合衆国において見られるように、ややもすれば野放図な徴収がなされるなど、かえって悪影響を及ぼしかねない。むしろ、以下の理由から刑事制裁とするほうが望ましい。

第一に、費用又は手数料は、犯罪の周辺に位置するものとして、罰金刑や被害弁償命令とともに検討することが妥当であるためである。すなわち、被害又は費用若しくは手数料を複数の刑事制裁において二重評価することを回避しつつ、実際に要した費用又は手数料を個別に認定することが可能となり、表示・表現目的を達成しやすくなる。

第二に、行政制裁などとするよりも、むしろ、刑事制裁とすることによって、実体的デュー・プロセスの観点から、犯罪者の法益剥奪に焦点を当てることができる。それゆえ、罰金刑、被害弁償命令及び費用又は手数料の総額が、犯罪者の事情、特に経済状態に適った法益剥奪の量であるかを考慮して賦科することが容易になるからである。これにより、刑事制裁における法益剥奪の量が妥当であるにもかかわらず、行政制裁などによる負担も合わせて考えると支払総額が不相当に大きいという問題を回避することができる。

第三に、刑事制裁とすれば、賦科の前提として有罪認定を行なうことが必要となるためである。これにより、例えば、起訴猶予となった事案において賦科される法的根拠がないまま、費用又は手数料の支払を求められるといった事態を回避することができる。

そして、行政制裁などではなく、独立した刑事制裁であることを明確にするために、費用又は手数料の剥奪を内容とする刑事制裁には、「費用支払命令」という名称を用いるべきである。

では、費用支払命令を賦科する対象となる範囲は、どこまでが妥当であろうか。財政上の目的を単純に徹底するならば、第三節で示したように、①起訴以前に要した費用も含んだ全段階の全ての費用を無制約に対象とすることが望ましい。逆に、国家が刑事司法運営を行なうことは当然であり、その費用を犯罪者に負担させるべきではないとする見解も考えられよう[37]。しかし、犯罪者が法執行機関にどのような負担を与えたのかを個別に表示・表現する目的からは、犯罪者の行為と法執行機関による支出の因果関係が明確である範囲で犯罪者に負担させるべきである。そこで、同じく第三節で見たように、③通例、犯罪者の行為との因果関係が薄く、国家が刑事司法の運営にあたって必要不可欠のものであると考えやすい起訴以前に要した支出については、費用支払命令の対象外とするべきである。これにより、捜査手法が費用を最小限に抑えるものであったかという争いを回避することができ、訴訟経済にも資することになる。このような考え方に対しては、やはり第三節で見たように、④有罪認定後に要した全ての費用のみに限定すべきとの見解から、有罪認定以前には、未だ「犯罪者」となっておらず、無罪の推定が働くため、

「犯罪者」と認定された後に、「犯罪者」とされていなかった時期に要した費用を遡及的に賦科することは許されないとの批判が考えられる。しかし、有罪認定以前になされた行為が有罪認定により処罰可能となるのであるから、有罪認定以前になされた支出も有罪認定により賦科が許されるべきである。従って、犯罪者の行為と法執行機関の支出との因果関係が明確となる起訴以後に要した支出を費用支払命令の対象とするべきである。

このように考えると、費用支払命令の対象となるのは、訴訟費用や行刑費用が中心となり、捜査費用は除外される。もちろん、違法又は不適当な訴訟指揮や検察官の公判活動により追加的に生じた訴訟費用などは含まれない。[38]起訴後の補充捜査の費用は、起訴後の支出ではあるものの、本来、起訴前に行なわれるべきものであるから、[39]費用支払命令の対象から除外されるべきである。また、行刑費用については、費用支払命令の言渡しの際にはその額が不確定であるので、通常、一日あたりに要する平均的な収容費用を執行刑期に応じて賦科すべきである。既に全額を支払っている者が仮釈放となった場合には、保護観察の費用を控除した超過額を返還するよう定めるべきである。

また、少年に対して賦科するべきか問題となるが、表示・表現目的から、賦科するべきである。特に少年の場合、自らの行為がどれほど影響を与えているかを十分に認識・理解できないことも多いため、金銭の量でわかりやすく表示・表現することは、少年の改善・更生・社会復帰にとって有益であると思われる。

以上のような提案に対しては、例えば、多くの受刑者に資力がないために、受刑者の収容に関わる費用の支払がなされにくく、費用支払命令への信頼が失われかねないとの懸念も存在しよう。確かに、刑務作業の収入は国庫に帰属するものとされており（刑事収容施設法九七条）、低額の作業報奨金（同法九八条）が予定されているにすぎず、資産のない受刑者の支払が困難であることは間違いない。

しかし、この問題は、賃金制[40]を導入することで、かなりの程度解決が可能である。すなわち、刑務作業に自由労働と同様の最低賃金を保障し、受刑者が得た金銭から費用の支払を行なわせればよい。賃金制を導入するにあたっての最大の問題は、その財源をいかに確保するかという点にある。従来、賃金制に関する議論においては、刑務作業から得られた賃金全てを受刑者が自由に処分可能であるということが暗黙の前提とされてきた。しかし、社会内において、収入全てを自由に利用できるわけではない。得られた収入から租税や社会保険料が差し引かれるのは当然であり、その残額から食費、住居費、光熱費などを支出することが通常予定されている。それゆえ、賃金制を導入しつつ、そのような負担を受刑者に全く求めないことは、バランスを失すると言わざるを得ない。また、社会内で健全な経済生活を送らせ、改善・更生・社会復帰を図るという観点からも、賃金を得るだけというのは異常な状態と言うほかなく、妥当でない。受刑者を一人の人間として尊重し、賃金を支払うのであれば、刑務作業で得られた賃金から、租税や社会保険料を徴収するとともに、収容費用などの行刑に関わる費用を徴収するべきである。これにより、国が受刑者に支払った賃金の大半を回収することができるため、財源の問題はかなりの程度解決されるであろう。こうしたやり方に対しては、社会に戻った後に賃金制で得た金銭を利用して生活基盤を作らせようと賃金制を支持する論者からの異論が予想される。しかし、異常な状態により得た金銭が尋常な利用をされるとは限らない。生活基盤の形成は、更生保護や社会福祉の充実で担われるべきである。

以上のように、我が国において、犯罪者が法執行機関にどのような負担を与えたのかを表示・表現する目的から、そして、財政上の目的から、独立した刑事制裁として、「費用支払命令」を導入し、起訴後に要した費用を賦科するべきである。その際、罰金刑との関係をどのように考えるか、また、公正な法益剥奪のために、犯罪者の経済状態などをどのように斟酌するかは、罰金刑を含めた財産的制裁全体の枠組みにおいて統一的に考察されなければならない。この点については、別の章で検討することとしたい。

(1) Klein, A. R., *Alternative Sentencing, Intermediate Sanctions and Probations Second Edition* (Anderson Publishing Company, 1997), pp. 216-227; Branham, L. S. et al., *Cases and Materials on the Law of Sentencing, Corrections and Prisoners' Rights Fifth Edition* (West Publishing Company, 1997), p. 150; Albanese, J. S., *Criminal Justice Fourth Edition* (Person Education, 2008), pp. 418.

(2) Albanese, *supra* note 1, at 418.

(3) Branham et al., *supra* note 1, at 150.

(4) *State v. Haynes, 633 P. 2d 38, 40* (*Or. 1981*).

(5) *U. S. v. Turner, 998 F. 2d 534, 537-538* (*7th Cir. 1993*); *U. S. v. Leonald, 37 F. 3d 32, 40* (*2nd Cir. 1994*).

(6) *Bearden v. Georgia, 461 U. S. 660, 668, 672-674* (*1983*). 本件の紹介として、英米刑事法研究会「貧困による罰金の不払いを理由とするプロベイションの取消しと修正一四条」判タ五三九号（一九八五）一四四頁以下［酒井安行］。例えば、連邦法の規定として、18 U. S. C. §§3613A (a), 3614 (c) がある。第二章参照。

(7) 例えば、連邦法の規定として、18 U. S. C. §§3571 (a), (e) がある。第二章参照。

(8) 例えば、連邦法の規定として、18 U. S. C. §§3553, 3572 (a) がある。第二章参照。

(9) 例えば、連邦事件で量定因子を判決中で個別に認定する必要があるかについて、巡回裁判所の判断は分かれている。必要とするものとして、*U. S. v. Harvey, 885 F. 2d 181, 183* (*4th Cir. 1989*). 不要とするものとして、*U. S. v. Marquez, 941 F. 2d 60, 65* (*2nd Cir. 1991*); *U. S. v. Lombardo, 35 F. 3d 526, 530* (*11th Cir. 1994*).

(10) *People v. Robinson, 235 N. W. 236, 237* (*Mich. 1931*); *Commonwealth v. Ferguson, 193 A. 2d 657, 659* (*Pa. 1963*). また、連邦事件でも、社会復帰、裁判所の命令遵守の確保、その他公共の利益となるものの費用について認めたものとして、*U. S. v. Haile, 795 F. 2d 489, 491* (*5th Cir. 1986*) がある。

(11) *Bearden, 461 U. S. at 668, 672-674*. 本件は、もともと罰金刑の不払によるプロベーションの取消から拘禁刑の賦科が問題になった事案であった。

(12) 例えば、連邦法の規定として、18 U. S. C. §3561 がある。クラスA又はクラスBの重罪の場合、明文で適用が排除されている場合、同時に拘禁刑が科される場合などは、適用が排除されている。

(13) 例えば、連邦法の規定として、18 U. S. C. §§3663, 3663A, 3664 がある。詳しくは、第二章参照。

(14) 例えば、連邦法の規定として、18 U. S. C. §§3613 (a), 3614 (c), 3663 (g) がある。第二章参照。

(15) 例えば、連邦法の規定として、18 U. S. C. §3663 (a) (1) (A) がある。第二章参照。

(16) Hillenbrand, S., Restitution and Victim Rights in the 1980s, In: Lurigio, A. J. et al. (eds.), *Victim of Crime Problems, Politics, and Programs* (Sage Publications, 1990), pp. 188, 192.

(17) *Hughey v. U. S., 495 U.S. 411, 418 (1990)*.

(18) 例えば、カンザス州では、プロベーション費用や社会内矯正費用の徴収を行なっており、一律に、軽罪の場合二五USD、重罪の場合五〇USDと定められている。Kans. Stat. Ann. 21-4610a (a).

(19) 例えば、プロベーション費用について認めたものとして、*State v. Haynes, 633 P. 2d at 40*. また、監督 (supervise) 費用について認めたものとして、*Commonwealth v. Nicely, 638 A. 2d 213, 217 (Pa. 1994)*.

(20) Klein, *supra* note 1, at 216-227.

(21) *State v. Welkos, 109 N. W. 2d 889, 890 (Wis. 1961)*.

(22) *Giddens v. State, 274 S. E. 2d 595, 598 (Ga. 1980)*.

(23) *State v. Balsam, 636 P. 2d 1234, 1235 (Ariz. 1981)*.

(24) *Fuller v. Oregon, 94 S. Ct. 2116, 2123 (1974)*.

(25) *Tovar v. State, 777 S. W. 2d 481, 495 (Tex. App.- Corpus Christi 1989)*.

(26) *People v. Teasdale, 55 N. W. 2d 149, 151 (Mich. 1952)*.

(27) *State v. McCarthy, 104 N. W. 2d 673, 679 (Minn. 1960)*.

(28) *U. S. v. Turner, 628 F. 2d 461, 467 (5th Cir. 1980).*

(29) *U. S. v. Vaughn, 636 F. 2d 921, 923 (4th Cir. 1980).*

(30) *Haynes, 633 P. 2d at 40.*

(31) *State v. Ayala, 623 P. 2d 584, 586 (N. M. 1981).*

(32) Albanese, *supra* note 1, at 142-143.

(33) Albanese, *supra* note 1, at 143-145, 418.

(34) Albanese, *supra* note 1, at 418.

(35) *ibid.*

(36) *ibid.*

(37) 宮城浩藏『刑法講義　第一巻　四版』（明治法律學校、一八八七）一三三一―一三三四丁。

(38) 井上操『刑法述義　第一編』（岡島寶文舘、一八八三）五六五―五六六丁、宮城・前掲注（37）一三三四丁。無益な証人や無用の鑑定人の費用、検察官の不当な上訴に関わる費用などを被告人に負担させるべきではないとしている。

(39) 起訴後の補充捜査の問題を詳細に論じたものとして、例えば、松田岳士「起訴後の捜査に関する一考察（一）――イタリア法を参考に」阪法五一巻一号（二〇〇一）六三以下、「同・（二）」五一巻二号（二〇〇一）四一七頁以下、「同・（三）」五一巻四号（二〇〇一）七二九頁以下、「同・（四）」五一巻六号（二〇〇二）一〇六三頁以下、「同・（五）・完」五二巻一号（二〇〇二）二三頁以下がある。

(40) 賃金制を主張するものとして、吉岡一男「受刑者の作業報酬に関する賃金制の主張について」論叢八八巻一＝二＝三号（一九七〇）二五三頁以下［『刑事制度の基本理念を求めて――拙稿とその批判の検討――』（成文堂、一九八四）所収、三頁以下］がある。

第四章　没収刑の目的

第一節　現行法と問題意識

我が国の没収刑は、その物の所有権を剥奪して国庫に帰属させる刑罰である[1]。刑法において、その対象となっているのは、「犯罪行為を組成した物」（刑法一九条一項一号。組成物件）、「犯罪行為の用に供し、又は供しようとした物」（刑法一九条一項二号。供用物件、供用準備物件）、「犯罪行為によって生じ、若しくはこれによって得た物又は犯罪行為の報酬として得た物」（刑法一九条一項三号。生成物件、取得物件、報酬物件）、生成物件、取得物件、報酬物件の「対価として得た物」（刑法一九条一項四号。対価物件）である。没収刑は、付加刑とされている（刑法九条後段）。また、収受された賄賂（刑法一九七条の五）を除けば、裁量的没収（任意的没収）及び裁量的追徴（任意的追徴）とされている。

これに対し、麻薬特例法や組織犯罪処罰法は、没収の対象を「財産」とし、有体物に限定していない（麻薬特例法一一条、組織犯罪処罰法一三条）。また、不法財産とそれ以外の財産が混和した財産（混和財産）の没収を認めている（麻薬特例法一二条、組織犯罪処罰法一四条）。さらに、一部で必要的没収及び必要的追徴を定めている（麻薬特例法一一条一項、一三条一項、組織犯罪処罰法一三条四項、一六条二項）[2]。加えて、麻薬特例法においては、薬物犯罪収益の推定規定が置かれており（麻薬特例法一四条）、犯罪行為と当該財産の関係についての立証の負担を軽減している。

また、少年法には没取が規定されている（同法二四条の二）。没取とは異なり、刑罰ではないため、没取という用語が用いられているものの、没取対象は刑法の没収対象とほぼ同じである。

このように、我が国の没収刑は、犯罪行為がなされて有罪判決が確定することがその賦科の前提とされている。そのため、犯罪行為がなされたことが明確であったとしても、何者かに有罪判決がなされて確定していない以上、犯人が不明であったり、所在不明であって検挙されていなかったり、死亡していたりしている場合、さらには微罪処分（刑訴法二四六条但書）や起訴猶予処分（同法二四八条）とされたりして有罪判決がなされていない場合には、例えば、殺人に利用された凶器としてのナイフを供用物件として没収することはできない。また、没収に類似する処分を行なうことは予定されていない。そして、正当防衛（刑法三六条一項）などによって違法性が阻却されたり、心神喪失（刑法三九条一項）によって責任が阻却されたりして犯罪不成立となり、無罪の判決がなされた場合も同様である。この点は、心神喪失者医療観察法においても変わりがない。

犯罪行為がなされたことが明確である以上、当該行為に関連する物を社会内に放置しておくことは妥当でない。また、違法性や責任が欠けるため、刑法上、犯罪が成立しなくとも、原則として違法性が推定される禁止すべき行為とされている構成要件に該当する行為が行なわれた場合も同様であると考えられる。

もっとも、こうした視点はこれまでそれほど議論されることはなかった。そもそも、没収はどのような目的を有すべきであるのか。本章では、我が国における沿革や性格を巡る議論を踏まえた上で、没収刑の目的やあり方を考察することとしたい。

第二節　没収刑の性格に関する議論

一、没収刑の実質的性格

没収刑は、形式的には刑罰である（刑法九条）。しかし、その実質的な性格について、保安処分的性格と刑罰的性格があるとされてきた[3]。ここで、保安処分的性格とは、没収対象物の持つ社会的危険性を防止するために当該対象物を除去する点をとらえたものである。また、刑罰的性格とは、犯罪行為によって獲得された財産的利益を犯罪者から剥奪する点をとらえたものである。

このような分類は、ドイツ法に影響を受けたものであると考えられる。そこで、以下では、まず、ドイツ法の没収規定について簡潔に紹介することとしたい。

二、ドイツ法の没収規定

ドイツ刑法典は、財産没収（Einziehung）と利得没収（Verfall）を規定している[4]。

まず、財産没収の対象となるのは、故意行為が実行された際、その実行又は準備によって生じるか、その用に供するための方法によって用に供された客体である[5]。

財産没収を行なうためには、原則として、①正犯者又は共犯者が判決時に当該客体の所有権又は権利を有しているか[6]、②当該財産の種類又はその置かれた状況のために公共に危険が生じるか、違法行為の実行の用に供せられるであろうと考えられる危険が存在しなければならない[7]。②の危険がある場合、行為者が有罪判決を受けていなくとも、財産没収はなされうる[8]。また、例外的に法律がその適用を求める場合、③判決時に第三者が客体の所有権又は権利を有しているときであっても、(a)犯罪行為又は準備の用に供されることなどについて関与するに当たって、少なくとも軽率であったときか、[9] (b)財産没収が認められるに至る事情について知りつつ不正に客体を得たのであれば、[10] 財産没収がなされうる。

財産没収に当たっては比例原則が適用され、[11] 裁量的に科されるに留まる。

財産没収の対象となる客体が譲渡又は費消などの理由により没収ができない場合、客体の価値に相当する金額が没収される。[12] それらの価値が不明であるときには、それらを推計の上、没収することが認められている[13]

裁判所により財産没収が命じられた場合、判決の確定により、第三者の有する権利以外は国家に移転する。[14]

第三者が所有する財産が財産没収された場合、公正な市場価値を考慮して国庫から金銭的補償を受けることになる。[15] もっとも、③(a)軽率であったとき、[16] (b)知情のときに加えて、[17] (c)補償しないことが正当化されるときには、[18] 補償されない。

これに対し、利得没収[19]の対象となるのは、正犯者又は共犯者が違法行為の実行行為に対し又はその行為から得た客体（etwas）であって、被害者が請求権を行使しないものである。[20] ここで、客体とは、正犯者又は共犯者にもたらされる財産の経済的価値のあらゆる向上自体を言い、有体物だけでなく、権利も含む。[21] かかる客体を第三者が得た場合も同様である。[22] また、利得没収の対象は、かかる客体から由来した利益にまで及ぶ。[23] さらに、かかる客体が譲渡されて得られたり、破壊（Zerstörung）、損壊（Beschädigung）又は損耗（Entziehung）の代償として得られたり、得られた権利に基づいて得られたりした客体についても利得没収の対象となる。[24]

これらに加えて、利得没収の特別の形態として、[25] 拡張利得没収（erweiterter Verfall）が認められている。拡張利得没収は、薬物犯罪など法律によってその適用が指示されている違法な行為が行なわれた場合、当該行為から正犯者又は共犯者に帰属する客体が得られたことを立証できなくとも、違法行為に関して又は違法行為から得られたことが認められれば、利得没収を行なうことができるとするものである。[26] 特定の違法行為と特定の客体との因果関係の立証が組織犯罪などにおいて困難であることから、その立証を求めず、何らかの違法行為と客体との因果関係が立証されれば足りるとすることで、組織犯罪の撲滅を目指そうとしている。[27]

利得没収は、その対象者にとって不適切に苛酷である場合を除き、[28] 必要的に行なわれる。

利得没収の対象となる客体の性質又はその他の理由によって当該客体の没収ができない場合、代償として得られた客体の没収がなされない場合、得られた客体の価値に相当する金額が没収される。[29] 得られた客体の範囲及び価値並びに被害者の請求権の額が不明であるときには、それらを推計の上、没収することが認められている。[30]

裁判所により利得没収が命じられた場合、判決が確定するまで暫定的に譲渡禁止効[31] 及び譲渡以外の処分禁止効が及ぶ。[32] 判決の確定により、第三者の有する権利以外は国家に移転する。[33]

このように、ドイツにおいては、故意行為における供用、生成に関する客体が財産没収の対象とされる一方、取得、報酬、対価に関する客体が幅広く利得没収の対象とされている。そして、財産没収が裁量的であるのに対し、利得没収は必要的とされている。

財産没収が故意行為に関係した財産や公共に危険をもたらす財産を剥奪しようとするのに対して、利得没収は違法行為による利得を関与者の手に残さないことを目指している。[34] 財産没収と利得没収は、その対象とする客体の性質が異なっており、その点で区別されている。その性格について見ると、財産没収が保安処分的な性格を有する一方、利得没収は刑罰的な性格を有すると言ってよい。もっとも、財産没収に関しては、故意行為が前提とされている上、裁量的であり、全ての危険な財産が没収されるわけではなく、保安処分的性格が貫徹されているとは言い難い面がある。

三、我が国における議論

こうした法制に影響を受け、我が国の没収の物件を保安処分的性格を有するものと刑罰的性格を有するものとに峻別する見解がある。[35]

昭和三六年（一九六一年）に公表された改正刑法準備草案は、付加刑的性格の強い没収、すなわち刑罰的性格の強い没収と保安処分的性格の強い没収とに分け、[36]「犯罪行為を構成した物」（同準備草案七三条一項一号。組成物件）、「犯罪行為の用に供し又は供しようとした物」（同準備草案七三条一項二号。供用物件、供用準備物件）、「犯罪行為によつて生じた物」（同準備草案七三条一項三号。生成物件）と、「犯罪行為によつて得た物又は犯罪行為の報酬として得た物」（同準備草案七二条一項一号。取得物件、報酬物件）、取得物件、報酬物件の「対価として得た物」（同準備草案七二条一項二号。対価物件）を区別して規定していた。組成物件を除けば、ほぼドイツ法に倣った規定となっている。

改正刑法草案も、同じく主たる目的ごとに区別できるとして、[37]「犯罪行為を組成した物」（同草案七四条一項一号。組成物件）、「犯罪行為の用に供し又は供しようとした物」（同草案七四条一項二号。供用物件、供用準備物件）、「犯罪行為によつて生じた物」（同草案七四条一項三号。生成物件）と、「犯罪行為によつて得た物又は犯罪行為の報酬として得た物」（同草案七五条一項一号。取得物件、報酬物件）、生成物件、取得物件、報酬物件の「対価として得た物」（同草案七五条一項二号。対価物件）を区別して規定している。[38]改正刑法草案は、改正刑法準備草案とは異なり、保安処分的性格を有する没収と刑罰的性格を有する没収の条文の順序を入れ替え、生成物件の対価についても対価物件として没収の対象とするなど若干の修正をしているものの、おおむね同じ内容となっている。

そして、組成物件、供用物件、供用準備物件、生成物件を保安処分的性格を有する没収として、保安処分的没収と呼び、取得物件、報酬物件、対価物件を刑罰的性格を有する没収として、刑的没収と呼んでいる。[39] 保安処分的没収については、「その物が犯人以外の者の所有に属する場合には、その物が再び犯罪行為を組成し又は犯罪行為の用に供せられるおそれがあるとき、その他保安上没収を必要とするときに限り、これを行なうことができる」とする一方（同草案七四条二項）、刑的没収については、「その物が犯人の所有に属するときに限る。但し、第三者が情を知つてその物を取得したときは、なおこれを没収することができる」とし（同草案七五条二項）、「物の全部又は一部の没収が不能であるときは、その価額を追徴することができる」とした（同草案七五条二項）。

先に見たように、没収の対象を客体の性質に応じて区別するドイツ法であれば、保安処分的性格と刑罰的性格という二つの性格の区別を貫徹することが可能となる。しかし、我が国の刑法改正に向けた議論の際には、①組成物件をはじめとする没収の対象となる物件の区別を維持したまま、②それらの物件を二つの性格に対応させる形で没収を二つに分けたのであった。このようなやり方は妥当であったのであろうか。以下では、①没収の対象となる物件の区別はどのような沿革によってどのようになされてきたのか、そして、②そのような区別を二つの性格に対応させることは妥当であったのか、順に検討することとしたい。

四、 我が国における没収対象物件の振り分け

我が国における没収規定は、大宝律[40]において初めて見受けられ、明治期の仮刑律[41]や新律綱領[42]においても存在した。しかし、唐律の流れを汲むこれらの没収規定は現行刑法に直接受け継がれたわけではない。現行刑法の没収規定の

原型は、フランス法を範とした旧刑法に求められる。[43]

旧刑法は、「法律ニ於テ禁制シタル物件」（同法四三条一号。法禁物）、「犯罪ノ用ニ供シタル物件」（同法四三条二号。供用物）、「犯罪ニ因テ得タル物件」（同法四三条三号。取得物）を没収の対象としていた。

現行刑法はこれらの規定をほぼ引き継ぎ、法禁物を組成物件と改めるとともに、供用物だけでなく供用準備物件を加え、さらに、取得物だけでなく生成物件を加えて没収の対象とした。[44]

その後、昭和一五年（一九四〇年）の刑法並監獄法改正調査委員会総会において決議された改正刑法假案五二條一項の内容をほぼ踏襲する形で、昭和一六年（一九四一年）の改正（昭和一六年法律第六一号）により、報酬物件と対価物件が追加された。

このように、我が国の没収規定は、フランス法を範とした旧刑法を原型とし、前述のドイツ法を基礎とせずに、その対象を拡大してきた。伝統的に、没収の対象となる物件は、犯罪行為において果たした役割や占有移転の縁由に着目して区別されてきた。このような観点は、没収の対象となる客体の性質に着目するドイツ法と似ていなくはないものの、視点が異なると言わざるを得ない。我が国における没収の対象となる物件は、その性質ではなく、犯罪行為において果たした役割や占有移転の縁由に基づき、振り分けられている。[45]そのため、没収の対象となる物件について、保安処分的性格と刑罰的性格という二つの性格を厳格に区別することは困難である。

そのため、改正刑法草案に対しては、保安処分的没収の対象物件と刑的没収の対象物件を峻別することは、無理であると批判されてきた。[46]フランス法とドイツ法の視点は似てはいるものの異なっており、両者を接ぎ木するような方策は、少なくとも没収に関してはうまくいかないと言わざるを得ない。

現行刑法の没収についても、保安処分的性格の没収と刑罰的性格の没収は、強いて大別するならばそのように区別できると言えるにすぎない(47)。これらの性格は、おおむねそのような色彩が認められたとしても、犯罪の性質などによって事例ごとに異なるものであるため、刑法一九条一項各号の性格を判然と区別することはできず(48)、性格の区別を貫徹することは妥当でない。

従って、我が国の没収規定においては、没収対象物件ごとにその性格を区別することは控えるべきであり、没収全体の性格として論じ、事案ごとにその性格が導き出されると考えれば足りる。

これまで議論してきた没収刑の性格は、没収刑の目的とほぼ重なると言ってよい。それでは、没収刑の性格として挙げられた二つの性格は目的として妥当なものであろうか。言い換えれば、二つの目的だけを考えればよいのだろうか。節を改めて検討することとしたい。

第三節　没収刑の目的

没収刑の目的として、第一に、社会的危険性を有する物を除去する目的が考えられる。これは、従来、保安処分的性格と称されてきたものである。保安処分的とされる内容がやや不明確であるため、危険性除去目的と呼ぶことが妥当である。

第二に、犯罪行為に関連して得られた収益を剥奪する目的が考えられる。これは、従来、刑罰的性格と称されてきたものである。刑罰的とする内容は極めて多義的であり、犯罪収益剥奪目的を呼ぶことが妥当である。

問題となるのは、この二つの目的だけを考えれば、没収刑の目的として足りるのかということである。既に、犯人の所有に属する供用物件について、保安上の必要性がなくとも没収できるとする根拠はどのようなものであるのかという問題提起がなされるようになってきている(49)。

例えば、実務上、取り扱われることの多い、犯行の凶器はどちらに分類されるのであろうか。殺人事件の凶器である果物ナイフを例として考えてみることとする。当該果物ナイフは、犯罪収益とは言えず、犯罪収益剥奪目的で没収されることがないことに争いはない。それでは、当該果物ナイフは、社会的に危険性を有するだろうか。確かに、用法上、当該果物ナイフは生命・身体に危険をもたらしかねないものであり、危険性がないとは言えない。しかし、銃刀法などで規制されたものでない限り、果物ナイフの本来的用法は、果物を食するために果物を剥くなどすることであり、不適切な用法で用いられることがなければ、社会的に危険性があるとまでは言い難いはずである。犯行現場において、犯罪者が利用した行為態様に危険性があるのであって、果物ナイフ自体がそれだけで社会的危険性を有するとは言えない。この点で、果物ナイフのような凶器は、覚せい剤のような禁制品とは性質が異なると考えるべきである。

もっとも、このような犯罪に深く関係した物件を社会内に放置しておくことは妥当でなく、没収の必要性が高いことは否定できない。むしろ、犯罪者が利用したことにより、その物件自体の性質や価値が変容し、犯罪関連性を帯びるに至ったと考えるべきである。この犯罪関連性は違法性とは異なり、その物件に違法性を直ちにもたらすことはないものの、その物件の歴史的経緯として同種同内容の物件と比較して「汚れた」物件となったことを示している。

このことは、違法性阻却又は責任阻却のために犯罪が不成立である場合にも妥当すると考えるべきである。構成要件は禁止される行為を列挙したものであって、社会的に不相当であるとの規範的評価がなされている。それゆえ、違法性や責任が欠け、犯罪が不成立となって行為者の処罰がなされないとしても、社会的に本来禁止されるべき行為がなされたことは否定できない。こうした行為に物件が深く関係した以上、そのような物件を社会に残しておくことは正当化されない。行為者の違法性や責任の評価と行為に深く関係した物の評価は区別されるべきである。

そこで、没収の目的として、第三に、構成要件該当行為に関連した物を社会から除去する目的があると考えるべきである。従来、暗黙の裡にこの目的も保安処分的であるととらえられてきたきらいがあるが、危険性除去目的とはその内容が異なることから、構成要件該当行為関連物件除去目的と呼んで別個に考えるべきである。

これらとは別に、旧刑法の時代には、苦痛の賦科が目的の一つと考えられていたようである[50]。しかし、旧刑法においても、現行刑法においても、没収の対象は、犯罪行為において果たした役割や占有移転の縁由に着目して規定されており、没収対象物の所有者の経済状態などが考慮されているわけではない。財産的経済的苦痛は、第七章で考察するように、罰金刑が与えるべきものであり、没収刑の目的とすることは、財産的刑事制裁の役割分担の観点からも問題がある。もちろん、没収の結果として物件の所有者が苦痛を感じることはあろうが、それは反射的効果にすぎず、目的としてとらえるべきではない。

以上のように、没収刑の目的には、危険性除去目的、構成要件該当行為関連物件除去目的、犯罪収益剥奪目的があると考えるべきである。

そして、これらの目的を果たすためには、没収刑が付加刑である必要はない。改正刑法準備草案も、改正刑法草案も、犯罪行為が明白で、起訴猶予とした場合、犯人が不明であったり、逃走中であったり、死亡したりした場合などに[51]、対物処分として没収を行なうことができると定めている（改正刑法準備草案七五条、改正刑法草案七八条[52]）。

危険性除去目的、構成要件該当行為関連物件除去目的、犯罪収益剥奪目的を達成するために、没収刑を主刑とするとともに、さらには有罪判決とは無関係に賦科できる対物処分としても規定すべきである。

（1）最大判昭三七年一一月二八日刑集一六巻一一号一五七七頁。但し、関税法の第三者没収に関する判断である。

（2）但し、没収することが相当でないとも認められるときは没収されない（麻薬特例法一一条二項、組織犯罪処罰法一三条五項）。

（3）大塚仁ほか編『大コンメンタール刑法 第二版 第一巻［序論・第一条～第三四条の二］』（青林書院、二〇〇四）三九九―四〇一頁［出田孝一］、西田典之ほか編『注釈刑法 第一巻 総論 §§一～七二』（有斐閣、二〇一〇）一〇七頁［鈴木左斗志］。

（4）沿革について、詳しくは、大越義久「ドイツ刑法の没収――その沿革と改正――」町野朔ほか編『現代社会における没収・追徴』（信山社、一九九六）一九九頁以下。ドイツ法の影響を受けたトルコの改革の状況については、拙稿「トルコの資金洗浄法について」立命二七〇号（二〇〇〇）一四六頁以下参照。かつて、我が国においては、Einziehung と Verfall はそれぞれ「没収」、「追徴」と訳されることがあった。しかし、追徴が没収の補充的地位に立つ我が国とは異なり、Einziehung と Verfall は独立かつ並列の関係に立ち、Verfall が Einziehung の補充的地位に立つわけではない。それゆえ、本書では、それぞれ、「没収」、「追徴」とは訳さず、財産没収と利得没収と訳すこととした。

（5）§74 Abs. 1 StGB.

（6）§74 Abs. 2 Nr. 1 StGB. ここで、没収の対象となる財産には、有体物だけでなく、権利も含まれる。*Karl Lackner / Kristian Kühl*, Strafgesetzbuch Kommentar 27. neu bearbeitete Auflage（C. H. Beck, 2011）, §74 Rn. 4; *Albin Eser*, in: *Adolf Schönke / Horst Schröder*, Strafgesetzbuch Kommentar 28. neu bearbeitete Auflage（C. H. Beck, 2010）, §74 Rn. 6. 先行研究の中には「物件没収」の訳を当てるものがあるが、「物件」としてしまうと、有体物だけが剥奪の対象となってしまうかのような誤解を与えるため、剥奪の対象に権利が含まれることを明確にすべく、我が国の麻薬特例法に倣って、「財産」の語を当て、「財産没収」と訳すこととした。

(7) §74 Abs. 2 Nr. 2 StGB.
(8) §74 Abs. 3 StGB.
(9) §74a Nr. 1 StGB.
(10) §74a Nr. 2 StGB.
(11) §74b StGB.
(12) §74c Abs. 1, 2 StGB.
(13) §74c Abs. 3 StGB.
(14) §74e StGB. 例外的に、文書の場合、版などを破壊することも認められている。§74d Abs. 1 StGB.
(15) §74f Abs. 1 StGB.
(16) §74f Abs. 2 Nr. 1 StGB.
(17) §74f Abs. 2 Nr. 2 StGB.
(18) §74f Abs. 2 Nr. 3 StGB.
(19) 詳細に紹介したものとして、西田典之「ドイツの没収・剥奪制度」ジュリ一〇一九号(一九九三)三二頁以下[町野ほか・前掲注(4)所収、「ドイツにおける利得剥奪制度の改正」二〇六頁以下]、伊東研祐「ドイツにおける不法利得剥奪(Verfall)法の新展開——資金洗浄取締規定関係を含めて——」町野ほか・前掲注(4)二一八頁以下。
(20) §73 Abs. 1 StGB.
(21) *Karl Lackner / Kristian Kühl*, a. a. O. (Anm. 6), §73 Rn. 3.
(22) §73 Abs. 3 StGB.
(23) §73 Abs. 2 Satz 1 StGB.
(24) §73 Abs. 2 Satz 2 StGB.
(25) *Karl Lackner / Kristian Kühl*, a. a. O. (Anm. 6), §73d Rn. 3.

（26）§73d Satz 1 StGB.

（27）*Karl Lackner / Kristian Kühl*, a. a. O.（Anm. 6）, §73d Rn. 1; *Eser*, in: *Schönke / Schröder*, a. a. O.（Anm. 6）, §73d Rn. 1.

（28）§73c Satz 1 StGB.

（29）§73a Satz 1 StGB.

（30）§73b StGB.

（31）§136 BGB.

（32）§73e Abs. 2 StGB.

（33）§73e Abs. 1 StGB.

（34）BGHSt 31, 145; *Karl Lackner / Kristian Kühl*, a. a. O.（Anm. 6）, §73 Rn. 1, §74 Rn. 1; *Eser*, in: *Schönke / Schröder*, a. a. O.（Anm. 6）, §73 Rn. 2, §74 Rn. 4. 大越・前掲注（4）二〇二―二〇三頁は、準返還訴訟的な補償処分の性格があるとする。しかし、利得没収は被害者の請求権を代行するものではなく、犯行による関与者の利得を剥奪することによって犯行前の財産「秩序」を回復するものであって、犯行前の財産「状態」を回復しようとするものではなく、このような理解は失当である。

（35）大塚仁編『新刑事政策入門』（青林書院、一九九五）二七八頁［丸山治］、大谷實『刑事政策講義［第四版］』（弘文堂、一九九六）一五八―一五九頁、中山研一『アブストラクト注釈刑法 第三版』（成文堂、一九九七）三二頁、曽根威彦『刑法総論［第三版］』（弘文堂、二〇〇〇）三二二頁。

（36）刑法改正準備会『改正刑法準備草案 附 同理由書』（法務省、一九六一）一五五―一五七頁。

（37）法務省刑事局編『法制審議会 改正刑法草案の解説』（大蔵省印刷局、一九七五）一二三―一二四頁。

（38）法制審議会刑事法特別部会においては、それぞれ改正刑法草案七八条一項一号、七八条一項二号、七八条一項三号、七九条一項一号、七九条一項二号とされていたものの、内容については同じであった。

(39) 法務省刑事局編・前掲注(37)一二二三―一二二四頁。
(40)「凡彼此倶罪之贓謂計贓爲罪者及犯禁之物即没官若盗人所盗之物賠贓亦没官」。
(41)「凡授受倶ニ罪有ル之贓及ヒ禁ヲ犯スノ物ハ總テ官没ス」、「凡謀反及ヒ大逆ヲ謀ルモノハ首從ヲ分タズ皆梟首其財産ハ官ニ没ス」。
(42)「凡取與倶ニ罪アル受贓枉法不法ノ贓及ヒ犯禁ノ物ハ幷ニ官ニ没入ス」。
(43) 井上操『刑法述義 第一編』(岡島寳文舘、一八八三)五一七丁、宮城浩藏『刑法講義 第一巻 四版』(明治法律學校、一八八七)三一四丁、磯部四郎『改正増補刑法講義 上巻』(八尾書店、一八九三)六一五丁。
(44) 第二三回帝国議会における刑法改正政府提出案理由書によれば、現行刑法一九条一項二号及び三号の規定は、旧刑法四三条二号及び三号の規定を補正したものとされる。また、被告人以外の者が所有する法禁物を刑事手続内で没収できないため、法禁物に代わって、組成物件が没収対象とされた。松尾浩也増補解題『増補 刑法沿革綜覧』(信山社、一九九〇)二一三二頁。
(45) こうした観点から裁判例を分析したものとして、拙稿「覚せい剤約五六五キログラムの密輸入の事案につき、無期懲役刑を科し、被告人が犯行の経費として得た航空券を没収した事例(福岡地判平一三年三月一日判時一七四二号一五七頁)」甲法四三巻一=二号(二〇〇二)七七頁以下。なお、上田哲「判解・最判平一五年四月一一日刑集五七巻四号四〇三頁」曹時五八巻七号(二〇〇六)二六一頁以下は拙稿に全く触れていないものの、当時独自の見解であった供用物件又は供用準備物件による没収を提案した拙稿の基本構造にほぼ沿うものとなっており、同事件の上告審である最判平一五年四月一一日刑集五七巻四号四〇三頁は筆者の見解を採用したと考えられる。
(46) 平野龍一「没収」平場安治ほか編『刑法改正の研究一 概論・総則』(東京大学出版会、一九七二)二九七頁以下、二九八―二九九頁、臼井滋夫「財産刑(三)」大塚仁ほか編『演習刑事政策』(青林書院新社、一九七二)三一九頁以下、三三四―三三五頁。
(47) 伊達秋雄ほか『総合判例研究叢書 刑法(二〇)没収・追徴』(有斐閣、一九六三)五頁。谷口正孝「没収及び追徴

の研究――無差別没収を中心として――」司法研究八輯四号（一九五五）六五頁も、被告人の所有物に対する没収は刑罰的性格を有するものであるとしつつ、「原則として」と留保を付けている。

(48) 団藤重光編『注釈刑法（二）総則（二）』（有斐閣、一九六四）一四一―一四二頁［藤木英雄］、一二七頁、澤登俊雄ほか編著『新・刑事政策』（日本評論社、一九九三）一七〇―一七一頁、荘子邦雄『刑法総論 第三版』（青林書院、一九九六）五一五頁、森下忠「刑事政策大綱［新版第二版］」（成文堂、一九九六）八三―八五頁。

(49) 西田ほか編・前掲注（3）一一一頁［鈴木左斗志］。

(50) 江木衷『現行刑法原論　再版』（有斐閣書房、一八九四）一六五丁。

(51) 刑法改正準備会・前掲注（36）一五八―一五九頁、法制審議会刑事法特別部会『改正刑法草案 附 同説明書』（法曹会、一九七二）一四八頁、法制審議会『改正刑法草案 附 同説明書』（法務省、一九七四）一五二頁。改正刑法準備草案においては、公訴時効が完成した場合には、かかる没収もなしえないとしていた。刑法改正準備会・前掲一五九頁。しかし、このような場合にも没収の必要性はあり、可能とする条文とすべきであろう。

(52) 「没収、追徴又は使用を不能にする処分の要件が存在するときは、犯人を訴追しない場合又は犯人に対して刑を言い渡さない場合においても、その言渡をすることができる」（改正刑法準備草案七五条）、「没収、追徴又は使用を不能にする処分は、その要件が存在するときは、行為者に対して訴追又は有罪の言渡がない場合においても、これを言い渡すことができる」（改正刑法草案七八条）。改正刑法草案七八条は、刑事法特別部会においては八二条とされていた。

第五章　ニュージーランドの反則金と我が国の交通反則金

第一節　はじめに

ニュージーランドにおいては、一九六二年交通法（Transport Act 1962）[1]の改正により、一九六八年、反則金（Infringement Fee）の制度が導入された。[2]これは、我が国において、昭和四二年（一九六七年）の道交法の改正（昭和四二年法律第一二六号）で導入された交通反則通告制度に基づく交通反則金と類似するものである。すなわち、ニュージーランドの反則金も、我が国の交通反則金も、起訴や有罪認定なくして科される点で、第六章で紹介する刑罰たる罰金刑（fine）とは異なるものの、犯罪を理由に金銭を国家などに納付する点で罰金刑に類似するものである。また、本来、罰金刑を賦科する事案において利用することが想定されている点でも類似している。

我が国の反則金に対しては、道路交通事件の大量性に対する方策として肯定的に評価される一方、[3]種々の問題が指摘されることも多い。そこで、ニュージーランドの制度及び利用状況の考察を手掛かりに、そもそも、交通反則金にはいかなる問題があり、どのように改善すべきかを検討することとしたい。

第二節　ニュージーランドの反則金

一、反則金の対象の拡大

ニュージーランドの反則金は、一九六〇年から始まったイギリスの制度を模範として導入された(4)。反則金の対象は、一九六八年に導入された当初、一九六二年交通法の駐車違反と過積載に限定されていたが、一九七一年には速度超過も含まれるようになった(5)。その後、反則金の対象は、一九六二年交通法の他の違反行為だけでなく、他の法律の違反行為にも拡大した。現在、一九七九年美化法（Litter Act 1979）(6)、一九八七年重量及び計量法（Weights and Measures Act 1987）(7)、一九九〇年民間航空法（Civil Aviation Act 1990）(8)、一九九三年動植物保護法（Biosecurity Act 1993）(9)、一九九六年犬統制法（Dog Control Act 1996）(10)、一九九六年漁業法（Fisheries Act 1996）(11)、一九九八年陸上交通法（Land Transport Act 1998）(12)、一九九九年動物福祉法（Animal Welfare Act 1999）(13)、二〇〇三年賭博法（Gambling Act 2003）(14)に反則金の規定が置かれている。従って、ニュージーランドにおいては、道路交通犯罪以外の軽微事犯にも反則金が科される点に特徴がある。

二、一九六二年交通法における反則金に関する手続

ニュージーランドにおいては、反則金の賦科に関する手続について統一的な規定が存在しないため、反則金を規定する法律ごとに賦科手続は若干異なっているものの、大きな流れはほぼ軌を一にしている。また、反則金の不払時の対応は、一九五七年略式手続法（Summary Proceedings Act 1957）(15)が規定している。反則金に関する典型的な手続として、反則金が賦科されうる反則犯罪（infringement offence）(16)が生じた場合、行為者に対して反則金の

納付を求める反則通知（infringement notice）[17]が発付され、行為者が反則金を納付することが想定されている。反則金の額は、各反則犯罪ごとに行為の重大性に応じて一定とされており[18]、行為者の有責性の程度や経済状態などの事情がこの段階で斟酌されることはない[19]。最も低額なものは一九六二年交通法と一九九八年陸上交通法の一部の反則犯罪で見られる一二ＮＺＤ（約七二〇円。一ＮＺＤ六〇円で換算。以下同じ）であり[20]、最も高額なものは一九六二年交通法の一部の反則犯罪で見られる一万ＮＺＤ（約六〇万円）である[21]。反則犯罪の大半は、一〇〇ＮＺＤ（約六〇〇〇円）から一〇〇〇ＮＺＤ（約六万円）とされている。反則通知が発付されたにもかかわらず、反則金が支払われない場合には、反則金の納付を再度求める督促通知（reminder notice）[22]が発付されることもある。

ここでは、反則金が最初に導入され、実務上も適用が多い一九六二年交通法における反則金に関する手続を例としてみることとしたい。

まず、反則犯罪は、車両（vehicle）に関する定型的な（stationary）犯罪であるとされ[23]、別表に反則金額とともに掲記されている[24]。

カンスタブル（Constable）若しくは交通取締官（traffic officer）が車両の使用者が反則犯罪を犯したと信じるに足る理由がある場合、又は駐車監視員（parking warden）が車両の使用者が駐車に関する反則犯罪を犯したと信じるに足る理由がある場合、一九五七年略式手続法の下での罰金刑などの賦科の手続を進めるか、反則通知を発付し、反則金を賦科する手続を進めるかを判断する[25]。反則金を賦科する手続が選択された場合、カンスタブルらは、(a)反則通知又はその謄本（copy）の車両への貼付、(b)反則通知又はその謄本の車両使用者への手渡し、(c)反則通知又はその謄本の車両使用者の最後に知られた居所又は職場への送付のうち、一つ又は複数を行なうことができる[26]。反則通知が貼付された場合又は手渡された場合は貼付されたときから、反則通知が郵送されたときには配達先のポストに配達されたときから、犯罪類型ごとに定められた反則金の支払義務が生じる。[27]

反則金の支払は、法律違反による反則金の場合、国立銀行口座（Crown Bank Account）になされなければならない。[28] この場合、反則金は原則として国庫に全額収納される。例外的に、財務省（Ministry of Finance）が承認した場合、一部が地方公共団体に収納される。[29] 一方、①地方公共団体の条例により設置されているパーキングメーターの管理下にある道路においてなされた条例違反の駐車行為、②地方公共団体が任命した者が反則通知を発付した、地方公共団体の条例により規定された時間を超過する時間の駐車を禁止する条例違反の駐車行為の場合には、地方公共団体への納付を求めることができる。[30] このような条例違反による反則金が政府により徴収された場合、地方公共団体に全額が引き渡される。[31] これらいずれの場合も、反則金が支払われた場合、反則事実と支払事実を警察長官（Commissioner of Police）に報告しなければならない。[32]

一方、反則通知に対する異議申立て手続も整備されている。すなわち、反則通知を受け取った者は、地方裁判所で聴聞（hearing）を開くよう通知官（informant）に書面で申立てることができる。[33] これには、①反則事実の存在、すなわち反則金の賦科自体を争う場合と、②反則事実の存在は争わず、反則金額が過大で経済状態などから支払困難であり、減額を求める場合の二つの場合がある。いずれの場合も、通知官は、裁判所に聴聞申立て書を提出しなければならない。[34] また、①の場合、通知官は、申立て者に聴聞申立て書の謄本を交付しなければならない。[35] ②の場合、反則通知を受けとった申立て者は、聴聞申立てにおいて当該犯罪に関する自己の責任を認め、賦科される制裁の内容などについての提案を行なうことができる。[36] この場合、略式手続法に基づく手続がなされ、資産が少ないことや犯罪歴がないことなどの減軽事由が考慮され、減額される。[37] このようにして裁判所で反則金額を争った場合でも、行為者は反則金として金銭を支払うことになり、反則金よりも減額された罰金刑が新たに科されるわけではない。なお、犯罪類型によっては、反則金の賦科であっても、犯罪記録に留められることがあるが、裁判所で争ったかどうかに関係なく留められる。

反則通知を受けとった者から聴聞が申立てられず、反則通知がなされてから二八日以内に反則金が支払われない場合、通知官は、反則金の支払を分割払とする調整を行なうことができる。[38] この調整は、反則犯罪が行なわれた日から六か月以内に開始され、反則犯罪が行なわれた日から一二か月以内に全ての支払が完了するようになされなければならない。[39] 調整をしたものの分割払のうちの一回が不払となった場合、全額について不払になったものとみなされ、通知官は、反則犯罪が行なわれた日から六か月以上経過していたとしても、再び全額について分割払の一回あたりの金額や期間を変更して調整をなすことができる。[40] なお、いったん通知官が調整を行なうと、反則通知を受けとった者は聴聞を申立てることができなくなる。[41]

また、(a)反則通知を受けとった者から聴聞が申立てられず、反則通知がなされてから二八日以内に反則金が支払われない場合、(b)分割払の調整を一度したものの、不払となった場合、通知官は、反則通知と同内容又は本質的に同内容の督促通知を発付することもできる。[42] 督促通知を受け取った者は、通知官に反則金を支払わなければならない。[43] 督促通知を受け取った日から二八日以内に支払われた場合、反則金の支払日に略式の有罪認定がなされたとみなされる。[44] 督促通知を受け取った者は、原則として督促通知の到着後二八日以内であれば、裁判所で聴聞を開くよう通知官に書面で申立てることができる。[45] 督促通知の到着後、二八日以内に聴聞が申立てられない場合、通知官は、地方裁判所判事（District Court Judge）又は書記官（Registrar）の許可により、地方裁判所に督促通知の謄本などを提出することができる。[46] 督促通知の謄本などは、分割払の調整がなされた場合は反則犯罪が行なわれた日から一二か月以内に、分割払の調整がなされた場合は反則犯罪が行なわれた日から六か月以内に地方裁判所に提出されなければならず、提出されたときには、反則金と同額の罰金刑を支払わなければならないとの命令があったとみなされる[47]。それゆえ、督促通知を受け取った日から二九日以上経過後に通知官に反則金相当額を支払ったとき、支払われた金額は反則金が変形した罰金刑に充当されうる[48]。

以上のように、ニュージーランドの反則金においては、反則通知を発付できるのが警察官だけに限定されておらず、交通取締りを専門とする職員も可能であり、また、国の職員だけに限定されておらず、地方公共団体の職員も可能である。この関係で、一部の反則金は、国ではなく地方公共団体の収入となる。

また、反則金は、犯罪類型ごとに定額であり、行為ごとの有責性や行為者の経済状態が斟酌されることなく、裁判なくして賦科されるものの、反則通知を受け取った者が聴聞を申立てることにより、反則事実の存否や反則金額を裁判所で争いうる。反則金額を争った場合、資産や犯罪歴に応じて減額されうる。そして、裁判所で反則金額を争った場合でも、行為者は反則金として金銭を支払うことになり、反則金よりも減額された罰金刑が新たに科されるわけではない点が特徴的である。一部の反則金は、犯罪記録に留められるが、裁判所で争ったか否かは記録には無関係である。督促通知に対しても聴聞を申立てることなく反則金を支払わない場合、聴聞や弁解の機会なくして反則金が同額の罰金刑に変形する。このように、事実と金額を争いうる点と一部の反則金では前科記録が残る点で、反則金は罰金刑と共通性を有している。さらに、督促通知に対しても不払の場合、反則金が罰金刑に変形するとされており、両者の法的性質が近似しているように思われる。ニュージーランドでは、しばしば反則金が簡易罰金刑（instant fine）と呼ばれるが[49]、反則金も罰金刑も支払が強制され、反則金が罰金刑賦科の手続の一部を省略したものであることが理由となっていると言える。

三、反則金の適用状況

このようなニュージーランドにおける反則金はどのように適用されているのであろうか。

反則金の適用は、軽微な交通事犯に集中している。[50] 反則通知の発付主体で見ると、警察と地方公共団体がそのほとんどを占めており、その割合はほぼ拮抗している。[51] 近時、反則金の適用が急増しており、[52] 一九九八年／一九九九年会計年度には、[53] 前年度の約八六万件から約二〇万件（約二三％）増加し、約一〇六万件となった。このうち、約五〇万件が速度超過であり、前年度の約三九万件から約一一万件（約二八％）増加した。このように、反則金の適用が増加している背景には、一九九二年に、交通省（Ministry of Transport）の交通安全サービス（Traffic Safety Service）が警察に統合され、警察が反則通知を発付するだけでなく、道路安全業務も行なうこととなり、包括的に道路交通安全に対処することになったことと、一九九三年以降、速度計測カメラ（speed camera）が設置されたことが挙げられている。[54]

反則金の適用の増加に合わせて、裁判所に聴聞が申立てられる件数も激増しており、[55] 法執行機関の負担が急激に重くなったことが懸念されている。一九九二年／一九九三年会計年度には二〇万二三六三件であったが、一九九八年／一九九九年会計年度には六二万六四八二件となり、六年間で三倍以上になっている。金額ベースでも同じ傾向が窺われ、一九九二年／一九九三年会計年度の三五三九万NZD（約二一億円）から、一九九八年／一九九九年会計年度の一億九六五五万NZD（約六六億円）に増加している。反則通知の発付主体で見ると、いずれも、警察と地方公共団体の割合がほぼ拮抗している。このように、約六割の反則金で裁判所に聴聞が申立てられているのは、反則金の額が定額で、罰金刑よりも高く設定されている上、[56] 聴聞では経済状態などの行為者の事情を斟酌して減額されることが多いためである。

四、反則金の長所及び短所と動向

ニュージーランドの反則金においては、導入の際の議論以来、多くの長所と短所が指摘されてきた。

まず、長所として、①警察官以外の者も反則通知を発付しうるため、警察官の軽微事犯に関わる負担が軽減すること、②賦科された反則金を聴聞を申立てることなく支払う者も多く、自動化やコンピューター化が可能であるため、罰金刑に比べて裁判所の人的及び物的な資源を節約しつつ、裁判所にとっても行為者にとっても簡便かつ迅速に事件が処理されること、③裁判所での有罪認定を回避することができ、社会的なスティグマ（stigma）を回避できること、④聴聞申立てが可能であり、聴聞で減額されうるため、経済的不平等がもたらされないこと、⑤金額が大きいため、抑止力があること、⑥量的に圧倒的多数を占める交通違反においては、点数（demerit point）制度があり、点数の累積で運転免許の停止になるなどするため、抑止力がその点でも存在することなどが挙げられてきた[57]。こうした長所を理由に導入され、対象となる犯罪類型が拡大してきたのである。

一方、短所として、①安易に用いられやすく、社会統制網の拡大（net-widening）につながりかねないこと、②罰金刑に比べ高額であり、支払が困難な場合も多いことから、聴聞が開かれることも多いため、多くの事件で徴収及び執行を完遂するまでに費用と手間がかかること、③裁判所での事実認定なく賦科されるため、手続上問題があること、④聴聞申立ては可能であるが、手続負担が存在するため、反則通知を受け取った者が争いたい場合でも納付する傾向にあること、⑤簡便であるため、法令違反の認識に乏しく、抑止力に欠け、重大事犯や再犯を招きかねないこと、⑥刑事政策目的よりも財政目的が主であることなどが挙げられてきた[58]。

このような短所が指摘されてきたものの、国家も国民も便利な制度としておおむね受け入れてきたとされる[59]。こうした中、法委員会（Law Commission）の一九九七年討議論考（Discussion Paper）において、重大でない犯罪により多く利用すべきとの提案がなされた[60]。そこでは、定型的な違反行為を問題とするような、同一犯罪類型内で有責性の程度が異ならない犯罪類型に対して、反則金の適用を広く可能にすべきであるとされた。また、逮捕や捜索などの捜査方法は、拘禁刑を科すことを予定している犯罪類型に限定し、拘禁刑を科すことを予定されていない犯罪類型には、逮捕などを行なわず、端的に反則金で臨むべきであるとされたのである。こうした見解は、簡便性や迅速性などの行為者の利益よりも、むしろ、警察が捜査資源を重大事犯に集中的に投入できるようにすることを意図していると考えられる。

五、小括

ニュージーランドの反則金は、犯罪類型ごとに行為の重大性に応じて一定額とされており、賦科される際に経済状態などの行為者の事情は考慮されない。そして、反則金の額が比較的高めに設定されている。このことは、手続負担があるにもかかわらず、反則金が科された事件の約六割で裁判所の聴聞が申立てられていることからも窺える。このように、反則金額が大きいことは、第二章で検討した被害弁償命令や第三章で考察した費用支払命令と同様、行為の重大性を表示・表現する観点から望ましいと思われる。なぜなら、反則金額が多くの者が簡単に支払える程度に小さければ、反則犯罪を行なった者が自己の行為を過小評価することにつながりかねないからである。とりわけ、道路交通犯罪の多くの類型は、本来、危険な行為であって死傷の結果という重大な結果を惹起しかねないにもかかわらず、その危険性や悪質性が十分に認識されず、ともすれば、逆に、「運が悪かった」などと感じられがちである。それゆえ、ニュージーランドのように、過半数の者が支払に負担を感じるような金額の支払が求められることは、行為の重大性を表示・表現し、行為者に二度と違反をしないと思わせうる点で評価に値する。すなわち、改善・更生のための契機となりうる。

また、ニュージーランドの反則金の賦科においては手続保障がなされている。すなわち、反則事実や反則金額を裁判所で争うことができ、これらを争った場合でも、罰金刑に変形することはなく、前科記録の点でも差が生じない。結果として、反則金が科された事件の約六割で裁判所の聴聞が申立てられている。それゆえ、この点では、反則金の長所として挙げられる法執行機関の人的物的資源の節約が達成されないようにも思われる。しかし、逆に見れば、反則金が科された事件の約四割は、聴聞が申立てられることもなく支払がなされているのであり、この面では法執行機関の人的物的資源の節約がなされている。このように、ニュージーランドでは、高額でも支払を行なうことができる者に対する法執行機関の人的物的資源の節約がなされており、高額の支払が困難である豊かでない者への手続保障がなされていると言える。

第三節　我が国の交通反則金

一、導入の経緯と内容

第二次世界大戦後の自動車化（motorization）の進展に伴い、道路交通犯罪が増加の一途をたどり、略式手続（刑訴法四六一条以下）の利用をもってしても、事件処理の負担が増大するに至った。そこで、昭和二九年（一九五四年）、簡易迅速な処理を目指して、交通事件即決裁判手続法（昭和二九年法律第一一三号）が制定及び施行されるとともに、警察・検察庁・裁判所を一つの建物にまとめたいわゆる交通裁判所が誕生し、三者即日処理方式が導入された。さらに、昭和三八年（一九六三年）には、事務負担の軽減のために、交通切符制度が導入され、司法警察職員による書類作成の簡略化と警察・検察庁・裁判所での書式の共用化とが図られた。しかし、高度経済成長期ということもあり、自動車化が急速に進んだ結果、道路交通犯罪が激増し、警察・検察庁・裁判所の負担が極めて大きくなった。ここに至って、刑事手続の形式では、事件処理が追いつかなくなることが広く看取されたのである。また、多くの国民が運転免許を取得する「国民皆免許」時代にあって、道路交通犯罪は誰もが犯しうる犯罪であると普遍性が認識されたため、このままでは、全ての国民が罰金刑をはじめとする刑罰を受けかねないという、「一億総前科者」の懸念が語られることとなった。そして、このことは、道路交通犯罪への刑罰の主役たる罰金刑の感銘力低下を問題視する見解へとつながっていった。こうして、昭和四二年（一九六七年）の道交法の改正で交通反則通告制度（道交法一二五条以下）が導入され、交通反則金が登場することとなった[61]。

交通反則通告制度の内容について、ここで簡単に見ておくこととしたい[62]。警察官又は交通巡視員は、道交法違反の一部の類型にあたる反則行為（道交法一二五条、別表第二）を認めた場合、反則者（同法一二五条二項）に対し、速やかに反則行為となるべき事実の要旨及び当該反則行為が属する反則行為の種別並びにその者が通告を受けるための出頭の期日及び場所を書面で告知する（同法一二六条一項、二項、四項）。告知を受けた者は、原則として告知を受けた日の翌日から起算して七日以内に、告知された反則行為ごとに定められた反則金（同法一二五条三項）に相当する金額を仮納付することができる（同法一二九条一項、一二九条の二）。警察官又は交通巡視員は、告知について都道府県警察の警察本部長に速やかに報告しなければならない（同法一二六条三項、四項）。告知が正当と認められる場合で仮納付期間が経過したとき、警察本部長は、反則者に対し、理由を明示して当該反則行為ごとに定められた反則金の納付を書面で通告する（同法一二七条一項、三項）。通告を受けた者は、原則として通告を受けた日の翌日から起算して一〇日以内に反則金を納付しなければならない（同法一二八条一項、一二九条の二）。仮納付していた場合、反則金を納付したとみなされる（同法一二九条三項）。反則金を納付した者は、通告の理由となった行為に関係する事件について、起訴されず、家庭裁判所の審判に付されない（同法一二八条二項）。納付期間が経過しても、反則金が納付されない場合、起訴されうる（同法一三〇条）。

導入後、現在に至るまで、交通反則通告制度は大量に利用されている。平成二三年（二〇一一年）の警察による交通違反取締件数は七八五万四五七〇件であり、うち道路交通法違反が七八四万四〇一三件（九九・九％）を占めている。(63) 道路交通法違反のうち、平成二三年（二〇一一年）の検察庁新規受理人員は、四一万六五五三人であり、(64) その残りのほぼ全てが反則事件として扱われ、そのほとんどで反則金が納付されている。

このように、我が国の交通反則金は、犯罪類型ごとに一定の金額が定められている点はニュージーランドの反則金と同じではあるものの、異なる点も有している。第一に、我が国の交通反則金は、道交法違反に限定されている。第二に、我が国の交通反則金の場合、ニュージーランドの反則金とは異なり、反則事実や反則金額を反則行為を行なった者から争うことができず、公訴提起されるのを待たなければならない。しかも、いったん公訴提起されると、反則金ではなく、罰金刑が科されることとなる。また、罰金刑となると、第一一章で論じるように、資格制限の問題が生じる。加えて、反則金に比べて、罰金刑のほうが高額であるのが通例である。従って、我が国の交通反則金は、罰金刑よりも低い額を反則金額とし、手続保障を施さないことで、豊かでない者にも納付するほうが利益に適うと認識させ、納付するよう誘導する制度であると言える。

二、交通反則金の法的性質

以上のような内容となっている我が国の交通反則金の法的性質については、立法審議の段階から議論がある。そもそも、交通反則金は刑事手続による有罪認定を経ずに科されるものであって、刑罰ではないため、そのような手続を必要とする罰金刑と異なることに争いはない。問題は、交通反則金の支払が任意であるか否かであり、この点は、次に見る交通反則金の問題点とも関係するため、ここで見ておくこととしたい。

まず、納付が任意であり、納付がなくとも強制的に徴収されることがないため、罰金刑だけでなく、行政罰である過料とも異なるとしつつ、秩序罰としての行政上の一種の制裁金とする見解がある。(65) こうした見解を主張する論者の中には、さらに、交通反則金を道路交通秩序の維持確保という行政目的の達成のために行政の作用として行なうものであって、犯罪者に対する司法的作用を加える罰金刑とは全く異なると主張する論者もいる。(66)

しかし、先に見たように、交通反則金が導入されたのは、道路交通犯罪の大量性に対する便宜的方法が求められたためであって、罰金刑とは異なる目的を持たせようとしたためではないはずである。また、確かに、反則金の支払は、一応任意であり、強制的に徴収されることはないものの、納付しなければ、通常、刑罰が科されることとなるのであって、任意とは名ばかりのものである。そのため、秩序罰とは言い難く、(67) 事実上、支払が強制される交通反則金の実質に即して、罰金刑の性質を持ち、罰金刑に代替しうる制裁であって、行政罰としての過料との中間的な性質を持つと考えるのが妥当である。(68) この見解からは、本来、刑事手続がとられるべきところ、反則金を支払うことで国家との私的和解（私和）が成立し、刑事手続から外されるとの理解につながる。(69)

三、交通反則金の問題点

交通反則金については、憲法上の問題と実効性の問題が指摘されてきた。順に見ることとしたい。

（一）憲法上の問題

憲法上の問題としては、裁判を受ける権利（憲法三二条）、適正手続保障（憲法三一条）、行政機関による終審の禁止（憲法七六条二項後段）、法の下の平等（憲法一四条一項）に抵触しないか問題となる。

第一に、裁判を受ける権利（憲法三二条）が実質的に害されないか問題となる。すなわち、交通反則金の納付をせずに争えば、罰金刑が科されることがあり、金額や資格制限などの点で不利益であるため、交通反則金を納付する方途が選択されやすく、裁判を受ける権利が実質的に害されてしまうことが考えられる。[70]

この点について、交通反則金の納付が任意であると理解する立場からは、①反則者が裁判を受ける権利を任意に放棄したと考えられる上、交通反則金が納付されないことにより、直ちに刑罰が科されるのではなく、裁判を受ける権利がその段階で保障されているため、裁判を受ける権利が害されることはないとする。[71]また、②反則事実を争いたいと望むものの、不利益を恐れて納付する者が多いとは到底考えられないともされる。[72]

しかし、既に見たように、①納付が真に任意であるとは言い難い。[73]また、②憲法上の問題が生じる者が少なければよいというものではない。それゆえ、現行の交通反則通告制度は裁判を受ける権利を実質的に害するものであると考えるべきである。

従って、交通反則通告制度を存続させるのであれば、例えば、起訴後に反則事実を裁判所で争い、反則事実が存在すると認定された場合であっても、交通反則金の納付を可能にしておくべきである。[74]先に見たように、ニュージーランドにおいては、裁判所での聴聞で反則事実が認定された場合であっても、反則金として納付することとされており、参考に値する。

第二に、適正手続保障が害されないか問題となる。すなわち、司法審査を経ることなくして、交通反則金が賦科されるため、適正手続保障がなされていないと考えられる。

ここでもまた、交通反則金の納付が任意である理解する立場からは、①交通反則通告制度の対象が明白かつ定型的な違反に限定されており、手続の公正が図られていること、②起訴後の手続では適正手続保障がなされていること、③そもそも、納付が任意である以上、適正手続保障の対象外であることが主張され、適正手続保障の問題は生じないとされる。[75]

しかし、①明白かつ定型的な違反の類型であっても、事実の存否が争われることがあり、その場合には、公正な第三者たる裁判所の審査が求められるべきである。また、②いったん起訴されれば、より高額の罰金刑が科される可能性がある以上、反則金の納付が可能である状況で適正手続保障を図る必要がある。さらに、③納付が真に任意であるとは言い難い。それゆえ、交通反則通告制度を存続させるのであれば、ニュージーランドの手続を参考に、裁判所で争ったとしても、交通反則金の納付を可能とすべきである。

第三に、行政機関による終審の禁止に反しないか問題となる。すなわち、不利益を被りうる刑事手続が回避されがちであるため、交通反則通告制度が実質的に行政機関による終審となっているとも考えられる。

ここでもまた、交通反則金の納付が任意であると理解する立場からは、任意である点を強調し、司法作用ではなく、「裁判」ではないことから、刑事手続で争いうるため、行政機関による終審の禁止に反しないとされる。[76]

確かに、刑事手続で争いうるため、行政機関による終審の禁止に反するとは言えない。しかし、実質的に終審化している状況にあり、やはり、この点からも、交通反則通告制度を存続させるのであれば、裁判所で争ったとしても、交通反則金の納付を可能する制度を構築すべきである。

第四に、法の下の平等に反しないか問題となる。すなわち、貧しいために納付ができず、刑事手続に移行すれば、手続負担を生じ、罰金刑の不払による労役場留置の危険性もある。

この点について、「経済的関係」において差別しているのではないとされる。[77] 確かに、機会の平等は保障されており、法の下の平等に反するとは言えない。また、交通反則金がかなり低額であり、納付が困難であることは少ないように思われる。しかし、納付が経済的に不可能な者だけが、手続負担と罰金刑の不払による労役場留置の危険を負うことは避けるべきである。先に見たように、ニュージーランドにおいては、裁判所での聴聞で反則金額を争い、反則金として納付することが可能であり、交通反則通告制度を存続させるのであれば、我が国でも同様の制度を導入すべきである。

以上のように、交通反則通告制度は、裁判を受ける権利及び適正手続保障を害するため、憲法上、許されない。また、行政機関による終審の禁止及び法の下の平等の観点からも、妥当とは言い難い。前述のように、我が国の交通反則金は、罰金刑よりも低い額を反則金額とし、手続保障を施さないことで、豊かでない者にも納付するほうが利益に適うと認識させ、納付するよう誘導する制度であり、豊かでない者にも裁判を受ける権利や適正手続保障を放棄させることになっている。これに対して、ニュージーランドでは、高額でも支払を行なうことができる者に対する法執行機関の人的・物的資源の節約を行なう一方、高額の支払が困難である豊かでない者への手続保障を図っている。これを比較すれば、豊かでない者への手続保障を欠く我が国の交通反則通告制度はより問題が大きいと言わざるをえない。それゆえ、交通反則通告制度を存続させるのであれば、ニュージーランドの制度に倣って、反則事実や交通反則金の額を裁判所で争った場合でも、交通反則金を納付することを認める必要がある。

憲法上の問題を解決したとしても、実効性の問題が残る。以下、検討することとしたい。

（二）実効性の問題

第一に、交通反則金を納付すれば、刑事手続を経ることなく、簡易迅速に事件が処理されるため、「金さえ払えば」という感覚が広がり、違反が減少せず、ともすれば、違反が増加するとの懸念があった。(78) 実際、これまで見てきたように、交通反則通告制度は、道路交通犯罪の大量性に対する方策であって、道路交通犯罪を減少させるために作り出されたものではないため、このような懸念には根拠があった。

第二に、交通反則金の納付を誘導するためもあって、従来の罰金額よりも低い額が交通反則金として設定され、多くの者が比較的容易に納付できることとなったため、「違反が重大ではない」という誤ったメッセージを運転者に送ることとなった。(79) 交通反則金額を高く設定し、人の生命や身体に関わる重大な結果を惹起しうる行為であり、その重大性を表示・表現することに成功しているニュージーランドとは対照的である。

手続負担が軽いことと交通反則金の額が小さいことが相まって、「わずかな金さえ払えば」という意識が蔓延することとなった。これを食い止めたのが、昭和四四年（一九六九年）から運用された点数制度（道交法施行令二六条の七、三三条の二、三八条の二）であり、違反を繰り返す運転者を排除し、行政処分の基準の明確化を図り、抑止効果を持たせようと、(80) 道交法施行令の改正（昭和四三年政令第二九八号）により導入された。点数制度は、運転免許の効力に関わるものであり、運転ができなくなれば、就業や日常生活に多大な影響を被るため、多くの運転者にとって違反の抑止となり、効果を発揮することとなったと言えよう。平成二三年（二〇一一年）には、運転免許の取消しが四万三〇一七件、運転免許の停止が四二万六三四六件に及んでいる。[81]

もっとも、点数制度の導入により、交通反則金の実効性の問題に手が付けられたわけではない。そのため、「わずかな金さえ払えば」という感覚を払拭することが必要である。すなわち、手続負担が軽いことと交通反則金の額が小さいことのいずれか又は双方を改善する必要がある。しかし、手続負担を重くすることは、行為者にとっても、法執行機関にとっても不利益をもたらすため、妥当でない。それゆえ、交通反則金の額の問題に取り組むべきである。そして、その方策としては、①交通反則金の額を罰金刑の量刑相場と同程度かそれ以上に引き上げることと、逆に、②交通反則通告制度を廃止することが考えられる。

まず、①交通反則金の額を罰金刑の量刑相場と同程度かそれ以上に引き上げた場合[82]、既に見たように、憲法上の問題を回避するため、起訴後に反則事実や交通反則金の額を裁判所で争うことを認め、争った場合でも、交通反則金を納付することを認めるべきである。しかし、このようにすれば、ニュージーランドで見られるように、交通反則金の額を争う者が増加し、法執行機関の事件処理を極めて圧迫することとなり、道路交通犯罪の大量性に対して交通反則通告制度を導入した目的に反することとなる。逆に、事件処理が可能な程度に取締りの量を減らせば、道路交通の安全が脅かされるだけでなく、「運が悪かった」という不公平感を現在よりもいっそう助長することになりかねない。従って、この方法は妥当でない。

そこで、②交通反則通告制度を廃止することが考えられる。この場合、現在、反則事件とされているもののうち、携帯電話用装置の使用（道交法七一条五号の五・第一二〇条一項九号の三）などの生命や身体に害を及ぼす可能性の比較的高い犯罪類型の罰金刑の上限を大幅に引き上げ、交通反則金ではなく、罰金刑を賦科することとし、憲法上の問題を解決するべきである。これにより、行為の重大性を十分に表示・表現することができる。また、第三章で提案したように法執行に関わる費用の徴収を行なえば、罰金調停額の増加と相まって、法執行機関の人員を事件数の増加に対応すべく増加させたとしても、財政上の問題が生じることを回避できよう。一方、免許証不携帯（道交法九五条一項・一二一条一項一〇号）などの生命や身体に害を及ぼす可能性の比較的低い又は存在しない犯罪類型は非犯罪化し、行政処分たる点数制度のみに委ねるべきである。このような考え方に対しては、いかに軽微な違反であっても、全く刑罰を科さないとすることは妥当でなく、刑罰で臨む建前は維持すべきとの反論がありうる。[83]しかし、そのような建前を残すことに意味があるとは思えない。あくまで刑罰で臨むべきであるとするならば、運転免許の取消し及び停止を刑罰として規定すべきである。[84]

第四節　おわりに

これまで見てきたように、ニュージーランドの反則金も、我が国の交通反則金も、罰金刑の賦科の量的増加に対して、手続を簡便化しようとする点で共通するものであるが、手続の簡便化の対象となる範囲と方向性は異なる。すなわち、ニュージーランドの反則金においては、高額でも支払を行なうことができる者に対する法執行機関の人的・物的資源の節約が行なわれ、高額の支払が困難である豊かでない者への手続保障がなされているのに対し、我が国の交通反則金においては、罰金刑よりも低い額が反則金額とされ、手続保障を施さないことで、豊かでない者にも納付するほうが利益に適うと認識させ、納付するよう誘導する制度となっている。しかし、我が国の交通反則金については、裁判を受ける権利及び適正手続保障が侵害されており、違憲であると考えられる。また、手続負担が軽いことと交通反則金の額が小さいことが相まって、「わずかな金さえ払えば」という意識を蔓延させるなど、実効性の点でも問題がある。

それゆえ、交通反則通告制度及び交通反則金を廃止し、現在、反則事件とされているもののうち、生命や身体に害を及ぼす可能性の比較的高い犯罪類型の罰金刑の上限を大幅に引き上げ、罰金刑を賦科することとし、生命や身体に害を及ぼす可能性の比較的低い又は存在しない犯罪類型は非犯罪化し、行政処分たる点数制度に委ねることとすべきである。これにより、生命や身体に害を及ぼす可能性の比較的高い犯罪類型の行為の重大性を十分に表示・表現することができることとなる。

（1） 1962 No 125.
（2） 1968 No 148.
（3） 例えば、藤木英雄「交通反則通告制度——罰金科刑手続の合理化——」罪罰四巻四号（一九六七）二九頁以下、三〇—三一頁。
（4） Ministry of Justice Criminal Justice Policy Group, *Review of Monetary Penalties in New Zealand* (Ministry of Justice, 2000), p. 21. イギリスの制度について紹介したものとして、依田智治「英国における刑事略式裁判制度——交通チケット制度および交通監視員制度について——」レファ一三巻一一号（一九六三）四九頁以下。
（5） 1971 No 57.
（6） 1979 No 41.
（7） 1987 No 15.
（8） 1990 No 98.
（9） 1993 No 95.

(10) 1996 No 13.

(11) 1996 No 88.

(12) 1998 No 110.

(13) 1999 No 142.

(14) 2003 No 51.

(15) 1957 No 87.

(16) s. 2 (1) of Summary Proceedings Act 1957; s. 42A (1) of Transport Act 1962; ss. 2, 32A of Weights and Measures Act 1987; s. 57 of Civil Aviation Act 1990; ss. 154 (p), (s), 159 (1), 159A (1) of Biosecurity Act 1993; ss. 2, 65 of Dog Control Act 1996; ss. 2 (1), 260A of Fisheries Act 1996; ss. 2 (1), 138 of Land Transport Act 1998; ss. 2 (1), 161 of Animal Welfare Act 1999; ss. 4 (1), 356 of Gambling Act 2003.

(17) s. 2 (1) of Summary Proceedings Act 1957; s. 42A (3)–(8) of Transport Act 1962; s. 14 of Litter Act 1979; s. 32B of Weights and Measures Act 1987; ss. 58, 65Q, 65S (1) of Civil Aviation Act 1990; ss. 159 (2), (3), 159A (2)–(7), (9) of Biosecurity Act 1993; s. 66 of Dog Control Act 1996; s. 260B of Fisheries Act 1996; s. 139 of Land Transport Act 1998; s. 162 of Animal Welfare Act 1999; s. 357 of Gambling Act 2003.

(18) SCHEDULE 2 of Transport Act 1962; s. 13 (4) of Litter Act 1979; s. 33A of Weights and Measures Act 1987; s. 65Q (2) of Civil Aviation Act 1990; ss. 159 (3) (b), 159 (4) (b) of Biosecurity Act 1993; SCHEDULE 1 of Dog Control Act 1996; s. 297A (1) (nc) of Fisheries Act 1996; SCHEDULE 4 of Land Transport Act 1998; s. 162 (4) (b) of Animal Welfare Act 1999; s. 360 (b) of Gambling Act 2003.

(19) Ministry of Justice Criminal Justice Policy Group, *supra* note 4, at 96.

(20) 地方公共団体の条例違反である駐車違反で三〇分以下の場合である。但し、地方公共団体の条例（bylaw）で一二ＮＺＤ（約七二〇円）未満の額を規定することができるため、そのような規定がなされれば、その額が最低額となる。

SCHEDULE 2 of Transport Act 1962; SCHEDULE 4 of Land Transport Act 1998.

(21) 過積載で一三トン以上の場合である。SCHEDULE 2 of Transport Act 1962.

(22) s. 159A (7) of Biosecurity Act 1993; s. 140 of Land Transport Act 1998; s. 358 of Gambling Act 2003.

(23) s. 42A (1) of Transport Act 1962.

(24) SCHEDULE 2 of Transport Act 1962.

(25) s. 42A (3), (4) of Transport Act 1962. 過積載の場合、一九五七年略式手続法の下での手続を進めることはできないため、反則金を賦科する手続を進めなければならない。

(26) s. 42A (5) of Transport Act 1962.

(27) s. 42A (6), (8A), SCHEDULE 2 of Transport Act 1962.

(28) s. 43 (1) of Transport Act 1962.

(29) s. 43 (3) (c), (5) of Transport Act 1962.

(30) s. 43 (3) (a) of Transport Act 1962. 違反車両の牽引料も徴収できる。s. 43 (3) (b) of Transport Act 1962.

(31) s. 43 (4) of Transport Act 1962.

(32) s. 42A (9) of Transport Act 1962.

(33) s. 21 (6) of Summary Proceedings Act 1957.

(34) s. 21 (8) (a), (c) of Summary Proceedings Act 1957.

(35) s. 21 (8) (b) of Summary Proceedings Act 1957.

(36) s. 21 (7) of Summary Proceedings Act 1957.

(37) Ministry of Justice Criminal Justice Policy Group, *supra* note 4, at 31.

(38) s. 21 (3A) of Summary Proceedings Act 1957.

(39) s. 21 (3B) of Summary Proceedings Act 1957.

(40) s. 21 (3C) (a), (13) of Summary Proceedings Act 1957.
(41) s. 21 (5B) of Summary Proceedings Act 1957.
(42) s. 21 (2), (3C) (b) of Summary Proceedings Act 1957.
(43) s. 21 (10) of Summary Proceedings Act 1957.
(44) s. 42A (10) (b) of Transport Act 1962.
(45) s. 21 (6) of Summary Proceedings Act 1957.
(46) s. 21 (1) (a), (3), (3D) of Summary Proceedings Act 1957.
(47) s. 21 (5), (5A) of Summary Proceedings Act 1957.
(48) s. 21 (11) of Summary Proceedings Act 1957.
(49) Ministry of Justice Criminal Justice Policy Group, *supra* note 4, at 20.
(50) Ministry of Justice Criminal Justice Policy Group, *supra* note 4, at 92.
(51) Ministry of Justice Criminal Justice Policy Group, *supra* note 4, at 57.
(52) *ibid.* 最新の数値を入手しようと試みたが、入手できなかった（以下、本章において同じ）。
(53) ニュージーランドの会計年度は、毎年七月一日から翌年六月三〇日までである。
(54) Ministry of Justice Criminal Justice Policy Group, *supra* note 4, at 57.
(55) Ministry of Justice Criminal Justice Policy Group, *supra* note 4, at 57–58.
(56) Ministry of Justice Criminal Justice Policy Group, *supra* note 4, at 95–96.
(57) Ministry of Justice Criminal Justice Policy Group, *supra* note 4, at 21–22, 31.
(58) Ministry of Justice Criminal Justice Policy Group, *supra* note 4, at 22–23, 95–96.
(59) Ministry of Justice Criminal Justice Policy Group, *supra* note 4, at 21.
(60) Ministry of Justice Criminal Justice Policy Group, *supra* note 4, at 92–94.

(61) 一連の流れについて、警察庁「反則金通告制度について」ジュリ三六九号(一九六七)九二頁以下参照。
(62) 交通反則金制度について詳細に説明したものとして、例えば、吉田淳一「交通反則通告制度について(一)」曹時二〇巻六号(一九六八)一頁以下、「同・(二・完)」二〇巻七号(一九六八)五四頁以下、淺野信二郎「道路交通法の一部を改正する法律逐条解説(三・完)」警研三九巻二号(一九六八)八七頁以下。
(63) 国家公安委員会・警察庁編『平成二四年版警察白書』(ぎょうせい、二〇一二)一五八頁。
(64) 法務省法務総合研究所編『平成二四年版犯罪白書――刑務所出所者等の社会復帰支援――』(日経印刷、二〇一二)一七頁、二四頁・一―三―一―四図。
(65) 綾田文義「交通反則通告制度の基本的構造について――反則金の法律的性質を中心に――」ジュリ三八二号(一九六七)九八頁以下、九九頁、同「交通反則通告制度の憲法問題」警研三八巻一一号(一九六七)三頁以下、六―八頁、吉田「(一)」・前掲注(62)二二頁、土本武司「行政と刑事の交錯――交通反則通告制度と刑事手続」警研五四巻一〇号(一九八三)三頁以下、八頁、同「交通反則金納付の効力(上)――行政手続と刑事手続の交錯点を探る――」警論三四巻六号(一九八三)三七頁以下、四三―四四頁。
(66) 綾田「基本的構造」・前掲注(65)一〇〇頁、同「憲法問題」・前掲注(65)七頁。
(67) 警察庁・前掲注(61)九四頁、長尾久衛「道路交通法における反則金制度」名城三七巻二号(一九八八)一頁以下、一〇頁。
(68) 宮沢浩一「交通反則通告制度をめぐって」法時三九巻四号(一九六七)三五頁以下、三七頁。
(69) 宮沢・前掲注(68)三八頁。
(70) 行政事件訴訟法(昭和三七年法律第一三九号)の取消訴訟(八条以下)の対象とすることが考えられるが、最判昭五七年七月一五日民集三六巻六号一一六九頁はこれを否定しており、刑事手続で争うほかない状況にある。
(71) 綾田「憲法問題」・前掲注(65)一二―一三頁、吉田「(一)」・前掲注(62)二八―二九頁。
(72) 安西温「交通反則通告制度にたいする若干の所見」ジュリ三七〇号(一九六七)一二三頁以下、一二五―一二六頁。

(73) 神垣秀郎「交通反則通告制度に対する若干の問題」ジュリ三六九号（一九六七）八五頁以下、八七頁、宮沢・前掲注（68）三八頁。

(74) 神垣・前掲注（73）八八頁。

(75) 綾田「憲法問題」・前掲注（65）一〇―一二頁、吉田「(一)」・前掲注（62）二九―三〇頁。

(76) 綾田「憲法問題」・前掲注（65）一五頁、吉田「(一)」・前掲注（62）三〇頁。

(77) 綾田「憲法問題」・前掲注（65）一四―一五頁、吉田「(一)」・前掲注（62）三〇―三二頁。

(78) 神垣・前掲注（73）八五頁、宮沢・前掲注（68）三八頁。

(79) 例えば、駐車違反は、交通の障害となるだけでなく、重大な事故を惹起しかねないものである。また、一一〇番通報された苦情などのうち、二五％が駐車問題に関するもので、国民の関心も高い。警察庁編・前掲注（63）二二四頁。しかし、駐車違反の問題性を十分に認識していない者も少なくない。

(80) 西川芳雄「運転免許の行政処分に関する点数制度について」ジュリ四一〇号（一九六八）三六頁以下、三七頁、八島幸彦「運転免許の行政処分に関する点数制度について」警研三九巻一二号（一九六八）四七頁以下、四八頁、石瀬博「運転免許の停止、取消しに関する点数制度採用のための道路交通法施行令の一部改正について」警論二二巻一一号（一九六九）一頁以下、二頁。

(81) 警察庁編・前掲注（63）一四九頁。

(82) 憲法上の問題を取り上げることなく、交通反則金の額を罰金刑よりも大きくすべきとの見解として、植松正「交通反則通告制度の意義と問題」ひろば二〇巻五号（一九六七）六頁以下、九頁がある。

(83) 吉田「(一)」・前掲注（62）四頁、安西・前掲注（72）一二四頁。

(84) 例えば、ドイツでは、刑罰（付加刑）としての運転禁止刑、保安処分としての運転免許取消し、行政処分としての運転免許取消し処分がある。詳しくは、髙山佳奈子「ドイツにおける交通事件処理」成城六九号（二〇〇二）六一頁以下、八四頁、八七―八九頁参照。

第六章　ニュージーランドにおける罰金刑の徴収及び執行

第一節　はじめに

ニュージーランドにおいては、刑事政策の観点から、興味深い制度が導入されてきた。例えば、ニュージーランドは、一九七二年以降、犯罪被害者に対する国家補償を発展的に解消し、犯罪以外の事故も含めて補償を行なっている。(1)この制度は、数次の法改正を経て、(2)現在、二〇〇一年傷害防止、リハビリテーション及び補償法（Injury Prevention, Rehabilitation, and Compensation Act 2001）(3)に基づき運用されている。また、犯罪や非行に対して家族集団会議（Family Group Conference）を利用する点が脚光を浴びるなど、修復的司法の取組み(4)や少年司法制度(5)が数多く紹介され、我が国の議論に少なからぬ影響を与えてきた。

他方で、罰金刑に関しては、ドイツやアメリカ合衆国などに比べて、これまでそれほど注意が払われてこなかったように思われる。ニュージーランドの刑事司法においては、後述のように、我が国をはじめ、ドイツやアメリカ合衆国などには見られない規定が用意されており、比較及び参考に供すべきであると考えられる。

第一章で分析したように、我が国においては、死刑や自由刑が重大な犯罪や犯罪者に重点的に中心部分で利用される一方で、罰金刑が道路交通関係事犯という周縁領域で特定罪種に偏在的に利用されているにすぎない。近時、懲役刑の利用が増加する一方で、罰金刑の利用が減少しているのは、微罪処分・起訴猶予などのディヴァージョンが幅広く活用されているという理由だけでなく、本来、罰金刑に向いている事案に十分に適用されていないという理由を無視することはできないように思われる。そもそも、罰金刑は、死刑や自由刑に比べて、その法益剥奪の程度がかなり小さく、その剥奪が原則として一回的で自由刑のように継続的でないという特徴を有しており、道路交通関係だけにその利用を限定する必然性は乏しいはずである。第一〇章で検討するように、刑法及び刑事訴訟法の一部を改正する法律（平成一八年法律第三六号）によって窃盗罪など一部罪種の法定刑に罰金刑を加えられたことは、これまでの罰金刑の位置付けを大きく変えうる動きとして注目に値しよう。

そこで、罰金刑の持つこうした特徴を活かし、その適用領域を拡大することができないかという問題関心から、罰金刑が、どのような性質を持ち、どのような目的で、他の刑事制裁との役割分担をどのように構想し、どのような犯罪の、どのような犯罪者に、いかなる額を賦科し、どのように徴収及び執行を行なっていくのかを検討する必要がある。

ニュージーランドにおいては、量刑の枠組を抜本的に再編するため[6]、司法省が量刑及びパロール改革法案（Sentencing and Parole Reform Bill）を提出し、これを受けて、二〇〇二年量刑法（Sentencing Act 2002）[7]と二〇〇二年パロール法（Parole Act 2002）[8]が成立し[9]、ともに二〇〇二年六月三〇日に施行された。この量刑改革の目的の一つは、罰金刑の利用促進にあった。二〇〇二年量刑法は、従来、罰金刑の適用について定めていた、一九八五年刑事司法法（Criminal Justice Act 1985）[10]の関連規定を廃止し[11]、罰金刑の適用を増加させるための新たな規定を設けたのである[12]。また、ニュージーランドにおいては、従来から罰金刑の徴収及び執行に役立つ手段が多数用意されている。そこで、本章では、我が国における罰金刑の利用に関する議論に役立てるべく、ニュージーランドの罰金刑について紹介し、検討することとしたい。

以下では、まず、ニュージーランドの刑事司法制度について概観した上で、罰金刑の制度について紹介することとする。

第二節　刑事司法制度の概要

一、刑事制裁の種類

ニュージーランドでは、刑事制裁として、罰金刑（fine）[13]のほかに、被害弁償（reparation）[14]、監督（supervision）[15]、社会奉仕作業（community work）[16]、拘禁刑（imprisonment）[17]、不定期刑（preventive detention）[18]、在宅拘禁（home detention）[19]、交際禁止命令（non-association order）[20]、運転免許剥奪（disqualification from driving）[21]、自動車没収（confiscation of motor vehicles）[22]などが規定されている。我が国とは異なり、死刑は廃止されている。[23]

二、刑事制裁の目的

こうした刑事制裁の目的として一般に挙げられてきたのは、抑止（deterrence）、改善（reform）、隔離（prevention）、応報（retribution）などであった。[24]二〇〇二年量刑法は、量刑目的について、(a)犯行により被害者及び地域社会が被った侵害に対する責任（accountable）を犯罪者に負わせること、(b)当該侵害に対する責任の感覚及び認識を犯罪者に促進させること、(c)犯罪被害者に利益をもたらすこと、(d)犯行により被った侵害に対する損害回復を行なうこと、(e)犯罪者が関与した行為を非難すること、(f)犯罪者又はその他の者による同じ又は同種の犯罪の遂行を抑止すること、(g)犯罪者から地域社会を保護すること、(h)犯罪者の社会復帰や再統合を援助することを挙げ[25]、これらのいかなる目的も他の目的に優先劣後することはないとしている。[26]

三、刑事制裁の量定

量刑の際に考慮すべき因子として、①犯行の重大性（gravity）、②法定刑から推察される犯罪類型の重大性（seriousness）、③被害者に及ぼされた犯行の影響に関して、裁判所に提出されたあらゆる情報、④同種の犯罪に比して減軽を行なうべき犯罪者のあらゆる個別的状況、⑤社会復帰目的から考察した際の犯罪者本人、家族、マオリ族の場合の拡大家族（ファナウ。whanau）、地域社会、文化的背景、⑥当該事件において生じた又は裁判所が生じうることについて確信した修復的司法（restorative justice）の結果が挙げられている。[27]

量刑の際に刑事制裁を加重するよう考慮すべき因子として、(a)犯罪が暴力又は武器の使用に関するものであること、(b)犯罪が住居への不法侵入又は不法不退去であること、(c)保釈中又は刑事制裁に服している間に犯罪が遂行されたこと、(d)犯罪から生じたあらゆる損失、損害又は侵害の程度、(e)犯罪遂行の際の特別の残虐性、(f)犯罪者が被害者からの信頼又は犯罪者自身の権威を濫用したこと、(g)被害者がその年齢若しくは健康又は犯罪者に既知のものであるあらゆるその他の因子により特別にもろかった（vulnerable）こと、(h)人種、肌の色、国籍、宗教、ジェンダー、性的志向、年齢又は障害のような永続的で不変的性質を有した人に対する敵意を一部又は全部の理由として犯罪者が犯罪を遂行した場合で、その敵意が不変的な性質のためであったこと、又は、被害者がそうした性質を有していると犯罪者が信じていたこと、(ha)犯罪がテロリストの行為の一部又は関連性のあるものとして遂行されたこと、(i)犯罪者の側に計画性があったこと及びその計画性の程度、(j)犯罪者が過去に受けた有罪判決、及び、犯罪者が同時に判決を言い渡されるか、その他の取扱いを受けつつある場合の有罪判決の数、重大性、日付、関連性及び性質が例として挙げられている。(28)

逆に、量刑の際に刑事制裁を減軽するよう考慮すべき因子として、(a)犯罪者の年齢、(b)犯罪者が有罪答弁（plea）を行なったこと及び行なった時期、(c)被害者の行為、(d)犯罪者の側の関与が限定されていたこと、(e)犯罪者が知的能力又は理解力が低下していたこと又は犯罪遂行時に低下していたこと、(f)犯罪者が示す自責の念又は賠償（compensation）などの申出、合意若しくは実行など、(g)犯罪者の従前の善良な性質が例として挙げられている。(29)

このうち、特に賠償などの申出、合意若しくは実行については、別個に詳しい条文が用意されている。すなわち、(a)犯罪者により被害者に対してなされる償いの申出、(b)犯罪者によって惹起された悪事、損失若しくは損害を犯罪者がどのように救済するかについて、又は犯行が継続しない若しくは再発しないことを確実にすることについての犯罪者と被害者の間でなされる合意、(c)犯行に対する犯罪者又は犯罪者の家族、ファナウ若しくは家族集団の対応、(d)犯罪者の家族、ファナウ又は家族集団によってとられたか、とられることが提案された、(i)犯行のあらゆる被害者、被害者の家族、ファナウ又は家族集団に対してなされる賠償、(ii)犯行のあらゆる被害者、被害者の家族、ファナウ又は家族集団に対してなされる謝罪、(iii)生じた侵害に対するその他の償い、(e)犯罪者によってとられたか、とられることが提案されたあらゆる救済行為を考慮すべきであるとしている。(30)さらに、こうした賠償が誠実で実現可能かどうか、悪事の償い又は軽減として被害者に受け入れられたかどうかを斟酌しなければならないとしている。(31)

そして、以上のような因子を考慮してなされる刑の処断においては、一般に、①当該犯罪類型のうち、犯行が最も重大なものである場合、当該犯罪の法定刑の上限の刑を科さなければならないこと、②当該犯罪類型のうち、犯行が最も重大なものに近い場合、当該犯罪の法定刑の上限に近い刑を科さなければならないこと、③同種の状況において同種の犯罪を遂行する同種の犯罪者と比して、適切な量刑水準が要請されること、④適切な最も制限的でない制裁を科さなければならないことが求められている。[32]

四、刑事裁判及び審級

続いて、刑事制裁がどのような手続で科されるかを見ておくこととしたい。[33]刑事事件においては、地方裁判所（District Court）が通常第一審とされている。[34]地方裁判所は多くの地方公共団体に置かれている。法曹資格を持つ地方裁判所判事（District Court Judge）又は法曹資格を持たない治安判事（Justices of the Peace）若しくは地域治安判事（Community Magistrate）が事件を取扱う。通例、事実認定に一二名の陪審員からなる陪審制度が利用される。

地方裁判所からの第二審と、謀殺（murder）や特に重大な武装強盗（particularly serious armed robbery）や性的暴行（sexual violation）の一部などの重大事件の第一審を行なうのが、高等裁判所管区ごとに置かれている高等裁判所（High Court）である。[35]高等裁判所は、オークランド（Auckland）、ウェリントン（Wellington）、クライストチャーチ（Christchurch）の三か所に置かれており、ファンガレイ（Whangarei）など計一四都市を巡回する。高等裁判所長官（Chief Justice）と約三〇名の高等裁判所判事（High Court Judge）が事件を取扱う。ここでも、通例、事実認定に一二名の陪審員からなる陪審制度が利用される。

高等裁判所などからの上訴審を行なうのが、首都ウェリントンに置かれている上訴裁判所（Court of Appeal; Appellate court）である。[36]上訴裁判所長官（The President）と六名の上訴裁判所判事（Court of Appeal Judge）

が事件を取扱い、通常三名で審理を行なう。

上訴裁判所などからの上訴審を行なうのが、最高裁判所（Supreme Court）である。[37] 最高裁判所長官（Chief Justice）と四名又は五名の最高裁判所判事（Supreme Court Judge）が事件を取扱う。従来、上訴裁判所からの異議審を行なっていたのは、イギリスのロンドンに置かれている枢密院司法委員会（Judicial Committee of the Privy Council）であった。[38] 大法官（Lord Chancellor）が裁判長役を務め、枢密顧問（Queen's Privy Councillor）たる上席判事（Senior Judge）が通常五名で審理を行なっていた。上席判事にはニュージーランドの上訴裁判所長官と高等裁判所長官が自動的に任命されるが、残りのほとんどはイギリス人であり、しかも、ニュージーランドの上訴裁判所長官と高等裁判所長官は審理にほとんど携わっていなかった。イギリス連邦の多くの国が枢密院への異議申立て権を廃止していたこともあって、ニュージーランドでも議論があり、[39] 二〇〇三年最高裁判所法（Supreme Court Act 2003）[40] に基づき、二〇〇四年一月一日に最高裁判所が設立され、枢密院司法委員会への異議申立ての仕組みが廃止された。

確定した刑事制裁の執行は、以下で紹介する罰金刑を除いて、司法省（Department of Justice）によって執行される。

このようにして賦科される罰金刑は、どのような制度となっており、どのように利用されているのであろうか。また、二〇〇二年量刑法でどのような改正がなされたのであろうか。次節では、罰金刑の概要及び適用状況を見た上で、改正内容を紹介することとしたい。

第三節　罰金刑の概要及び適用状況

一、一九八五年刑事司法法の下での適用状況

ニュージーランドにおいて、従来、罰金刑の賦科について規定していたのは、一九八五年刑事司法法であった。一九八五年刑事司法法は、明文により賦科が禁止されている犯罪以外の全ての犯罪で罰金刑を賦科することを認めていた。[41]また、多額の法定が条文上なされていない場合、地方裁判所判事は、四〇〇〇ニュージーランドドル（NZD）（約二四万円。一NZD六〇円で換算。以下同じ）、治安判事及び地域治安判事（Community Magistrate）は、四〇〇NZD（約二万四〇〇〇円）まで賦科できるとされていた。[42]高等裁判所判事の場合、上限は設けられていなかった。

一九九三年の改正において、[43]被害弁償が罰金刑に優先することが定められたものの、[44]財産的な刑事制裁の最も一般的な形態とされたのは、多くの犯罪類型で最も重い刑事制裁として規定されていたこともあって、依然として罰金刑であった。[45]そして、罰金刑の長所として、①犯罪の重大性や犯罪者の経済状態への対応に柔軟性があること、②分割払が可能であること、③拘禁刑に比べて、仕事などの犯罪者の生活基盤を脅かし難いこと、④犯罪から得られた利益を剥奪でき、応報と抑止双方の目的を果たすことができること、⑤金額で評価して賦科するため、金銭的被害が生じる多くの犯罪類型になじむこと、⑥執行費用が拘禁刑に比べて小さいことなどが考えられてきた。[46]

もっとも、罰金刑の利用率は、それほど高くなかった。[47]例えば二〇〇二年量刑法が制定及び施行される直前の二〇〇一年の場合、罰金刑が賦科されたのは、有罪認定された全訴追の三三%にすぎなかった。罰金刑が賦科されやすい犯罪類型として交通犯罪があり、交通犯罪全体で五五%、交通犯罪のうち不注意運転（careless driving）で七

一%、アルコール超過で六一%に罰金刑が賦科されていた。交通犯罪以外にも、軽微事犯に罰金刑が賦科されやすく、酒類関連犯罪で八五%、一九九六年犬統制法(Dog Control Act 1996)[48]違反で八二%、漁業関連犯罪で七六%、税務犯罪で七〇%、カンナビスの所持又は使用で四六%を占めていた。このように、ニュージーランドでは、罰金刑が交通事犯や軽微事犯に集中して用いられてきた。

そして、軽微事犯に主に用いられることもあって、罰金額は決して高いものではなかった。[49]罰金額の中央値は三〇〇NZD(約一万八〇〇〇円)である。カンナビスの所持又は使用で一五〇NZD(約九〇〇〇円)であるのに対し、アルコール超過運転で六〇〇NZD(約三万六〇〇〇円)、死傷運転で五〇〇NZD(約三万円)と、犯罪類型ごとに中央値にはかなり差がある。しかし、罰金額の高い犯罪類型でも、中央値が日本円で一〇万円を超えることはなく、絶対的な額はそれほど高いとは言えない。

判事に対する調査によれば[50]、多くの判事が罰金刑を迅速で単純な刑事制裁であると考えていることもあって、犯罪歴がある場合や未払の罰金刑がある場合、罰金刑は不適切であるとして罰金刑の賦科を回避することが多い。その上で、半数以上の判事が犯罪者の支払能力を非常に重視するとしており、犯罪の重大性と並んで、支払能力が罰金刑選択の際の重要な判断因子となっている。それゆえ、犯罪者に被扶養家族が存在したり、犯罪者の収入が低かったりすると、罰金刑以外の刑事制裁が選択されやすくなる。もっとも、先に見たように、罰金額が少額であることが多いため、犯罪者の経済状態の陳述が求められることは少ない。しかも、支払能力が欠ける者が半数を超えるため、多くの判事が分割払を命じる傾向がある。このような調査結果を裏付けるように[51]、賦科率に男女差はほとんどない。もっとも、若者に比べて経済状態が一般的によいと考えられる四〇歳以上の者への賦科率が高い。しかも、一般に経済的に劣位にあるマオリ族(Maori)への賦科率が二二%であるのに比べて、ヨーロッパ系への賦科率は三四%と高い。そして、定期刑（periodic detention）を受けている者を対象とした調査では[52]、最近賦科された罰金刑の支払に困難が伴ったとする者が七〇%に達しており、その原因として多くの者が未就業、低収入、扶養家族の存在を挙げている。

従って、罰金刑は、犯罪歴がない者への適用が主に想定されているものの、犯罪者の経済状態が適用の障害となり、賦科されないか、低額の罰金刑が科されることが多かったと言える。そして、このことは、罰金刑の短所として、しばしば挙げられる[53]、①同じ行為責任の者でも、犯罪者の経済状態によって罰金額が異なるため、不公正に見えること、②支払ができない犯罪者には、拘禁刑が科されうるため、不平等であること、③家族による支払が事実上可能であり、一身専属性が貫徹されにくく、そのような場合に実質的に家族を処罰することになってしまうこと、④高額の罰金刑の執行が実際には困難であることなどを裏付けるものとなっている。

二、二〇〇二年量刑法による罰金刑の優先適用

ニュージーランドにおいては、罰金刑の適用が一部の犯罪類型に偏在しており、しかも、罰金額が低いという状況にあったため、罰金刑をより広く活用すべきとの見解が強く主張されていた。なぜなら、罰金刑には、①拘禁刑の代替となりうるものであり、過剰拘禁防止に役立ちうること、②犯罪や犯罪者に合わせた量刑が容易であること、③拘禁刑に比べて費用が安く、経済的であること、④執行が他の刑事制裁に比べて容易であることなどの利点が存在するからである[54]。

そこで、二〇〇二年量刑法は、原則として、罰金刑を他の刑事制裁に優先的に適用するよう定めた[55]。すなわち、あらゆる他の刑事制裁に付加的に又は代替的に罰金刑を賦科することが認められている場合、裁判所は、原則とし

て罰金刑が個々の犯罪に適切な刑罰であるとみなさなければならないとの規定が置かれたのである。例外的とされるのは、(a)先に述べた刑事制裁の目的が罰金刑では達成できないと考えられる場合、(b)前述の刑の処断の原則と相容れない場合、(c)条文上、他の刑事制裁の賦科が要求されている場合、(d)罰金刑が状況により明らかに不適切である場合である(56)。

もっとも、二〇〇二年量刑法においては、罰金刑の優先適用が規定される一方で、犯罪者が罰金支払のための財産を持たない場合、持たないであろうと考えられる場合には、罰金刑を賦科しないことができるとする規定も置かれた(57)。また、損害回復と罰金刑の賦科が適切であると考えられる場合で、どちらか一方の支払のための資産を持たないか、持たないであろうと考えられるときには、損害回復を優先して賦科しなければならないとされた(58)。

このように、罰金刑の優先適用が定められたものの、犯罪者の経済状態を理由に賦科されないことも認められている。それゆえ、多くの判事が犯罪者の経済状態が一般的に悪いことを指摘し、罰金刑の適用が拡大することについて疑問を呈しているとされる(59)。

もっとも、拘禁刑を回避することができるなど、罰金刑の適用を拡大する方向性は決して不当なものではない。問題は、どのような目的で、他の刑事制裁との役割分担をどのように構想し、どのような犯罪の、どのような犯罪者に、いかなる額を賦科し、どのように徴収及び執行を行なっていくのかである。そこで、続いて、ニュージーランドにおける罰金刑の量定方法について見ることとしたい。

三、罰金刑の量定方法

ニュージーランドにおいては、我が国と同様に、行為責任や行為者の事情を総合的に斟酌して量定を行なう総額罰金制度[60]が採用されている。

ニュージーランドにおいても、第八章で紹介するドイツなどで利用されている、行為責任を「日数」で量定し、経済状態などの行為者の事情を「日額」で量定する日数罰金制度（Tagessatzsystem, Tagesbussensystem, day fine system）[61]や、類似の制度で一時期イングランド及びウェールズで導入された単位罰金制度（unit fine system）[62]などの導入が検討されてこなかったわけではない。

最初の動きは、一九八一年刑罰政策検討委員会（Penal Policy Review Committee 1981）において見られた。[63]委員会は、犯罪者の収入を正確に把握することが困難であることを指摘し、日数罰金制度や単位罰金制度をニュージーランドに導入するのは困難であるとした。この際、一部の委員は、さらに、豊かな犯罪者が支払う罰金総額が大幅に上昇することに猛烈に反対した。

第二の動きは、時間罰金制度（time fines system）の試行である。[64]この制度は、イングランド及びウェールズにおいて施行された単位罰金制度を参考にしたもので、一九九四年四月に試行され、一九九四年一一月に試行結果の報告が司法省（Ministry of Justice）になされた。そこでは、刑罰ではないものの、交通事犯などの多くの犯罪類型で利用されている反則金（infringement fee）との整合性のなさが問題となった。第五章で紹介したように、ニュージーランドの反則金は、罰金刑とは異なって経済状態を斟酌することがなく、しかも、一般に罰金刑よりも高い額が科されている。そのため、時間罰金制度の下で経済状態を斟酌して罰金刑を量定することにより、反則金との格差が拡大することが問題視されたのである。それ以外にも、問題点として、①犯罪の重大性に罰金総額が比例しないこと、②犯罪の重大性と経済状態を分けて量定するため、総額罰金制度に比べて、単純さ、迅速性及び有効性で劣ること、③犯罪者の収入を正確に把握することが困難であること、④収入を基準として経済状態が算定されるため、収入は少ないものの、資産を多く持つ者の罰金総額が低くなり、公正でないこと、⑤国民が受け入れ難いことなどが挙げられた。その結果、一九九五年八月に政府は時間罰金制度の導入を正式に断念することとなった。時間罰金制度が試行されながら、断念されるに至ったのは、反則金との整合性というニュージーランド独自の問題もあるものの、ニュージーランド法に今なお多分に影響を与えるイングランド及びウェールズで、単位罰金制度が廃止されたことが大きいと考えられる。[65]

以上のように、ニュージーランドにおいては、総額罰金制度が用いられている。そして、ニュージーランドにおける罰金刑の量定にあたっては、既に紹介した量定因子に加えて、犯罪者の経済的能力を考慮しなければならない。[66]また、損害回復を併科する場合には、損害回復の額を斟酌して、罰金額を量定しなければならない。[67]

二〇〇二年量刑法においては、拘禁刑や社会奉仕命令が法定されているものの、罰金刑が法定されていない犯罪類型においても、明文の禁止なき限り、それらの代わりに罰金刑を科すことができるとされている。[68]そして、多額の法定が条文上なされていない場合、原則として、地方裁判所判事は、一万NZD（約六〇万円）、治安判事及び地域治安判事は、四〇〇NZD（約二万四〇〇〇円）までの罰金額を賦科できるとされており、[69]一九八五年刑事司法法に比べて、地方裁判所判事の科しうる上限額が引き上げられた。なお、例外的に、答弁取引がなされた場合には、治安判事及び地域治安判事も一万NZD（約六〇万円）までの罰金額を賦科できるとされている。[70]高等裁判所判事については、従前通り、上限が設けられていない。

裁判所は、原則として、一〇〇NZD（約六〇〇〇円）以上の罰金額が相当と考えられる場合で、犯罪者の支払能力が不明であるとき、経済的能力について、犯罪者自身に陳述（declaration）を行なわせることができる。[71]これに対して、(a)他の手段により陳述で言及される情報を得ることができるとき、(b)裁判所が陳述を不必要であると考える状況にあるときには、陳述なしに罰金刑を賦科することができる。[72]また、一〇〇NZD（約六〇〇〇円）未満の罰金が相当であると考えられる場合、反対の証拠が提出されない限り、犯罪者が資産を有していると推定されるため[73]、同様に、陳述は不要とされる。さらに、犯罪者が出廷しない場合や一定額の罰金刑を科すことが条文上求められている場合にも陳述なしに罰金刑を賦科することができる。[74]

経済的能力についての陳述は、書面でなくともよく、口頭でも構わない。[75]そして、陳述は、(a)給与及び賃金、(b)利得及び年金、(c)各種の手数料収入、(d)利息及び配当、(e)賃貸財産からの収入、(f)不動産の所有、(g)車両の所有、(h)その他の財産の所有、(i)犯罪者が現在は所有していないものの、陳述から一二か月以内に受け取ると予想される収入及び現実化する資産、(j)借入金、(k)犯罪者及びその扶養家族の不可欠な支出をはじめとするあらゆる種類の収入、資産、債務及び支出についての情報を含んでいなければならない。[76]犯罪者の経済的能力に適合した罰金額の量定を行なうために重要であることから、犯罪者を裁判所に最大二時間を留置し、陳述を作成させることができる。[77]また、陳述において虚偽の情報をもたらした場合、三か月未満の拘禁刑又は一〇〇〇NZD（約六万円）未満の罰金刑が科されることとなっている。[78]

このように、考慮すべき種々の因子が列挙されているが、総額罰金制度が採られているため、罰金額からは行為責任の量と犯罪者の事情がどのように斟酌されたのかを窺い知ることは困難である。それゆえ、犯罪が重大で経済状態が悪い行為者に科された罰金額よりも、犯罪が軽微で経済状態が良好な行為者に科された罰金額のほうが大きいこともありうる。また、同じ罰金額とされた行為者であっても、経済状態が異なれば犯罪の重大性が異なることとなる。このような総額罰金制度の在り方に対しては、批判の強いところであり、日数罰金制度などを導入すべきか問題となる。罰金刑の目的として、財産剥奪に重点を置くならば、公正な法益剥奪のために、第七章で検討するように、経済状態の斟酌を十分に行なうことのできる量定方法が望ましい。一方、罰金刑の賦科自体に重点を置くならば、経済状態の斟酌の要請が後退し、実際に生じた法益侵害の量を表示・表現することが望ましい。いかなる目的でどのように量定を行なうべきかについては、第七章及び第八章で検討することとしたい。

四、支払猶予及び分割払

ニュージーランドにおいて罰金刑が科された場合、原則として、科された日から二八日以内に全額を支払わなければならない[79]。即時支払のための十分な資産を有していると考えられる場合、住所不定である場合、犯罪の重大性、犯罪の性質又はその他特別の状況に関するあらゆる理由により執行（execution）が遅滞なく行なわれる必要がある場合がこれに妥当する[80]。

一方、判決を言い渡す際に、支払期限の延長を行なう支払猶予（延納）とすること[81]又は分割払（分納）とすることが認められている[82]。これらの場合、裁判所の書記官（registar）は、できる限りすみやかに、手渡しにより又は犯罪者の最後に知られた居所若しくは職場への郵送により、罰金刑の通知をしなければならない[83]。その通知には、(a)罰金額、(b)支払がなされるべき日限、(c)支払の回数と場所、(d)上訴権の存在、(e)書記官又は執行吏（bailiff）が支払猶予又は分割払その他の伴う変更を行なう可能性、(f)不払時に執られる一般的な手続が記載される。また、分割払とされた場合、一度でも不払（default）となれば、未払の残部全てについて不履行があったとして後述する手続が執られうる[84]。

以上のように、支払猶予や分割払は、行為者の経済状態に適合させて支払をさせることができるため、妥当であると考えられる。我が国では、支払猶予や分割払についての法律上の規定はなく、分割払にあたる一部納付の申出

（徴収事務規程一六条前段）や支払猶予にあたる納付延期の申出（徴収事務規程一七条）に対して、実務上、量刑後に検察官の許可の下で個別に対処がなされているにすぎない[85]。しかし、特に分割払は、資産のない犯罪者にとって現実的な支払方法である。また、一回当たりの支払額が実際に支払可能な程度であれば、支払の意思を強め、維持することにもなろう。実務上の手間が掛かることは事実であるものの、多少でも不払を減らすことが可能であり、不払時の事務負担を軽減することにもつながる。それゆえ、量刑時に支払猶予と分割払が可能であるとの規定を設けるべきである。

第四節　罰金刑の不払時の対応

罰金刑の徴収及び執行は、一九九五年以来、徴収ユニット（Collections Unit）が行なっている[86]。ニュージーランド全土にファンガレイなど一八か所の地区徴収ユニット（District Collections Unit）と、ネイピア（Napier）など九か所の准徴収事務所（associated Collection Offices）がある。徴収ユニットがどのような手続に従い、徴収及び執行を行なっているか、見ることとしたい。

書記官は、罰金刑の賦科後二一日経っても犯罪者の支払がない場合、賦科後二八日以内に支払がなされないと、控除命令、資産差押え命令、給与差押え命令、拘禁命令が発付されうることを可及的速やかに手渡しか犯罪者の最後に知られた居所又は職場への郵送により、犯罪者に通知しなければならない[87]。

また、罰金刑の言渡しから一四日以内又は指定された支払期日までに罰金刑の全額の支払がない場合、書記官は賦科額又は未払の残額の支払を求める徴収令状を発付することができる。[88] 徴収令状が発付されると、コンスタブル（constable）は、犯罪者に対して支払を求めることになる。犯罪者が即時に支払えない場合、コンスタブルは犯罪者の経済状態についての報告をコンスタブルが確認できる限りで判事に報告しなければならない。コンスタブルが犯罪者を発見できない場合、合理的な調査の後で判事に報告しなければならない。[89] この判事は、原則として当該量刑を行なった判事とされ、コンスタブルの報告がなされると、報告書を斟酌して各種の対応をとることとなる。[90] また、判事だけでなく、書記官も様々な手段を利用できる。こうした罰金刑の不払に対して用意されている手段は多彩である。罰金刑の一部減額・全額免除、支払猶予・分割払、氏名の公表、銀行口座からの控除、資産差押え及び資産売却、給与差押え、拘禁刑・社会奉仕作業が可能である。以下、順に見ることとしたい。

一、一部減額・全額免除

地方裁判所判事は、コンスタブル又は書記官の報告書を参考に、未払の罰金刑の一部を減額したり、全部を免除したりすることができる。[91] また、書記官は、一定の条件を満たす場合、一部減額や全額免除を行なうことができる。これが許されるのは、(a)未払額が五〇ＮＺＤ（約三〇〇〇円）以下の場合、(b)過去に罰金刑が減額されてから一年以上新たな罰金刑が科されていない場合のいずれかである。[92]

一部減額や全額免除は、犯罪者の量刑後の経済状態の変動に対処することができる上、支払能力のない者から徴収しようとする費用を節約できる点で、妥当である。

しかし、一部免除や全額免除が頻繁に利用されると、罰金刑の権威が揺らぎ、不払の増加が懸念される。また、罰金刑の目的として財産剥奪に重点を置く場合、目的が果たされなくなることも考えられる。

もっとも、スウェーデンでは、全額免除の利用が行なわれても、罰金刑の支払率が変わらないとされる。(93) また、罰金刑の目的として財産剥奪に重点を置くべきかどうかは問題である。それゆえ、一部免除や全額免除がどの程度利用された場合にどの程度支払率が変化するか、試行して調査する必要がある。そして、罰金刑の目的をどのように考えるか検討する必要がある。この点は、第七章で改めて取り上げることとしたい。

二、支払猶予・分割払

ニュージーランドにおいては、先に紹介した量刑時だけでなく、判決の言渡し後にも支払猶予や分割払とすることが許されている。まず、地方裁判所判事は、判決の言渡し後にコンスタブル又は書記官の報告書を参考に支払猶予とすることができる。(94) 徴収手続を何ら行なわないことも認められている。(95) また、書記官も支払猶予又は分割払への変更を行なうことができる。(96) さらに、執行吏も一定の制約の下で支払猶予又は分割払への変更を行なうことができる。(97) すなわち、執行吏が変更内容を書記官に通知し、書記官が変更について通知されてから七日以内に変更を取りやめなかった場合には、変更が有効となる。(98)

このように、量刑時だけでなく、量刑後にも支払猶予や分割払をなしうることとは、犯罪者の量刑後の経済状態の変動に対処することができるため、望ましいものと言える。それゆえ、我が国でも、量刑時同様、量刑後にも、裁判官又は検察官により支払猶予と分割払が可能であるとの規定を設けるべきである。

三、氏名公表

書記官は、管轄の裁判所が存在する地域において公刊されている新聞紙面において、罰金刑を不払としている者の(a)氏名、(b)現住所又は最後に知られている住所、(c)年齢の全部又は一部を公表して、支払を求める通知を行なうことができる。[99] この通知をなすためには、未払の残額が五〇〇NZD（約三万円）以上あること、過去三か月間支払がないこと、合理的な努力によっても犯罪者の所在が不明であることが条件となる。[100] 青少年保護の観点から、罰金刑が青少年裁判所（Youth Court）で科された場合には、かかる方法は採り得ない。[101] また、罰金刑賦科の際に氏名を隠匿するよう命じられている場合も同様になしえない。[102]

このような方法は、支払をせずに逃亡した犯罪者に対する制裁の側面が強いように思われる。罰金刑の執行を厳格に行なっていることを明らかにする意味はあるが、犯罪者本人による支払をもたらすことにはつながりにくく、かえって住んでいた場所に戻りにくくし、社会復帰を妨げるように思われる。また、犯罪者に家族がいる場合、公表により家族がプライヴァシー権の侵害などの被害を受けることとなる。そのため、家族による支払を増加させ、罰金刑の一身専属性を害することになりかねない。それゆえ、ニュージーランドのように、所在不明の犯罪者に対して利用することは、妥当でない。

他方で、資産を有していたり、定住して職業を有していたりするなど、支払能力があるにもかかわらず、支払を拒絶する者への利用が検討されてよい。氏名の公表がなされることを示唆し、支払をさせるために有効であることも多いと思われるためである。

四、銀行口座からの控除

ニュージーランドにおいては、罰金刑の支払を行なわない犯罪者の銀行口座から未払の残額を控除するよう銀行に求め、銀行を経由して徴収する控除命令（deduction order）が用意されている。これが認められるのは、犯罪者が罰金刑を支払うことができる場合で、犯罪者が支払命令、支払猶予若しくは分割払などの調整又は指示に従わなかったり、合理的な理由なくしてそうした調整を行なうことを拒絶したりするときである[103]。

書記官は、自己の判断又は地方裁判所判事若しくは地域治安判事からの事件の付託により、控除命令を出すことができる[104]。控除命令において、(a)控除が全額又は分割払のどちらとしてなされるかの別、(b)銀行が控除額を書記官に支払う時期、(c)控除命令が有効になる日を特定し、犯罪者に控除通知（notice of deduction）の謄本（copy）を交付しなければならない[105]。かかる交付は、(a)手渡し、(b)犯罪者の住所、最後に知られた居所又は職場への郵送、(c)犯罪者宛の封筒を居所又は職場の郵便ポストへ投函することのいずれかの方法によりなされる[106]。

控除命令の対象となる預金は利息を含む[107]。また、社会保障関係又は税務関係の差押え命令又は控除命令と競合した場合、それらの命令が罰金刑を理由とする控除命令に優先する[108]。

控除命令を発付された銀行は、その指示するところに従い、控除額及び控除目的について記述した書面を犯罪者に交付しなければならない[109]。このようにして控除された場合、犯罪者から控除額と同額の支払があったものとして扱われ、控除命令は効力を失う[110]。それゆえ、控除額が未払の残額を下回る場合、未払の残額から控除額を差引いた額の支払が犯罪者に求められることとなる[111]。一方、全額一括の控除を求めていた場合で、銀行への控除命令発付後二一日間にわたって犯罪者の口座の預金残高が控除要求額を下回っていた場合、控除はなされず、銀行への控除命令が発付された二二日後に控除通知は自動的に破棄される[112]。このとき、書記官は、同一の罰金刑について新たな控除命令を発付することができる[113]。また、控除前に全額の支払がなされた場合、書記官は銀行に対する書面による通知をもって控除命令を破棄しなければならない[114]。

控除命令を発付された銀行又は犯罪者が当該控除命令が誤って発付されたと考える場合、又は誤りを含んでいると考える場合、銀行又は犯罪者は書記官に注意を喚起する陳述を行なうことができる[115]。陳述がなされた後、五営業日が経過しても銀行又は犯罪者の陳述の内容が受け入れられない場合、銀行又は犯罪者は命令の変更又は取消しを裁判所に申立てることができる[116]。この場合、裁判所は通知の変更又は取消しを行なうことができ、その状況に即したあらゆる命令を科すことができる[117]。

銀行は、控除命令による控除後に控除額を書記官に支払わなければならない。合理的な理由なくして、(a)控除命令が求める控除を行わない場合、(b)控除を行なった後、命令で指定された期間内に書記官に当該金銭を支払わない場合、二〇〇〇NZD（約一二万円）以下の罰金刑に処せられる[118]。また、書記官に対して制裁金（penalty）を支払うよう求められる[119]。この制裁金の性質は国家への債務であるとされている[120]。

この方法は、銀行に預金を有する犯罪者に対して有効な方法である。もっとも、この方法を利用するためには口座の存在する銀行と口座番号を把握しておく必要がある。実際には、口座の所在を割り出すのに時間や手間がかかることも多いと思われる。そこで、この方法を実効化するために、銀行名と口座番号を簡便に入手できる方法を用意しなければならない。我が国においては、公共料金の引き落としや給与振込に銀行口座を利用している者が多い。そこで、例えば、収納又は振込を行なう企業に銀行名と口座番号を開示するよう求めることができる手続を用意するなどの方策が必要であると考えられる。

五、資産差押え及び資産売却

ニュージーランドにおいては、罰金刑を支払わない犯罪者の資産を差押え、これを売却して罰金刑の支払に充当するという資産差押え及び資産売却が予定されている。また、自動車の不能化という手段も用いられている。

地方裁判所判事は、犯罪者に即時の支払のための十分な資産があると考えられる場合、住所不定である場合、犯罪の重大性、犯罪の性質若しくはその他の理由により、執行が遅滞なく行なわれる必要がある場合、支払期限を待たずして、売却令状（writ of sale）を発付し、資産の売却及び罰金刑への充当を行なうことができる。(121) また、これらの場合以外にも、地方裁判所判事は、コンスタブルの報告書を参考に、売却令状を発付することができる。(122) さらに、他の罰金刑と合わせて一万ＮＺＤ（約六〇万円）以上が未払となっている場合には、一九四七年地方裁判所法上の請求命令（charging order）を科すよう書記官に事件を付託しうる。(123)

一方、書記官は、地方裁判所判事又は地域治安判事からの事件の付託があった場合や、支払猶予又は分割払が不調に終わった場合などに、外形上犯罪者の所有と考えられる資産を対象として、罰金刑の詳細と未払の残額を明示した資産差押え令状を差押えを行なう資産の利害関係人と考えられる者全てに対して発付し、資産を差押えることができる。(124) 資産差押え令状により差押さえられた資産は、執行吏又はカンスタブルに対して罰金刑の支払がなされるか、資産が売却されるか、地方裁判所判事が異議申立ての聴聞を決定するまで書記官が管理する。(125) この際、執行吏又はカンスタブルは、(a)差押え資産のリストを作成し、(b)差押え日から七日以内にリスト記載の資産が犯罪者の所有物であるかどうかについて、当該資産の所有者等の利害関係人が存在する場合はその氏名及び住所についても、書記官に知らせるよう犯罪者に指示する内容の書面を直ちに犯罪者に手渡すか、差押えられた資産のある場所に送付しなければならない。(126) また、資産差押え令状により自動車を差押えた場合、書記官は、一九九九年個人資産証券法（Personal Property Securities Act 1999）(127) に基づく個人資産証券記録に差押え日現在で当該自動車に関する経済的陳述が記録されていないかを確認しなければならない。(128) 経済的陳述が記録されているときには、書記官は、(a)罰金刑が未払のままで犯罪者以外の者により異議申立てがなされない場合、差押えから七日経過後に自動車を売却すること、(b)異議申立ての権利が存在することを直ちに記載されている当事者へ通知しなければならない[129]。

資産差押え令状により自動車を差押えた場合、執行吏又はカンスタブルは、自動車を差押さえた上で、自動車の走行等に関する機能を使えなくすること（自動車の不能化）ができる[130]。例えば、タイヤをチェーンロックすることが行なわれている。また、公共の場所に置かれているなど自動車の不能化が他の者に不便を惹起するときなどを除いて、自動車の差押えに代えて自動車の不能化を行なうことができる[131]。答弁取引などが行なわれて一〇〇〇NZD（約六万円）を超えない罰金刑とされた場合、合理的な理由がない限り、差押えに代えて自動車の不能化又はその試みがなされなければならない[132]。自動車の差押えに代えて自動車の不能化がなされたときでも、執行吏若しくはカンスタブルの判断又は書記官の指示により当該自動車を差押さえることができる[133]。書記官は、自動車の不能化がなされた日から一四日が経過しても、罰金刑が支払われないときには、自動車の差押えに代えてかかる指示を執行吏又はカンスタブルに行なわなければならない[134]。なお、書記官、執行吏、カンスタブル及びその他の職員は、チェーンロックの際に自動車を傷付けるなど自動車の不能化に関する行為から生じた損害について、個人として責任を負わない[135]。この場合、国が賠償責任を負うこととなる。

差押えから七日が徒過しても罰金刑が未払のままであり、犯罪者以外の者から異議申立てがなされていない場合、差押えられた資産は競売により又は地方裁判所判事若しくは書記官の指示するその他の方法により売却されうる[136]。売却された資産の競落人又は取得者は、所有者又は売却前に当該資産に利害を有していた者に代わって資産に対する完全な権利を得る[137]。売却代金は罰金刑の支払に充当され、資産差押え令状にその旨が記載されれば、同令状はそれ以後有効性を失う[138]。売却代金が罰金刑の未払の残額を超える場合、第三者からの申立てがない限り、剰余金は犯罪者に支払われる[139]。売却前に罰金刑の支払がなされた場合、差押えられた資産は返還される[140]。

差押えられた資産に利害関係がある場合、資産売却及び売却利益分配前であれば、何人も利害関係の存在を申立てることができる。[141] 例えば、月賦購入契約が締結されているために、未だ所有権が犯罪者に移転しておらず、売主が所有権者であるなどの場合がこれに当たる。書記官は、犯罪者及び申立人を召還する令状を発付し、地方裁判所判事が申立ての適否を判断する。[142] 地方裁判所判事は差押えられた資産の売却利益を申立人に分配するよう指示することができる。[143] また、犯罪者が売却前に利害関係人の存在を書記官に通知していなかったために資産売却及び売却利益分配前に異議申立てができず、損害を被った利害関係人は犯罪者に対して損害賠償を求めうる。[144]

資産差押え令状による差押えを知りつつ、資産に干渉し、資産を奪回し、又は奪回しようとした者は、執行吏又はカンスタブルによって令状なしで逮捕され、三月以下の拘禁刑又は二〇〇〇NZD（約一二万円）以下の罰金刑に略式手続をもって処せられうる。[145]

以上のように、ニュージーランドにおいては、資産差押えに代えて、又は資産差押えを実効化するために、自動車の不能化を利用することができ、罰金額が低額の場合、その利用を試みなければならないとされている。自動車の利用は日常生活で大きな役割を果たしていることが多いため、支払能力のある犯罪者に対して支払を促す極めて有効な手段であると言える。我が国においても、自動車の所有者が多く、自動車が日常生活に必要不可欠のものとして利用されていることが多い。我が国においても、自動車の不能化を行なえば、罰金刑の支払が大いに促進することが予想されることから、自動車の不能化を可能とする規定を整備するべきである。

六、給与差押え

ニュージーランドにおいては、罰金刑の支払を行なわない犯罪者の収入を差押え、これを罰金刑の支払に充当するという給与差押えが予定されている。書記官は、自己の判断又は地方裁判所判事若しくは地域治安判事からの事件の付託により、犯罪者に対して雇用者から適正に支払われる給与又は賃金（salary or wages）のうち毎週一定額を給与差押え命令が有効である限り差押えることができる。[146] ここで、給与又は賃金とは、(a)退職手当、年金又は同種性質を持つその他の支払、(b)二〇〇一年障害防止、社会復帰及び補償法に基づく事故補償団体によってなされる補償の支払、(c)ボーナスやインセンティブの支払、(d)手数料収入の支払、(e)役務提供契約によりなされる仕事の報酬としての支払、(f)利得などを含み、雇用者とはこれらの給与又は賃金の支払をなす人又は団体（body）全てを言うと定義されている。[147]

毎週差押えられる金額は、犯罪者の生活が維持されるように、収入から差押え額や各種の控除を差引いた実収入（net earning）が被保護収入率（protected earning rate）を維持する限度で定められなければならない。[148] 書記官は、この判断のために、給与差押え命令の可否、被保護収入率の判断、犯罪者の給与及び賃金の額、社会保障関係の差押え命令又は控除命令の存否及び額、扶養家族の数を含む家族構成についての情報の提供を社会保障の関係当局に求めることができる。[149] 給与差押え命令は、命令において示された期間有効であり、その期間は最長五年とされている。[150]

給与差押え命令は、命令の謄本が雇用者への手渡し、又は雇用者の居所若しくは職場への郵送により雇用者に到達したときに有効となる。[151] 雇用者の氏名又は住所が不明又は不明確な場合、書記官は書面により情報を提供するよう国税局長官（Commissioner of Inland Revenue）に求めることができる。[152]

給与差押え命令を受け取った雇用者は、給与又は賃金から命令で指示された額を控除し、その額を控除した次の月の一九日までに書記官に支払わなければならない。[153] 控除された段階で犯罪者は罰金刑の全部又は一部の支払を行なったとみなされ、全部の支払の場合、給与差押え命令の効力は消滅する。[154]雇用者が合理的な理由なくして控除や支払を行なわない場合、一〇〇〇NZD（約六万円）以下の罰金刑に処せられる。[155]また、給与差押え命令を理由に、犯罪者たる被用者を解雇したり、被用者の職業上の地位を変更したりするなどした場合、使用者は一〇〇〇NZD（約六万円）以下の罰金刑に処せられる。[156]給与差押え命令の受領後六か月以内に被用者を解雇したり、被用者の職業上の地位を変更したりするなどした場合、反証がなされない限り、命令を理由になされたものとみなされる。[157]

この方法は、就業しているものの、資産を有していなかったり、資産を差押えたりすることが妥当でない犯罪者に対して有効であると思われる。また、雇用者が給与差押え命令を理由に被用者の解雇や降格などを行なうことを禁止するとともに、罰則を設けることによって罰金刑の徴収と犯罪者の社会再統合の両立を図っている点は注目に値する。我が国においても、同様の規定を用意し、給与差押えを積極的に活用していくことが求められる。

七、拘禁刑・社会奉仕作業

以上のような手段が不十分であったり、不可能であったりする場合には、拘禁刑が予定されている。また、拘禁刑に代えて社会奉仕作業が科されることがある。

地方裁判所判事は、犯罪者に即時の支払のための十分な資産があると考えられる場合、住所不定である場合、又は、犯罪の重大性、犯罪の性質若しくはその他の理由によって、執行が遅滞なく行なわれる必要がある場合、支払期限を待たずして、拘禁命令を発付することができる。[158]また、地方裁判所判事は、コンスタブルの報告書を参考に拘禁命令を発付することもできる。[159]こうした地方裁判所判事による拘禁命令においては拘禁期間が二年以内とされている。[160]

拘禁命令を発付した判事は、召喚令状（summons）を発付するか、逮捕令状の発付により犯罪者を高等裁判所（High Court）に出廷させうる。[161] 犯罪者が出廷した場合、報告書の斟酌、罰金刑及び損害回復の賦科額を考慮して、社会奉仕作業（community work）を命ずることができる。[162] このとき、罰金刑は免除される。[163] また、このときには、拘禁刑が法定されていない犯罪類型により罰金刑が賦科されていた場合でも、社会奉仕命令を科すことができる。[164] 犯罪者が社会奉仕命令への代替に不服があれば、上訴裁判所への異議申立て権が認められている。[165] また、上訴裁判所の判断に不服があれば、最高裁判所への異議申立て権も認められている。[166] 上訴裁判所又は最高裁判所で社会奉仕命令が破棄された場合、事件は高等裁判所に差戻され、罰金刑の一部減額・全額免除、支払猶予・分割払又は資産売却のいずれかの判断がなされる。[167]

犯罪者が拘禁された場合で、犯罪者から支払又は支払の申立てがなされたときには、他の理由での拘禁がなければ、刑務所（prison）の所長（Superintendent）は犯罪者を釈放することができる。[168] また、一部の支払又は支払の申立てがあった場合、その割合に応じて拘禁期間が減じられる。[169]

一方、書記官は、犯罪者が罰金刑を支払う能力を有していない場合、他の手段が有効とは思われない場合、他の手段を用いても未払の残額がある場合、地方裁判所判事又は地域治安判事に当該事件の状況に関する報告書とともに事件を送付しなければならず、自己の判断又は地方裁判所判事の指示により、地方裁判所判事又は地域治安判事の面前へ出頭するよう犯罪者に命ずることができ、必要があれば、そのための逮捕令状を発付することができる。[170] かかる逮捕令状は、コンピューターシステムを通じて警察官又は執行吏により印刷され、執行される。[171] 執行吏又はカンスタブルは、執行吏が逮捕令状を執行しようとする際に、合理的な理由なくして執行吏に抵抗又は妨害する者を新たな令状なくして身柄を拘束し、地方裁判所判事の面前に連行することができる。[172] 地方裁判所判事は、抵抗又

は妨害する者に対して三〇〇NZD（約一万八〇〇〇円）以下の罰金刑を科しうる。(173)

地方裁判所判事又は地域治安判事の前に出頭した犯罪者は、バリスタ（barrister）又はソリシタ（solicitor）の代理を受ける権利を有する。(174) 地方裁判所判事又は地域治安判事が犯罪者によりなされた経済的能力の陳述を考慮して、拘禁令状の発付以外の罰金刑執行の他のあらゆる方法が検討され、試され、それらが不適切又は不成功に終わったことを確認できた場合などには、拘禁刑に代えて社会奉仕命令を科すことができる。(175)

犯罪者により経済的能力の陳述がなされないなど、社会奉仕命令の条件を満たさない場合には、拘禁刑が科される。その期間は、拘禁刑が法定されている犯罪で罰金刑が科されていた場合、法定刑の上限が一年以上のときは一年間、法定刑の上限が一年未満のときは当該上限の期間が上限となる。拘禁刑が法定されていない犯罪で罰金刑が科されていた場合、三か月が上限となる。(176) もっとも、拘禁刑が法定されていない交通事件の犯罪者や、犯行当時青少年（young）であった者には、拘禁刑を科しえない。(177) また、書記官は、支払猶予又は分割払が不調に終わった場合で、犯罪者が地方裁判所判事の面前に出頭しないなどのときには、右の期間を上限とする拘禁令状を直接発付することができる。(178) 但し、この令状は、犯罪者によりなされた経済的能力の陳述を考慮して、拘禁令状の発付以外の罰金刑執行の他のあらゆる方法が検討され、試され、それらが不適切又は不成功に終わったことを確認できなかったなどの場合、地方裁判所判事により撤回されることもありうる。(179) このような拘禁刑又は社会奉仕命令に対して、犯罪者は高等裁判所への異議申立て権が認められている。(180)

犯罪者が拘禁された場合で、罰金刑の支払がなされたとの書記官の書面による通知がなされたときには、他の理由での拘禁がなければ、刑事施設（penal institution）の所長は犯罪者を釈放しなければならない。(181) また、一部の支払があった場合、その割合に応じて拘禁期間が減じられる。(182) 社会奉仕命令が執行されている場合で、罰金刑の支払がなされたとの書記官の書面による通知がなされたときには、プロベーション・オフィサー（probation officer）は、それ以後、社会奉仕命令に服さなくてもよいと犯罪者に対して指示しなければならない[183]。

以上のような書記官によってなされる命令又は決定により、影響を受ける犯罪者又はその他の者は、命令又は決定の再審理を求めて地方裁判所判事に異議を申立てることができる[184]。

このように、ニュージーランドにおいては、罰金刑の不払に対して、拘禁刑を科しうるものの、最後の手段として他の手段が採りえない場合に初めて用いることが要請されており、犯罪者の事情や態度を考慮し、社会奉仕命令で極力代替しようとする姿勢が窺われる。

これに対して、我が国においては、罰金刑の不払に対して、犯罪者の事情などを考慮する手続がなく、自動的に労役場留置へと移行することとなっている（刑訴法五〇五条・四七二条・四七三条・四八〇条乃至四八二条・四八四条乃至四八九条参照）。このような労役場留置のあり方については、第七章で検討する罰金刑の目的や第八章で検討する罰金刑の量定方法を踏まえて、第一〇章で検討することとしたい。

五、おわりに

以上見てきたように、ニュージーランドにおいては罰金刑の適用の拡大が目指されており、罰金刑の長所から考えて、その方向性自体は妥当であると思われる。問題は、これをどのように実現していくかであり、具体的には罰金刑の目的や量定方法をどのようなものとするかにかかっていると言ってよい。いかなる目的でどのように量定を行なうべきかについては、第七章及び第八章で改めて取り上げることとしたい。

また、ニュージーランドにおいては罰金刑の不払に対する手段が多彩に用意されている。言わば、徴収方法及び執行方法の個別化が図られている。これまで、我が国では、自由刑や保護観察において処遇の個別化を図るべきであるとされてきた。これに対し、罰金刑においては、一回的な支払で済んでしまうこともあって、徴収方法及び執行方法の個別化については強く意識されてこなかった。しかし、犯罪者の収入状況、資産状況及び社会的地位がそれぞれ異なることから、量刑の場面だけでなく、徴収及び執行の場面でも、個々の犯罪者を取り巻く状況を考慮し、最も適切な徴収方法及び執行方法をとることができるようにすべきである。それゆえ、ニュージーランドで採用されている方法を参考に、我が国においても、「徴収方法及び執行方法の個別化」を図るべく多様な手段をとることができるようにすべきである。

（1）一九七二年事故補償法（Accident Compensation Act 1972）が最初の包括的な補償制度を構築した。条文の翻訳として、名古屋不法行為法研究会訳「ニュージーランド事故補償法（一）」名法七九巻（一九七九）三九五頁以下、「同・（二）」八〇巻（一九七九）三六五頁以下、「同・（三）」八一巻（一九七九）三八七頁以下、「同・（四・完）」八二巻（一九七九）二八四頁以下。なお、従前の犯罪被害者に対する国家補償制度については、小川太郎「ニュージーランド一九六三年犯罪被害者国家賠償法抄訳」社会改良九巻三＝四号（一九六五）三五頁以下に条文の抄訳がある。

（2）詳述したものとして、浅井尚子「ニュージーランド事故補償法とその運用実態」加藤雅信編著『損害賠償から社会保障へ』（三省堂、一九八九）四一頁以下、浅井尚子「ニュージーランド事故補償制度の三〇年」判タ一一〇二号（二〇〇二）五九頁以下。刑事政策の観点から論じたものとして、千手正治「ニュージーランド事故補償制度――犯罪被害者補償の観点から――」中大研究年報二八号（一九九九）二〇七頁以下がある。

（3）2001 No 49.

（4）例えば、高橋貞彦「修復的司法――アオテアロアの少年司法――ニュージーランドから世界への贈り物」『中山研一先生古稀祝賀論文集第五巻　刑法の展開』（成文堂、一九九七）二四五頁以下、前野育三「被害者問題と修復的司法

――ニュージーランドの Family Group Conference を中心に」犯非一二三号（二〇〇〇）六頁以下、ジム・コンセディーンほか著・前野育三ほか監訳『修復的司法――現代的課題と実践――』（関西学院大学出版会、二〇〇一）、藤本哲也「ニュージーランドにおける修復的司法の最近の動向」戸籍五四九号（二〇〇二）四七頁以下〔『犯罪学の窓』（中央大学出版部、二〇〇四）一五八頁以下所収〕、藤本哲也「ニュージーランドにおける刑事政策の新動向：成人に対する修復的司法協議会の導入」罪罰三九巻二号（二〇〇二）四六頁以下、高橋貞彦「世界の修復正義――ニュージーランドの修復的司法」罪罰三九巻三号（二〇〇二）四三頁以下、千手正治「ニュージーランドにおける修復的司法の発展」中大研究年報三三号（二〇〇三）二二七頁以下、同「ニュージーランドにおける修復的司法――『修復的司法：審議報告書』における修復的司法の定義――」比較法三七巻一号（二〇〇三）二四〇頁以下、同「ニュージーランドにおける修復的司法②――『裁判所関与の修復的司法：ファシリテーター・トレーニング・マニュアル』における修復的司法の意義――」比較法三七巻三号（二〇〇三）一六七頁以下、藤本哲也ほか「ニュージーランドにおける修復的司法の一手段としての賠償命令」新報一〇九巻三号（二〇〇二）四七頁以下、千手正治「ニュージーランドにおける修復的司法の発展とマオリ族：一九八九年の家族集団協議会から二〇〇一年の裁判所関与の修復的司法協議会まで」藤本哲也編著『諸外国の修復的司法』（中央大学出版部、二〇〇四）四三頁以下、同「ニュージーランドにおける賠償命令と修復的司法：二〇〇二年の量刑法を踏まえて」藤本編著『諸外国の修復的司法』・前掲八一頁以下、藤本哲也「ニュージーランドの修復的司法協議会」藤本編著『諸外国の修復的司法』・前掲一一七頁以下などがある。

（5）例えば、藤本哲也「ニュージーランドの青少年法と青少年司法システムの現状」新報一〇三巻四＝五号（一九九七）一六三頁以下〔『刑事政策の諸問題』（中央大学出版部、一九九九）七三頁以下所収〕、山口直也「米国とニュージーランドの少年司法制度」法学セミナー五一七号（一九九八）七八頁以下、高橋貞彦「ニュージーランドの少年法（解説）――トラプスキーの家族法・第二章」近法四七巻三＝四号（二〇〇〇）三五六頁以下、千手正治「ニュージーランドにおける児童・青少年の犯罪行為」ＪＣＣＤ九三号（二〇〇三）二三頁以下、藤本哲也「ニュージーランドにおける青少年司法の歴史」新報一一一巻三＝四号（二〇〇四）五五頁以下、同「ニュージーランドの『児童、青少年及びその家族法』」藤本編著『諸外国の修復的司法』・前掲注（4）一頁以下、などがある。
（6）Searle, W., *Court-imposed fines: A survey of Judges* (Ministry of Justice, 2003), p. 3.
（7）2002 No 9.
（8）2002 No 10.
（9）解説したものとして、ニュージーランド司法省著・高橋貞彦訳「『二〇〇二年量刑判決法』と『二〇〇二年パロール（仮釈放）法』刑事司法制度を改革すること（ニュージーランドの刑事裁判法）」近法五一巻三＝四号（二〇〇四）四三頁以下。また、千手正治「ニュージーランドにおける社会内処遇の新動向――二〇〇二年の量刑法におけるコミュニティ内量刑」ＪＣＣＤ九四号（二〇〇四）二〇頁以下参照。Sentencing の訳は、「量刑」とすることが定着しており、本法も量刑全体を取扱うものであるから、「量刑」と訳出することとする。
（10）1985 No 120. その内容について解説したものとして、佐藤繁實「ニュージーランド一九八五年刑事裁判法」犯非七二号（一九八七）一七九頁以下がある。Criminal Justice の訳は、「刑事司法」とすることが定着しており、本法も刑事司法全体を取扱うものであるから、「刑事司法」と訳出することとする。
（11）ss. 26–28 of Criminal Justice Act 1985.
（12）s. 166（a）of Sentencing Act 2002.
（13）ss. 39–41 of Sentencing Act 2002. なお、裁判所は、罰金刑の帰属について、国庫だけでなく、一つ又は複数の特定の相手方と一つ又は複数の特定の支払場所を指定することができる。s. 19（1）（c）Crimes Act 1961（1961 No 43）. 具体的には、慈善団体などが想定される。罰金刑が被害者に帰属するとされた場合は、損害回復と実質的に同じ役割を担うこととなる。
（14）ss. 32–38 of Sentencing Act 2002.
（15）ss. 45–54 of Sentencing Act 2002.
（16）ss. 55–69 of Sentencing Act 2002. 詳しく紹介したものとして、千手正治「ニュージーランドにおける社会内処遇の新動向——二〇〇二年の量刑法におけるコミュニティ内量刑」ＪＣＣＤ九四号（二〇〇四）二〇頁以下がある。

(17) ss. 81-86 of Sentencing Act 2002.

(18) ss. 87-90 of Sentencing Act 2002.

(19) ss. 97-99 of Sentencing Act 2002. 詳細については、拙稿「ニュージーランドの不定期刑」関法五八巻一号（二〇〇八）九二頁以下参照。

(20) ss. 112-123 of Sentencing Act 2002.

(21) ss. 124-126 of Sentencing Act 2002. 詳細については、拙稿「更生保護法は保護観察の特別遵守事項の独立の刑事制裁化を促進するか——ニュージーランドの交際禁止命令を素材に——」関法六〇巻二号（二〇一〇）一頁以下参照。

(22) ss. 127-142 of Sentencing Act 2002.

(23) Abolition of the Death Penalty Act 1989 (1989 No 119). Repealed ss. 14-16 Crimes Act 1961.

(24) Lawrence, M., Legal Studies —— *A First Book on New Zealand Law (5th Edition)* (The Dunmore Press, 1998), p. 67.

(25) s. 7 (1) of Sentencing Act 2002.

(26) s. 7 (2) of Sentencing Act 2002.

(27) s. 8 (a), (b), (f), (h), (i), (j) of Sentencing Act 2002.

(28) s. 9 (1), (4) (a) of Sentencing Act 2002.

(29) s. 9 (2), (4) (a) of Sentencing Act 2002. 但し、善意で医療目的のために薬物又は物質（substance）が利用された場合以外で、犯罪遂行時にアルコール又はあらゆる薬物若しくは物質の自発的な消費又は使用により犯罪者が影響を受けていたときには、知的能力又は理解力の低下を減軽事由として考慮することは許されない。s. 9 (3) of Sentencing Act 2002.

(30) s. 10 (1), (3) of Sentencing Act 2002.

（31） s. 10 (2) of Sentencing Act 2002. 賠償などの実現が完了した上で刑事制裁の賦科又はその程度を決定するために、裁判所は賠償などの実現が完了するまで量刑判断を行なわないことができるともされている。s. 10 (4) of Sentencing Act 2002.

（32） s. 8 (c), (d), (e), (g) of Sentencing Act 2002.

（33） ニュージーランドの刑事裁判の流れについて簡潔に述べたものとして、Lawrence, *supra* note 24, at 60-62. また、道谷卓「ニュージーランドの刑事手続について」大阪経法大法研紀要二五号（一九九七）七五頁以下、七八―八二頁。

（34） ss. 3-11H, 28A-28J of District Courts Act 1947 (1947 No 16); ss. 3-9 of Justices of the Peace Act 1957 (1957 No 89); s. 17 of Juries Act 1981 (1981 No 23).

（35） ss. 3-27 of Judicature Act 1908 (1908 No 89); ss. 361A-361C of Crimes Act 1961; s. 17 of Juries Act 1981.

（36） ss. 57-63 of Judicature Act 1908.

（37） ss. 6-32 of Supreme Court Act 2003 (2003 No 53).

（38） Lawrence, *supra* note 24, at 62.

（39） Lawrence, *supra* note 24, at 62.

（40） 2003 No 53.

（41） s. 26 (1) of Criminal Justice Act 1985.

（42） s. 26 (3) of Criminal Justice Act 1985.

（43） 1993 No 43.

（44） s. 11 of Criminal Justice Act 1985.

（45） Hodge, W. C., *Doyle and Hodge Criminal Procedure in New Zealand Third Edition* (Law Book Company, 1991), p. 175; Ministry of Justice Criminal Justice Policy Group, *Review of Monetary Penalties in New Zealand* (Ministry of Justice, 2000), pp. 31, 104-105.

(46) Ministry of Justice Criminal Justice Policy Group, *supra* note 45, at 23-24.
(47) Searle, *supra* note 6, at 1-2. 最新の数値を入手しようと試みたが、近時、罰金刑の数値と被害弁償の数値などが金銭的制裁全体の数値としてまとめて公表されるようになったため、個別の数値を入手できなかった（以下、本章において同じ）。
(48) 1996 No 13.
(49) Searle, *supra* note 6, at 2-3.
(50) Searle, *supra* note 6, at 11-35.
(51) Searle, *supra* note 6, at 3, 36.
(52) Searle, W. et al., *Talking about sentences and crime: The views of people on periodic detention* (Ministry of Justice, 2003), pp. 60-61.
(53) Ministry of Justice Criminal Justice Policy Group, *supra* note 45, at 24-25.
(54) Searle, *supra* note 6, at 11.
(55) s. 13 (1) of Sentencing Act 2002.
(56) s. 13 (1) (a)-(d) of Sentencing Act 2002.
(57) s. 14 (1) of Sentencing Act 2002.
(58) s. 14 (2) of Sentencing Act 2002.
(59) Searle, *supra* note 6, at 39.
(60) 従来、定額罰金制度と呼ばれることが多かったが、「定額」とすると、一律の額が科されるかのような誤解を招きかねないため、実態に即して、「総額」の語を用いることとする。
(61) 詳細に検討したものとして、例えば、牧野英一「罰金日割制について（一）」季刊刑政六巻二号（一九五八）三九頁以下、同「同・（二、完）」六巻三号（一九五八）二七頁以下、平野龍一「日数罰金と罰金分納」警研三二巻五号（一九六一）三七頁以下（『犯罪者処遇法の諸問題　付・死刑　増補版』（有斐閣、一九八二）所収、一四五頁以下）、森下忠『刑法改正と刑事政策』（一粒社、一九六四）四五頁以下、宮澤浩一「日数罰金制の意義と現実――西ドイツの新刑法典を中心にして――」四九巻一号（一九七六）六一頁以下、坂田仁「スウェーデンにおける罰金制度の沿革――日数罰金を中心に――」法研六三巻四号（一九九〇）二〇頁以下、井田良「ドイツにおける日数罰金刑」森下忠先生古稀祝賀『変動期の刑事政策　下巻』（成文堂、一九九五）七〇三頁以下などがある。

（62）一九九二年に導入されたが、一年を経ずして廃止された。詳細に検討したものとして、例えば、瀬川晃「イギリスの単位罰金制度の成立と廃止」同法四五巻六号（一九九四）一頁以下（『イギリス刑事法の現代的展開』（成文堂、一九九五）所収、一二三頁以下）、奥村正雄「イギリスにおける単位罰金制度の仕組」同法四五巻六号（一九九四）一八頁以下、青木紀博「イギリスにおける単位罰金制度――導入の経緯について――」同法四五巻六号（一九九四）四二頁以下などがある。

（63）Ministry of Justice Criminal Justice Policy Group, *supra* note 45, at 104.

（64）Ministry of Justice Criminal Justice Policy Group, *supra* note 45, at 104-107.

（65）Ministry of Justice Criminal Justice Policy Group, *supra* note 45, at 108. 隣国オーストラリアにおいても、消極的な見方が強いようである。See Edney, R., et al., *Australian Sentencing: Principles and Practice*（Cambridge University Press, 2007), p. 366.

（66）s. 40 (1), (2) of Sentencing Act 2002. s. 27 (1) of Criminal Justice Act 1985も同様の規定を有していた。

（67）s. 40 (4) of Sentencing Act 2002.

（68）s. 39 (1), (2), (3) of Sentencing Act 2002.

（69）s. 39 (4) of Sentencing Act 2002; s. 7 (1) (b) (ii), (2) (b) of Summary Proceedings Act 1957 (1957 No 87).

（70）s. 28F (1), (2) (b), (3), (4) (a) (ii) of District Courts Act 1947.

（71）s. 41 (2) of Sentencing Act 2002; s. 82 (1) of Summary Proceedings Act 1957.

(72) s. 41 (3) of Sentencing Act 2002; s. 82 (1) of Summary Proceedings Act 1957.
(73) s. 41 (1) of Sentencing Act 2002.
(74) s. 82 (5) of Summary Proceedings Act 1957.
(75) s. 82 (2) of Summary Proceedings Act 1957.
(76) s. 42 of Sentencing Act 2002.
(77) s. 82 (2) of Summary Proceedings Act 1957.
(78) s. 42 of Sentencing Act 2002.
(79) s. 80 of Summary Proceedings Act 1957.
(80) s. 83 (1) of Summary Proceedings Act 1957.
(81) s. 19 (1) (a) of Crimes Act 1961; s. 81 (1) (a) of Summary Proceedings Act 1957.
(82) s. 19 (1) (b) of Crimes Act 1961; s. 81 (1) (b) of Summary Proceedings Act 1957.
(83) s. 84 (1) of Summary Proceedings Act 1957.
(84) s. 19 (2) of Crimes Act 1961; s. 81 (2) of Summary Proceedings Act 1957. See ss. 86 (4), 86A (6) of Summary Proceedings Act 1957.
(85) 「徴収金について納付義務者から納付すべき金額の一部につき納付の申出があったときは、徴収主任は、事情を調査し、その事由があると認めるときは、一部納付願を徴して検察官の許可を受ける」（徴収事務規程一六条前段）、「前条前段の規定は，徴収金について納付義務者から納付延期の申出があった場合に準用する」（同規程一七条一項本文）。
(86) http://www.justice.govt.nz/ministry/collections.html.
(87) s. 85 (1), (2) of Summary Proceedings Act 1957.
(88) s. 19C (1) of Crimes Act 1961.
(89) s. 19C (1) of Crimes Act 1961.

(90) s. 19D of Crimes Act 1961.

(91) s. 19D (1) of Crimes Act 1961; s. 88 (3) (h) of Summary Proceedings Act 1957.

(92) s. 88B of Summary Proceedings Act 1957.

(93) 拙稿「ハンス・ヴーン・フーファル『スウェーデンにおける罰金刑の不払に対する拘禁刑』」関法五五巻六号（二〇〇六）二〇一頁以下、二〇六—二〇七頁。

(94) s. 19D (1) of Crimes Act 1961; s. 88 (3) (fb) of Summary Proceedings Act 1957.

(95) s. 88 (3) (g) of Summary Proceedings Act 1957.

(96) s. 86 (1) of Summary Proceedings Act 1957.

(97) s. 86A (1) of Summary Proceedings Act 1957.

(98) s. 86A (2) (b), (3) of Summary Proceedings Act 1957.

(99) s. 87A (2) of Summary Proceedings Act 1957.

(100) s. 87A (1) (b), (c), (f) of Summary Proceedings Act 1957.

(101) s. 87A (1) (a) of Summary Proceedings Act 1957.

(102) s. 87A (1) (a) of Summary Proceedings Act 1957.

(103) ss. 83 (2) (c), 87B (1) of Summary Proceedings Act 1957.

(104) ss. 87 (1) (c), 88 (3) (a), (f) of Summary Proceedings Act 1957.

(105) ss. 87 (1) (c), 87B (2), (3) of Summary Proceedings Act 1957.

(106) s. 87J (1) of Summary Proceedings Act 1957.

(107) s. 87F (1) of Summary Proceedings Act 1957.

(108) s. 87B (5) of Summary Proceedings Act 1957.

(109) s. 87B (4) of Summary Proceedings Act 1957.

(110) ss. 87 (2), 87D (1) of Summary Proceedings Act 1957.
(111) s. 87D (2) of Summary Proceedings Act 1957.
(112) s. 87C (3) of Summary Proceedings Act 1957.
(113) s. 87C (4) of Summary Proceedings Act 1957.
(114) s. 87C (1), (2) of Summary Proceedings Act 1957.
(115) s. 87H (1) of Summary Proceedings Act 1957.
(116) s. 87H (2) of Summary Proceedings Act 1957.
(117) s. 87H (3) of Summary Proceedings Act 1957.
(118) s. 87G of Summary Proceedings Act 1957.
(119) s. 87I of Summary Proceedings Act 1957. 制裁金の額は、原則として、未控除額の一〇%と五ＮＺＤ（約三〇〇円）の大きいほうとされ、未払期間一月につき二%と一ＮＺＤ（約六〇円）の大きいほうが加算される。s. 87I (2), (3) of Summary Proceedings Act 1957.
(120) s. 87I (5) of Summary Proceedings Act 1957.
(121) s. 19B of Crimes Act 1961.
(122) s. 19D of Crimes Act 1961.
(123) s. 88 (3) (fa) of Summary Proceedings Act 1957; s. 96A of District Courts Act 1947.
(124) ss. 83 (2) (a), 87 (1) (a), 88 (3) (a), (f), 93, 94 (1) of Summary Proceedings Act 1957.
(125) s. 94 (5) of Summary Proceedings Act 1957.
(126) s. 94 (4) of Summary Proceedings Act 1957.
(127) 1999 No 126.
(128) s. 94A (1) of Summary Proceedings Act 1957.

(129) s. 94A (2) of Summary Proceedings Act 1957.
(130) s. 94 (3) of Summary Proceedings Act 1957.
(131) s. 94B (1), (2) of Summary Proceedings Act 1957.
(132) s. 94B (5) of Summary Proceedings Act 1957.
(133) s. 94B (3) of Summary Proceedings Act 1957.
(134) s. 94B (4) of Summary Proceedings Act 1957.
(135) s. 102 of Summary Proceedings Act 1957. 資産の差押え又はその後の処置に関する行為から生じた損害についても、同様に個人として責任を負わない。
(136) s. 95 of Summary Proceedings Act 1957.
(137) s. 95 of Summary Proceedings Act 1957.
(138) ss. 87 (2), 94 (2) of Summary Proceedings Act 1957.
(139) s. 98 of Summary Proceedings Act 1957.
(140) s. 100 of Summary Proceedings Act 1957.
(141) ss. 96 (1), 97 of Summary Proceedings Act 1957.
(142) s. 96 (3) of Summary Proceedings Act 1957.
(143) s. 97 of Summary Proceedings Act 1957.
(144) s. 99 of Summary Proceedings Act 1957.
(145) s. 101 of Summary Proceedings Act 1957.
(146) ss. 87 (1) (b), 88 (3) (a), (f), 105 (1) of Summary Proceedings Act 1957.
(147) s. 79 of Summary Proceedings Act 1957.
(148) s. 105 (3), (5), (6) of Summary Proceedings Act 1957.

(149) s. 87AA (1), (2) of Summary Proceedings Act 1957.
(150) s. 105 (4) of Summary Proceedings Act 1957.
(151) ss. 103 (1), 104 of Summary Proceedings Act 1957.
(152) s. 104A of Summary Proceedings Act 1957.
(153) s. 106 (1) of Summary Proceedings Act 1957.
(154) ss. 87 (2), 106 (2), (3) of Summary Proceedings Act 1957.
(155) s. 106 (6) of Summary Proceedings Act 1957.
(156) s. 106A (1) of Summary Proceedings Act 1957.
(157) s. 106A (2) of Summary Proceedings Act 1957.
(158) s. 19B of Crimes Act 1961.
(159) s. 19D of Crimes Act 1961.
(160) s. 19E (1) of Crimes Act 1961.
(161) s. 19DA (1) of Crimes Act 1961.
(162) s. 19DA (2) of Crimes Act 1961.
(163) s. 19DA (4) of Crimes Act 1961.
(164) s. 19DA (3) of Crimes Act 1961.
(165) s. 19DA (5) of Crimes Act 1961.
(166) s. 19DA (7) of Crimes Act 1961.
(167) s. 19DA (6), (7) of Crimes Act 1961.
(168) s. 19E (2) of Crimes Act 1961.
(169) s. 19E (3) of Crimes Act 1961.

(170) ss. 83 (2) (b), 88 (1), (3) (b), (f), (3AAA), 106E (3) of Summary Proceedings Act 1957. 地域治安判事は拘禁命令が適用可能で必要であると思料する場合、地方裁判所判事に事件を送付しなければならない。s. 88 (3AAA) of Summary Proceedings Act 1957.
(171) s. 88 (1A), (1B) of Summary Proceedings Act 1957. See s. 102B of Summary Proceedings Act 1957.
(172) s. 102A (1) of Summary Proceedings Act 1957.
(173) s. 102A (2) of Summary Proceedings Act 1957.
(174) s. 89 (1) of Summary Proceedings Act 1957.
(175) ss. 88 (3) (c), 106E (1) of Summary Proceedings Act 1957.
(176) s. 90 of Summary Proceedings Act 1957.
(177) s. 88 (3AA) of Summary Proceedings Act 1957.
(178) ss. 83 (2) (b), (3A), 92 of Summary Proceedings Act 1957.
(179) ss. 83 (3), 106E (2), (5) of Summary Proceedings Act 1957.
(180) s. 89 (2), (3) of Summary Proceedings Act 1957.
(181) s. 91 (1) of Summary Proceedings Act 1957.
(182) s. 92 of Summary Proceedings Act 1957.
(183) s. 91 (3), (4) of Summary Proceedings Act 1957.
(184) s. 106F of Summary Proceedings Act 1957.

第七章　罰金刑の目的

第一節　はじめに

これまで、罰金刑に関する議論において、どのような量定方法が望ましいかが争われてきた。すなわち、行為責任と犯罪者の経済状態などの事情を総合的に斟酌し、罰金額を判断する総額罰金制度（定額罰金制度）に対し、[1]犯罪者の行為責任を「日数」で、犯罪者の事情を「日額」でそれぞれ量定し、両者の積を罰金総額とする日数罰金制度（Tagessatzsystem, Tagesbussensystem, day fine system）が主張されてきた。[2]どちらの量定方法が望ましいのか、あるいは、第三の量定方法が模索されるべきであるのかを判断するためには、罰金刑の目的を明確にする必要がある。なぜなら、罰金刑のどのような点に着目し、どのような目的で罰金刑を利用しようとするのかによって、ふさわしい量定方法が異なってくると考えられるためである。従来、総額罰金制度の短所を改善することができるとして、日数罰金制度がかなり肯定的に評価されてきたが、罰金刑にどのような目的を設定するのかについての議論はそれほどなされてこなかったように思われる。しかし、罰金刑の目的に応じて望ましい量定方法は変化するはずであり、罰金刑の目的に関する議論を抜きにして日数罰金制度の適否を論ずることはできないはずである。そこで、本章では、罰金刑の望ましい量定方法を検討する前段階として、罰金刑の目的について論ずることとしたい。

罰金刑の目的を検討するにあたっては、まず、民事上の債務などとの差異に留意する必要がある。なぜなら、金銭の支払が求められるという点で罰金刑と民事上の債務などは共通するため、罰金刑がいかなる法的性質を有しているか、そして、その法的性質に合致した目的、さらには量定方法が問題となるためである。また、民事上の債務などとの差異を明らかにすることで、一部の目的が罰金刑の目的として許容されないことが明らかになる可能性がある。

また、罰金刑と自由刑の差異に留意すべきである。すなわち、罰金刑が剥奪する法益である財産の量は、自由刑が剥奪する法益である自由の量と比べて、個々の犯罪者ごとにその保持する量にかなり大きな差がある。つまり、収入や資産には大きな格差が存在するのに対し、通例、時間、言い換えれば寿命には大きな格差は存在しない。それゆえ、自由刑においては、高齢や病気などの場合（刑事訴訟法四八〇条乃至四八二条）を除いて、賦科すれば死亡しない限り執行が可能である。これに対して、罰金刑においては、財産がなかったり、乏しかったりする場合、第六章で検討したように、徴収・執行の工夫を行なったとしても、徴収・執行が不可能となりかねない。罰金刑の徴収・執行ができない場合、罰金刑が本来予定していた刑罰的苦痛は果たされないこととなってしまう(3)。そのため、自由刑とは異なり、罰金刑においては、徴収・執行ができない可能性を念頭に置きつつ、その目的を検討しなければならない。言い換えれば、徴収・執行ができない場合にも耐えうる目的を設定する必要がある。

そこで、以下では、まず、罰金刑の法的性質について論じた上で、罰金刑の目的を検討することとしたい。

第二節　罰金刑の法的性質

罰金刑は、私法上の債務などとは異なるのか。異なるとすれば、どのように異なるのか。罰金刑の法的性質によって、罰金刑の望ましい目的、さらには量定方法が変わりうるため、その法的性質が問題となる。

我が国においては、第一に、旧刑事訴訟法五五四条一項を受けて[4]、租税その他の公課若しくは専売に関する法令違反による罰金刑について、相続財産に対して執行できると定められている（刑事訴訟法四九一条）。これは、国庫収入の増加を図る目的だけになされるものであるとともに[5]、課税の適正及び平等の確保のためと説明されている[6]。しかし、この規定に対しては、このような規定を実体法ではなく手続法に置くことが適切かどうかという問題のほかに、国庫収入の増加を目的とするものであって罰金刑は科された者が支払を行なわなければならないという一身専属性に反する不当なものであることが指摘されている[7]。

第二に、合併後の法人に対する合併前の法人に対する罰金刑の執行が認められている（刑事訴訟法四九二条）。これは、合併により合併後の法人にあらゆる権利義務関係が包括承継されるためと説明されている[8]。しかし、執行逃れのための合併は、法人ノ役員処罰ニ関スル法律（大正四年法律第一八号）で処罰される上、単純に金銭債務のように承継されるとするとしてしまうことには疑問が残る。

第三に、破産法（平成一六年法律第七五号）、民事再生法（平成一一年法律第二二五号）、会社更生法（平成一四年法律第一五四号）は、罰金刑の「請求権」をそれぞれ劣後的破産債権（破産法九九条一項一号・九七条六号[9]）、再生債権（民事再生法九七条）又は更生債権（会社更生法一四二条二号）としている。破産法が劣後的破産債権としているのは、罰金刑の「請求権」が懲罰的な目的を有するものであって、一般の破産債権とすると他の債権者の配当を圧迫するとともに他の債権者に負担を転嫁することとなることから、科された者に負担させようとするためであると説明されている。[10] しかし、そもそも、罰金刑において、「請求権」や「債権」という扱いが妥当であるとは言い難い。[11]

第四に、民事再生法及び会社更生法は、再生手続又は更生手続開始の決定があったときは、再生手続又は更生手続が終了するまでの間、原則として罰金刑の刑の時効（刑法三二条六号）が進行しないと定めている（民事再生法三九条四項、会社更生法五〇条一一項）。[12] これは、国庫収入の確保を目的とするものであると考えられる。しかし、私法上の措置により、私法上の債権と同様に、刑の時効が停止するのは不自然であるように思われる。このように、我が国においては、罰金刑があたかも民事上の債権や請求権であるかのような扱いをなされている規定がある。また、これと関連して、国庫収入の増加を図る目的が主張されている。

ドイツにおいては、帝国刑法典（RStGB）三〇条が相続財産への執行を認めるとともに、帝国刑事訴訟規則（RStPO）四九五条が民事上の諸原則に従い徴収・執行を行なうと定めていたこともあって、二〇世紀初頭まで、この問題について激しい議論が展開された。[13] 以下では、その議論状況を見てみることとしたい。

まず、罰金刑は、犯罪者及びその人格に対するものではなく、財産に対するものであるとする非対人説（非人格説、Unpersönlichkeitstheorie）が現れた。[14] この見解は、罰金刑を没収のように犯罪者から切り離し、端的に財産に対するものであるととらえることから、罰金刑の一身専属性（Höchstpersönlichkeit）を否定するところに特徴がある。その結果、遺産への執行を容認するとともに、犯罪者の経済状態への配慮が行なわれにくくなる。他面で、非対人説の論者も不払時の制裁として自由刑を予定していた。このような非対人説に対しては、[15] ①没収刑とは異なり、物、財産及び金銭自体に危険性はないはずであり、そうだとすれば、②犯罪者によりなされた犯罪行為が前提であるにも関わらず、犯罪者の人格と切断することはおかしいと批判された。また、それにも関わらず、③いったん犯罪者との関係を切断しておきながら、不払時にだけその関係が復活することは妥当でないと指摘された。そして、④一身専属性に反することは許されないとされた。この見解は、条文上認められている相続財産への執行を理論的に正当化しようとするものであったが、以上のような批判から一九世紀末までに支持を失っていった。

こうして、罰金刑は犯罪者及びその人格に対するものであるとする対人説（人格説、Persönlichkeitstheorie）が主張されることとなった。この対人説は、罰金刑が債務であるとする債務説（Obligationstheorie）と、債務ではなく、刑罰に純化されたものであるとする純粋刑罰説（Lehre von der reinen Strafnatur der Geldstrafe）に分かれる。

第一に、債務説は、非対人説への批判に応え、罰金刑を対人的なものと観念するものであった。そして、債務説は、私法上の債務と見るか否かによって、さらに二つに分かれていた。

まず、罰金刑が犯罪者の死亡により私法上の債務に変じると観念する私法上の債務説（zivilrechtlichen Obligationstheorie）が主張された[16]。この見解は、その変容の点をとらえて、変形説（Verwandlungstheorie）とも呼ばれる。この見解は、犯罪者が死亡した場合、自由刑は執行できないが、国家の刑罰権を維持する観点から、罰金刑は執行できるとして、相続財産への執行を認めうるとする点に主眼があった。この見解の根拠となったのは、一八三二年八月四日の司法大臣（Justizminister）の通達（Reskript）である。そこでは、罰金刑の徴収において、国家が一般の債権者と同じように扱われるとされていた。この主張に対しては[17]、①自由刑とは異なり、執行は別個の手続であり、判決確定時に国家に財産が帰属しているとは言えないはずだと批判された。また、②一八六八年に債務拘禁が廃止されており、不払時には代替自由刑が科される点とも相容れないとされた。さらに、③この時期になると、相続財産への執行それ自体が問題視され、相続財産への執行は一身専属性や個人責任の原則に反すると指摘された。そして、④相続財産への執行を認めるということは犯罪者の財産自体に危険性を認めるものであって、非対人説と変わりがないとされ、この見解も徐々に支持者を失うこととなった。

こうして、私法上の債務性が否定される一方で、罰金刑からの収入の国家財政への寄与を重視し、犯罪者に対する国家の請求権ととらえる公法上の債務説（publizistischen Obligationstheorie）が登場した。[18] この見解は、私法上の債務とは観念しないため相続財産への執行は許されないとしつつ、刑罰としての強制力を維持し国庫収入を重視する観点から一身専属性にこだわらないとするものであった。この主張に対しては、[19] ①国家財政への寄与は、反射的効果にすぎず、これ自体が目的とされるべきではないと指摘された。また、②個人責任の原則から、罰金刑の感銘力を維持して家族などの他の者に負担を課さないようにするため、犯罪者自身からの剥奪が重視されるべきであって、一身専属性を貫徹するべきであるとされた。これに関連して、③罰金刑の量定において行為者の経済状態を斟酌することが既にこの時期には強く意識されるようになっていたため、[20] 一身専属性が弛緩するとこの斟酌を行なう意味がなくなってしまうと主張された。さらに、④そもそも、罰金刑から国家に生じるのは、刑罰を執行する義務であって、金銭の請求権と観念することが失当であると批判された。

かくして、二〇世紀になると、罰金刑の執行が刑事実体法や刑事手続法で取り扱われているということや、第三者による支払や相続財産への執行を認めるべきではないとの立場から、帝国刑法典や帝国刑事訴訟規則の規定との齟齬が存在するものの、債務ではなく、自由刑と並ぶ刑罰の性質のみを持つとする純粋刑罰説が一般に支持されることとなった。[21]

こうした議論の中で、ドイツ帝国裁判所は、罰金刑の法的性質について、その立場を明確にしていたとは言い難い。すなわち、罰金刑の刑罰的害悪は刑罰目的のための手段としてのみ用いられるべきであって、国庫や個々の財産の観点は捨象されるべきであると指摘したものの、積極的に純粋刑罰説を採用することを明言することはなかったのである。[22] その後、ドイツにおいては、第一次世界大戦前後には、法的性質を巡る争いは鎮静化したが、依然として公法上の請求権という性格が強調されることがあった。しかし、ナチス＝ドイツによる資産剥奪の濫用の経験から、相続財産のような資産を対象として国庫収入を増やすことには、抵抗感が強いようである。[23] また、第二章で検討したように、刑罰であれば、実体的デュー・プロセス（substantive due process）の観点から、一身専属性を前提に、過度の法益剥奪とならないよう、犯罪者の事情、特に経済状態に適合した罰金額が量定されなければならず、減額することなく全額の支払を求める債務説の性質は併存しえないと考えられる。[24]

以上のような学説の内容からすると、先に紹介した我が国の一部の規定は、公法上の債務説に立った規定と考えられ、純粋刑罰説とは相容れない。相続財産への執行、合併後の法人への承継、破産法などにおける「請求権」や「債権」としての扱い、民事再生手続又は会社更生手続開始決定による罰金刑の刑の時効の停止はいずれも刑罰としての性質を歪めるものであり、不当である。また、その目的としてしばしば挙げられる国庫収入の増加を図る目的を重視することは、一身専属性を没却して個人責任の原則を掘り崩すことになりかねず、妥当でないと考えるべきである。

明治一四年（一八八一年）に布告された旧刑法附則は、刑罰の一身専属性を理由に、[25] 罰金刑を完納する前に犯罪者が死亡した場合に相続人を含めた他の者から徴収しない旨を明確にしていた（同附則二〇條）。[26] この規定は、一九世紀末に既に我が国で純粋刑罰説が支配的であったことを示している。[27] 理論的に妥当な純粋刑罰説を貫徹し、これに反する諸規定は一掃すべきである。

以上のように、罰金刑は、私法上の債務などと同様に、属人的なものである点で共通するものの、債務の性質を全く有さず、刑罰としての性質だけを有する点で異なる。そして、刑罰としての性質から、実体的デュー・プロセスや犯罪者に加えられる法益剥奪の程度に着目することが要請されるため、犯罪者の事情、特に経済状態が斟酌されて量定されなければならない。このことを踏まえて、続いて、罰金刑の目的を検討することとしたい。

第三節　罰金刑の目的

では、罰金刑の目的はどのように考えるべきであろうか。先に取り上げた、①国庫収入の増加を図る目的のほか、罰金刑が純粋な刑罰としての性質を有することからすれば、自由刑や没収刑などと同様の目的を考えることができないか、問題となる。具体的には、②改善・更生・社会復帰の目的、③抑止・威嚇の目的、④応報・報復の目的、⑤危険性の除去の目的が考えられる。このうち、既に見たように、①国庫収入の増加を図る目的を前面に押し出すことは、一身専属性の観点から妥当でない。そこで、②から⑤の目的を順に検討することとしたい。

まず、②罰金刑に改善・更生・社会復帰の目的を持たせるべきであるとする代表的な論者として、ヴュルテンベルガー（*Würtenberger*）が挙げられる。まず、ヴュルテンベルガーは、改善・更生・社会復帰の目的を達成するためには、罰金刑の感銘力を向上させることが必要であるとして、その方策を検討する。すなわち、短期自由刑の弊害を回避し、罰金刑の適用領域を拡大するべきであるとする[28]。そして、罰金刑を有効な刑罰とすることが必要であることから罰金刑の刑罰的害悪を行為者人格というそれぞれの個性に適合させなければならないとして、個々の犯罪者の経済的・社会的状態、さらには、あらゆる人的及び環境的な状態をも考慮して、罰金刑を量定しなければならないとした。[29] なお、その際、その行為者が吝嗇であるかどうか、浪費的であるかどうかということによって、罰金刑の感銘力が異なることとなり、このような心理的要素を全く無視してしまうことはできないが、一般に外形的・客観的視点から判断するべきであると述べた。[30] 具体的には、収入及び財産だけでなく、扶養義務、税負担、その他の債務負担、家族状態、職業、何らかの利得の可能性、年齢、健康及び労働能力に加えて、経済危機、インフレーション、景気、失業率などのような一般的な社会的及び経済的現象をも考慮して量定しなければならないとした。[31] このような因子を考慮に入れて正確に量定するため、当時既にスウェーデンやフィンランドで導入されていた日数罰金制度（Tagesbußen）を導入するべきであるとした。[32] もっとも、このように、罰金刑の感銘力を高める方策をとったとしても、自由刑とは異なり、継続的持続的な教育の過程を設けることができないことに変わりがないため、改善効果が低いことは認める。[33] しかし、犯罪者が罰金刑を支払うために、何らかの利益を断念したり、その金銭資産を倹約しようとしたりすることによって、改善効果が全く生じないわけではないとする。[34] 例えば、少年に対して罰金刑が賦科され、分割払（分納）が保護観察（Schutzaufsicht）や損害回復（Wiedergutmachung）と結び付けられる場合には、その改善効果が可視的なものとなるとする。[35]

我が国においても、ヴュルテンベルガーの影響を受け、罰金刑に改善・更生・社会復帰の目的を持たせるため、無定量の罰金刑を導入するべきとする見解がある。[36] これは、犯罪者に改善・更生・社会復帰の効果が生ずるまで、定期的な金銭の剥奪を続けるというものであって、不定期刑に倣ったものである。[37]

これらの見解は、罰金刑と自由刑の目的を同一に考え、改善・更生・社会復帰の目的を持たせようとする。そして、自由刑同様に、罰金刑の賦科段階よりも徴収・執行段階を重視し、改善・更生・社会復帰の目的を持たせようとするものであると言える。すなわち、自由刑の執行段階における刑事施設への収容及び処遇と、罰金刑における金銭の支払を同視し、いずれからも改善効果が生じると考えている。このような発想は、特に無定量の罰金刑の主張に顕著であると考えられる。また、犯罪者の経済状態を斟酌した額の支払に留めることで、過度の法益剥奪を防ぎ、社会復帰を困難にすることを回避するという側面もあろう。

しかし、罰金刑は、自由刑とは継続性や持続性の点で異なる。すなわち、その執行段階において、自由刑の場合、一定期間、自由という法益の剥奪が継続してなされるのに対し、罰金刑の場合、法益剥奪が一回的であり、継続性や持続性がない。このことは、分割払がなされる場合も同じであり、毎回の支払の際に法益剥奪が単発的に生じているにすぎない。従って、自由刑が「線」の制裁であるのに対し、罰金刑は「点」の制裁であると言える。罰金刑の分割払の場合には、「点」が複数あるだけであって、やはり、「線」ではないのである。複数回の支払を求める無定量の罰金刑も同様である。それゆえ、自由刑の場合、処遇を行なう時間や機会が存在するため改善・更生・社会復帰の目的を観念する余地が生じやすいのに対して、罰金刑の場合、このような時間や機会が乏しいため[38]ヴュルテンベルガーも認めたように改善・更生・社会復帰の目的を観念し難い。そもそも、金銭の支払により、積極的な改善効果を生じさせることは困難であろう。せいぜい許されない行為であることを公的に認定して、再発防止を求める訓戒刑（Denkzettelstrafe）のように位置付けることができるに留まる。[39]しかも、純粋刑罰説を前提とする以上、罰金刑の場合、自由刑とは異なり、犯罪者の経済状態を理由に罰金額全額の徴収・執行ができないことも少なくない。そのため、財産的制裁に改善・更生・社会復帰の目的を持たせようとすれば、継続性や持続性のある他の刑事制裁や働きかけを付加的に利用せざるをえない。例えば、ヴュルテンベルガーが提案する保護観察の併科が挙げられる。しかし、このように他の刑事制裁を併科することとなれば、新たな法益剥奪や負担を犯罪者に強制することとなってしまう。また、そもそも、このような目的は、付加される刑事制裁に存在しているのであって罰金刑自体には存在していないのではないかとの疑念が払拭できない。しかも、無定量の罰金刑は、論者自身も認めるように、罪刑法定主義違反との批判を免れえない[40]。従って、罰金刑に改善・更生・社会復帰の目的を設定することは妥当でない。

次に、③抑止・威嚇の目的はどうか。前出のヴュルテンベルガーは、特に利欲犯の場合、犯罪行為から得られた利益を超える罰金額を犯罪者に支払わせることにより、犯罪者にとっての費用便益が悪化するため、抑止・威嚇の目的を達成することができるとする[41]。アメリカ合衆国の連邦最高裁判所も、同様の考え方をとる[42]。こうした見解も、②改善・更生・社会復帰の目的と同様に、罰金刑の賦科段階よりも徴収・執行段階を重視するものであると言える。なぜなら、犯罪によって得られた利益という「便益」を上回る金銭の支払という「費用」が賦科され、犯罪者により実際に支払われて初めて、抑止・威嚇という目的に適うと考えられるからである。

しかし、そもそも、検挙され、訴追される事件は、実際に発生している事件の一部であり、犯罪者が必ずしも「費用」として罰金刑を賦科されているわけではない。それゆえに、賦科される場合には、抑止・威嚇効果を高めるため、犯罪によって得られた利益に比して罰金額が高額化する可能性が高い。実際に、アメリカ合衆国では、特に企業犯罪においてその傾向が強く看取できる[43]。しかし、抑止・威嚇のために、罪刑の均衡を著しく失するほど重い罰金刑を賦科して徴収・執行することは、純粋な刑罰としての罰金刑の法的性質にふさわしくない[44]。すなわち、実体的デュー・プロセスの観点からも、責任主義の観点からも、妥当でない。また、逆に、犯罪者の経済状態を理由に、罰金額全額の徴収・執行ができないことも少なくなく、犯罪によって得られた利益を下回る額しか徴収・執行できない可能性も多分にある。そして、そもそも、後述のように、犯罪によって得られた利益を没収刑などではなく罰金刑で剥奪することには財産的制裁の役割分担の観点から疑問が残る。従って、抑止・威嚇の目的は、不適切であり、しかも、制約を受ける蓋然性が高いと言えるため、罰金刑に抑止・威嚇の目的を設定することは妥当でない。

続いて、④応報・報復の目的はどうか。この見解は、行為責任に対応する罰金額を賦科し、徴収・執行を行ない、犯罪者に財産的苦痛を与えることを目指す。罰金刑が一回的な支払を特徴とすることから、犯罪処理として利用しようとする。それゆえ、この見解も、②改善・更生・社会復帰の目的や③抑止・威嚇の目的と同様に、罰金刑の賦科段階よりも徴収・執行段階を重視するものであると言える。

しかし、ここでもまた、純粋な刑罰という性質から、犯罪者の経済状態を理由に罰金額全額の徴収・執行ができないことも少なくなく、行為責任を下回る額しか徴収・執行できない可能性も少なくない。応報・報復の目的の方向性は、妥当であると考えられるものの、かかる目的は制約を受ける蓋然性が高いと言えるため、罰金刑に応報・報復の目的を設定することは不適切である。

それでは、⑤危険性の除去の目的はどうか。この見解は、犯罪者が犯罪から得られた金銭や財産を所有し続け、その金銭や財産が新たな害悪の惹起に利用される危険性をなくすため、犯罪者からそうした金銭を剥奪する必要があるとし、その剥奪の手段として罰金刑を利用しようとする。それゆえ、罰金刑に保安処分的性質を持たせるものである。そして、この見解も、②改善・更生・社会復帰の目的、③抑止・威嚇の目的、④応報・報復の目的と同様に、罰金刑の賦科段階よりも徴収・執行段階を重視するものであると言える。

しかし、金銭は、本来、価値中立的なものであり、金銭に危険性を観念することはおかしい。そもそも、このような発想は、罰金刑の法的性質を非対人説に立って理解しようとするものであり、許されない。第四章で論じたように、犯罪から得られた金銭や財産の剥奪は、没収刑によって行なわれるべきであり、この見解は、罰金刑と没収刑を混同しているため、不当である。このような見解が主張されるのは、没収刑の場合、対象となる金銭や財産が犯罪から得られたことを立証するよう求められることが多く、その立証が困難であったり手間がかかったりするため、そのような立証の不要な罰金刑にその役割を代替させようとする意図からであろう。また、日数罰金制度においては、このような意図を実現するために、日数を特別に多く算定することで修正を図るしかないが、行為責任を正確に反映したものとは言えなくなってしまい、不適切であるという問題も生じる。(45) しかしながら、このような利用は潜脱的なものである上、後述のように、なぜその金額が賦科されて財産が剥奪されるのかを不明確にしてしまうため、やはり首肯できない。従って、危険性の除去の目的は、罰金刑に本来的に設定できないと考えられるため、罰金刑に危険性の除去の目的を設定することは不適切である。

以上のように、①国庫収入の増加を図る目的、②改善・更生・社会復帰の目的、③抑止・威嚇の目的、④応報・報復の目的、⑤危険性の除去の目的は、いずれも罰金刑の目的として不適切である。それでは、どのような目的が望ましいのか、自由刑と比較しつつ、罰金刑の特質から考察することとしたい。

罰金刑の場合、自由刑とは異なり、法益剥奪の評価単位は金銭である。そこで、金銭の性質を考えると、(1)金銭には個々の質的差異がなく、価値尺度としてそれ自体完全に中立である。すなわち、金銭は、その所有者・占有者との主観的な関係が切断されている。そして、一定の金銭の量は、誰にとっても同じ財産的価値として存在する。(46) それゆえ、金銭の場合、その相対的な程度よりも絶対量が注目されやすく、犯罪者にも被害者にも一般国民にも明瞭である。具体的には、一万円は、貧しい者にとっても豊かな者にとっても、その財産における割合は異なるものの一万円の絶対的な価値があることには変わりがなく、その絶対的な価値が重視され、明瞭である。また、(2)金銭は何らかの対象のための純粋な手段である。すなわち、その使途が限定されず、その利用の時期も制約されない。(47)

これに対して、自由刑の場合、法益剥奪の評価単位は時間である。⑴時間には個人ごとに質的差異があり、価値尺度として中立であると言い難い。すなわち、時間は、金銭とは異なり、その主体との主観的な関係が維持されている。そして、主体の年齢、職業、社会的地位などの状況により、客観的に過ごす量が同じであっても、それぞれが過ごす内容の濃密さは異なっている。それゆえ、時間の場合、絶対量がどの程度の重さを有しているのか、犯罪者にも被害者にも一般国民にも不明瞭である。具体的には、一四歳の者と四〇歳の者と七〇歳の者とでは、同じ一年間でもその重みが異なり、一年間が長いと評価されるかどうかは一年間という量だけからは明瞭でない。また、⑵時間は、主体の意思に無関係に経過する。すなわち、時間には、利用の時期の自由が存在しない。

このように、時間と比較すると、⑴金銭は、所有者や占有者ごとの質的差異がなく、その絶対量が注目されやすく、明瞭であるという優れた点を有している。また、⑵処分方法や処分時期の自由度が高く、犯罪者に過度の負担を与えずにすむという特徴が存在する。そこで、罰金刑の目的を設定するにあたっては、金銭のこれらの長所を活かすようにすべきである。すなわち、⑴金銭の場合、絶対量が注目されやすく、明瞭であるという特質を踏まえて、罰金刑は、犯罪者にも、被害者にも、一般国民にも明瞭な金額の形で、行為責任の量を表示・表現することを目的とするべきである（⑥表示・表現目的）。行為責任の量を表示・表現することにより、犯罪者にとっては、自己の惹起した結果の重大性を認識することが容易となり、改善・更生・社会復帰の契機とすることができる。また、被害者や一般国民にとっては、被害や犯罪の重大性が公的にわかりやすく認定されることで、刑事司法運営に納得し、刑事司法機関への信頼が醸成されうる。以上のように、罰金刑の賦科段階に着目し、第二章及び第三章で検討したように、被害弁償命令や費用支払命令と同様に、賦科自体に意義を認めるべきである。賦科段階を重視してこのような目的を設定すれば、罰金刑においてもまた、犯罪者の事情によって徴収・執行ができない場合にも罰金刑がその役割を果たすことができる。

もっとも、(2)処分方法や処分時期の自由度が高く、犯罪者に過度の負担を与えることを回避できるという特質と、純粋な刑罰という性質から実体的デュー・プロセスや犯罪者に加えられる法益剥奪の程度に着目しなければならないという要請を踏まえて、犯罪者の事情、特に経済状態を斟酌して実際の支払額が決定されなければならない。すなわち、行為責任の量に応じた額を何らの制約なく徴収・執行することは許されない。徴収・執行段階において、先に述べたように、④応報・報復の目的を貫徹することは許されず、犯罪者の事情、特に経済状態から制約を受ける。

従って、罰金刑の目的は、賦科段階において犯罪者の行為責任の量を表示・表現することと、徴収・執行段階において犯罪者の事情を考慮して可能な範囲で応報・報復を達成することにあると考えるべきである。このうち、賦科段階の表示・表現目的が罰金刑の目的として重視されなければならない。

このように罰金刑の目的を考えれば、罰金刑の不払に対して、その完納に相当する程度の処分を代替的に賦科する必要は乏しくなる。平成二年（一九九〇年）から平成五年（一九九三年）にかけて開催された法制審議会刑事法部会財産刑検討小委員会において、労役場留置の代替として社会奉仕命令の導入が検討された[48]。また、近時、罰金刑の代替処分として、社会奉仕活動を活用しようとする見解も唱えられている[49]。しかし、社会奉仕命令や社会奉仕活動には、サーヴィスの受け手の安全確保及び同意の問題や[50]、高齢者や障害者の雇用や自立支援の機会を奪ってしまいかねないという問題が存在する。また、社会奉仕命令と同種の制裁であるドイツの公益労働（gemeinnützige Arbeit）においても、長期にわたって就業していないために労働習慣がなかったり、社会生活に問題があったり、ホームレスであったりするなどの理由により、公益労働の機会を提供する施設において公益労働を行なうことができないグループが存在するが[51]、日本でも同様であろう。そもそも、罰金刑より負担が重いとも考えられる別個の処分である社会奉仕命令により罰金刑を代替させれば、支払による一回的な苦痛を特徴とする罰金刑のドライな性質を失わせてしまうことになりかねない。もちろん、社会奉仕命令よりもさらに重い処分である労役場留置や自由刑に代替されれば、重大な不公正がもたらされてしまうことになりかねない[52]。

それゆえ、罰金刑の主たる目的を賦科段階の表示・表現目的に置き、徴収・執行が完遂できなくともよいと考えるべきである。罰金刑の不払に対する処分を用意しないとすれば、モラル・ハザードが生じ、罰金刑の支払率が低下することが懸念されるものの[53]、スウェーデンでは全額免除の利用が行なわれても罰金刑の支払率が変わらなかったとされている[54]。また、自由刑の仮釈放は、保護観察とされるとは言え、実質的には執行の免除の側面を有するにもかかわらず、モラル・ハザードが生じるとの批判がなされることはほとんどなく、罰金刑の執行免除だけを取り立てて問題としなければならない根拠はない[55]。どうしても刑の執行が必要であるとするならば、労役場留置者に対する仮出場は「いつでも」可能であることから（刑法三〇条二項）、一日だけ労役場留置とした上で仮出場させるという、言わば「象徴的な執行」をなせば足りる[56]。

既に第二章で見たように、アメリカ合衆国では、罰金刑の不払に対して、労役場留置は予定されておらず、拘禁刑が科されることとなっているところ、連邦最高裁判所は、努力をしたにもかかわらず不払の場合には、適正手続の観点から、拘禁刑以外の代替策を検討しなければならないと判示し、資産があるにもかかわらず故意に不払としている場合（故意の不払）や、資産がないにもかかわらず所得を得る努力を行なっていない場合（所得獲得努力怠慢）に法廷侮辱罪を理由に制裁として拘禁刑が許される余地を認めているにすぎない[57]。我が国においても、故意の不払の場合や所得獲得努力怠慢の場合にのみ自由刑で臨めば足りよう。

このように罰金刑の主たる目的を賦科段階の表示・表現目的に置いた場合、問題となるのは、行為責任として量定され、表示・表現される対象にいかなるものが含まれるかである。以下、節を変えて論ずることとしたい。

第四節　財産的刑事制裁の役割分担

これまで、罰金刑は、被害の程度、刑事司法機関が要する費用、犯罪収益を剥奪する必要性などを取り込んで量定されてきた。例えば、アメリカ合衆国の連邦レベルの罰金刑の賦科及び額の量定などを判断する際には、量刑において一般に考慮すべき要素に加えて、条文上、特に、(1)被告人の収入、所得能力及び資産、(2)他の刑罰が科された場合の負担と比較して、罰金が科された場合に、被告人に経済的な扶養を求めるあらゆる者又はかかる者の福祉のために責任を負う政府を含むその他の者に科される負担、(3)犯罪により被告人以外の者に生じた経済的損失、(4)弁償の賦科及び履行並びにその額、(5)犯罪から違法に得られた利得を被告人から剥奪する必要性、(6)拘禁刑、監視付釈放及びプロベーション（probation）などの他の手段をとった場合に政府が負う費用、(7)被告人が消費者に罰金の支出を転嫁する可能性、(8)被告人が団体である場合、その構成員を規律するため及び犯罪の再発防止のために当該団体がとった方策を考慮することとされている(58)。

しかし、これまで見てきたように、罰金刑の目的の中核が賦科段階の表示・表現目的にあると考えれば、被害弁償命令や費用支払命令と目的が一致する。そこで、罰金刑、被害弁償命令、費用支払命令、さらには没収刑・追徴刑の役割分担をいかに図るべきか検討されなければならない。言い換えれば、罰金刑の賦科の対象となる範囲を明らかにしなければならない。なぜなら、表示・表現目的を達成するためには、犯罪者にも被害者にも一般国民にも、どのような理由でいかなる金額が賦科されているのかを個別の刑事制裁において明確にする必要があり、ある事象に対して、複数の刑事制裁が重畳的に賦科されたり、賦科される可能性があったりしてはならないからである。このことは、二重処罰を避ける観点からも要請される。

以上の観点から、第二章で論じたように、被害弁償命令は被害についてのみを、第三章で検討したように、費用支払命令は費用についてのみを、第四章で見たように、没収刑は犯罪収益などの犯罪行為に関連する客体を賦科の対象とするべきである。従って、罰金刑は、被害弁償命令、費用支払命令、没収刑がそれぞれ取扱う被害、費用、犯罪収益以外の領域を賦科の対象とすべきである。すなわち、行為責任のうち、被害弁償命令、費用支払命令、没収刑で評価されなかった、法秩序の違反という具体化されない残余の部分のみを対象とするべきである。このことは、第二章で見たように、被害弁償から罰金刑が分化してきた歴史的経緯に照らしても、罰金刑本来の役割に回帰させるものであって、妥当であると考えられる。

このように、被害弁償命令、費用支払命令、罰金刑をはじめとする財産的刑事制裁がいずれも表示・表現目的を有していると考え、その役割分担を図ることで、かかる目的を達成できるようにすべきである。表示・表現目的にふさわしく望ましい量定方法については、次章以降で検討することとしたい。

（1） 従来、定額罰金制度と呼ばれることが多かったが、「定額」とすると、一律の額が科されるかのような誤解を招きかねないため、実態に即して、「総額」の語を用いることとする。

（2） 詳細に検討したものとして、例えば、牧野英一「罰金日割制について（一）」季刊刑政六巻二号（一九五八）三九頁以下、同「同・（二、完）」六巻三号（一九五八）二七頁以下、平野龍一「日数罰金と罰金分納」警研三二巻五号（一九六一）三七頁以下〔『犯罪者処遇法の諸問題　付・死刑　増補版』（有斐閣、一九八二）一四五頁以下所収〕、森下忠『刑法改正と刑事政策』（一粒社、一九六四）四五頁以下、宮澤浩一「日数罰金制の意義と現実――西ドイツの新刑法典を中心にして――」法研四九巻一号（一九七六）六一頁以下、坂田仁「スウェーデンにおける罰金制度の沿革――日数罰金を中心に――」法研六三巻四号（一九九〇）二〇頁以下、井田良「ドイツにおける日数罰金刑」森下忠先生古稀祝賀『変動期の刑事政策　下巻』（成文堂、一九九五）七〇三頁以下などがある。また、類似の制度として、イングランド及びウェールズで一九九二年に導入されたものの、一年を経ずして廃止された単位罰金制度（unit fine system）や、ニュージーランドで一九九四年に試行された時間罰金制度（time fines system）などがある。単位罰金制度について、詳細に検討したものとして、例えば、瀬川晃「イギリスの単位罰金制度の成立と廃止」同法四五巻六号（一九九四）一頁以下〔『イギリス刑事法の現代的展開』（成文堂、一九九五）一二三頁以下所収〕、奥村正雄「イギリスにおける単位罰金制度の仕組」同法四五巻六号（一九九四）一八頁以下、青木紀博「イギリスにおける単位罰金制度――導入の経緯について――」同法四五巻六号（一九九四）四二頁以下などがある。また、ニュージーランドの時間罰金制度については、第六章参照。

（3）*von Heinz Zipf*, Die Geldstrafe in ihrer Funktion zur Eindämmung der kurzen Freiheitsstrafe（Luchterhand, 1966）, S. 34.

（4）大正刑訴法五五四条二項は、隠居などの場合にも遺産への執行を認めていた。

（5）植松正「自由刑・財産刑の執行など」時の法令九七七号（一九七七）二三頁以下、二五頁、松尾浩也監修『条解刑事訴訟法　第四版』（弘文堂、二〇〇九）一一八八頁。

（6）伊藤栄樹ほか編集代表『注釈刑事訴訟法〈新版〉第七巻［§四一九～§五〇六、附則］』（立花書房、二〇〇〇）三三二頁［増井清彦］、松尾・前掲注（5）一一八八頁。

（7）松尾・前掲注（5）一一八七頁参照。

（8）伊藤ほか・前掲注（6）三三五頁、松尾・前掲注（5）一一八八頁。

（9）旧破産法（大正一一年法律第七一号）四六条四号も劣後的破産債権としていたが、「請求権」の語はなかった。

（10）谷口安平『倒産処理法　第二版』（筑摩書房、一九八〇）一五九頁、加藤哲夫『破産法　第四版』（弘文堂、二〇〇五）一三六頁、宗田親彦『破産法概説　新訂第二版』（慶應義塾大学出版会、二〇〇五）二六三頁、伊藤眞『破産法第四版補訂版』（有斐閣、二〇〇六）二〇〇頁。

（11）会社更生法において、劣後的更生債権とすることは妥当でないとの批判があったが、劣後的であることに対する批判であって、「債権」とすることに対する批判ではなかった。兼子一『条解会社更生法（中）』（弘文堂、一九七三）四七六―四七七、四九三―四九四頁［三ケ月章］。

（12）もっとも、再生計画又は更生計画において、罰金刑の減免等の定めをすることができず、免責できないとされている（民事再生法一五五条四項、一七八条但書、二一五条一項、二三二条二項、二三五条六項、会社更生法一六八条七項、二〇四条一項三号）。これは、罰金刑が国家権力の発動の結果であり、私法上の変更手続が妥当しないためであるとされる。伊藤眞ほか編著『注釈民事再生法』（金融財政事情研究会、二〇〇〇）四四七頁［瀬戸英雄］。

（13）この点について、太田耐造「財産刑に就て」司法研究第一八輯報告書集一一（一九三四）一〇―三一頁、*Gerhardt Grebing*, Die Geldstrafe im deutschen Recht nach Einführung des Tagessatzsystems, In: Hans-Heinrich Jescheck / *Gerhardt Grebing* (*Hrsg.*), Die Geldstrafe im deutschen und ausländischen Recht (Nomos-Verlagsgesellschaft, 1978), S. 13 ff., 24-28 が詳しい。論文全体の紹介として、関西刑事政策研究会ほか編「世界各国の罰金刑（二）――西ドイツ 一――」論叢一〇九巻七号（一九八一）一〇〇頁以下［神山敏雄］。

（14）*Heffter*, *Küstlin*, *Mühler* らの論者がいるとされる。

（15）*Emil Reinhardt*, Geldstrafe und Buße (Waisenhause, 1890), S. 9-10, 12; *von Karl Mohr*, Die Bemessung der Geldstrafe (Schletter, 1913), S. 2-3; *Christoph Krehl*, Die Ermittlung der Tatsachengrundlage zur Bemessung der Tagessatzhöhe bei der Geldstrafe (Peter Lang, 1985), S. 7-8.

（16）*von Albert Friedrich Berner*, Lehrbuch des deutschen Strafrechts 5. Auflage (Tauchnitz, 1871), S. 216; *von Buri*,

Zur Natur der Vermögensstrafen, Gerichtssaal Bd. 30 (1878), S. 241 ff., 269-270; *Friedrich Oppenhoff* (*erläutert*), *Theodor Oppenhoff* (*fortgeführt*), *Hans Delius* (*Hrsg.*), Das Strafgesetzbuch für das Deutsche Reich nebst dem Einfürungs-Gesetze von 31. Mai 1870 und dem Einfürung-Gesetze fur Elsatz-Lothringen vom 30. August 1871 Vierzehnte verbesserte und bereicherte Ausgabe (G. Reimer, 1901), S. 72; フォン＝リスト原著・吾孫子勝ほか共訳『独逸刑法論總則』(早稲田大學出版部、一九〇三)四七三、五五三―五五四頁。

(17) *Reinhardt*, a. a. O. (Anm. 15), S. 9-10, 12; *Mohr*, a. a. O. (Anm. 15), S. 5; *Krehl*, a. a. O. (Anm. 15), S. 7-8.

(18) *Lüder*, Die Vollstreckbarkeit rechtskräftig erkannter Geldstrafen in den Nachlaß des inzwischen verstorbenen Verurtheilten, Gerichtssaal Bd. 29 (1878), S. 401 ff., 412-416.

(19) *Reinhardt*, a. a. O. (Anm. 15), S. 9-10, 12; *Mohr*, a. a. O. (Anm. 15), S. 5-6; *Krehl*, a. a. O. (Anm. 15), S. 7-8.

(20) その後、罰金刑の量定の際に犯罪者の経済状態を斟酌しなければならないことは、§27c Abs. 1 RStGB に明文化された。

(21) *Reinhardt*, a. a. O. (Anm. 15), S. 12-13; *Mohr*, a. a. O. (Anm. 15), S. 5-6; *Krehl*, a. a. O. (Anm. 15), S. 7-8.

(22) RGSt 2, 41; RGSt 33, 334.

(23) *Dirk von Selle*, Gerechte Geldstrafe: eine Konkretisierung des Grundsatzes der Opfergleichheit (Nomos Verlagsgesellschaft, 1997), S. 162-171.

(24) 結論を同じくするものとして、*Grebing*, a. a. O. (Anm. 13), S. 27.

(25) 井上操『刑法述義　第一編』(岡島寶文舘、一八八三)四〇五丁、堀田正忠『刑法釋義　第壹篇』(瀛開社、一八八四)二五七―二五八丁、宮城浩藏『刑法講義　第一巻　四版』(明治法律學校、一八八七)二五九丁、磯部四郎『改正増補刑法講義　上卷』(八尾書店、一八九三)五四一丁、井上正一『訂正日本刑法講義　再版』(明法堂、一八九三)三六八丁。

(26) 「罰金科料ノ宣告ヲ受ケ未タ納完セサル前ニ於テ犯人身死スル時ハ之ヲ徴収セス附加ノ罰金ニ於ル亦同シ」(旧刑法附

則二〇条)。

(27) 明治一三年(一八八〇年)に布告された旧刑法は、軽罪の主刑(旧刑法八條三号)及び附加刑(旧刑法一〇條五号)として罰金刑を規定し、罰金の不払に対して一円につき一日の割合で最長二年を限度に軽禁錮へ転換することを定めていた(旧刑法二七條一項、二項、四二條)。「罰金ハ裁判確定ノ日ヨリ一月内ニ納完セシム若シ限内納完セサル者ハ一圓ヲ一日ニ折算シテ之ヲ軽禁錮ニ換フ其一圓ニ満サル者ト雖モ一日ニ計算ス」(旧刑法二七條一項)、「罰金ヲ禁錮ニ換フル者ハ更ニ裁判ヲ用ヒス検察官ノ求ニ因リ裁判官之ヲ命ス但禁錮ノ期限ハ二年ニ過クルコトヲ得ス」(旧刑法二七條二項)。かかる軽禁錮の執行中に親族が代納することを認めていた。「若シ禁錮限内罰金ヲ納メタル時ハ其経過シタル日数ヲ扣除シテ禁錮ヲ免ス親属其他ノ者代テ罰金ヲ納メタル時亦同シ」(旧刑法二七條三項)。この規定は、親族に罰金刑の効果を及ぼすものではなく、親族との間で金銭消費貸借を行なって親族による代行納付を認めるにすぎないと考えられるため、罰金刑の刑罰的性質に反しないと考えられていた。堀田・前掲注(25)二七一―二七二丁、磯部・前掲注(25)五四〇―五四一頁。当時、罰金立替請求の訴えが提起されることが少なくなかったという。江木衷『現行刑法原論 再版』(有斐閣書房、一八九四)一五一丁。なお、国家を民法上の債権者と同様にとらえつつ、純粋刑罰説を唱える論者があるなど、やや混乱も見受けられる。例えば、野中勝良『刑法彙論』(明法堂、一八九七)九五丁。

(28) *Würtenberger*, Die Reform des Geldstrafenwesens, 64 ZStW (1952) S. 17ff., 17. 紹介として、市川秀雄「罰金刑と教育刑理念――ウュルテンベルガー教授の所論と関連して――」季刊刑政一巻四号(一九五三)五六頁以下、七五頁以下、「同(承前)」二巻一号(一九五三)五八頁以下。

(29) *Würtenberger*, a. a. O. (Anm. 28), S. 20-21.

(30) *Würtenberger*, a. a. O. (Anm. 28), S. 20.

(31) *Würtenberger*, a. a. O. (Anm. 28), S. 24.

(32) *Würtenberger*, a. a. O. (Anm. 28), S. 24-25.

(33) *Würtenberger*, a. a. O. (Anm. 28), S. 22. 我が国でも、この点は既に明治時代に指摘されていた。宮城浩藏『刑法

講義　第一巻　四版』（明治法律學校、一八八七）二四五丁、磯部四郎『改正増補刑法講義　上巻』（八尾書店、一八九三）五二一―五二二丁。

（34）*Würtenberger*, a. a. O.（Anm. 28）, S. 22.

（35）*Würtenberger*, a. a. O.（Anm. 28）, S. 23.

（36）市川秀雄「無制限額の罰金と無定量の罰金刑――教育刑理念の罰金刑理論への展開」新報五八巻一二号（一九五一）二五頁以下、四七―四八頁、七一―七五頁。

（37）市川・前掲注（36）四七頁、市川・前掲注（28）七二頁。

（38）*Zipf*, a. a. O.（Anm. 3）, S. 66.

（39）*Franz von Liszt*, Eberhard von Schmidt（bearbeitet）, Lehrbuch des deutschen Strafrechts 26. Aufl.（Walter de Gruyter & Company, 1932）, S. 422.

（40）市川・前掲注（36）四八頁、同・前掲注（28）七四頁。

（41）*Würtenberger*, a. a. O.（Anm. 28）, S. 23. 同旨、宮城・前掲注（33）二四五―二四六丁。

（42）*Rodgers v. U. S., 332 U. S. 371, 374（1947）*.

（43）例えば、大和銀行（当時。現・りそな銀行）ニューヨーク支店事件においては、約三億四〇〇〇万ドル（約二七二億円。一ドル八〇円で換算）の罰金刑が科されている。事案の詳細については、大阪地判平一二年九月二〇日判時一七二一号三頁参照。

（44）*Zipf*, a. a. O.（Anm. 3）, S. 60-61 も威嚇・抑止のために罰金刑を高額化することを否定する。

（45）*Axel Dessecker*, Gewinnabschöpfung im Strafrecht und in der Strafrechtspraxis（Max-Planck-Institut für ausländisches und internationales Strafrecht, 1992）, S. 44-45. ドイツにおいては、第四章で見たように、利得没収（Verfall; §73 ff. StGB）が利益剥奪の役割を担うべきであって、罰金刑にはそのような責務がないとされている。*Karl Lackner / Kristian Kühl*, Strafgesetzbuch Kommentar 27. neu bearbeitete Auflage（C. H. Beck, 2011）, Vor §40

Rn. 4.

（46） *Selle*, a. a. O.（Anm. 23）, S. 75-76.

（47） *Selle*, a. a. O.（Anm. 23）, S. 76. また、分割可能性がある。*Mohr*, a. a. O.（Anm. 15）, S. 3.

（48） 法制審議会刑事法部会財産刑検討小委員会報告「『財産刑をめぐる基本問題について』の審議検討経過及び結果について」（平成五年三月一六日）第三　四　（二）。自由と正義四五巻一号（一九九四）七四頁以下参照。

（49） 太田達也「罰金の執行と代替処分――労役場留置と社会奉仕活動――」法研一一七巻七＝八号（二〇一一）一四五頁以下。

（50） 拙稿「ナウル共和国における拘禁刑の代替策」関法五七巻六号（二〇〇八）九三頁以下、一一四―一一五頁。

（51） 拙稿「罰金刑不払により刑務所へ収容される者の数の削減」関法五六巻一号（二〇〇六）二五六頁以下、二五九―二六〇頁。

（52） 代替自由刑への転換について指摘する論者として、例えば、*Zipf*, a. a. O.（Anm. 3）, S. 34.

（53） 佐伯仁志ほか「刑事政策研究会　第六回座談会　罰金刑」論究ジュリ四号（二〇一三）一三八頁以下、一五一―一五二頁［眞田寿彦発言、太田達也発言］。

（54） 拙稿「ハンス・ヴーン・フーファル『スウェーデンにおける罰金刑の不払に対する拘禁刑』」関法五五巻六号（二〇〇六）二〇一頁以下、二〇六―二〇七頁。

（55） 佐伯ほか・前掲注（53）一五一頁［永田憲史発言］。

（56） 佐伯ほか・前掲注（53）一五二頁［永田憲史発言］。

（57） *Bearden v. Georgia, 461 U. S. 660, 668, 672-674 (1983)*. 本件の紹介として、英米刑事法研究会「貧困による罰金の不払いを理由とするプロベイションの取消しと修正一四条」判タ五三九号（一九八五）一四四頁以下［酒井安行］。条文上も、被告人が貧困であるために、支払能力を欠くという理由だけでの拘禁刑が賦科されることは禁止されている。18 U. S. C. A. §§3613A（a）, 3614（c）（2000）.

（58） 18 U. S. C. §§3553, 3572（a）.

第八章　罰金刑の量定

第一節　はじめに

これまで、罰金刑の量定をどのような方法で行なうべきかについて、二つの見解が対立してきた。すなわち、総額罰金制度（Geldsummensystem）[1]と日数罰金制度（Tagessatzsystem, Tagesbußensystem; day fine system）[2]の二つである。総額罰金制度は、行為責任と行為者の経済状態などの事情を総合的に斟酌し、罰金額を判断する方法である。一方、日数罰金制度は、行為者の行為責任を「日数（Tagessatzzahl, Anzahl der Tagessätze）」で、行為者の事情を「日額（Tagessatzhöhe, Höhe eines Tagessatze）」でそれぞれ量定し、両者の積を罰金総額とする制度である。従来、我が国においてだけでなく、諸外国においても、後述のような総額罰金制度の様々な短所を改善することができるとして、日数罰金制度がかなり肯定的に評価されてきたと言える[3]。

本章では、以下の二つの要請を踏まえつつ、罰金刑の望ましい量定方法について、これまでの議論を整理し、再検討を行なうこととしたい。その際、日数罰金制度に関する問題点を検証し、その問題点が解消し難いと思われる場合には、第三の量定方法を模索し、提案することとしたい。

第一に、罰金刑の目的に適った量定方法であることが求められる。第七章において検討したように、罰金刑の目的は、賦科段階において行為者の行為責任の量を表示・表現することと、徴収・執行段階において行為者の事情を考慮して可能な範囲で応報・報復を達成することにあり、賦科段階の表示・表現目的が罰金刑の目的として重視されなければならないと考えるべきである。このような罰金刑の目的にふさわしい量定方法が選択されなければならない。

第二に、第二章において検討したように、罰金刑が刑事制裁である以上、憲法三一条から導き出される実体的デュー・プロセス（substantive due process）の観点から、行為者の法益剥奪に着目して公正・公平な量定を行なうことが要請される。具体的には、行為者の事情、特に経済状態を斟酌して支払額が判断されなければならない。

本章では、まず、我が国と同じく総額罰金制度を採用しているアメリカ合衆国の状況について、我が国と対比しながら見ることで、総額罰金制度の問題点を確認することとしたい。その上で、ドイツの日数罰金制度を分析することとする。ドイツにおいては、第二の要請が犠牲平等原則（Grundsatz der Opfergleichheit）の問題であるととらえられてきたと言ってよい。そして、日数罰金制度は犠牲平等原則を具体化するものであると考えられてきた。もっとも、犠牲平等原則は、ドイツでも、法令に規定されているわけではなく、どのようなことを意味するのかについて、必ずしも明確とは言えない。そこで、犠牲平等原則の内容について明らかにし、ドイツの日数罰金制度にどのように具体化されているかを分析し、その具体化が第一の要請及び第二の要請を満たす妥当なものであるのか、検討することとしたい。

なお、本章においては、金銭や財産的権利のうち、フロー（flow）として得られるものを「収入」又は「所得」とし、ストック（stock）として保持されるものを「資産」とし、その両者を合わせたものを「財産」と表現することとしたい。また、本章で主に取り上げるドイツの条文及び議論では、「犯罪者」よりも「行為者（Täter）」という語が使われるのが一般であるため、「行為者」で統一することとしたい。
以下では、まず、アメリカ合衆国の総額罰金制度を見ることとする。

第二節　総額罰金制度

一、アメリカ合衆国の状況

アメリカ合衆国においては、我が国同様、総額罰金制度が利用されている。以下、我が国と比較しつつ、その特徴を見ることとしたい。

アメリカ合衆国においては、特定地域で、特定期間、様々なプログラムが試行されることがあり、日数罰金制度も例外ではない。(4) 最近では、「構造化された罰金刑（structured fine）」という名称で、プログラムが実施されることもある。(5) それゆえ、我が国のように、日数罰金制度が全く利用されてこなかったというわけではない。しかし、制定法上、日数罰金制度が採用されているわけではない。

ところで、カンザス州では、制定法上、罰金日数制度（a system of day fines）という、名称としては日数罰金制度であるかのような制度が採用されている。しかし、この制度は、罰金刑、費用、損害回復（reparation）又は被害弁償（restitution）を償却させるため、プロベーション（probation）、執行猶予又は社会内矯正サーヴィス（community correction service）への付託の条件として、その支払能力、生活水準、扶養義務及びその他の因子を考慮して算定された、「日数（a period of days）」の労働給付を行なわせるというものである。(6) それゆえ、財産的刑事制裁の賦科額を日数に転換するものであって、後で詳しく見るようなドイツの日数罰金制度と異なっているだけでなく、従来、アメリカ合衆国で紹介されてきた日数罰金制度とも異なっている。(7)
従って、アメリカ合衆国では、制定法上、全法域で、我が国同様、総額罰金制度が採られていると言ってよい。

二、我が国における量定基準に関する議論

量定基準について見ると、我が国においては、現行法上、一般的な量刑基準について明示した条文さえ存在せず、一般的な量刑基準については、せいぜい刑訴法二四八条と改正刑法草案四八条一項、二項が手掛かりとなるにすぎない。すなわち、刑訴法二四八条は、起訴猶予の基準として、「犯人の性格、年齢及び境遇、犯罪の軽重及び情状並びに犯罪後の情況」を挙げ、改正刑法草案四八条一項は、「刑は、犯人の責任に応じて量定しなければならない」とし、同条二項は、「刑の適用にあたつては、犯人の年齢、性格、経歴及び環境、犯罪の動機、方法、結果及び社会的影響、犯罪後における犯人の態度その他の事情を考慮し、犯罪の抑制及び犯人の改善更生に役立つことを目的としなければならない」としている。しかし、これらはごく一般的な量刑因子にとどまっており、罰金刑に特有の所得や資産に関わる因子を取り込むものとはなっていない。

もっとも、我が国で罰金刑の量定基準が全く議論されてこなかったわけではない。

まず、昭和一五年（一九四〇年）に刑法並監獄法改正調査委員会総会において決議された改正刑法假案は、「罰金ノ適用ニ付テハ犯人ノ資産、収入、信用及犯罪行為ニ因リ又ハ犯罪行為ノ報酬トシテ得タル利益ヲモ参酌スヘシ」（同案五九条）としている。第四章で検討したように、罰金刑の量定に当たって利益を斟酌することは妥当でないものの、この規定は罰金刑の量定基準を示しており、特筆すべきものである。とりわけ犯罪者の信用を取り上げてい

る点が注目に値する。

昭和三六年（一九六一年）に公表された改正刑法準備草案は、「罰金又は科料の適用においては、犯人の資産、収入その他の経済状態をも考慮に入れなければならない」としていた（改正刑法準備草案確定稿四八条）。これは、罰金刑が賦科される犯罪者の経済状態によって苦痛の程度が様々であり、その効果を異にすることに着目した規定である。[8]「犯人の資産、収入その他の経済状態」の判断に当たっては、積極的財産だけでなく、消極的財産を含み、信用力なども取り込まれるとされていた。[9]

改正刑法準備草案を基礎に審議に当たった法制審議会刑事法特別部会第二小委員会では、昭和四一年（一九六六年）九月三〇日の第五九回会議において、改正刑法準備草案と同様の規定について、この種の規定を設けるべきであるとの意見が多数を占めた。[10]しかし、昭和四五年（一九七〇年）一月三〇日の第一三二回会議になると、①経済状態に応じて多額の罰金額とすることは憲法の平等原則に反する疑いがあり、共犯者間で経済状態を理由に罰金額に差を付けるのは不公平な印象を与えること、②略式手続において、犯罪者の経済状態を調査するのは不可能であり、当時の多くの事件では調査が行なわれていなかったこと、③経済状態の調査が不十分であったことや罰金額が経済状態に照らして不相当であることなどを理由とする上訴が著しく増加する可能性があることなどが指摘された。そして、採決の結果、かかる規定を採用しない案（A案）と採用する案（B案）[11]が参考案として審議されることとなった。[12]

このように、量定基準を明示することについて、当初は賛成が多かったにもかかわらず、後に反対が増加したのは、後述する日数罰金制度の採否と連動していると考えられる。日数罰金制度の導入の主要な反対意見として、被告人の経済状態の調査が困難であることが挙げられていた。罰金刑の量定に当たって経済状態を斟酌することを明示する規定が採用されれば、経済状態の調査が行なわれるようになり、日数罰金制度の施行の大きな障害の一つが取り除かれかねないと検察官出身の委員を中心に考えられたためであろう。

結局、我が国では、実務上、犯罪の重大性と行為者の事情として、具体的にどのような因子をどのように取り込むのかについては裁判所に委ねられるとともに、科される罰金刑の多くが低額であることもあって、このような問題にそれほど注意が払われないまま、罰金刑の量定が行なわれてきたのである。

三、アメリカ合衆国における量定基準に関する議論

一方、アメリカ合衆国においては、罰金刑の量定において考慮すべき因子が、条文上、詳細に示されていることが多い。その規定はそれぞれ異なるものの、罰金刑について代表的な規定であると言える連邦法は、以下のように規定している。すなわち、犯罪の重大性などの他の刑事制裁にも共通する一般的な量刑因子に加えて、罰金刑に特有の因子として、⑴被告人の収入、所得獲得能力、資産、⑵被告人に対して罰金刑を賦科した場合と他の刑罰を賦科した場合に、被告人に経済的な扶養を求めうるあらゆる者に課される負担の大きさ、被告人に経済的な扶養を求めるあらゆる者の福祉のために責任を負う政府を含むあらゆるその他の者に科される負担の大きさ、⑶犯罪の結果、他の者に負わされたあらゆる経済的損失、⑷弁償が命じられるかどうか又はなされたかどうか、それらの弁償の額、⑸犯罪から違法に得られた利得を被告人から剥奪する必要性、⑹被告人に科されるあらゆる拘禁刑、監視付釈放（supervised release）又はプロベーションについて政府が負担せざるを得ないと考えられる費用、⑺被告人が罰金刑の支出を消費者又は他の者に対し転嫁する可能性、⑻被告人が法人である場合、法人の規模及び当該犯罪に対し責任を負う法人の役員、取締役、使用人又は代理人を規律するために、又は当該犯罪の再発防止のために、法人に

よりとられたあらゆる方策を考慮しなければならないとされている。[13]

また、連邦量刑ガイドライン（Federal Sentencing Guidelines）は、被告人に支払能力がなく、かつ、将来の支払能力も見込めないことが証明された場合を除いて、原則として罰金刑を科さなければならないとし、犯罪レベル（offense level）に応じてその多額と寡額を定めている。[14] 具体的には、犯罪レベル三以下の場合、多額が五〇〇〇ドル（ＵＳＤ）（約四〇万円。一ＵＳＤ八〇円で換算。以下同じ）、寡額が一〇〇ＵＳＤ（約八万円）とされており、犯罪レベル三八以上の場合、多額が二五万ＵＳＤ（約二〇〇〇万円）、寡額が二五〇〇〇ＵＳＤ（約二〇〇万円）とされている。この範囲内における罰金額の算定にあたっては、(1)犯罪の重大性の反映、法に対する尊敬の促進、公正な処罰の実行及び適切な抑止のための必要性、(2)被告人の所得獲得能力及び資産を踏まえた支払能力、(3)代替的制裁に比べて、罰金刑が被告人及びその扶養家族に及ぼす負担、(4)被告人が行なう又は行なうよう求められている被害弁償又は損害回復、(5)被告人の行為についての民事責任を含む有罪認定に付随する義務、(6)被告人が同種犯罪に対して罰金刑を過去に受けた経験の有無、(7)プロベーション期間、拘禁刑（imprisonment）の期間、監視付釈放の期間にかかると予想される政府の費用、(8)その他あらゆる適切な衡平法上の考慮を裁判所は斟酌しなければならない。[15]

このように、アメリカ合衆国の連邦の制度においては、罰金刑の量定の際に考慮すべき因子が詳細に挙げられている上、量刑ガイドラインも存在するため、我が国に比べて、量刑の均一化を図り、公正・公平な罰金刑を賦科することを可能としており、優れていると言えよう。しかし、アメリカ合衆国においては、もともと罰金刑に想定されていた犯罪行為による国家及び社会の秩序の侵害、例えば、行為の重大性、社会的影響、結果の重大性だけでなく、得られた犯罪収益、[16] さらには、刑事司法機関の法執行にかかった費用までもが考慮すべき因子に含められてきた[17]。すなわち、罰金刑は、その量定の基礎として犯罪に関わるあらゆる事情を取り込んできたのである。その結果、言い渡された罰金額は、犯罪に関わる様々な因子を包含することとなり、行為者にも、被害者にも、そして一般国民にも、算定の根拠がわかり難いものとなってしまっている。

しかも、条文上示されている因子について、判文中で個別の認定が必要かどうかについては、第二章で紹介した被害弁償命令についてと同様、連邦レベルでも巡回裁判所ごとに、判文中で個別の認定が必要であるとするものと[18]、判文中で触れる必要は全くないとするものに[19]、その判断が分かれている。そのため、巡回裁判所の管轄によっては、判決文において各因子がどの程度であったのかを知り得ない場合も存在する。もっとも、たとえ判決文に示されたとしても、行為責任と行為者の事情、特に経済状態を総合的に考慮することとなり、行為責任の量がどれほどなのか、行為者の事情がどの程度斟酌されたのかを罰金額からただちに知ることができない点は我が国と変わりがない。そのため、我が国の総額罰金制度もアメリカ合衆国の総額罰金制度も、日数罰金制度とは異なり、一つの段階で総合的な考慮において科される点で共通している。それゆえ、「行為責任、行為者人格、社会的予測、所得、資産及び損害回復の約束についての無定型な全観点からの非合理的な産物[20]」にすぎないという総額罰金制度に対する典型的な批判を甘受しなければならない。

以上のように、アメリカ合衆国の総額罰金制度は、犯罪に関わる因子を広範に取り込み、さらに行為者の事情も合わせて考慮するため、いかなる理由で罰金額が導き出されたのか、行為者にも、被害者にも、そして一般国民にもわかり難いものとなってしまっている。従って、賦科段階の表示・表現目的に適った量定方法であるとは言えない。また、行為者の法益剥奪に着目して公正・公平な量定を行なっているのかどうかの検証も不可能である。それゆえ、冒頭で提示した第一の要請にも第二の要請にも応えるものとなっていない。総額罰金制度は罰金刑の量定方法として不適切である。

それでは、ドイツの日数罰金制度は罰金刑の量定方法として妥当だろうか。以下では、犠牲平等原則の内容について明らかにすることから始めたい。

第三節　ドイツにおける犠牲平等原則の展開

一、税法学における犠牲平等原則の発展

犠牲平等原則（Grundsatz der Opfergleichheit）は、文字通り、法益剥奪という「犠牲（Opfer）」が、行為者に「平等（Gleichheit）」に科されなければならないことを定めた原則である。問題となるのは、①いかなる「犠牲」が、②どのように科された場合に「平等」と言えるのかということである。以下では、「犠牲」と「平等」を巡って展開されてきた議論を見ることにより、その望ましい内容を明らかにすることとしたい。

そもそも、犠牲平等原則の萌芽は聖書に見ることができる。すなわち、近代以前から、同じ金額を喜捨したとしても豊かな者と貧しい者とで同額の金銭支払の意味が同じでないことが認識されていた[21]。もっとも、聖書においては、同額の金銭支払が「平等」な「犠牲」ではないことが確認されたのみで、両者の概念内容が深化することはなかった。

このような発想が最初に理論化され取り込まれたのは、刑事法においてではなく、租税法においてであった。やがて、一九世紀になると、ジョン・スチュアート・ミル（*John Stuart Mill*）の『政治経済の諸原理（*Principles of*

Political Economy)』により、税法学上の重要な原則へと高められた。すなわち、租税が国家の財政と関係しており、各個人が支払う租税に相応する反対給付が観念できないことから、租税の賦課が同等に分配される場合にのみ租税の賦課が正当化されることが示されたのである。[22] これにより、課税が均等に行われていると言えるためには、租税が同等の「犠牲」を与えていなければならないと理解されるようになった。[23] そして、この「犠牲」が各個人の支払能力（給付能力。Leistungsfähigkeit）に応じて与えられなければならないとの原理が確立されていった。[24]

もっとも、このような議論の中で考えられた「犠牲」の内容は、一義的ではなく、おおよそ以下の三つに分類できる。

第一に、「同等に絶対的な犠牲」を考えることができる。[25] これは、所得や資産に拘らず、同じ絶対量の課税を通して与えられる不利益は各人にとって同じ絶対量であることに着目するものである。すなわち、豊かな者も貧しい者も、同じ金額を支払えば、同じように物品を購入し、サービスの給付を受けることが通常できるため、同じ税額の賦課が同等の犠牲となると理解するのである。[26] この考え方によれば、税額の絶対量が一定となって豊かな者と比べて貧しい者ほど相対的に大きな賦課となるため、実質的に逆進的な課税となる。

第二に、「同等に比例的な犠牲」を考えることができる。[27] これは、各個人の所得や資産に対して相対的なものとなるよう犠牲を位置付けるというものである。ここで言う相対性は、①他の者の所得や資産に対する相対性と、②自己の所得や資産の全額に対する相対性という二重の意味を持っている。この考え方は、税額の絶対量に着目すれば、貧しい者に比べて豊かな者ほどその絶対量が多くなるため、累進的な課税となると言える一方、課税後に残される財産の絶対量に着目すれば、貧しい者に比べて豊かな者ほどその絶対量が多くなるため、実質的に逆進的な課税となるとも言える。

第三に、「同等に限界的な（marginal）犠牲」を考えることができる。[28] これは、課税後に残る各個人の所得や資産の絶対量が同等のものとなるよう犠牲を観念するというものである。この考え方によれば、課税後に残される財産が一定となるように課税がなされるため、課税後に残される財産の絶対量が少なく設定されればされるほど、貧しい者に比べて豊かな者ほど税額の絶対量も相対量も大きくなり、累進的な課税となる。

以上のように、「犠牲」概念をどのようにとらえるかによって、税額が異なることとなる。すなわち、第一に、「同等に絶対的な犠牲」ととらえれば、あらゆる者が同じ絶対量の税額を賦課されることとなる。第二に、「同等に比例的な犠牲」ととらえれば、所得や資産の量の一定割合の税額を賦課されることになる。第三に、「同等に限界的な犠牲」ととらえれば、一定額を超える所得や資産の全てが税額とされ、一定額を超える所得や資産が根こそぎ剥奪されることとなる。

従って、税法学の「犠牲」概念を罰金刑の量定に転用するとしても、どのように「犠牲」をとらえるかによって、罰金刑の制度設計に大きな影響を及ぼすと考えられる。具体的には、「同等に絶対的な犠牲」と理解すれば、行為者の事情を斟酌せず、行為責任のみを算定して罰金額を言い渡せば足りることとなる。これに対し、「同等に比例的な犠牲」と理解すれば、行為責任の量を所得や資産の一定の割合で示すこととなる。「同等に限界的な犠牲」と理解すれば、行為責任の量を残される所得や資産の絶対量で示すこととなる。また、「同等に比例的な犠牲」と「同等に限界的な犠牲」の考えにおいては、罰金刑によって剥奪される額の算定の対象となるのが所得であるのか、資産であるのか、それとも両者を混合的に評価したものなのかも問題となる。そこで、次に犠牲平等原則がどのように刑事法に取り込まれていったかを見ることとしたい。

二、刑法学における犠牲平等原則の発展

刑法学において、犠牲平等原則の詳細な理論化が行われる以前から、罰金刑の量定にあたって、行為責任以外に行為者の事情、特に経済状態を考慮するべきか否かという問題が意識されていた。例えば、ドイツにおいては、いくつかの中世の都市法が行為者の経済状態に罰金刑を適合させるために、罰金額の幅を予定していた。[29] これは、「同等に絶対的な犠牲」が「平等」であることを否定するものであった。もっとも、歴史上、それ以後一貫して行為者の事情が考慮されてきたわけではない。[30] 例えば、カロリナ（Carolina）法典は、経済状態の斟酌を規定していなかった。経済状態の斟酌が一般的に見られるようになったのは、一七六八年のテレジア刑法典（Constitutio Criminalis Theresiana）以降のことであり、啓蒙主義の影響を大きく受けてのことであった。

啓蒙時代において、モンテスキュー（*Montesquieu*）などもこの問題に触れているが、とりわけ刑法学における罰金刑の犠牲平等原則の発展に影響を与えたのは、イタリアのフィランギエーリ（*Filangieri*）であったと考えられる。[31] 彼は、『立法の科学（*La Scienza Della Legislazione*）』において、金銭の絶対量で言い渡される罰金刑による「犠牲」がおよそ「平等」とは言い難いことを詳細に指摘した。すなわち、①私有財産の中核が貨幣ではなく土地であって、多くの者の所有する土地の量に大きな差がないために同じ金額の剥奪がほぼ同じ苦痛をもたらすというそれより前の時代とは異なり、同じ金額の剥奪がほぼ同じ苦痛をもたらすわけではなくなったこと、②貨幣価値の変動により、実際に被る苦痛の量が変化してしまうことを挙げた。その上で、フィランギエーリは、剥奪される金銭の絶対量ではなく、行為者の資産のうちどの程度の割合が奪われるのかを定めなければならないとした。もっとも、フィランギエーリは、罰金刑の刑罰効果を限定的にとらえ、罰金刑の適用は金銭欲求に起因する軽微犯罪の場合に限定されるべきであるとしていた。

以上のように、フィランギエーリは、①犯罪の重大性に応じて罰金刑の量定を行なうこと、②その際、行為者の資産の割合により罰金刑の量定を行なうこと、③罰金刑の適用範囲を軽微な利欲犯に限定すること、④貨幣価値の変動が行為者に与える犠牲に影響しうることを指摘した。このうち、①行為者ではなく、犯罪の重大性に応じて量定を行なうことは、当時、ほとんど争われなかった。また、④貨幣価値の変動の問題は、第一次世界大戦後のドイツにおけるハイパー・インフレーション（hyperinflation）の時期に至るまで、ほとんど議論の対象とされなかった。一方、③罰金刑の適用範囲は、イギリスのベンサム（*Bentham*）により、拡張されることとなった。すなわち、ベンサムは、行為者の資産に比例的に罰金刑を量定することについて、フィランギエーリの言うように、個々の行為者に対して平等であるだけでなく、個々の犯罪に対してもまた平等であると理解し、あらゆる犯罪に罰金刑が適用できると考えたのである。[32] 結局、一九世紀までの議論の中心となったのは、②行為者の資産の割合で罰金刑を量定すべきか否かということであった。金銭の絶対量ではなく、資産の割合で罰金刑の量定を行なう点は、まもなく、大いに賛同を得ることとなった。[33] このように、フィランギエーリは、「同等に絶対的な犠牲」を「平等」でないととらえた上で、「同等に比例的な犠牲」を「平等」ととらえたと考えられる。そして、「犠牲」を何らの制約なく資産だけに比例させようとしたのである。

しかし、資産の割合だけで罰金刑を何らの制約なしに量定することは、徐々に批判され始めた。例えば、クラインシュロット（*Kleinschrod*）は、罰金刑の刑罰効果が一時的なものであると理解していた。[34] その上で、一時的な効果しかもたらさないにかかわらず、資産を過度に剥奪すると、農業、工業、商業などの多くの職業において、その職業の基盤が破壊され、行為者の就業を困難ならしめてしまうとした。そのため、罰金刑の賦科により、行為者の社会復帰が困難になることのないよう、罰金刑の割合を最大で資産の三分の一までに制限しようとした。また、エルステッド（*Oersted*）は、資産に対する一定の割合だけから単純に量定するのではなく、その資産の果たしている役割、所得、家族状況に配慮することが必要であるとした。[35]

このように、クラインシュロットやエルステッドは、単純に無制約に資産だけから罰金刑を量定しようとするフィランギエーリの見解を批判しつつも、資産を基礎に罰金刑を量定するという中核的な部分には賛成していた。すなわち、「同等に絶対的な犠牲」を「平等」でないとし、「同等に比例的な犠牲」を「平等」ととらえた点はフィランギエーリと同じであった。異なるのは、「犠牲」を資産に比例させる際に何らかの制約を設けるか否かという点だけであった。このような資産を基礎に罰金刑を量定するという学説を受けて、一八世紀から一九世紀のいくつかの法令は、罰金刑の量定の際に、行為者の資産を考慮しなければならないと規定した。[36]

これに対し、啓蒙主義の影響を受けて、全資産剥奪（allgemeine Vermögenskonfiskation）が激しい批判の的となると、資産を基礎に量定する罰金刑も全資産剥奪に準じるものとされ、大いに批判を受けることとなった。[37]しかも、国民経済の変化がこの批判を後押ししたとされる。[38]すなわち、フィランギエーリの時代には、労働に対する報酬としての所得よりも資産が経済の中心であったのに対して、この時代になると、労働や資産から得られる所得が経済の中心となってきていたからである。

こうした中、一九世紀後半、ヴァールベルク（*Wahlberg*）は、これまで当然視されてきた、犯罪に対する行為責任のみに応じた量定に正面から疑問を呈した。すなわち、彼は、行為者に着目し、罰金刑の量定を行なわなければならないとしたのである。[39]その結果、個々の行為者の生活状態に罰金刑が適合させられなければならないとして、資産の一定割合で示される画一的な罰金刑の量定は不当であり、資産や所得に適合した量定がなされなければならないとした。ヴァールベルクは、資産がわずかしかない場合、資産が大きい場合と比べて、同じ割合の喪失であったとしてもより大きな影響を被るとして、資産の割合で罰金刑の量定を行なおうとするフィランギエーリの構想を批判した。[40]そして、罰金刑の量定の際には、自由に処分できる金銭の利用の可否及び程度、職業、所得の種類、存在する債務、家族状態に配慮しなければならないとした。このようなヴァールベルクの考え方は、一九世紀から二〇世紀にかけての行為者への着目、特に社会復帰を重視する考え方と軌を一にするものであった。この時期、各種の法律大会で、罰金刑の量定の際に被告人の経済状態が個別に斟酌されなければならないということが相次いで確認されていたのである。[41]そもそも、クラインシュロットが罰金刑賦科後の行為者の社会復帰を意識することにより、また、エルステッドが行為者の経済状態を広範に斟酌すべきとしたことにより、罰金刑賦科の際に行為者の事情を考慮する萌芽が生じていたと言えよう。こうして、行為者への着目は、これまで意識されてきた、犯罪の重大性をどのように量定するかという問題に加えて、行為者の事情をどのように斟酌して個別に量定するかという問題をも罰金刑の量定に突きつけることとなった。かくして、資産だけでなく、所得も考慮する下で、「同等に比例的な犠牲」を図ることが「平等」であると認識されることとなったのである。

罰金刑の量定における資産への傾斜を否定しつつ、行為者に着目して量定を個別化しなければならないという要請は、一九世紀の所得税（Einkommensteuer）の隆盛と相まって、主たる関心を行為者の資産から収入及び所得へと移すこととなった。その契機となったのが、国民経済学者のザイドラー（*Seidler*）の論文である。

ザイドラーは、国民経済学と社会政治学の視点から、罰金刑を所得税に対応して変形することを主張した。[42]彼は、①国民経済学上、資産を把握しようとすることが公的な経済利益を侵害すること、②資産の種類次第で、多かれ少なかれ剥奪が軽いものとされうることを根拠に、資産の一定割合で示される罰金刑を批判した。その上で、ザイドラーは、犠牲平等という経済学的な原理に対応して、特に所得税において見られたように、所得を基礎として罰金刑も算定されなければならないとした。また、彼は、罰金刑においても、所得税においても、納税義務者がその経済状態に対応する金銭支払義務を負う以上、納税義務者に主観的に同じ効果が生じなければならないとし、それゆえに、所得が増えれば増えるほど刑罰量が累進的に上昇すべきであるとした。さらに、所得を資産からの所得とそれ以外の所得の二つに区別した。そして、この論文を受けて、(a)所得に応じて罰金刑を量定すること、(b)その際、所得税率に従って累進的に罰金刑を量定すること、(c)罰金刑の算定の際に所得の種類を二つに区別することが刑法学者の間でも広範に支持されるに至った。[43] こうして、資産ではなく、所得に依存した「同等に比例的な犠牲」を「平等」と考えることが一般化した。

もっとも、所得税の議論をそのまま受け入れることは、徐々に反発を招くこととなる。まず、(a)所得税のように、所得だけに依拠することが批判された。[44] これは、資産は多いものの、そこからの所得が少ない行為者にとって、罰金額が低く算定されることとなり、公正を失すると考えられたからである。また、(b)そもそも、所得税率を定める税制は、豊かな者にとって、実際上、軽い負担に留まっており、たとえ累進的なものであったとしても、不十分であり、公正でないと意識されていた。それゆえ、(a)罰金刑を所得だけから量定することは否定され、所得を基礎に他の要素を斟酌しつつ量定することが支持されるようになるとともに、(b)累進的な量定を支持するという税法に依拠した考え方は徐々に少なくなっていった。[45] 他方で、(c)資産からの所得とそれ以外の所得の二つに区別することは、そのまま受け入れられた。このように、所得だけでなく、行為者に関わるあらゆる因子を考慮するという従来からの考え方の下で、[46]「同等に比例的な犠牲」を図ろうとする考えが有力となった。

三、日数罰金制度の登場とドイツにおける草案

このように、罰金刑の量定の際、犯罪の重大性だけでなく、行為者の事情を所得を基礎としつつ考慮することが要請されるようになる中、日数罰金制度が提案された。日数罰金制度の淵源は不明確であるが、一九世紀のポルトガル刑法にその萌芽を見ることができるとされる。(47) そして、二〇世紀になって、デンマークのトープ（*Torp*）、スウェーデンのチュレーン（*Thyrén*）、ノルウェーのゲッツ（*Getz*）によって今日の原型が作られたと考えられている。(48) 日数罰金制度は、行為責任の量を示す「日数」と行為者の個別の事情を斟酌する「日額」の二つに量定段階を区別し、「日額」の量定において犠牲平等を図ろうとするものであった。(49) そして、日数罰金制度は、まず、北欧諸国で採用されることとなった。(50) 一九二一年にフィンランドで、(51) 一九三一年にスウェーデンで、(52) 一九三九年にデンマークで(53)日数罰金制度が導入されたのである。

北欧諸国の日数罰金制度の導入を受けて、ドイツにおいては、総額罰金制度について行為責任と行為者の事情を総合的に判断する結果として行為責任の量や行為者の事情の斟酌の程度が罰金額からは不明確な上、豊かな者には苦痛が小さくなりがちで有効性を欠くと考えられていたこともあり、(54) 徐々に日数罰金制度が支持されるようになった。しかし、北欧諸国とは異なり、直ちに具体的な制度の整備がなされたわけではなかった。

ドイツにおける二〇世紀初頭の草案は、いずれも、分割払（分納）、支払猶予（延納）、利欲目的の場合の付加刑としての罰金刑の利用、行為者の経済状態に罰金額を適合させることをその内容としていた。(55) すなわち、ドイツ刑法総則準備草案（一九〇九年）（VE 1909）(56)、ドイツ刑法準備草案対案（一九一一年）（GE 1911）(57)、刑法委員会決議によるドイツ刑法総則準備草案（一九一三年。刑法委員会草案）（KE 1913）(58)、一九一九年ドイツ刑法総則草案（E 1919）(59)、一九二二年ドイツ刑法総則草案（ラートブルフ草案）（Radbruch-Entwurf; E 1922）(60)、一九二五年ドイツ刑

法総則公式草案（帝国参議院法案）（E 1925）[61]、一九二七年ドイツ刑法総則草案（帝国議会法案）（E 1927）[62]、一九三〇年ドイツ刑法総則草案（カール草案）（Entwurf Kahl; E 1930）[63]がそれぞれ規定していた。

また、ヴァイマール期には、一月以下の自由刑を科すときに、罰金刑により刑罰目的が達成されうる際には、自由刑に代えて罰金刑を科すことができると定めていた一九一九年ドイツ刑法総則草案を受け[64]、一九二一年一二月二一日罰金刑の適用領域の拡大及び短期自由刑の制限に関する帝国法（Reichsgesetz zur Erweiterung der Anwendungsgebiets der Geldstrafe und zur Einschraenkung der kurzen Freiheitstrafen. vom 21. 12. 1921）が[65]、軽罪において、罰金刑の定めがない場合又は自由刑との併科が認められている場合で、三か月以下の自由刑を科すときに、罰金刑により刑罰目的が達成されうる際には、自由刑に代えて一五万帝国マルク（RM）以下の罰金刑を科すこととするなど[66]、罰金刑の適用を拡大しようとする動きも見られた。しかし、その適用拡大の最大の障壁とも言える犠牲平等の問題について見ると、いずれの草案も、刑法典[67]を大きく変えることなく、総額罰金制度の下で行為者の経済状態を考慮するよう求めるに留まっていた。そして、罰金額を行為者の経済状態に適合させるために経済状態の調査が欠かせず、特に税務当局からの情報提供が有益であるものの、権利の保障や手続に大きな問題があることが認識されていた[68]。

さらに、ナチス＝ドイツ期には、それまで全有罪確定人員の五〇％以上に適用されていた罰金刑が徐々に忌避されるようになり、一九四一年以降は、四七・六％（一九四一年）、四一・二％（一九四二年）、三五・一％（一九四三年上半期）と罰金刑が適用される割合は急激に低下した[69]。また、罰金刑は自由刑との併科が原則とされるとともに、ともすれば全資産の剥奪とも言える恣意的な罰金額の賦科が見られるなど[70]、どのような「犠牲」を「平等」と考えるのかという探究や具体的な制度改革への歩みは、むしろ後退することとなった。この時期には、一般予防の実現と国家の権威の徹底が刑法理論の中核原則となったこともあって[71]、一九三六年ドイツ刑法総則草案（ギュートナー草案）（Entwurf Gürtner; E 1936）は、罰金刑を「共感されず、賞賛されない刑罰手段」であると位置付け、その適用領域を非常に軽微な犯罪や利欲目的の場合などに限定しようとした[72]。もっとも、一九三六年ドイツ刑法総則草案は、ドイツの立法史において、日数罰金制度の影響を初めて受けた草案であった。一九三六年ドイツ刑法総則草案は、日数罰金制度を既に導入していたスウェーデンの制度を参考にして、罰金額の上限を平均的な日収（Tageseinkommen）を踏まえて決定することを求めたのである[73]。しかし、一九〇九年のドイツ刑法総則準備草案以来の罰金刑改革の動きは、第二次世界大戦により中断され、戦後の混乱の中で停滞することとなった[74]。

ドイツにおいて、このような停滞状況が変化するのは、旧・西ドイツで一九五四年四月六日に設置された大刑法委員会（Grossen Strafrechtskommission）以後のことである[75]。この時期以後、犠牲平等の議論は、日数罰金制度の導入の可否とその具体的な制度内容に集中することとなった。特に犠牲平等を実現するために、日額をどのように定義するかをめぐって、激しい議論が交わされることとなったのである。以下では、節を変えて、ドイツの日数罰金制度において犠牲平等原則がどのようにとらえられ、どのように具体化されたのかを見ることとしたい。

第四節　ドイツの日数罰金制度における犠牲平等原則

一、立法提案

これまで見てきたように、「同等に絶対的な犠牲」を「平等」ととらえることは古くから否定されてきた。これに対し、「平等」を図ることができると考えられてきたのは、「同等に比例的な犠牲」であった。もっとも、いかにして比例性を確保するかについては、かなり争いがあった。すなわち、フィランギエーリのように資産だけを考慮する見解から、ザイドラーのように所得だけを考慮する見解まで多岐に分かれており、「犠牲」の内容はなお一義的ではなかった。しかも、これらの見解は、日数罰金制度が考え出される以前の総額罰金制度の下で提唱されたものであり、日数罰金制度に合致するかという問題も存在していた。それゆえ、犠牲平等をどのように日額に反映させるかという問題も簡単に解決されなかったのである。[76] 以下、旧西ドイツにおける動きを見ることとしたい。

まず、フレンケル（*Fränkel*）が行なった立法提案において、日額（Tagesbuße）は、その扶養義務及びその他の適切な支払義務の考慮の下で、獲得されうる収入（Einkünfte）、利用可能な資産、実際の生活様式に基づき、極度に倹約させた場合に日々支払が要求されうる金額として定義された。[77] この定義は、日額の算定方法を具体化しようと努めるものであった。そして、それまで圧倒的な支持を集めてきた「同等に比例的な犠牲」ではなく、「同等に限界的な犠牲」を具体化しようとする萌芽であったと言える。

もっとも、「同等に限界的な犠牲」の具体化が直ちに進められたわけではない。フレンケルの提案は、根本理念として否定されなかったものの、裁判所の裁量を著しく狭めるもので実務上の困難をもたらすとして、一九五六年ドイツ刑法総則草案（E 1956）と一九六〇年ドイツ刑法草案（E 1960）では、日額は行為者の人的及び経済的状態を自由に考慮する下で量定されなければならないとされるに留まったのである。[78] このような規定は、大刑法委員会の最終的な草稿となり、一九六二年内閣草案（E 1962）にも受け継がれた。[79]

一九六二年内閣草案は、日数罰金制度について以下のように規定した。[80] 第一段階として、日数（Tagessätzen）が量定される。[81] 法律が特段の定めを行なっていない場合、日数の下限は一日、上限は三六〇日とされる。[82] 第二段階として、行為者の人的及び経済的状態の考慮の下で日額（Höhe eines Tagessatzes）が量定される。[83] 日額の下限は二DM、上限は五〇〇DMとされる。[84] 行為者がその所得、資産及び他の基礎について日額の量定のために十分な情報を提供しない場合、裁判所はそれらの因子について推定して日額を決定することができる。[85] 判決の際には、日数及び日額が言渡されなければならない。[86] 不払の場合、日数一日が一日の代替自由刑に転換される。[87]

そもそも、行為者の人的及び経済的状態の考慮の下で日額が量定されるとの規定は、刑法典が総額罰金制度の下で行為者の経済状態を斟酌して罰金額を決定するよう求めていたことと類似するものであった。[88] かくして、日額の量定の問題が日数罰金制度の中心的課題であると認識されたにもかかわらず、[89] 日数と日額を分けて量定する点こそ異なるものの、日額が従前同様、非常に広い自由裁量の下で決定されることとなり、「犠牲」の内容が曖昧で、「平等」をどのように確保するのか不明確なままとされてしまったのである。そして、このような発想は、自由刑に比べて、罰金刑が軽い刑罰であることを踏まえ、[90] 許されない行為であることを公的に認定して再発防止を求める訓戒刑（Denkzettelstrafe）[91] として罰金刑を位置付けるだけであった従来から存在した考え方を引き継ぐものであり、罰金刑の有効性を高める完全な制度ではなかったのである。[92]

これに対し、バウマン（*Baumann*）らによる対案（AE）は、日数罰金制度について、以下のように規定した。[93] 第一段階として、所要時間（Laufzeit）が日数（Tagessätzen）、週数（Wochensätzen）又は月数（Monatssätzen）で量定される。[94] 所要時間の下限は一日、上限は二四か月とされる。[95] 第二段階として、判決の言渡し時点の行為者の人的又は経済的状態の考慮の下で、日額（Höhe des Tagessatzes）、週額（Höhe des Wochensatzes）又は月額（Höhe des Monatssatzes）が量定される。[96] その際、行為者に少なくとも生計最小費（Existenzminimum）として賃金差押えをされない額を残すよう量定しなければならない。[97] 日額の下限は五DM、週額の下限は三五DM、月額の下限は一五〇ＤＭとする。[98]行為者がその所得、資産及び他の基礎について日額、週額又は月額の量定のために十分な情報を提供しない場合、裁判所はそれらの因子について推定して日額を決定することができ、税務当局及び銀行から情報を入手することができる。[99]判決の際には、日数、週数又は月数、日額、週額又は月額及び支払日が言渡されなければならない。[100]支払日は、所得が獲得される度に設定される。[101]すなわち、週額は毎週、月額は毎月支払われなければならない。[102]なお、有罪判決を受けた者の責任なくして不払となった場合、又は日額、週額若しくは月額があまりに高く量定された場合、執行裁判所は支払日及び日額、週額又は月額を事後的に変更することができる。[103]大災害の場合、言渡された罰金刑は免除される。[104]不払の場合、日数一日が一日の代替自由刑に転換される。[105]

対案は、金銭を自由の結晶（geronnene Freiheit）と考え、罰金刑を「所要時間の金銭刑（Laufzeitgeldstrafe）」とし、生活水準を一定期間制約する刑罰として位置付けた。[106]対案は、行為者に少なくとも生計最小費を残すよう量定しなければならないとし、それ以外の額を日額、週額又は月額として剥奪するとしたのである。この考えは、生計必要費以外を剥奪するという「同等に限界的な犠牲」を図ることが「平等」であるとするものであった。このようにして、「同等に限界的な犠牲」を図ることは、罰金刑の支払を所得の得られるたびに求めることと相まって、罰金刑の感銘力を高めるとされたのである。[107]そして、行為者の所得、資産及び他の基礎についての情報提供を求めることは、日額の量定の際、行為者の所得だけでなく、資産や他の基礎を取り込んで「同等に限界的な犠牲」を算定しようとするものであったと言える。

二、ドイツにおける日数罰金制度の概要

このように、「同等に限界的な犠牲」を日数罰金制度において実現しようとする動きが急速に高まり、立法に結実

することとなった。一九六九年七月四日に成立した第二次刑法改正法（2. StrRG）[108]により、日数罰金制度が採用され、一九七三年七月三〇日第二次刑法改正法施行法（Gesetz über das Inkrafttreten des Zweiten Gesetzes zur Reform des Strafrechts vom 30 Juli 1973）[109]に基づき、一九七五年一月一日に施行されることとなった。そこで、まず、そのようにして作られた日数罰金制度を概観し、整理しておくこととしたい。

第一段階として、日数が量定される。[110]日数は、刑の量定の一般的な原則に従って判断され、[111]行為責任の量を表すこととなる。日数の下限は五日であり、上限は原則として三六〇日であって、[112]併合罪の場合にはその二倍の七二〇日となる。第二段階として、日額が量定される。[113]裁判所は、人的及び経済的状態を考慮して日額を判断する。すなわち、人的状態として行為者の健康状態、家族の状況及び社会的地位などを評価し、経済的状態として行為者の所得などの正の側面と必要とされる出費などの負の側面を斟酌する。その際、通常、行為者が平均して一日に得る又は得ることができる実所得を判断の出発点としなければならない。[114]そして、日額の量定のために、行為者の所得だけでなく、資産及びその他の基礎を考慮に入れることができる。[115]日額の下限は、二DMとされ、上限は、一万DMとされていたが、EURの導入により、下限が一EUR（約一〇〇円。一EUR一〇〇円で換算。以下同じ）とされ、上限が五〇〇〇EUR（約五〇万円）とされるに至った。[116]その後、二〇〇九年の改正により、[117]上限は三万EUR（三〇〇万円）に引き上げられた。

裁判所は、判決において日数と日額を言渡されければならない。[118]行為者が支払うこととなる罰金総額（Geldstrafesumme）は、日数と日額の積により求められることとなる。それゆえ、その下限は日数五日で日額一EUR（約一〇〇円）の場合の五EUR（約五〇〇円）となり、その上限は原則として日数三六〇日で日額三万EUR（約三〇〇万円）の場合の一〇八〇万EUR（約一〇億八〇〇〇万円）、併合罪の場合、日数七二〇日で日額三万ＥＵＲ（約五〇万円）の場合の二一六〇万ＥＵＲ（約二一億六〇〇〇万円）となる。このように、剥奪される財産の量を明らかにするために、罰金総額を導き出す必要があるものの、総額罰金制度とは異なり、行為責任と行為者の事情を区別して量定することを守らせようとするため、罰金総額だけを判決において言渡すことは許されない。[119]

そして、行為者は、このようにして導かれる罰金総額を原則として直ちに全額支払わなければならない。例外的に人的及び経済的状態から有罪認定をされた者に対して即時の全額支払を求めえない場合、裁判所は支払猶予（延納）又は分割払（分納）を認めることができる（支払条件の緩和。Zahlungserleichterung）。[120] 分割払とされたにもかかわらず、期限までに支払われなかった場合、裁判所は、即時に残額全額を支払わせるようにすることができる。[121]

このようにして科された罰金刑が不払となった場合、罰金刑の日数一日につき、自由刑一日へと自動的に転換される。[122] かかる自由刑は、罰金刑執行のための強制処分ではなく、真正の自由刑である。[123] 分割払によって罰金刑の一部が支払われた場合に残額だけを自由刑と転換するために、代替自由刑の下限は罰金刑の日数の下限の五日よりも少ない一日とされている。[124]

ドイツにおける日数罰金制度導入の影響として、①罰金総額が高額となる賦科が増加したこと、②自由刑などと比較して、罰金刑が三か月以下の最も軽微な刑事制裁として機能していること、③大部分の事例において、被告人の経済状態について証明する情報が得られていないため、透明化されたはずの量刑にかかる情報が含まれていないこと、④被告人の月収について検察官と裁判所が情報を得ている場合、この情報が日額の算定の基礎として扱われていること、⑤被告人の月収が検察官と裁判所に知られていない場合、日額に関する重要な評価基準として専門的な態度により判断されているように思われること、⑥被告人の経済状態以外の人格や社会的地位は日額に影響を及ぼしていないこと、⑦日額の量定などにおいて役割を果たしている判断基準は総額罰金制度と比較して異なるものではないということが日数罰金制度導入直後の一九七五年の刑事統計を分析した結果として挙げられている。[125]

三、実所得原理と侵害原理

このような立法を行なう際に、「同等に限界的な犠牲」を求めることが平等とされることはおおむね一致が見られたものの、「同等に限界的な犠牲」を判断するために、いかなる因子を取り込むかについて、二つの考え方が対立することとなった。実所得原理（Nettoeinkommenprinzip）と侵害原理（Einbußeprinzip）である。この二つの考え方は、日額を左右するだけでなく、後述のように、制度設計の基礎となる構想を大きく異にするため、以下では、二つの考え方の違いとどちらの考え方がいかなる理由で立法に採用されたのかを見ることとしたい。

まず、実所得原理は、行為者が得る所得から生活のために必要な支出を差し引いた実所得（Nettoeinkommen）を全て剥奪しようとするものである。従って、実所得原理においては、日々の実収益をそのまま日額とすることになる。[126] そのため、現実に支払が可能であるかという問題は、支払方法の判断の段階に持ち越され、支払条件の緩和を行なうかが判断される。[127] これに対し、侵害原理は、おおよその実所得を基礎にして行為者にいかなる侵害（Einbuße）を求めうるかを斟酌し、日額を決定するものである。それゆえ、侵害原理においては、所得だけでなく、扶養義務やその他の適切な支払義務、さらには職業や健康状態などの人的状態を考慮しつつ、得うる所得、利用可能な資産及び実際の生活様式に基づき、行為者に日々平均して求めうる金額を日額として対応させることとなる。[128] このように、実所得原理も侵害原理も、所得（Einkommen）を出発点とする点では同じであるが、侵害原理においては、実所得原理とは異なり、日々平均していかなる金額が行為者に侵害として要求されるべきであり、要求されるべきではないかという判断を経て日額が決定される上、侵害として罰金総額の大きさが妥当かについても判断されるため、実所得は単なる通過点にすぎないこととなる。[129] 貧しい行為者の場合、通例、侵害として要求しうる額が実所得よりも小さくなるため、罰金総額は実所得原理よりも侵害原理のほうが低額になるのに対し、豊かな行為者の場合、資産の多さを考慮することによって、侵害として要求しうる額が実所得の数倍とされるなど、実所得よりも大きくなりうるため、罰金総額は実所得原理よりも侵害原理のほうが高額になることもありうる。[130]

このように、日額判断の段階では、実所得原理が実所得を杓子定規に剥奪しようとするのに対し、侵害原理は、日額判断の段階で、行為者の事情、例えば資産の多寡や人的な生活状態といった因子を取り込んで、日額を行為者の事情によりよく適合することを可能にし、日々平均して要求しうる金銭喪失をもたらすことができるという長所を有していた。[131] また、軽微及び中程度の犯罪行為について、実所得全てを剥奪することは重きに失し、自由刑を代替する制裁として罰金刑を利用しようとすることを妨げてしまうこととなるとの懸念もあった。[132] それに加えて、既に日数罰金制度を導入しており、改正の模範とされた北欧では、侵害原理が一般的であった。[133] それゆえ、当初の改正論議や草案においては、妥当な日額を導きうると考えられた侵害原理が妥当なものとされ、いかなる侵害が要求されるべきかということが争われるのみであった。[134] 例えば、差押えの対象とならない額だけを残して全て剥奪すると定めた草案は厳しすぎると対案の提唱者から批判されるなどしていた。[135]

しかし、侵害原理を採用することにより、大多数を占める豊かでない行為者にとっては、日々平均して要求されるべき侵害、すなわち日額が低額と判断され、従来の量刑実務に比べて罰金総額が一般的に低下する可能性が高いことが指摘されると議論状況は一変した。[136] 罰金刑において犠牲平等を確立することにより、短期自由刑に代わって罰金刑を活用して短期自由刑の弊害を回避しようとしても、かえって罰金総額が従来よりも低額であるため、多くの事案で罰金刑の適用が回避され、従来罰金刑が適用されていた事案に自由刑が選択されるようになってしまうのではないかという懸念が広まった。その中でも特に槍玉に挙げられたのが、罰金刑の適用において多くを占めていた単純な飲酒運転の事案の取扱いであった[137]。実務上、飲酒運転の初犯者に対して、実月収に相当する金額を罰金刑として科すことが慣例となっていた。これを日数罰金制度に単純に置き換えると日数三〇日となる。日額の算定において侵害原理を採用すれば、豊かでない多くの行為者の場合に日額が低く抑えられることにより、罰金額の水準が一般的に下がってしまうため、望ましくないとされたのである。もっとも、それだけの理由であれば、単純な飲酒運転に対して科される日数を上積みすることで、罰金総額を上昇させ、罰金総額から見た従来の量刑水準を継承することも可能であり、実所得原理を採用しなければこの問題を回避できないわけでもなかった[138]。にもかかわらず、侵害原理の不当さが強調された結果、実所得原理が妥当であるとされ、現行法に採用されることとなった。

もっとも、実所得原理を厳格に適用することには無理があった。なぜなら、実所得全てを剥奪するという形で実所得原理が厳格に適用された場合、資産を有する行為者が資産を取り崩すことにより罰金刑を支払うことが可能である一方、資産を全く持たない行為者は、即時に罰金総額を支払うことができず、生計が完全に破壊されてしまいかねないからである[139]。それゆえ、刑法典は、単純に一日の「実所得」を日額とするのではなく、一日の「実所得」を、「通常」、「出発点」として日額の算定を行なうと規定することとなった。ここから窺えるのは、「実所得」を強調するということだけであり、「犠牲」をどのように判断し、「平等」を実現していくのか、すなわち、「実所得」の内容に加えて、「実所得」を「出発点」として他のいかなる因子をどの程度取り込んでいくのか、検討の余地が残されたと言うことができる[140]。そして、そもそも、「出発点」である「実所得」ですら、必ずしもその内容が明確ではなかったのである。

四、「実所得」の内容

（一）「実所得」概念の不明確性

それでは、このような制度において、日額算定の出発点となる「実所得」はどのように定義されるのであろうか。歴史的に見て、実所得原理自体に模範となるべきものがなかったこともあって、[141]「実所得」概念も、刑法典において新しいだけでなく、法律の規定として私法においても目新しいものであった。[142] それまで、「実所得」という用語は、実務上、差押え順位表において見受けられたにすぎなかったが、これは法律上の規定ではなく、しかもその主眼は実債務にあり、行為者の経済的能力に主たる関心を有する日数罰金制度とは異なる面を持っていた。[143] それゆえ、「実所得」は、特殊な刑法的量であり、その定義を刑法独自に行なわなければならなかった。[144] 一面では、「実所得」概念が不明確であり、「実所得」概念の理解が統一されているとは言い難い状況は、詳細で硬直的な規定がなされている場合に比べて、人的及び経済的状態を自由に量定することができるとして肯定的に評価することもできる。[145] ドイツ連邦最高裁判所（ＢＧＨ）は、日額の量定を量刑の一部として司法的評価に服せしめるとしており、日額の量定が裁判所の裁量の範囲内にあるととらえている。[146] もっとも、日額の量定を広範な裁量にかからしめれば、犠牲平等の実現を妨げかねないため、「実所得」の定義を可能な限り詳細に行なう必要がある。以下、検討することとしたい。

（二）財政学上の「所得」概念

そもそも、「実所得」は「実（Netto）」という要素を含むため、ある数値から別の数値を差し引くことが予定された、超過する所得であると言える。[147] そこで、「実所得」算定の基礎となる「所得」の内容がまず問題となる。

「所得」について問題となるのは、どこまでを「所得」として含むか、具体的には、相続財産や宝くじの当籤金などの偶然の又は尋常でない収益や、売却による利得を含むかどうかということである。租税法や社会保障法の領域など、多くの法領域において、経済的能力の適切な調査のために所得概念を確定することが必要とされてきたものの、統一的な所得概念が形成されてきたわけではなかった。(148)既に見たように、一九世紀の所得税の隆盛を受けて、ザイドラーにより罰金刑の量定も所得税の考え方にならうよう提唱されたこともあって、罰金刑に影響を与えてきたのは、財政学上の所得概念であった。(149)こうした財政学上の所得概念のうち、所得源泉説（Quellentheorie; source of income theory）と純資産増加説（資産純増説。Reinvermögenszugangstheorie）の二つが主に対立してきた。(150)

まず、所得源泉説は、ヴァグナー（*Wagner*）、ノイマン（*Neumann*）、プレーン（*Plehn*）らが提唱したもので、所得は、ある者及びその者に生計が関係する法律上割り当てられる者（扶養家族）の人的な欲求を賄うために財を産み出す規則性（Regelmäßigkeit）又は反復継続性（recurrence）を有する絶え間ない源泉（Quellen; source）であって、一定期間内に収益として個人の自由処分が可能となった現実化した財の総体と定義される。(151)それゆえ、規則的に財を産み出す点をとらえて、周期説（Periodizitätstheorie）・反復継続説（recurrent theory）とも呼ばれる。従って、所得源泉説における所得の対象となるものは、(a)人的な欲求充足のための獲得に結び付けられるもので、(b)通常繰り返し獲得することが想定される財を産み出す個々の源泉からなるものに限定される。すなわち、(a)人的な欲求充足という財の利用目的と、(b)所得の発生のための規則性や継続反復性の条件の双方を満たすものに限定される。例えば、所得をもたらしうる源泉として、金銭資本、土地所有、企業活動、純粋な労働活動、繰り返し金銭を得る権利としての採掘権などが考えられる。これに対して、源泉自体の価値変化や価値の異常増加、相続財産、贈与物、宝くじの賞金などは規則性や継続反復性が予定されたものではないため、源泉に含まれず、所得とはとらえられない。[152] 売却が予定されているような流通資産は継続的に所得をもたらすものと考えられるため、所得に含まれるが、個人的な資産や営業上の投資資産の売却取引は一回的なものであるため、所得には含まれない。[153] 所得の対象となる場合、源泉からもたらされる粗所得からその源泉の取得及び維持などのために要した財の消費を控除した残額が所得となる。[154]

これに対し、その者の支払能力を正確に表そうと、所得概念をより広くとらえるのが純資産増加説である。その主唱者と言えるシャンツ（*Schanz*）は、ある者の一定期間内の純資産の増加を所得であるとした。[155] この見解によれば、所得は第三者の用益（Nutzungen）及び金銭的価値を持つ給付を含んだ一定期間内の資産の純粋な増加を意味することとなる。それゆえ、あらゆる種類の純利益、用益、第三者による金銭的価値を持つ給付、あらゆる贈与物、相続財産、宝くじの当籤金、保険金、保険契約により支払われる年金、あらゆる種類のキャピタル・ゲインなどが含まれる。[156] ここでは、債務の利払や資産の減少を控除することにより、対象となる者の自由に処分できる額が導き出される。この説は、財産の増加という現象を問題とするため、所得源泉説とは異なり、源泉の種類を問題としない。すなわち、所得源泉説で着目される、(a)人的な欲求充足という財の利用目的や、(b)所得の発生のための規則性や継続反復性の条件は所得に該当するかを判断する際に無関係なものとされるのである。[157] それに代わって、金銭や財産的権利の獲得の面に着目するため、財産の現実的な価値上昇又は価値下落こそ含まれないものの、例えば、自己財産の直接の利用やその可能性、さらには第三者による用益及び給付を含んだ純利益をも所得として評価する。それゆえ、各個人の経済活動からの利益、すなわち一定期間内の生産又は獲得から由来する価値から、利益を得るためになされた消費、例えば支払済み又は支払予定の債務、利用された原料、修繕費用、損耗及び価値減少（減価償却費）を控除した額が所得となる。さらに、反対給付がなく、利益獲得のための経済活動により生じない、贈与物や相続財産といった第三者による便益（Aufälle）や補助金も所得に取り込まれることとなる[158]。こうしたシャンツの純資産増加説は、一九二〇年代から一九三〇年代にかけて、ヘイグ（*Haig*）やサイモンズ（*Simons*）が示した包括的課税所得（comprehensive taxable income）概念の先駆をなす重要な学説であり、その後の世界各国の所得税の在り方に大きな影響を与えたとされる[159]。

このように、所得源泉説と純資産増加説は、財の増加を問題とする点で共通しているものの、対象となる財の増加の範囲が異なっている。すなわち、所得源泉説が、(a)人的な欲求充足という財の利用目的と、(b)所得の発生のための規則性や継続反復性の条件を設定して限定を図っているため、例えば、贈与物、相続財産、宝くじの当籤金、一回的な売却取引から得られた財を所得の対象外とするのに対して、純資産増加説は、単純に財の増加に着目しているため、それらから得られた財や自己財産の利用による利益も所得の対象となる[160]。

(三)　財政学上の「所得」概念の税法への影響

両説の対立は、税法上の変遷に見てとることができる[161]。プロイセン所得税法（Preusische Einkommensteuergesetz）[162]も、一九二〇年三月二九日帝国所得税法（REStG 1920）[163]も、偶然又は異常な収益、例えば、贈与物、相続財産、婚礼支度金、持参金、宝くじの当籤金などを所得に含めていなかった。これらの法律の所得概念において目立っていたのは、源泉にあたるか否かの区別、すなわち、営業的な所得種類と私的な所得種類との区別であったため、おおむね所得源泉説に立脚していたと言える[164]。もっとも、売却からの利得についてプロイセン所得税法が投機の意図が存在する場合に限って所得の対象となるとし、一九二〇年帝国所得税法が投機の意図に関わらずおよそ所得の対象であるとするなど、人的な欲求充足という財の利用目的と、(b)所得の発生のための規則性や継続反復性の条件に関心を有する所得源泉説が貫徹されていたわけではなかった。

しかし、所得源泉説の徹底が不公正な結論を導くことは早くから意識されていた。所得源泉説が所得から排除しようとする、偶然の又は尋常でない収益や個人的な資産や営業上の投資資産の売却取引からの利得を所得税算出の際に評価しないならば、納税者の経済的能力を適切に斟酌できず、不公正となりかねないと考えられたからであった。[165] 先に述べたように、おおむね所得源泉説に依拠しながら、プロイセン所得税法が投機の意図による売却取引からの利得を所得の対象とし、一九二〇年帝国所得税法がその範囲を拡大して売却取引からの利得をおよそ所得の対象に含めるとしたのは、その証左であったと言える。もっとも、所得源泉説を基礎に置く以上、偶然又は異常な収益を所得の対象とし難く、不公正はなお回避できないままであった。また、源泉にあたるか否かを立法上列挙することは困難であった。こうした批判は、やはり所得源泉説に依拠すると考えられる一九二五年八月一〇日帝国所得税法（REStG 1925）にも妥当する。[166] それゆえ、所得源泉説は徐々に支持を失い、源泉にこだわらず、単純に財産増加を問題とする純資産増加説が通説化した。こうした中、一九三四年一〇月一六日帝国所得税法（REStG 1934）[167] は、個々の所得の種類ごとに存在する損失及び特別支出を控除した後に残る額を所得とすることを規定した。[168] 立法の際に、法律が所得概念についての財政学の議論を何ら左右するものではないと明言されていたものの、一九三四年帝国所得税法はおおむね純資産増加説に依拠したと言うことができる。[169]

我が国でも、第二次世界大戦以前の所得税は、所得源泉説に基づくものであったものの、第二次世界大戦後のシャウプ勧告を受け、現在の所得税法（昭和四〇年法律第三三号）は、他の所得類型に属さない所得を雑所得（同法三五条）として課税することとし、純資産増加説・包括的課税所得概念に沿うものとなった。[170]

ドイツの現行所得税法（EStG）[171] は、課税の範囲を「納税されるべき所得（versteuernde Einkommen）と規定した。[172]そして、「納税されるべき所得」は、「所得総額（Gesamtbetrag der Einkünfte）」[173]から、「特別支出（Sonderausgabe）」[174]及び「尋常でない負担（Außergewöhnliche Belastung）」[175]を控除して算出される。[176]こうした算定方法は、罰金刑の量定の参考となりうると考えられるため、次に、「所得総額」、「特別支出」、「尋常でない負担」の内容を順に見ていくこととしたい。

まず、「所得総額」とは、課税可能で納税義務の存在する収益（Einnahme）から納税義務者がこれらの収益を得ることに関連してなされた支出を控除した残額である。そして、収益は、金銭又は金銭的価値として存在し、非自営業の労働からの所得、[177]資本資産からの所得、[178]賃貸からの所得、[179]その他の所得の種類の枠組において納税義務者に与えられるあらゆる財とされている。[180][181]住居、食物、物品、他の現物供与などの金銭以外の存在していない収益は、消費地の物価に応じて評価される。[182]一定期間内に生じて財産増加が、経済活動に起因し、法定の所得種類に含まれる場合にのみ所得とされる。[183]例えば、価値が上昇しただけでは、営利的であろうがなかろうが、課税されず、売却などにより現実化した分だけが課税の対象となる。[184]また、贈与物、相続財産、宝くじの当籤金などの利得は原則として課税されない。[185]加えて、一九三四年帝国所得税法とは異なり、用益利益は「納税されるべき所得」に含まれていないため、自己の住居での居住という用益価値は課税されない。[186]現実化した価値上昇だけが課税の対象となり、相続などによる所得や用益利益が課税されないのは、理論的背景を有するものではなく、「所得総額」をできる限り簡便に算出しようとする実務的な要請によるものと理解され、所得概念に関する学説の影響は小さいとされる。[187]

「所得総額」算出の際に、収益の獲得と関係する出費は、収益から控除される（実量原理。Nettoprinzip）。[188]すなわち、資本資産又は賃貸物からの所得、その他の所得などの際に、収益を獲得する目的のために支出される費用や、非自営業の場合の労働は、必要経費（Werbungskosten）として観念され、[189]収益の獲得、確保及び維持のために利用される物と定義されており、[190]「所得総額」において減額される。同様に、経営上、必要とされる出費は、経営支出と観念されており、経営が契機とされた消費と定義されている。[191]このように、「所得総額」は、原則として収益から必要経費や経営支出を差し引いた正の金額となる。これが負の金額となる場合、損失として観念される。もっとも、所得税法上、損失概念は定義されていない。そのため、一般に所得種類の消極的な所得を損失として位置付けている。そのため、部分的に、「消極的所得（negative Einkünfte）」という表現が用いられるなどしている。[192]

こうして求められた「所得総額」から控除されるのが、「特別支出」と「尋常でない負担」である。「特別支出」には、例えば、納税者に帰責できない通例とは異なる負担をすることに基づく税の免除（Ersparnisse）、扶養のための出費、教会税、やむを得ない出費などが含まれる。[193]「尋常でない負担」とは、同じ所得状態で同じ資産状態で同じ家族状態の圧倒的に多くの納税義務者が行なう通常の負担よりもやむを得ないほど大きなものとなった金銭投入を言う。[194]

以上のような因子は、暦年で調査され、[195]「所得総額」から、「特別支出」又は「尋常でない負担」を控除した額が「納税されるべき所得」となる。「納税されるべき所得」を基礎にして導き出される額に応じて、適用される所得税率が決定され、所得税額が算出されることとなる。

（四）刑法における「実所得」概念の概要

それでは、刑法における「実所得」概念をどのように考えるべきであろうか。所得税法の「実所得」概念の内容が罰金刑の制度にどのように取り込まれるかが問題となる。[196]所得税法と刑法において規定の目的が一致する場合、刑法の原理原則に反していない限り、所得税法の「実所得」概念の内容を刑法において借用することが許されると考えられる。[197] 所得税法と刑法を比較すると、対象者の経済的能力に応じてその者の負担額を決定する点で共通している。[198] また、罰金額の算定の際に、税法上の所得調査により得られた数値を利用すれば簡便であるという実務的な理由から、刑法が所得税法の「実所得」概念の内容を受け入れることができるようにも考えられる。[199] すなわち、これらの観点からは、「納税されるべき所得」が日額の判断の出発点となり、結果として、罰金刑の量定において所得税法の規定を無制約に受け入れることになる。[200]

しかし、通例、所得税の税率は一律ではなく、所得に対して累進的なものとされており、「同等に限界的な犠牲」を目指すドイツの日数罰金制度と同一視することはできず、両者の違いが「実所得」概念の内容に反映される可能性もあって刑法が所得税法の「実所得」概念をそのまま借用することは妥当でない。[201] このことは、既に見たように、ザイドラーの見解に対する批判としても従来から意識されてきた。また、所得税法上の「所得」概念は、既に述べたように、積極的な所得要素としても消極的な控除要素としても利用されているため、不明確であるといえる。それゆえ、所得税法の用語法をそのまま受け入れることは、所得税法における不明確性をそのまま引き継ぐこととなってしまい、混乱を招きかねない。[202]

もっとも、日数罰金制度の立法審議において、「所得」概念の内容の説明はなされず、解説議事録のみが若干の説明を行なったにすぎなかった。[203] そこでは、ホルストコッテ（*Horstkotte*）が、日数罰金制度における「実所得」概念について、税法上の「所得」概念と同様ではなく、それゆえ、「納税されるべき所得」とも同じではないとしていた。かくして、税法上の概念を一部で借用しつつ、必ずしもそれを無制約に受け入れず、刑法独自の概念を作り出そうとする考え方は、日数罰金制度における「実所得」概念の考察に当たって主流となった。そして、「収入（Einnahme）」と「支出（Ausgabe）」を区別し、「支出」をさらに「考慮されうる支出（berücksichtigungsfähige

Ausgabe）」と「考慮されない支出（nicht berücksichtigungsfähige Ausgabe）」に区別した上で、「収入」と「考慮されうる支出」の差を「実所得」ととらえることが一般化した[204]。

刑法上、「実所得」算定の基礎となる、「収入」、「考慮されうる支出」、「考慮されない支出」については規定されていない。立法経緯から文言の解釈内容を確定することもできない[205]。既に述べたように、積極的な収入要素と消極的な控除要素を明確に区別するため、所得税法上の「所得」概念をそのまま援用することは妥当でない。これらの要素は、行為者の経済的能力の向上又は低下を把握し公正な量刑に役立てるという視点と、実務上の利便性を考慮するという視点の双方を調和させる形で具体化されなければならない[206]。それゆえ、経済的能力を把握でき、徴税実務上も定着していることから、「収入」の部分については、刑法においても所得税法の概念が借用される。もっとも、未だ現実化していないけれども得うる蓋然性の高い所得、例えば労働力の利用に基づく将来の所得は考慮されてよいとされる[207]。他方で、必要経費や経営支出は、所得税法においては、「所得総額」における消極的な控除要素として扱われていたのに対し、刑法においては、「所得」に正と負の数値が混在することを回避するため、消極的な控除要素ではなく、「考慮されうる支出」に含まれると考えるべきである[208]。そこで、「所得」とは、労働所得だけではなく[209]、例えば資本所得、営利企業からの収益、不動産及び企業からの収益、賃貸収益、年金及び扶養給付、扶養所得、貸付の担保の方法で差押えられているために行為者が自由に処分できない収益全てを言う[210]。そして、所得税法において「特別支出[211]」にあたる要素も「考慮されうる支出」に含まれる[212]。

（五）刑法における「実所得」概念の個別問題

刑法における「実所得」概念の内容を以上のように考えた場合、以下の三つの大きな個別問題を考察する必要がある。第一に、従前、税法において問題となってきた、自己用益の利益や相続などを原因とする利得をどのように取扱うかが問題となる。第二に、所得と並ぶ財産の要素である資産をどのように取扱うかが問題となる。第三に、実所得原理を徹底すれば、実際に行為者の手元に残された全収益が剥奪されることとなるため、生計最小費も「考慮されうる支出」に含まれないと考えられるが、このような取扱いが妥当であるかが問題となる。

(a) 自己用益の利益や相続などを原因とする利得

第一に、行為者が日々生活する際に用いている住居の使用利益のような自己用益の利益が「所得」にあたるか問題となる。しばしば比較されるのは、賃借による用益との相違である。[213] すなわち、賃借の場合、賃借料の対価として用益を行なうのであるから、そのような対価を支払うことなく自ら用益を行なう場合、収益を擬制できるように思われるためである。それゆえ、この問題は、自己用益の利益を「所得」に算入するか、賃借料を「考慮されうる支出」に取り込むかという問題にほかならない。そして、賃借料を把握するほうが実務上容易である上、そもそも、自己用益により経済的向上がなされていると見るよりも出費が抑制されていると見るほうが自然であることから、自己用益の利益を「所得」とすることが否定され、賃借料を「考慮されうる支出」に取り込むべきであるとされている。[214] 従って、「考慮されうる支出」とは、法的義務の充足のために税法及び社会保障法などの規定に基づき被告人が支払う額であって、自営業者の場合、それに加えて、営業支出、損失、必要経費、保険料、私的な疾病保険のための保険料を含む。[215]

そして、相続、贈与、宝くじの当籤などを原因とする、言わば「尋常でない収益」の取扱いについては、税法上の所得源泉説に従えば、「所得」に含まれないこととなり、純資産増加説に従えば、「所得」に含まれることとなる。

既に見たように、税法上、実務的要請から、これらの収益が「納税されるべき所得」から除外されており、この視点は罰金刑の「所得」概念においても共通するものと考えられる。そもそも、こうした収益は、罰金刑が賦科された際に偶然生じたものにすぎず、次に述べる資産と機能的に同置されるため[216]、二つ目に問題となる資産の取扱いを見ることとしたい。

(b)資産

第二に、所得と並ぶ財産要素であるため、行為者が所有する資産を日額算定の中でどのように取扱うかが問題となる。所得税法においては、「所得」というフローに着目して課税がなされるため、資産を所有するだけで課税されることはなく、資産からの収益が発生して初めて、その収益に対して課税されることとなる。これに対し、罰金刑においては、既に見たように、罰金額の算定の際に資産を取り込むのか、また、取り込むとすればどのような程度取り込むのかがこれまで争われてきた。

そもそも、資産とは、ある一定の時点までにその者が有している金銭並びに金銭的価値を有する物及び権利の総額を言う[217]。そのうち、日々の生活に必要な基本的な資産を基本資産（Vermögensstamme）や本質資産（Vermögenssubstanz）と表現することがある[218]。

同じ行為責任を負う行為者が同じ所得を得ており、その所得のうち自由に処分できる額が同じであるというだけで同じ罰金額とされた場合、資産のある行為者はその資産から罰金額を支払うことができるのに対し、資産のない行為者は所得から罰金額を支払わなければならず、苦痛の程度が異なりうる。また、資産を有する行為者間でも、所有する資産の多寡によって苦痛の程度が異なりかねない。そのため、既に見たように、刑法史においても、所得と並ぶ主要な又は追加的な量刑要素として資産を考慮することが多くの論者により肯定されてきた。[219] 他方で、資産を考慮することは、資産剥奪の禁止という刑法上の原則から制約を受けることが認識されてきた。[220] ここで、資産剥奪とは、行為者の資産の完全な剥奪（全部剥奪。Totalkonfiskation）だけでなく、資産の一部の剥奪（部分剥奪。partielle Konfiskation）をも含む概念である。[221] 資産剥奪は、(a)資産を有する行為者に不当な経済的悪化をもたらすこと、(b)全体主義的な刑事制裁として自由主義的刑法と一致せず、行為者の再社会化の可能性を奪ってしまうこと、(c)財政上の目的などの許容できない目的への濫用を促しかねないこと、(d)属人性原理に反することから批判されてきたのである。

まず、(a)資産を有する行為者に不当な経済的悪化をもたらすことは、罰金刑を資産の割合で量定するフィランギエーリの提案に対する批判として登場し、一九世紀のドイツにおいて、資産剥奪の廃止をもたらした。[222] すなわち、資産を有する行為者が不当に重い侵害を被ることになり、資産を有する行為者と有しない行為者の間の処罰の平等が害されると考えられたのである。例えば、資産を有する行為者が資産を有しようとしない又は資産を得ることができない行為者よりも冷遇されることが防がれなければならないとする主張などが存在した。[223]

次に、(b)全体主義的な刑事制裁として自由主義的刑法と一致しないことは、資産剥奪が行為者の生計を打ちのめすような資産の剥奪をもたらし、行為者の再社会化の可能性をなくしてしまいかねないとの理由から主張される。特に資産収益のみで生活している行為者に対する資産剥奪は生計の途を奪うため、行為者の反社会化の危険を生み出すと主張する。[224]

続いて、(c)許容できない目的への濫用を促しかねないことは、特に財政目的で過剰な資産剥奪がなされた歴史的な経験から問題とされる。[225] 具体的には、ナチス＝ドイツ期に資産剥奪が広範に行なわれたことや、刑法典が相続財産への罰金刑の執行を認めていたこと[226]（第七章参照）が挙げられる。

最後に、(d)属人性原理に反するということは、刑罰効果が行為者に限定されなければならないとするものであって、資産が剥奪される場合、行為者だけでなく、特にその家族にも影響してしまうことを問題とする。例えば、家族に影響を及ぼす資産の代表的なものとして、行為者が家族と一緒に暮らしている住居が挙げられる。[227]このように、行為者の家族の生活に大きな影響を与えるため、資産剥奪は属人性原理と歴史的に最も対立してきた。その問題意識が高まった啓蒙期には、属人性原理の観点から、行為者の家族や相続人を事実上処罰するに等しいということが指摘されていた。[228]しかも、当時、資産剥奪は死刑や終身追放刑とともに適用されることが多く、このような弊害がよりいっそう大きなものとなっていた。[229]それゆえ、例えば、ベッカリーア（*Beccaria*）は、『犯罪と刑罰（*Dei Delittie Delle Pene*）』において、追放刑の結果として行為者以外の家族に影響が及ぶ資産剥奪の問題性を指摘していた。[230]また、フォルタイエ（*Voltaire*）は行為者の家族全員を実質的に処罰することとなるため、死刑と資産剥奪の併科に異を唱えた。そして、こうした考え方は急激に広まっていたのである。[231]

以上のような資産剥奪の禁止をもたらす理由に加えて、特にドイツでは以下の二つの理由が意識されてきた。まず、資産と所得との差異が認識されてきた。[232]所得とは異なり、資産の場合、剥奪が時間的に限定されえない。すなわち、所得獲得の基盤は、所得を剥奪することによって影響を通常受けないのに対し、資産獲得の基盤は、資産を剥奪することによって永久に失われてしまう。その結果、より長期にわたって生活水準を低下させることになる。それゆえ、それまでの経済的地位が侵害されてはならないと考えられている。[233]資産がこれまでの所得の蓄積によって形成されてきたという時間的経緯を考えると、所得の剥奪と同様に扱うことはできないとされる。また、資産額の調査や査定の問題が認識されてきた。[234]すなわち、罰金刑の算定の際に、資産状態を正確に調査することは実務上不可能であるとされてきた。しかも、調査費用や行為者に及ぼす負担は、行為責任と比例的でないことも多く、軽微事犯に多額の調査費用や負担がかかってしまうことも十分あり得る。このことは、既にヴァールベルクが主張しており、彼は、行為者にとって、罰金刑よりも調査の負担が大きくなりうることを特に問題視していた(235)。また、既に見たように、税法上も意識されてきた。

これらの理由から、ドイツにおいては、資産の剥奪が慎重を要する問題であると強く意識されている。所得税の算定の際に、資産の所有だけで課税されないこととも相まって、日数罰金制度の枠内においても、日額算定の出発点となるのは「実所得」であるとされ、資産を積極的に把握して剥奪しようとする姿勢は乏しい。先に見た、相続、贈与、宝くじの当籤などを原因とする、言わば「尋常でない収益」も資産と機能的に同置されるため、資産同様、「所得」とは考えられないこととなる。そうした中で、資産を投資や運用によって得られた収益だけが、資産形成時点以後に得られたものであるため、資産ではなく、「所得」に含まれるとされ、「実所得」の値を上昇させるにすぎない(236)。

このような考え方の下では、日数罰金制度において、どの程度の資産剥奪まで許されるか、すなわち、資産が日額の量定基準にどのように影響するかを考察するに当たって、特に属人性原理の観点が大きな影響を及ぼすことになる。日額の算定に当たって、資産を考慮することは例外的とされる。その上で、例えば資産の種類、目的及び大きさが日額の量定基準に影響するか検討しなければならない(237)。

このうち、まず最初に日額の算定から除外されているのは、行為者が生活水準を賄うために用いる資産、すなわち基本資産（本質資産）である。ここで問題とされる基本資産の代表例は、自己が居住し、用益する住宅である(238)。そして、基本資産の剥奪は、属人性原理に反する場合、許されないとされる(239)。すなわち、一般に、資産を理由に日額が上昇させられた場合、実所得原理がおおむね採用されているため、行為者の所得だけからでは罰金刑の支払ができないことになる。そして、通例、資産は所得よりも処分の自由度が低い[240]。それゆえ、罰金刑の支払のために資産を取り崩すことが強いられると、行為者の家族の生活を圧迫したり、将来の相続財産を減らすなどの影響を及ぼすこととなるためと説明される。同様に、美術品や何らかの収集物のような価値上昇が想定されうる資産も、他者用益機能を持つ資産として理解される[241]。これらの資産も、通例、相続により第三者に承継されうることから、これを剥奪すれば第三者を侵害することになるとして、第三者への侵害が確実に否定されない限り[242]、属人性原理により、その剥奪が禁じられ、それゆえ、日額の上昇をもたらさないとされる。その結果、行為者が基本資産で生活している場合、その資産を取り崩すことなく、罰金刑を支払いうることとなる[243]。

次に問題となるのは、収益をもたらす資産（収益資産）である。刑法改正のための特別委員会において、開発予定地区の投機的な不動産と単に利用されないままになっている不動産が区別されていた[244]。前者は、所得獲得のために役立ちうるため、これを日額に取り込むと行為者の財産獲得可能性を継続的に侵害すると考えられたのである。そのため、所得獲得に役立つ資産は、実務上、日額の判断の際に考慮されていない[245]。ここでは、剥奪によって収益可能性が喪失する点で共通しているため、資本資産と営業資産の区別はなされず、ともに剥奪されない[246]。そして、ほとんど全ての資産が何らかの収益をもたらすため、日額の算定においてかなり広範な除外をもたらす[247]。しかし、収益資産を剥奪の対象から除外してしまうと、資産からの収益を所得として把握し、剥奪したとしても資産を取り崩して罰金刑を支払うことが可能となり、消費断念の効果を行為者に十分に及ぼすことができなくなってしまいかねない。そこで、資産をどの程度考慮するかは、行為者の経済的生活様式や実際の消費行動を斟酌しつつ判断されなければならないとする見解も提唱されている[248]。

取り崩しが予定されている資産の扱いも問題となる[249]。例えば、預金を時折取り崩して消費に充てているような場合が想定される。この場合、収益資産と同様、資産が所得を部分的に支えていると言いうる。しかし、収益資産とは異なり、資産自体が目減りし続けることが予定されている。そのため、取り崩す額が日額の上昇を促すかどうかは、資産の構成部分の利用が十分な原則性を示すかどうか、すなわち、それによりどの程度行為者の現在の生活水準が継続的に形成されているかということにかかっており、ただちに日額を上昇させるわけではないとされる。

以上のように、基本資産や収益資産が日額の判断に取り込まれないため、多くの資産は日額に影響を及ぼさず、それ以外の資産だけが日額を上昇させることになる。このことは行為者の経済的能力を正確に反映しようとする観点から不当にも思われるが、第三者が行為者のために罰金刑を支払うということも排除されていないため、それほど問題にならないとされる[250]。その際、資産の流動性の大小は日額の判断に影響を及ぼさないと考えられている[251]。

(c) 生計最小費

第三に、食費、住居費、光熱費といった、行為者が日々の生計を維持するために必要な最低限度の金額（生計最小費）が「考慮されうる支出」にあたるかが問題とされてきた。罰金刑が不払となった場合の代替自由刑においては、事実上、生計最小費も含めて実所得全てが剥奪されるのであり、日数一日につき代替自由刑一日に転換されることからすると、罰金刑においても実所得全てが剥奪されるべきであるようにも思われる[252]。また、実所得原理を徹底すれば、実際に行為者の手元に残された全収益が剥奪されることとなるため、生計最小費も「考慮されうる支出」に含まれないと考えられる[253]。しかし、このように考えれば、資産から罰金総額を捻出できない行為者が日々得る金銭を全て剥奪することになり、長期にわたって消費の断念をもたらし、さらには不払やそれに伴う代替自由刑を招きかねない[254]。

この問題について、日額の減額によらずとも、支払条件の緩和によって不払を回避しうるとする見解もある[255]。確かに、支払猶予と分割払を併用することにより、行為者の生計を破綻に至らしめるまで圧迫することは回避できる。しかし、日数罰金制度を「所要時間の金銭刑」と位置付けて分割払を原則とする対案とは異なり、現行法は、即時の全額支払を原則とし、支払猶予や分割払を例外としている。実際上、多くの行為者が資産をそれほど持たず、経済的に苦しいことを考えると、例外を多用することになりかねず、妥当でないと考えられる[256]。また、そもそも、生計最小費は、行為者が日々所得を得るために必要な経費と位置付けられうるものであるため、自営業者の必要経費と同じように、「考慮されうる支出」に含まれると考えることも可能である[257]。また、税支払義務者の経済的能力を維持させるために、税法上も控除することが認められており、刑法においても、同様に控除することが望ましい[258]。従って、生計最小費は「考慮されうる支出」に含まれ、罰金刑が分割払とされた場合でも、生計最小費を剥奪することは許されない[259]。

扶養義務に基づく出費についても、「考慮されうる支出」に当たるか否かが争われている[260]。「考慮されうる支出」に当たらないとする見解は、日額の算定に当たって、「通常」、行為者の実所得を「出発点とする」にすぎないことを理由として、実所得原理から逸脱する場合にのみ考慮すれば足りるとする。しかし、扶養義務に基づく出費を「考慮されうる支出」とすれば、被扶養権利者に科された罰金刑の対第三者効が常に排除され、属人性原理に適う上、家事労働を行なう被扶養権利者が行為者の場合、扶養義務者によりなされた出費を行為者の「所得」として考えることができ、行為者の経済状態をよりよく表現することができる[261]。

以上のように、自己用益の利益や相続などを理由とする利得は「所得」に含まれない。資産からの収益は「所得」

に含まれるが、資産の多寡は「所得」に影響しない。生計最小費や扶養義務に基づく出費は「考慮されうる支出」に含まれる。このようにして導き出された「所得」から「考慮されうる支出」を差し引いた額が「実所得」となり、「通常」、日額算定の「出発点」となる。

五、日額の確定

以上のように、通常、行為者が平均して一日に得る又は得ることができる「実所得」を、通常、判断の出発点とし、「人的及び経済的状態」を考慮して日額を算定することとなる。「人的及び経済的状態」という文言は、刑法典旧規定[262]に遡ることができ、日数罰金制度において日額が硬直的に算定され、個々の行為者の事情が斟酌されない事態を回避することに役立つ[263]。また、「実所得」を日額算定の基礎とすることから、「経済的状態」の中で資産を考慮することで、資産を有する行為者を不当に優遇することを防止しているとされる[264]。

人的状態として考慮されるのは、行為者の職業、健康状態、居住状態、家族状況及び社会的地位などの因子である[265]。例えば、失業中であったり、入院中であったり、障害を負っていたりする場合には、日額が減額されうる。もっとも、先に見たように、人的状態は日額の判断に影響を及ぼしていないとする研究がある。

経済的状態として考慮されるのは、行為者の所得、資産及びその他の因子である。先に見たように、資産は日額判断の出発点となる「実所得」では評価されず、ここで初めて考慮されることとなる。犯罪行為により獲得された資産の利益は、ここでは考慮されず、第四章で紹介した利得没収（Verfall）[266]の対象となる[267]。ここでその他の因子には、行為者の生活様式などが含まれるとされる[268]。もっとも、行為者の資産や財の消費などの因子がどの程度考慮に入れられるかについては完全に開かれており、それに伴って日額が大きく変動しうるため、行為者が負う犠牲が異なる可能性を孕んでいる。[269]実務上、中規模程度以下の資産や支払能力に結び付かない資産は考慮されないものとされる。ドイツでは、スカンディナビア諸国の例にならって、資産のうち、まず七万ＤＭが控除され、残りの五万ＤＭごとに、一〇～二〇ＤＭが日額に算入されてきた。[270]従って、現在では、資産のうち、三万五〇〇〇ＥＵＲ（約三五〇万円）が控除され、残りの二万五〇〇〇ＥＵＲ（約二五〇万円）ごとに、五ＥＵＲ（約五〇〇円）～一〇ＥＵＲ（約一〇〇〇円）が日額に加算されている。

六、日数罰金制度の特徴

これまで見てきたように、ドイツにおける日数罰金制度は、「同等に限界的な犠牲」を目指しており、その中核となっているのが実所得原理である。そして、実所得算定の基礎となる所得については、行為者の経済的能力を可能な限り正確に量定するために税法学において有力となった純資産増加説を基礎に広く取り込むことが必要であるとする見解もあるものの、[271]実際には自己用益の利益や相続などを原因とする利得を所得に含まないなど、純資産増加説に必ずしも沿うものではなく、所得源泉説に近いものとなっており、所得に算入される因子は限定されている。これは、純資産増加説を採用した場合、その所得額が調査期間の最初と最後の資産量の差として把握されることから、所得の判断のために資産を取り込む必要が存在するものの、資産の調査には困難を伴うため、実務上の要請から、このような算定が回避されるためであると考えられる。また、実所得原理を徹底すれば、生計最小費にあたる額も剥奪されることとなるが、「考慮されうる支出」に当たるとして、行為者の手元に残すこととなっている。さらに、所得判断に取り込まれないものの、日額が最終的に決定される際に、所得だけでなく、資産をも考慮することとなっている。それゆえ、実所得原理が採用されているものの、貫徹されているわけではない。

このような限定を受けつつも、ドイツにおける日数罰金制度は、従来の総額罰金制度とは大きく異なっている。その最大の特徴は、行為責任と行為者の事情を日数と日額で峻別して量定することにある。そして、日数において時間の要素を持ち込み、日額において、実所得に近い金額を剥奪することにより、自由刑との連続性を持たせることを志向していると言えよう。すなわち、自由刑は行動などの自由と日々の実所得を剥奪するものとされている。その結果、日数罰金制度を採用したドイツの罰金刑は、「同等に限界的な犠牲」を図ろうと、日々の実所得を剥奪するものであり、日々の実所得を一定期間剥奪する点で自由刑と罰金刑が共通の基盤を有することができることとなっている。このような観点からすると、日数罰金制度の下での罰金刑は、自由刑から自由剥奪の要素を取り除いたものと言え、言わば自由刑を社会内で執行する形態であると言える。特に生計最小費を行為者の手元に残すことは、通常、受刑者の生活費を国庫が負担する自由刑と害悪を等価にするものと評価することができる。それゆえに、罰金刑が不払となった場合、罰金刑の日数一日につき、自由刑一日へと自動的に転換されることが規定されている。このように、罰金刑を自由刑の社会内執行形態と位置付けることは、罰金刑を自由刑に従属させることで罰金刑と自由刑の量定の互換性を持たせるものであると言える。他面で、このことは、罰金刑において、「日数」という時間の概念を登場させることになって自由刑との連続性をもたらすものの、わかりやすさで勝る金銭単位での表現から撤退することで行為責任をわかりやすく表示・表現するという冒頭で提示した第一の要請に応えるものとはならないのではないかとの懸念を生じさせる。すなわち、賦科段階の表示・表現目的に適った量定方法であるとは言い難い。

加えて、自由刑との連続性を重視することは、所得への着目に傾斜し、資産への着目を妨げることとなっている。日額の中へ資産を取り込むことが難しい上、特にドイツの場合、資産剥奪の禁止が歴史的に強く意識されてきたこともあって、資産の問題がなおざりにされてきたことは否定できない。既に多くの論者によって指摘されてきたように、資産を有する行為者は資産を取り崩すことによって罰金刑の苦痛を緩和することができるのに対し、資産を持たない行為者はより長期にわたって消費の断念を要求されることになり、刑罰効果に差が生じてしまうこととなる。[272]すなわち、行為者の法益剥奪に着目して公正・公平な量定を行なうという冒頭で提示した第二の要請に応えるものとはならないのではないかとの懸念も生じる。そこで、罰金刑の量定の際に資産を取り込むことが許されるべきでないのか、続いて検討することとしたい。

七、資産の取扱い

これまで見てきたように、ドイツにおける罰金刑の量定の議論は、資産を取り込んで量定することに極めて慎重な態度をとっている。その最大の原因は、既に見てきたように、これまで、資産剥奪の禁止が刑法上強く意識されてきたことにある。日額に資産の多寡を反映させることが難しい日数罰金制度は、このような底流に沿うものであったと言える。それゆえ、日額の量定の際に資産の考慮を完全に否定することも考えられる。[273]しかし、一般に、基本法（GG）違反となるのは、政治的動機からの資産剥奪だけであって、原則として刑罰による資産の剥奪は基本法上許されると理解されている。[274]そのため、基本法の観点から資産の剥奪が制約されることは少ない。そして、そもそも、資産も行為者の経済的能力を表現するものである。[275]また、所得を基礎に日額を精巧に量定したとしても、資産を持つ者は資産を取り崩すことで罰金総額を支払うことが可能である。[276]それゆえ、所得に傾斜した量定では、「犠牲」の「平等」を達しえないのではないか問題となる。そこで、以下では、まず、資産剥奪を禁止する理由として挙げられてきた点について、その妥当性を検討することとしたい。

先に見たように、資産剥奪を禁止する理由として、(a)資産を有する行為者に不当な経済的悪化をもたらすこと、(b)全体主義的な刑事制裁として自由主義的刑法と一致せず、行為者の再社会化の可能性を奪ってしまうこと、(c)財政上の目的などの許容できない目的への濫用を促しかねないこと、(d)属人性原理に反することが挙げられてきた。

それでは、第一に、(a)資産を有する行為者に不当な経済的悪化をもたらすという理由は妥当であろうか。確かに、一見すると、資産剥奪は、資産を有する行為者の生活を激変させかねないものであり、説得的であるようにも思える。しかし、このような見解は、剥奪が資産に及ぶことを否定するのみであって、なぜそれが許されないのかを説明するものではなく、一つの価値観の表明にすぎないものである。しかも、この種の主張は、所得にも妥当することであり、なぜ一方で多くの所得を得る者がより少ない所得を得る者よりも絶対量として大きな侵害を被ることを肯定しつつ、他方で多くの資産を有する者がより少ない資産を有するにすぎない者よりも絶対量として大きな侵害を被ることを否定するのか説明しているわけではない。(277) 確かに、資産が所得よりも絶対量として大きい例を考えれば、剥奪が資産に及ぶことによる行為者の生活への影響はより大きくなりうると予測される。しかし、このような理由で資産を考慮しないことは、様々な所得状態を考慮しないことと同じように、行為者の経済的能力を正確に算定することを妨げるものであり、正当とは言い難い。言い換えれば、資産を全く考慮しないならば、資産を有する者を不当に優遇することになりかねないのである。(278) それゆえ、第一の理由により資産剥奪を禁止することは妥当でなく、剥奪の程度を問題とすべきである。

第二に、(b)全体主義的な刑事制裁として自由主義的刑法と一致せず、行為者の再社会化の可能性を奪ってしまうという理由は妥当であろうか。この理由は、罰金刑の短所としてしばしば語られるものである。しかし、行為者の職業、技能、健康状態、性格、環境などが複雑に絡み合って再社会化を可能にすることを考えれば、資産剥奪と行為者の再社会化の失敗や反社会化の因果関係が、単純に、そして常に肯定されるわけではない。極端な例を挙げれば、言わばゼロからの出発となって更生意欲を刺激するなど、資産の剥奪が行為者にかえって好影響をもたらす事例も考えられうる。(279) それゆえ、第二の理由により、資産剥奪を禁止することは妥当でなく、事例ごとに妥当か否かを判断すべき問題であると考えられる。

第三に、(c)財政上の目的などの許容できない目的への濫用を促しかねないという理由は妥当であろうか。確かに、ナチス=ドイツ期のような恣意的な資産剥奪は許されない。しかし、広範な資産剥奪がなされたのは、全体主義体制の下という特殊な時代状況があったからであって、そのような状況にない現代社会においてなお資産の剥奪を全く認めないとすることは妥当でない。(280) また、相続財産への執行は次に議論する属人性原理との関係で否定されているのであって、これを行なわないことで足り、この理由をもって資産の剥奪を完全に禁止することはできないと考えられる。そして、罰金刑の支払が裁判所の収益となっていた時代には(281)濫用が生じやすい状況にあったと考えられるが、現在ではそのような制度とはなっていない。そもそも、濫用は侵害の程度の問題であって一律に禁止する理由にはなり難く、むしろ、どの程度の剥奪が妥当なもので許されるかを検討すべきである。(282)

最後に、(d)属人性原理に反するという理由は妥当であろうか。一九世紀後半に、個々の行為者の生活状態に罰金刑が適合させられなければならないとして、資産の一定割合で示される画一的な罰金刑の量定を否定したヴァールベルクも、属人性原理の侵害を一つの論拠として野放図な資産剥奪を批判していた。(283) その矢面に立たされたのは、相続財産への執行の問題であったが、彼の問題意識はそれだけにとどまらなかった。すなわち、資産の割合による罰金刑の量定は、行為者の家族に経済的な悪化をもたらし、家族構成の生活の基礎を脅かすものであると批判したのであった。ヴァールベルクは死刑や追放刑が科される場合だけでなく、およそ罰金刑が科される全ての場合に、属人性原理を妥当させることで、所得や資産の状態といった個々の行為者の生活状態に適合させて、罰金額の算定を行なわなければならないとしたのである。ここから導かれるのは、資産剥奪の際に属人性原理をどのように活かせばよいかを検討しなければならないということであって、資産剥奪を単純に禁止すべきということではないはずである。

以上のように、資産剥奪は、(a)資産を有する行為者に不当な経済的悪化をもたらすこと、(b)全体主義的な刑事制裁として自由主義的刑法と一致せず、行為者の再社会化の可能性を奪ってしまうこと、(c)財政上の目的などの許容できない目的への濫用を促しかねないこと、(d)属人性原理に反することのいずれからも一律に禁止されるべきではない。犠牲平等が害される資産剥奪が禁止されるよう要請されるに留まる。

それでは、罰金額算定の際に資産を考慮することに慎重あらしめてきた二つの理由は妥当であろうか。

まず、資産と所得との差異を重視することはどうか。この問題は租税と罰金刑との相違から考察することが適切である。[284] まず、租税において、資産と所得の扱いを変えることには合理性がある。なぜなら、資産は、「蓄えられた所得（gespeichertes Einkommen）」と表現されることがあるように、過去に所得として既に課税されているからである。そして、基本資産への持続的な課税が資産の損耗をもたらす。これにより、課税自体が将来の徴税可能性を減少させることになる。それゆえ、通例、先進国では、資産への課税は所得税に対する補充的性質を持たせられるにすぎない。そのため、資産への課税が重要でないことから、基本資産への課税が不可欠ではないとされやすい。これに対し、罰金刑は恒常的に支払われるものではない。通常、「蓄えられた所得」である資産は、過去に罰金刑の賦科の対象となって減少させられたものではない。また、罰金刑の賦科が将来の罰金刑の賦科額の低減をもたらすことを考慮する必要はない。それゆえ、罰金刑の量定においては、所得よりも資産が行為者の支払能力にふさわしい金銭価値を表現することがありうる。このように、租税と罰金刑には差異が存在する。罰金刑の量定において、租税と同様に、資産と所得の差異を重視し、資産を考慮しないとすることは妥当でない。

次に、資産額の調査や査定の問題はどうか。この問題は、二〇世紀初頭の草案の時代から意識されてきた問題である。既に見たように、バウマンらの対案は、この問題を解決するために税務当局及び銀行から情報を得ることを認めていた。もっとも、対案に対しては、プライヴァシー権の保障からの批判が考えられよう。また、税務当局及び銀行が行為者の全ての資産について把握しているとは限らない。それゆえ、資産額の調査や査定の問題は残る。しかし、資産額の調査や査定が困難であるからと言って、罰金額の量定の際に資産を取り込んではならないということにはならないはずである。また、そもそも、行為者の所得でさえ、全て把握されるとは限らない。それゆえ、この問題を理由に、罰金刑の量定において資産を考慮しないとすることは妥当でない。

このように、罰金額算定の際に資産を考慮することに慎重あらしめてきた二つの理由は、資産を考慮することを妨げない。それゆえ、どの程度の資産剥奪が個々の行為者ごとに許されるかということが問題となる。

もっとも、日数罰金制度の下で、資産を考慮することは大きな困難を伴う。なぜなら、資産剥奪の量が日数に対してどのような関係に立つのか明らかでないからである。[285] これは、所得が一定の時間量、すなわち調査期間中に向上した経済的能力の量を表現するのに対し、資産が一定の時点における経済的能力を表現するものであるためである。[286] それゆえ、例えば、行為者の資産の構成状況から資産のうち何らかの額を剥奪すべきと考えられる場合、日数罰金制度の下では、資産の剥奪であっても日額に反映しなければならないため、剥奪する資産の額を日数で除した額を日額とすることが考えられる。これにより、日数と日額で構成される日数罰金制度の形態は維持されるが、他方で、日額が算術的に導き出されるにすぎず、独自の量定基準が事実上存在しないこととなってしまう。しかも、日数罰金制度においては、罰金刑の時間的限界が日数により与えられることになるが、このような割り算により日額が求められることとなれば、「同等に限界的な犠牲」とはもはや相容れないことになる。日額の判断の基礎とされる所得に何があたるのかという問題と同様、日数と資産の関係も問題となるのである。

従って、日数罰金制度における資産に関する基準は、時間的な基準でなければならない。それゆえ、一定の財産価値を一定の時間単位に割り当てることが要求される。(287)既に紹介したように、実務上、中規模程度以下の資産や支払能力に結び付かない資産は考慮されないものとされ、スカンディナビア諸国の例にならって、EUR導入後は、資産のうち、三万五〇〇〇EUR(約三五〇万円)が控除され、残りの二万五〇〇〇EUR(約二五〇万円)ごとに、五EUR(約五〇〇円)~一〇EUR(約一〇〇〇円)が日額に算入されている。

しかし、このようなやり方は、日数罰金制度の時間的な枠組へ無理に適合を強いるものであって、一定の資産量を日額へ恣意的に転換するにすぎないとの批判が妥当しよう。(288)なぜなら、わずかな資産と大きな資産との区別は不明確であるため、定められる控除額に根拠がないためである。また、基本資産の剥奪を避けようと、一定の控除額を設定していると考えられるが、資産量が資産の利用目的を必ずしも左右するわけではなく、一律の控除が説得力を持たないためである。さらに、金銭資産を基本資産に転換するかどうかは個人の判断に委ねられているにもかかわらず、基本資産に転換した者だけを優遇するのは不当であるためである。具体的には、金銭資産で住宅を購入した場合よりも、同じ量の金銭資産を保持し、賃貸住宅で暮らす者のほうが日額が高くなってしまうことになってしまうが、それでは金銭資産の用途に国家が介入することになりかねない。

このように、日数罰金制度において、日額に資産を取り込むことは容易ではない。資産を考慮する必要性から、これを無理に行なおうとすると、「同等に限界的な犠牲」が達成されなくなってしまうとともに、恣意的な算定であるとの批判を受けることになる。

以上から、罰金刑の量定にあたって、資産を考慮する必要があるにもかかわらず、日数罰金制度においては、日額で資産を取り込むことが困難であり、犠牲平等を十分に達成することができないと言える。それゆえ、行為者の法益剥奪に着目して公正・公平な量定を行なうという冒頭で提示した第二の要請にも応えるものとはなっていない。

従って、日数罰金制度は、冒頭で提示した、行為責任をわかりやすく表示・表現するという第一の要請にも、行為者の法益剥奪に着目して公正・公平な量定を行なうという第二の要請にも、応えるものとはなっておらず、罰金刑の量定方法としては妥当でない。それゆえ、第三の量定方法を考察する必要がある。節を変えて論ずることとしたい。

第五節　我が国における日割罰金制度及び日数罰金制度導入の議論

我が国では、罰金刑が採用された明治時代に罰金刑の犠牲の不平等性が既に意識されていた[289]。もっとも、その解決策が具体化するのは、昭和半ばに刑法改正の議論がなされるようになってからのことである。そこでは、日数罰金制度又はそれに類する日割罰金制度を導入しようとする動きが見られた。

昭和三六年（一九六一年）に公表された改正刑法準備草案は、当初、「日割罰金制度」と呼ぶ日数罰金制度類似の制度を導入しようとしていた（改正刑法準備草案未定稿四九条[290]）。

改正刑法準備草案が規定した日割罰金制度は、従来の総額罰金制度から全面的に切り替えることから生じる実務上の混乱や全事件について被告人の経済状態を調査することによる訴訟遅延を避けつつ、共犯者間で資力に大きな差があるような場合に公正な量刑を行なうため[291]、同制度の適用を裁判所の裁量に委ねることとしていた。また、刑法各則の法定刑は、日数ではなく、従来通り金額のままとされていた。

これに対し、日割罰金制度の導入に反対する立場から、罰金刑の量定において被告人の経済状態を考慮する必要があるとしても、日割罰金制度のように、この点だけをあまりに重視すれば、刑事責任とは無関係であるはずの被告人の経済状態によって刑罰に差を設けることとなって不公平な結果を生じるとの批判がなされた[292]。また、日割罰金制度の導入に賛成する立場からも、刑法各則の法定刑を金額で規定しておきながら日割罰金制度を採用することとなれば、豊かな者にとっては極めて短い日数にしかならないのに対し、貧しい者にとっては極めて長い日数の罰金となり、貧しい者に対して重い法定刑となってしまうとして、刑法各則において罰金の法定刑は日数で定めるべきであるとして、日割罰金制度が不徹底であるとの批判もなされたのである[293]。

かくして、改正刑法準備草案確定稿においては、日割罰金制度が削除されることとなった[294]。

改正刑法準備草案を基礎に審議に当たった法制審議会刑事法特別部会第二小委員会では、昭和三九年（一九六四年）六月五日の第一一回会議において、改正刑法準備草案未定稿のような不徹底な制度は適切でないという点で大多数の一致を見ることとなった[295]。そして、①刑法犯の全部又は大部分に日割罰金制度を採用すれば、罰金刑が自由刑に接近してしまうこと、②全事件について被告人の経済状態を十分に調査することは困難であり、実務上、当時既に多数利用されていた略式命令などの場合にまで調査を行なうことが不可能であること、③同じ長さの自由刑であっても、全ての人に同一の苦痛を与えるとは言えないばかりか、日割罰金制度を採用しても、一日分の罰金額についても法定の上限及び下限を定めることになるため、苦痛の平等を徹底することはできないことが指摘されるなど、日割罰金制度の導入を積極的に支持する意見はなかった[296]。

しかし、その後、罰金刑の言渡しを合理化するために導入が必要であるとの立場から[297]、昭和四一年（一九六六年）九月二日の第五七回会議において検討されることとなり、日割罰金制度を原則として導入する案（甲案[298]）と、改正刑法準備草案未定稿に沿って裁量的なものとして導入する案（乙案[299]）の双方が提示された。

もっとも、第五七回会議及び同年九月一六日の第五八回会議における両案に対する反対意見の内容は、これまでとほぼ同様であった[300]。こうした議論を受け、同年九月三〇日の第五九回会議に修正試案が提示された[301]。修正試案に至って、「日割」という表現がなされなくなり、「日数」罰金制度という呼称が確たるものとなった。そして、採決の結果、修正試案を支持する見解は少数であったものの、修正試案は別案として特別部会に提示されることとなった[302]。

しかし、日数罰金制度は、①現行制度とあまりにかけ離れていること、②ある程度までは犯罪者の資力を加味した量刑が行なわれていること、③犯罪者の資力に関する正確な調査が困難であることが指摘され、特別部会においても[303]、法制審議会においても[304]、採用されなかった。

平成二年（一九九〇年）になると、法務大臣が法制審議会に対して行なった、「罰金刑を含む財産刑をめぐる基本問題に関して、引続き検討の上、別途御意見を承りたい」（諮問第三八号）との諮問に対して、法制審議会刑事法部会が「罰金・拘留・科料の在り方と相互関係」として日数罰金制度の採否を検討項目に掲げた[305]。

これを受けて、法制審議会刑事法部会財産刑検討小委員会は検討を行なった[306]。そこでは、まず、現行の総額罰金制度に対して、犯罪者の経済状態の格差によって罰金刑の威嚇力や感銘力に差が生じており、将来、罰金刑の多額を引き上げることとなれば、経済状態による不平等がより拡大するとして、導入に賛成する意見が出された。

これに対しては、①日数罰金制度の導入により、不払の場合、日数分の自由刑に実質的に服せしめられることとなり、自由刑の実刑、自由刑の執行猶予、罰金刑という現在の実務における刑罰の重さの序列を覆すことになるということ、②日額の決定に当たって被告人の資産調査が必要となるが、プライヴァシー権の侵害となるおそれがあるとともに、捜査機関などに過重な負担をかけることなどの懸念があること、③日数罰金制度が略式手続においても適用可能であるのかという疑問があること、④法人に対して日数罰金制度を利用可能であるのかという疑問があることが示された。

結局、第九章で紹介するように、平成三年（一九九一年）に罰金改正法が制定され、罰金刑の多額の引上げが行なわれたばかりであり、その効果が確認されていない段階で罰金刑の制度の改変を図ることは適当でないとされ、日数罰金制度導入の議論は進展しなかった。(307)

第六節　罰金刑の量定方法

それでは、行為責任をわかりやすく表示・表現するという第一の要請と、行為者の法益剥奪に着目して公正・公平な量定を行なうという第二の要請に応える、罰金刑の望ましい量定方法はどのようなものであろうか。上述の日数罰金制度の長所と、第二章で検討した被害弁償命令の長所を参考に考察することとしたい。

日数罰金制度において見られるように、行為責任と行為者の事情を峻別して量定することは、行為責任だけをわかりやすく表示・表現しつつ、行為者の法益剥奪に着目して公正・公平な量定を行ないうるものである。もっとも、日数罰金制度のように、行為責任を日数という時間の評価単位で表現すれば、わかりやすさという点で劣ることは否定できない。そこで、第七章で検討したように、行為責任も金銭の評価単位で表現することが望ましい。それゆえ、まず、第一段階では、行為者の事情を斟酌することなく、行為責任の量だけを金銭によって表示・表現すべきである。以下、この金額を「行為責任額」と呼ぶこととしたい。

行為責任額を直ちに支払いうる行為者はそのまま支払を行なうことになる。既に見たように、資産を有する者は、その資産を用いて支払を行なうことが公平に適う。その際、行為者本人の名義であっても、その資産形成にあたって配偶者などの家族の寄与があった場合には、属人性原理の観点から、寄与分の資産を剥奪することは許されないとすべきである。もっとも、実際上、多くを占める軽微な犯罪においては、行為責任額がそれほど大きくないため、多くの行為者が次に述べる第二段階に進むことなく、そのまま支払いうるであろう。[308]また、このように、支払可能な行為者の事情、特に経済状態を斟酌せずにすむことにより、実務上の負担を相当程度回避することができる。また、迅速裁判の要請にも応えることができる。

行為責任額を直ちに全額支払いえない行為者には、減額、支払猶予（延納）、分割払（分納）など、支払内容の変更の申立てを裁判所における量刑の第二段階として行なうことができるようにすべきである。[309]まず、行為責任額に至らない資産がある場合、まず、その資産を支払に充当すべきである。資産の売却などに時間がかかるときには、支払猶予を用いるべきである。かかる場合の残額、又は資産が全くない場合の全額は、原則として、その行為者の所得の一部から分割払により支払わせるようその支払計画を立てるべきである。支払期間は、罰金刑の刑の時効が三年であることから（刑法三二条六号）、最長三年とすべきである。分割払でその都度支払わせることができる金額は、日数罰金制度の日額の算定の際の議論を参考に、所得から生計最小費を控除した残額とすべきである。行為責

猶予期間三年の執行猶予（刑法二五条一項）とすべきである。[310]それゆえ、分割払の支払が三年間なされれば、差額の支払義務は消滅する。一方、分割払が正当な理由なく行われなかった場合、差額の執行猶予が取消され、分割払の残額と上述の差額の合計額について、不払となるようにすべきである。[311]

例えば、行為責任額が五〇万円とされた者が預貯金などの資産を一〇万円しか有していない場合、まず一〇万円の支払が求められる。残る四〇万円は分割払で支払わせる。毎月一万円ずつ三年間支払うこととなったときには、総額三六万円を分割払で支払うこととなるため、差し引き四万円については執行猶予とされる。

第二章で紹介したアメリカ合衆国の不払時の制裁に関する制度を参考に、所得や資産があるにもかかわらず、支払を故意に行なわない場合（故意の不払）と、所得を得る努力を行わない場合（所得獲得努力怠慢）の場合を正当な理由がない場合とし、分割払の残額と上述の差額の合計額を考慮して懲役刑を科すべきである。これに伴い、労役場留置は廃止すべきである。また、行為者の所得獲得状況に変化が生じた場合、分割払の支払額を修正できるようにすべきである。

なお、支払内容の変更の申立ての期限は、上訴期間と同様に一四日以内（刑訴法三七三条・四一四条）とし、上訴して行為責任額を争うのか、支払内容の変更の申立てを行なうのか、そのまま支払うのかを選択させるようにすべきである。また第一段階と第二段階を区別せず、支払内容についても一度に判断することも考えられるが、我が国の場合、事実認定と量刑の手続二分が図られていないため、第一段階と第二段階に分けて量定することが被告人の手続保障に適うと思われる。

行為者の法益剥奪に着目して公正・公平な量定を行なうという要請から、行為責任額と分割払による総支払額との差額の支払を実際に求めることは妥当でない。しかし、分割払の支払を完了する前に差額の支払を免除することは適切ではない。なぜなら、行為者は、本来、行為責任額全額を支払うべきであって、そのことを改めて表示・表現すべき必要があるためである。また、支払計画において、行為者の事情を斟酌して実際の支払予定額を減額したにもかかわらず、正当な理由なくしてその支払を行なわなかったことを理由に懲役刑を科す場合に、本来の行為責任の大きさが考慮できないのは公平を失するためである。

以上のように、第一段階で行為責任額の言渡しを行ない、第二段階で支払内容の変更の申立てを行ないうるようにすることで、行為責任をわかりやすく表示・表現するという第一の要請と、行為者の法益剥奪に着目して公正・公平な量定を行なうという第二の要請に同時に応えることができる。また、この量定方法は、罰金刑だけでなく、被害弁償命令や費用支払命令にも共通して用いることができる。そして、日数罰金制度とは異なり、現在の総額罰金制度に近いため、国民に受け入れられやすいと考えられる。それゆえ、かかる制度を我が国に導入すべきである。

（1）従来、定額罰金制度と呼ばれることが多かったが、「定額」とすると、一律の額が科されるかのような誤解を招きかねないため、実態に即して、「総額」の語を用いることとする。

（2）詳細に検討したものとして、例えば、牧野英一「罰金日割制について（一）」季刊刑政六巻二号（一九五八）三九頁以下、「同・(二、完)」六巻三号（一九五八）二七頁以下、平野龍一「日数罰金と罰金分納」警研三三巻五号（一九六一）三七頁以下（『行為者処遇法の諸問題　付・死刑　増補版』（有斐閣、一九八二）一四五頁以下所収）、森下忠『刑法典改正と刑事政策』（一粒社、一九六四）四五頁以下、宮澤浩一「日数罰金制の意義と現実――西ドイツの新刑法典を中心にして――」法研四九巻一号（一九七六）六一頁以下、坂田仁「スウェーデンにおける罰金制度の沿革――日数罰金を中心に――」法研六三巻四号（一九九〇）二〇頁以下、井田良「ドイツにおける日数罰金刑」森下忠先生古稀祝賀『変動期の刑事政策　下巻』（成文堂、一九九五）七〇三頁以下などがある。また、類似の制度として、イングランド及びウェールズで一九九二年に導入されたものの、一年を経ずして廃止された単位罰金制度（unit fine system）や、ニュージーランドで一九九四年に試行された時間罰金制度（time fines system）などがある。単位罰金制度について、詳細に検討したものとして、例えば、瀬川晃「イギリスの単位罰金制度の成立と廃止」同法四五巻六号（一九九四）一頁以下〔『イギリス刑事法の現代的展開』（成文堂、一九九五）一二三頁以下所収〕、奥村正雄「イギリスにおける単位罰金制度の仕組」同法四五巻六号（一九九四）一八頁以下、青木紀博「イギリスにおける単位罰金制度——導入の経緯について——」同法四五巻六号（一九九四）四二頁以下などがある。また、ニュージーランドの時間罰金制度については、第六章参照。

（3）一般的に総額罰金制度が採用されているアメリカ合衆国においても、日数罰金制度が肯定的に紹介されている。例えば、Kittrie, N. N. et al., Sentencing, *Sactions and Corrections —Federal and State Law, Policy, and Practice — Second Edition*（Foundation Press, 2002）, pp. 1059-1062.

（4）Dammer, H. R., et al., *Comparative Criminal Justice Systems Third Edition*（Wadsworth/Thomson Learning, 2006）, p.241; Reichel, P. L., *Comparative Criminal Justice Systems : A Topical Approach Fifth Edition*（Pearson Prentice Hall, 2008）, p. 300; Schmalleger, F., *Criminal Justice Today: An Introductory Text for the Twenty-first Century Eleventh Edition*（Pearson Prentice Hall, 2011）, p. 395.

（5）Dammer, *supra* note 4, at 241; Reichel, *supra* note 4, at 300; Neubauer, D. W., *America's Courts and the Criminal Justice System Ninth Edition*（Thomson/Wadsworth, 2008）, p. 333.

（6）Kan. Stat. Ann. §21-4610（c）（11）. See, §12-4509（e）（11）.

（7）Newton, A., Alternatives to Imprisonment —Day Fines, Community Service Orders, and Restitution-, *8 Crime and Delinquency Literature* 109（1976）, pp. 110-17.

（8）刑法改正準備会『改正刑法準備草案　附　同理由書』（法務省、一九六一）一二七頁。

（9）刑法改正準備会・前掲注（8）一二七頁。犯罪者自身に資力がなくとも、近親者に資産があって必要なときには援助を受けられる事情も当然考慮されるべき事情に当たるとされていた。刑法改正準備会・前掲一二七頁。

（10）法務省編「法制審議会刑事法特別部会第二小委員会議事要録（四）」（法務省、一九六七）三〇七―三〇八頁。

（11）「罰金又は科料の［適用］［量定］にあたつては、犯人の資産、収入その他の経済状態を考慮に入れなければならない」（改正刑法草案第二次参考案四八条B案）。条文中の「適用」か「量定」かは、改正刑法草案第二次参考案四七条の文言に従うことが予定されていた。

（12）法務省編「法制審議会刑事法特別部会第二小委員会議事要録（六）」（法務省、一九六九）八〇八頁。

（13）18 U. S. C. §§3553, 3572 (a).

（14）U. S. S. G. §5E1.2 (b), (c).

（15）U. S. S. G. §5E1.2 (d). なお、同条（7）の平均的な費用は、刑務所局（Bureau of Prisons）及び合衆国裁判所行政部（Administrative Office of the United States Courts）の発行する資料を参考にすることができる。*United States Sentencing Commission, Federal Sentencing Guidelines Manual 2006* (West Group, 2006), p. 410.

（16）例えば、18 U. S. C. §3572 (a) (5).

（17）例えば、拘禁費用、プロベーション費用、監督付釈放費用についても含みうるとしたものとして、*U. S. v. Turner, 998 F. 2d 534, 537-538 (7th Cir. 1993)*. 拘禁費用・プロベーション費用・監督（supervision）費用についても含みうるとしたものとして、*U. S. v. Leonald, 37 F. 3d 32, 40 (2nd Cir. 1994)*. 一方、拘禁費用について、量定の基礎とすることを否定したものもある。*U. S. v. Spiropoulos, 976 F. 2d 155, 165, 167 (3rd Cir. 1992)*. 詳しくは、第三章参照。

（18）*U. S. v. Harvey, 885 F. 2d 181, 183 (4th Cir. 1989)*.

（19）U. S. *v. Marquez*, 941 F. 2d 60, 65 (2nd Cir. 1991); *U. S. v. Lombardo*, 35 F. 3d 526, 530 (11th Cir. 1994).

（20）*Eckhard Horn*, Das Geldstrafensystem des neuen Allgemeinen Teils des StGB und die Ratenzahlungsbewilligung,

NJW 1974, 625 ff., S. 625.

（21）マルコによる福音書（Markus）一二章四一—四四節。

（22）J・S・ミル著・末永茂喜訳『経済学原理（五）』（岩波書店、一九六三）二八—二九頁。

（23）*Dirk von Selle*, Gerechte Geldstrafe: eine Konkretisierung des Grundsatzes der Opfergleichheit（Nomos Verlagsgesellschaft, 1997）, S. 36-37.

（24）*Selle*, a. a. O.（Anm. 23）, S. 38-39; *Bruno Schmidt-Bleibtren / Franz Klein*, Kommentar zum Grundgesetz 10. Auflage（Luchterhand, 2004）, Art. 3, Rn. 26, 28, 32-40.

（25）*Selle*, a. a. O.（Anm. 23）, S. 40-41.

（26）*Selle*, a. a. O.（Anm. 23）, S. 117.

（27）*Selle*, a. a. O.（Anm. 23）, S. 40-41.

（28）*Selle*, a. a. O.（Anm. 23）, S. 40-41.

（29）*Selle*, a. a. O.（Anm. 23）, S. 47.

（30）*Selle*, a. a. O.（Anm. 23）, S. 47-48.

（31）*Selle*, a. a. O.（Anm. 23）, S. 49-51.

（32）J・ベンタム著・E・デュモン編・長谷川正安訳『民事および刑事立法論』（勁草書房、一九九八）五七二—五七三頁。Vgl. *Selle*, a. a. O.（Anm. 23）, S. 52-53.

（33）*Selle*, a. a. O.（Anm. 23）, S. 52.

（34）Vgl. *Selle*, a. a. O.（Anm. 23）, S. 54.

（35）Vgl. *Selle*, a. a. O.（Anm. 23）, S. 54.

（36）*Selle*, a. a. O.（Anm. 23）, S. 55.

（37）*Selle*, a. a. O.（Anm. 23）, S. 56.

(38) *Selle*, a. a. O. (Anm. 23), S. 66, 234.
(39) Vgl. *Selle*, a. a. O. (Anm. 23), S. 57-58.
(40) Vgl. *Selle*, a. a. O. (Anm. 23), S. 177.
(41) *Selle*, a. a. O. (Anm. 23), S. 59-61.
(42) *Ernst Seidler*, Die Geldstrafe vom volkswirtschaftlichen und sozialpolotischen Gesichtspunkte, Jahrbücher für Nationalökonomie und Statistik, 54. Bd. (Neue Folge 20. Bd.) (1890), 241 ff., S. 251-253.
(43) *Selle*, a. a. O. (Anm. 23), S. 63.
(44) Vgl. *Selle*, a. a. O. (Anm. 23), S. 67.
(45) *Selle*, a. a. O. (Anm. 23), S. 68.
(46) *von Theodor Reinhold Schütze*, Lehrbuch des Deutschen Strafrechts 2. Auflage (J. M. Gebhardt, 1874), S. 75.
(47) Entwurf eines Strafgesetzbuches (StGB) E 1962 mit Begründung -Bundestagsvorlage- (Deutscher Bundestag, 1962), S. 170; 齊藤金作訳「一九六二年ドイツ刑法草案理由書総則篇——第一分冊——」刑事基本法令改正資料一〇号(1966) 225頁。
(48) Thornstedt, H., The Day-Fine System in Sweden, *9 Criminal Law Review* 307 (1975), p. 307; *Hans-Heinrich Jescheck*, Der Einfluß der neueren schwedischen Kriminalpolitik auf die deutsche Strafrechtsreform, 90 ZStW 777 (1978), S. 780.
(49) *Peter Brandis*, Geldstrafe und Nettoeinkommen -Zugleich ein Beitrag zur Ausgestaltung eines Einkommensbegriffs im Öffentlichen Schuldrecht (O. Schmidt, 1987), S. 3.
(50) スカンディナヴィア諸国の状況について詳細に説明したものとして、*Hans Thornstedt*, Skandinavishe Erfahrungen mit dem Tagesbussensystem, 86 ZStW 596 (1974), S. 596 ff.
(51) フィンランドにおいては、特別刑法違反の犯罪を中心に、日数罰金制度ではなく、総額罰金制度が採用されており、日数罰金制度と総額罰金制度が併用されている。日額の算定の基礎となるのは、平均的な一日の所得の四分の一である。また、略式手続や交通違反に対する警察官による罰金刑が多用されている。*Thornstedt*, a. a. O. (Anm. 50), S. 608-613; Jokela, A., Legal Procedure, In: Pöyhönen, J. (ed.), *An Introduction to Finnish Law* (Kauppakaari, 2002), pp. 357, 385-386.

（52） スウェーデンにおいても、同様に、日数罰金制度と総額罰金制度が併用されている。Terrill, R. J., *World Criminal Justice Systems: A Survey Seventh Edition* (LexisNexis, 2009), p. 287. 罰金刑の支払が求められ、行為者の異議なき場合、裁判所の手続を経ずに刑が確定するという検察官による略式命令や警察官による秩序罰が多用されている。Dolmén, L. (ed.), *Crime Trends in Sweden 1988* (BRÅ-Report 1990: 4) (National Council for Crime Prevention in Sweden, 1990), p. 32-33; Terrill, *supra*, at 288. 詳しくは、坂田・前掲注（2）四九―五三頁参照。なお、スウェーデンでは、支払を免れるために詐欺的方法が用いられた場合又は公共の利益が要求するその他特別の事例の場合には、拘禁刑を賦科するとされているものの、不払のみを理由とする拘禁刑の賦科は廃止されている。拙稿「ハンス・ヴーン・フーファル著『スウェーデンにおける罰金刑の不払に対する拘禁刑』」関法五五巻六号（二〇〇六）二〇一頁以下、二〇六―二〇七頁。

（53） もっとも、デンマークの日数罰金制度においては、刑法典（Straffeloven）において、日額の下限は定められているものの、上限は定められていない（§51 Stk. 1. Straffeloven）。また、刑法犯について、日数罰金制度以外の形で罰金刑を賦科しうるとされているものの（§51 Stk. 1. Straffeloven）、実務上、そのような例はほとんどない。Langsted, L. B. et al., Criminal law in Denmark (Kluwer Law International, 1998), p. 100. さらに、特別刑法違反の犯罪については、やはり、日数罰金制度ではなく、総額罰金制度が採用されており、日数罰金制度と総額罰金制度が併用されている。Langsted, p. 100. 総額罰金制度による罰金刑の賦科にあたっては、検察官により書面で罰金刑の支払が求められ、被告人の異議なき場合、裁判所の手続を経ずに終局する罰金和解と呼ばれる手続が多用されている。Langsted, p. 170. また、警察によって科される切符罰金（bøde på）と呼ばれる反則金に類似する制裁もある（§55 Stk. 2.

Straffeloven）。

（54） *von Kahl Ludwig Wilhelm von Grolman*, Grundsatze der Criminalrechts-Wissenschaft 4. Auflage（G. F. Heyer, 1825）, S. 66; *von Carl Franz Wilhelm Jerome Häberlin*, Die allgemeinen Lehren des Criminalrechts（Friedrich Fleischer, 1845）, S. 134; *von Theodor Reinhold Schütze*, a. a. O.（Anm. 46）, S. 74.

（55） 一連の草案については、Vgl. *Christoph Krehl*, Die Ermittlung der Tatsachengrundlage zur Bemessung der Tagessatzhöhe bei der Geldstrafe（Peter Lang, 1985）, S. 12-20. 西原春夫「西ドイツの刑法改正論争をめぐって——その一・概説——」法時三七巻一号（一九六五）四二頁以下、四二—四三頁参照。

（56） §§30, 31, 36VE 1909: *Der hierzu bestellten Sachverstandigen—Kommission*（*bearbeitet*）, Vorentwurf zu einem Deutschen Strafgesetzbuch（J. Guttentag, 1909）, S. 110-117, 128-130.

（57） §§61, 62, 85 GE 1911. 一部の論点について詳説したものとして、*Wilhelm Kahl*（*aufgestellt*）, Gegenentwurf zum Vorentwurf eines deutschen Strafgesetzbuchs: Begründung（J. Guttentag, 1911）.

（58） §§66, 67, 68 KE 1913: *Reichs-Justizministerium*（*Veroffentlicht auf Anordnung*）, Entwürf zu einem deutschen Strafgesetzbuch Erster Teil（C. H. Beck, 1920）, S. 27. 簡単な解説として、*Ludwig Ebermayer*（*systematisch bearbeitet*）, Der Entwurf eines deutschen Strafgesetzbuches: nach den Beschlüssen der Strafrechtskommission（Otto Liebmann, 1914）, S. 5-6.

（59） §§55, 56, 109 E 1919: *Reichs-Justizministerium*（*Veroffentlicht auf Anordnung*）, Entwürf zu einem deutschen Strafgesetzbuch Zweiter Teil（C. H. Beck, 1920）, S. 18, 29.

（60） §§68 Abs. 1; 69, 70 E 1922: *Thomas Dehler*（*Geleitwort*）, *Eberhard Schmidt*（*Einleitung*）, Gustav Radbruchs Entwurf eines allgemeinen deutschen Strafgesetzbuches（1922）（J. C. B. Mohr, 1952）, S. 9.

（61） §§68 Abs. 1; 69, 70 E 1925: Amtlicher Entwurf eines Allgemeinen Deutschen Strafgesetzbuchs nebst Begründung 1925（Reichsratsvorlage）（Walter de Gruyter, 1925）, S. 6, 13. 司法省調査課訳編「一九二五年獨逸刑法草案並ニ理

由書（總則篇）」司法資料七九号（一九二五）二四—二六、二二三—二三六頁。

(62) §§38, 69, 71 E 1927; Entwurf eines Allgemeinen Deutschen Strafgesetzbuchs 1927 mit Begründung und 2 Anlagen (Reichstagsvorlage) (C. Heymann, 1927), S. 2-3, 20, 25. 司法省調査課訳編「一九二七年獨逸刑法草案竝ニ理由書（総則篇）」司法資料一二四号（一九二八）一一、四四—四七、一九六、二六六—二七〇頁。

(63) §§38, 69, 71 E 1930; Entwurf eines Allgemeinen Deutschen Strafgesetzbuchs 1930 (Entwurf Kahl) (C. Heymann 1930), S. 4, 8. 司法省調査課訳編「独逸刑法第一読会終了（一九三〇年）案」司法資料一八一号（一九三四）九、一七頁。

(64) *Krehl*, a. a. O. (Anm. 55), S. 16.

(65) BGBl 1921 S. 1604. 我が国における本法の紹介として、小野清一郎「罰金に関するドイツの新立法に就て」法曹界一巻四号（一九二三）一二頁以下、市川秀雄「無制限額の罰金と無定量の罰金刑——教育刑理念の罰金刑理論への展開」新報五八巻一二号（一九五一）二五頁以下、三六—三七頁。

(66) §3 Abs. 1 Reichsgesetz zur Erweiterung der Anwendungsgebiets der Geldstrafe und zur Einschraenkung der kurzen Freiheitstrafen vom 21. 12. 1921; *Albert Hellwig (erläutert)*, Das Geldstrafengesetz vom 21. Dezember 1921 mit der begründung und der Allgemeinen Verfügung von 22. Dezember 1921. (H. W. Müller, 1922), S. 34-46.

(67) §27c StGB a. F.

(68) *Krehl*, a. a. O. (Anm. 55), S. 12-13.

(69) *Hermann Stapenhorst*, Die Entwicklung des Verhältnisses von Geldstrafe zu Freiheitsstrafe seit 1882 -Eine rechtshistorische Untersuchung anhand von Kriminalstatistiken (Duncker & Humblot, 1993), S. 66. なお、一九四三年については、上半期のデータしか存在しない。

(70) *Selle*, a. a. O. (Anm. 23), S. 69.

（71） *Stapenhorst*, a. a. O.（Anm. 69）, S. 64.

（72） *Krehl*, a. a. O.（Anm. 55）, S. 20.

（73） *Krehl*, a. a. O.（Anm. 55）, S. 21.

（74） *Krehl*, a. a. O.（Anm. 55）, S. 22.

（75） *Selle*, a. a. O.（Anm. 23）, S. 70-71. 改正への歩みについては、西原・前掲注（55）四三—四四頁参照。

（76） *Selle*, a. a. O.（Anm. 23）, S. 71-72.

（77） *Bundesministerium der Justiz*, Niederschriften über die Sitzungen der großen Strafrechtskommission 1. Bd (Bundesdruckerei, 1956), S. 381.

（78） §56 Abs. 2 Satz 1 E 1956; §51 Abs. 2 Satz 2 E 1960; *Bundesministerium der Justiz*, a. a. O.（Anm. 77）, S. 383-384; 4. Bd（1958）, S. 521-527; 齊藤金作訳「一九五六年ドイツ刑法総則草案——刑法大委員会第一読会の決議による——」早稲田大学比較法研究所紀要三号（一九五八）二三頁、齊藤金作訳「一九五六年ドイツ刑法総則草案理由書（上）——刑法大委員会第一読会の決議による——」比較法紀要四号（一九五九）二四六—二五三頁、齊藤金作訳「一九六〇年ドイツ刑法草案」比較法紀要一八号（一九六一）二三頁。

（79） *Selle*, a. a. O.（Anm. 23）, S. 71-72.

（80） 齊藤・前掲注（78）比較法紀要四号二二三—二三九頁。その後の連邦議会での審議の状況については、内藤謙「西ドイツにおける刑法改正の現況——連邦議会第一読会における審議を中心として——」刑雑一四巻一号（一九六五）一四五頁以下、一四八—一六二頁参照。

（81） §51 Abs. 1 Satz 1 E 1962.

（82） §51 Abs. 1 Satz 2 E 1962.

（83） §51 Abs. 2 Satz 1 E 1962.

（84） §51 Abs. 2 Satz 2 E 1962.

(85) §51 Abs. 3 E 1962.

(86) §51 Abs. 4 E 1962.

(87) §55 Abs. 1 E 1962.

(88) §27c StGB a. F.

(89) *Krehl*, a. a. O. (Anm. 55), S. 23.

(90) *von Hugo Halschner (systematisch dargestellt)*, *Das* Gemeines deutsches Strafrecht (Marcus, 1881), S. 601.

(91) *Franz von Liszt, Eberhard von Schmidt (bearbeitet)*, Lehrbuch des deutschen Strafrechts 26. Aufl. (Walter de Gruyter & Company, 1932), S. 422.

(92) *Krehl*, a. a. O. (Anm. 55), S. 23-24.

(93) *Jürgen Baumann / Anne-Eva Brauneck / Ernst-Walter Hanack / Arthur Kaufmann / Ulrich Klug / Ernst-Joachim Lampe / Theodor Lenckner / Werner Maihofer / Peter Noll / Claus Roxin / Rudolf Schmitt / Hans Schultz / Günter Stratenwerth / Walter Stree (vorgelegt)*, Alternativ-Entwurf eines Strafgesetzbuches Allgemeiner Teil 2. verbesserte Auflage (J. C. B. Mohr, 1969), S. 16-17; 宮沢浩一訳「一九六六年ドイツ刑法草案総則対案理由書」刑事基本法令改正資料一五号（一九六九）八七―九九頁がある。また、その全体像については、宮沢浩一「一九六六年西ドイツ刑法改正対案の刑事政策的規定について」判タ二〇六号（一九六七）二頁以下参照。

(94) §49 Abs. 1 AE.

(95) §49 Abs. 1 Satz 2 AE.

(96) §49 Abs. 2 Satz 1 AE.

(97) §49 Abs. 2 Satz 2 AE.

(98) §49 Abs. 2 Satz 3 AE.

(99) §49 Abs. 3 Satz 1 AE.

(100) §49 Abs. 4 Satz 1 AE.

(101) §49 Abs. 4 Satz 2 AE.

(102) §49 Abs. 4 Satz 3 AE.

(103) §51 Satz 1 AE.

(104) §51 Satz 2 AE.

(105) §53 Abs. 1 Satz 2 AE.

(106) *Baumann*／*Brauneck*／*Hanack*／*Kaufmann*／*Klug*／*Lampe*／*Lenckner*／*Maihofer*／*Noll*／*Roxin*／*Schmitt*／*Schultz*／*Stratenwerth*／*Walter Stree.*, a. a. O.（Anm. 93）, S. 99.

(107) テオドール・レンクナー著・岡野光雄訳「ドイツ連邦共和国における刑法改正と刑法草案対案（二・完）」ユルゲン・バウマン編『刑法改正は失敗か?』法時四四巻一〇号（一九七二）一三一頁以下、一三五頁。

(108) BGBl 1969 I S. 717.

(109) Gesetz über das Inkrafttreten des Zweiten Gesetzes zur Reform des Strafrechts vom 30. 7. 1973（BGBl 1973 I S. 909）§1.

(110) §40 Abs. 1 Satz 1 StGB.

(111) §46 StGB.

(112) §40 Abs. 1 Satz 2 StGB.

(113) §40 Abs. 2 Satz 1 StGB.

(114) §40 Abs. 2 Satz 2 StGB.

(115) §40 Abs. 3 StGB.

(116) §40 Abs. 2 Satz 3 StGB.

(117) Gesetz zur Änderung des Strafgesetzbuches –Anhebung der Höchstgrenze des Tagessatzes bei Geldstrafen vom

4. 7. 2008（BGBl I S. 1658）.

（118）§40 Abs. 4. StGB.

（119）*Eckhard Horn*, in: *Hans-Joahim Rudolphi* / *Eckhard Horn* / *Erich Samson* / *Hans-Ludwig Schreiber*, Systematischer Kommentar zum Strafgesetzbuch Band 1 Allgemeiner Teil（§§1-79b）(Metzner, 1975), §40 Rn. 12; *Walter Stree*, in: *Adolf Schönke* / *Horst Schröder*, Strafgesetzbuch Kommentar 28. neu bearbeitete Auflage（C. H. Beck, 2010）, §40 Rn. 1.

（120）§42 Satz 1 StGB.

（121）§40 Abs. 1 Satz 1 StGB.

（122）§43 Satz 1, 2 StGB.

（123）BGHSt 20, 16; *Horn*, in: *Rudolphi* / *Horn* / *Samson* / *Schreiber*, a. a. O.（Anm. 119）, §43 Rn. 2; *Karl Lackner* / *Kristian Kühl*, Strafgesetzbuch Kommentar 27. neu bearbeitete Auflage（C. H. Beck, 2011）, §43 Rn. 1; *Stree*, in: *Schönke* / *Schröder*, a. a. O.（Anm. 119）, §43 Rn. 2.

（124）§43 Satz 3 StGB.

（125）*Von Hans-Jörg Albrecht*, Strafzumessung und Vollstreckung bei Geldstrafen unter Berücksichtigung des Tagessatzsystems -Die Geldstrafe im System strafrechtlicher Sanktionen-（Duncker & Humblot, 1980）, S. 195-222, 310-311, 334. 被告人の収入などの日額を算定するための情報が十分に得られない場合、その収入などの数値を推定して日額を算定することとなる。しかし、このような場合、相当高い蓋然性で代替自由刑がもたらされると考えられている。*von Maciej Malolepszy*, Geldstrafe und bedingte Freiheitsstrafe nach deutschem und polnischem Recht: rechtshistorische Entwicklung und gegenwärtige Rechtslage im Vergleich（Duncker & Humblot, 2007）, S.77. ②に関して、今日、ドイツでは、罰金刑が最も寛大な刑種であると考えられている。例えば、*Lackner* / *Kühl*, a. a. O.（Anm. 123）, §40 Rn. 1.

(126) *Brandis*, a. a. O. (Anm. 49), S. 16; *Lackner / Kühl*, a. a. O. (Anm. 123), Vor §40 Rn. 2.
(127) *Brandis*, a. a. O. (Anm. 49), S. 17.
(128) *Brandis*, a. a. O. (Anm. 49), S. 16; *Lackner / Kühl*, a. a. O. (Anm. 123), Vor §40 Rn. 2.
(129) *Brandis*, a. a. O. (Anm. 49), S. 17.
(130) *Selle*, a. a. O. (Anm. 23), S. 127.
(131) *Gerhardt Grebing*, Probleme der Tagessatz-Geldstrafe, ZStW 88 (1976), 1049 ff., S. 1063-1064; *Selle*, a. a. O. (Anm. 23), S. 123-124, 183.
(132) *Selle*, a. a. O. (Anm. 23), S. 123.
(133) Grebing, a. a. O. (Anm. 131), S. 1064.
(134) *Brandis*, a. a. O. (Anm. 49), S. 16; *Selle*, a. a. O. (Anm. 23), S. 124.
(135) *Jürgen Baumann*, Beschränkung des Lebensstandards anstatt kurzfristiger Freiheitsstrafe (Luchterhand, 1968), S. 77-80.
(136) *Brandis*, a. a. O. (Anm. 49), S. 146; *Selle*, a. a. O. (Anm. 23), S. 183.
(137) *Brandis*, a. a. O. (Anm. 49), S. 146-147; *Selle*, a. a. O. (Anm. 23), S. 124-125, 220.
(138) *Selle*, a. a. O. (Anm. 23), S. 125-126.
(139) *Selle*, a. a. O. (Anm. 23), S. 125-126, 164.
(140) *Selle*, a. a. O. (Anm. 23), S. 74.
(141) *Selle*, a. a. O. (Anm. 23), S. 124.
(142) *Brandis*, a. a. O. (Anm. 49), S. 133-134.
(143) *Brandis*, a. a. O. (Anm. 49), S. 133-134. 法律上規定されていないとの理解が一般的である。例えば、*Lackner / Kühl*, a. a. O. (Anm. 123), §40 Rn. 7.

(144) *Brandis*, a. a. O.（Anm. 49）, S. 11, 133-134, 208.

(145) *Brandis*, a. a. O.（Anm. 49）, S. 7, 14, 19, 136-140, 205, 208.

(146) BGHSt 27, 212; *Brandis*, a. a. O.（Anm. 49）, S. 7.

(147) *Brandis*, a. a. O.（Anm. 49）, S. 133-134.

(148) *Brandis*, a. a. O.（Anm. 49）, S. 39, 44.

(149) *Brandis*, a. a. O.（Anm. 49）, S. 45.

(150) *Brandis*, a. a. O.（Anm. 49）, S. 46. それ以前には、ヘルマン（*Hermann*）やシュモラー（*Schmoller*）らの消費基金説（Konsumtionsfondstheorie）、ロッシャー（*Roscher*）らの生産説（Produktionstheorie）、フォッケ（*Vocke*）らの収益説（Ertragstheorie）などの学説もあった。篠原章「ドイツにおける所得概念論争——シャンツの所説を中心に——」成城大學經濟研究九五号（一九八七）二五七頁以下、二六〇—二七四頁、同「ゲオルグ・シャンツ再考——包括的課税所得概念をめぐって——」千葉商大論叢三一巻一号（一九九三）六九頁以下、七八頁、武田公子「ドイツにおける所得税制度の成立（下）」都市問題八〇巻一二号（一九八九）九三頁以下、九六—九七頁、木原孜「所得概念と課税標準——所得源泉説と純財産増加説——」福岡大學商學論叢三九巻一＝二号（一九九四）一八三頁以下、一八五—一八六頁。

(151) Vgl. *Brandis*, a. a. O.（Anm. 49）, S. 47; 水野忠恒『租税法〔第二版〕』（有斐閣、二〇〇五）一二二頁。

(152) *Brandis*, a. a. O.（Anm. 49）, S. 48-49.

(153) *Brandis*, a. a. O.（Anm. 49）, S. 53.

(154) *Brandis*, a. a. O.（Anm. 49）, S. 48.

(155) *Georg von Schanz*, Der Einkommensbegriff und der Einkommensteuergesetze, Finanzarchiv, Bd. 13（1896）, 1 ff. 22. ゲオルグ・フォン・シャンツ著・篠原章訳「所得概念と所得税法」成城大學經濟研究一〇四号（一九八九）二二三頁以下、四六頁。シャンツの見解を分析したものとして、向井梅次「シャンツの財産増加説について」税經通信六

巻三号（一九五一）三五頁以下、清永敬次「シャンツの純資産増加説――一――」税法学八五号（一九五八）七頁以下、「同――二（完）――」税法学八六号（一九五八）一五頁以下、篠原「所得概念論争」・前掲注（150）二七四―二八〇頁、木原・前掲注（150）二〇三―二二二頁がある。

(156) *Schanz*, a. a. O. (Anm. 155), S. 24; シャンツ著・篠原訳・前掲注（155）四七頁。

(157) *Brandis*, a. a. O. (Anm. 49), S. 51.

(158) *Brandis*, a. a. O. (Anm. 49), S. 51-52.

(159) 篠原「ゲオルグ・シャンツ再考」・前掲注（150）八三―八六頁、木原・前掲注（150）一八七―一八九頁、水野・前掲注（151）一二三頁。

(160) *Brandis*, a. a. O. (Anm. 49), S. 53.

(161) *Brandis*, a. a. O. (Anm. 49), S. 55, 57, 60-61.

(162) PrGS 1891 S. 175.

(163) BGBl 1920 S. 359.

(164) *Brandis*, a. a. O. (Anm. 49), S. 56, 59.

(165) *Brandis*, a. a. O. (Anm. 49), S. 66.

(166) BGBl 1925 I S. 189.

(167) *Brandis*, a. a. O. (Anm. 49), S. 61; アルベルト＝ヘンゼル著・杉村章三郎訳『獨逸租税法論』（有斐閣、一九三一）184-185頁。

(168) BGBl 1934 I S. 1005.

(169) *Brandis*, a. a. O. (Anm. 49), S. 66.

(170) 水野・前掲注（151）一二四頁、金子宏『租税法〔第一一版〕』（弘文堂、二〇〇六）一九一頁。

(171) 一九四九年所得税法（EStG 1949）が原型となっている。

(172) §2 Abs. 5 EStG.
(173) §2 Abs. 3 EStG.
(174) §§10–10i EStG.
(175) §§33, 33a EStG.
(176) §2 Abs. 4 EStG.
(177) §2 Abs. 1 Satz 1 Nr. 4 EStG.
(178) §2 Abs. 1 Satz 1 Nr. 5 EStG.
(179) §2 Abs. 1 Satz 1 Nr. 6 EStG.
(180) §§2 Abs. 1 Satz 1 Nr. 7; §22 EStG.
(181) §8 Abs. 1 EStG.
(182) *Brandis*, a. a. O. (Anm. 49), S. 28.
(183) *Brandis*, a. a. O. (Anm. 49), S. 76.
(184) *Brandis*, a. a. O. (Anm. 49), S. 68.
(185) *Brandis*, a. a. O. (Anm. 49), S. 70.
(186) §21 EStG.
(187) *Brandis*, a. a. O. (Anm. 49), S. 66, 77.
(188) *Brandis*, a. a. O. (Anm. 49), S. 71.
(189) §2 Abs. 1 EStG.
(190) §9 Abs. 1 Nr. 1 EStG.
(191) §4 Abs. 4 EStG.
(192) Z. B. §37 Abs. 3 EStG.

(193) Vgl. §12 Nr. 1 EStG.

(194) *Brandis*, a. a. O.（Anm. 49）, S. 30.

(195) §2 Abs. 7 Satz 2 EStG.

(196) *Brandis*, a. a. O.（Anm. 49）, S. 24.

(197) *Brandis*, a. a. O.（Anm. 49）, S. 26.

(198) *Brandis*, a. a. O.（Anm. 49）, S. 42; *Selle*, a. a. O.（Anm. 23）, S. 223.

(199) *Brandis*, a. a. O.（Anm. 49）, S. 25-26, 207.

(200) *Brandis*, a. a. O.（Anm. 49）, S. 24.

(201) *Brandis*, a. a. O.（Anm. 49）, S. 24.

(202) *Brandis*, a. a. O.（Anm. 49）, S. 6, 27, 34-35.

(203) Protokolle des Sonderausschußes des Deutschen Bundestages für die Strafrechtsreform: siebente Wahlperiod, S. 635.

(204) *Brandis*, a. a. O.（Anm. 49）, S. 18.

(205) *Brandis*, a. a. O.（Anm. 49）, S. 209.

(206) *Brandis*, a. a. O.（Anm. 49）, S. 123, 209.

(207) *Heinz Zipf*, Probleme der Neuregelung der Geldstrafe in Deutschland, ZStW 86（1974）, 513 ff., S. 524-525; *Horn*, in: *Rudolphi / Horn / Samson / Schreiber*, a. a. O.（Anm. 119）, §40 Rn. 8; *Stree*, in: *Schönke / Schröder*, a. a. O.（Anm. 119）, §40 Rn. 11.

(208) ここで、労働所得とは、社会保険料、給与所得税、教会給与所得税の労働者負担分などが差し引かれた粗労働賃金であり、使用者から労働者に与えられる、言わば手取りの額である。*Brandis*, a. a. O.（Anm. 49）, S. 150-151.

(209) *Brandis*, a. a. O.（Anm. 49）, S. 28-29.

(210) *Brandis*, a. a. O.（Anm. 49）, S. 5; *Selle*, a. a. O.（Anm. 23）, S. 220.
(211) §§10 Abs. 1 Nr. 1-7, 10a, 10b EStG.
(212) *Brandis*, a. a. O.（Anm. 49）, S. 30.
(213) *Brandis*, a. a. O.（Anm. 49）, S. 163; *Selle*, a. a. O.（Anm. 23）, S. 130.
(214) *Brandis*, a. a. O.（Anm. 49）, S. 160-162.
(215) *Brandis*, a. a. O.（Anm. 49）, S. 5; *Selle*, a. a. O.（Anm. 23）, S. 220.
(216) *Selle*, a. a. O.（Anm. 23）, S. 231.
(217) *Selle*, a. a. O.（Anm. 23）, S. 155.
(218) *Selle*, a. a. O.（Anm. 23）, S. 155.
(219) *Selle*, a. a. O.（Anm. 23）, S. 156-159.
(220) *Selle*, a. a. O.（Anm. 23）, S. 157, 162.
(221) *Selle*, a. a. O.（Anm. 23）, S. 159-160.
(222) *Selle*, a. a. O.（Anm. 23）, S. 162.
(223) Vgl. *Selle*, a. a. O.（Anm. 23）, S. 162.
(224) *Selle*, a. a. O.（Anm. 23）, S. 163.
(225) *Selle*, a. a. O.（Anm. 23）, S.165.
(226) §30 StGB a. F.
(227) *Selle*, a. a. O.（Anm. 23）, S. 168.
(228) *Selle*, a. a. O.（Anm. 23）, S. 168-170.
(229) *Selle*, a. a. O.（Anm. 23）, S. 168-170.
(230) ベッカリーア著・風早八十二ほか訳『犯罪と刑罰』（岩波書店、一九五九）一〇四―一〇五頁。もっとも、ベッカリーアは、このことは資産剥奪を否定する理由とはならないとしていた。ベッカリーア著・前掲一〇五頁。

(231) Vgl. *Selle*, a. a. O.（Anm. 23）, S. 170.

(232) *Selle*, a. a. O.（Anm. 23）, S. 177-78.

(233) *Brandis*, a. a. O.（Anm. 49）, S. 87, 209.

(234) *Selle*, a. a. O.（Anm. 23）, S. 179-180.

(235) Vgl. *Selle*, a. a. O.（Anm. 23）, S. 180.

(236) *Hans-Jörg Albrecht, in: Ulfrid Neumann / Heike Jung*, Nomos Kommentar zum Strafgesetzbuch（Nomos, 1995）, §40 Rn. 29, 30; *Selle*, a. a. O.（Anm. 23）, S. 155.

(237) *Selle*, a. a. O.（Anm. 23）, S. 180-181.

(238) *Selle*, a. a. O.（Anm. 23）, S. 187.

(239) *Selle*, a. a. O.（Anm. 23）, S. 168. 基本資産の剥奪は許されないとする見解もある。*Ulrich Frank*, Zur Überschreitung des Nettoeinkommens bei der Tagessatzhöhe, MDR 1979, 99 ff., S. 100-101. 行為者の経済的能力は、資産によっても判断されるため、日額の判断の際に必要とされることは確かであるが、犠牲平等原則が着目するのは、一定期間の経済的能力の向上だけであるとして、資産を正面から考慮することを否定する一方、罰金刑が資産を全く問題にしないならば、行為者が資産からの責務を回避されることとなるため、資産を有していることによって著しく経済的能力が向上する場合、日額の上昇が命じられるものの、基本資産の侵害をもたらさない限りでなければならないとの留保を付ける。

(240) *Selle*, a. a. O.（Anm. 23）, S. 189, 192-194.

(241) *Selle*, a. a. O.（Anm. 23）, S. 189.

(242) *Selle*, a. a. O.（Anm. 23）, S. 172-173.

(243) *Selle*, a. a. O.（Anm. 23）, S. 193-195.

(244) Protokolle des Sonderausschußes des Deutschen Bundestages für die Strafrechtsreform: siebente Wahlperiod, S. 647.
(245) *Selle*, a. a. O.（Anm. 23）, S. 188; *Lackner / Kühl*, a. a. O.（Anm. 123）, §40 Rn. 12.
(246) *Selle*, a. a. O.（Anm. 23）, S. 188.
(247) *Selle*, a. a. O.（Anm. 23）, S. 188.
(248) *Selle*, a. a. O.（Anm. 23）, S. 193-196.
(249) *Selle*, a. a. O.（Anm. 23）, S. 195.
(250) *Selle*, a. a. O.（Anm. 23）, S. 194.
(251) *Selle*, a. a. O.（Anm. 23）, S. 186.
(252) *Selle*, a. a. O.（Anm. 23）, S. 122.
(253) *Selle*, a. a. O.（Anm. 23）, S. 131-132.
(254) *Selle*, a. a. O.（Anm. 23）, S. 131-132.
(255) *Herbert Tröndle*, Die Geldstrafe in der Praxis und Probleme ihrer Durchsetzung unter besonderer Berücksichtigung des Tagessatzsystems, ZStW 86（1974）, 545 ff, 554-557; *ders.*, Geldstrafe und Tagessatzsystem, ÖJZ 1975（1975）, 589 ff., 594-595.
(256) *Selle*, a. a. O.（Anm. 23）, S. 127; *Stree*, in: *Schönke / Schröder*, a. a. O.（Anm. 119）, §40 Rn. 16.
(257) *Selle*, a. a. O.（Anm. 23）, S. 128-129.
(258) *Selle*, a. a. O.（Anm. 23）, S. 124.
(259) *Selle*, a. a. O.（Anm. 23）, S. 122, 129, 134; *Lackner / Kühl*, a. a. O.（Anm. 123）, §40 Rn. 13.
(260) *Brandis*, a. a. O.（Anm. 49）, S. 19-20.
(261) *Brandis*, a. a. O.（Anm. 49）, S. 9; *Selle*, a. a. O.（Anm. 23）, S. 168.

(262) §13 Abs. 2 Satz 2 StGB a. F.
(263) *Brandis*, a. a. O.（Anm. 49）, S. 127.
(264) *Selle*, a. a. O.（Anm. 23）, S. 185.
(265) *Brandis*, a. a. O.（Anm. 49）, S. 126.
(266) §73 ff. StGB.
(267) *Lackner / Kühl*, a. a. O.（Anm. 123）, Vor §40 Rn. 4; *Stree*, in: *Schönke / Schröder*, a. a. O.（Anm. 119）, §40 Rn. 18.
(268) *Horn*, in: *Rudolphi / Horn / Samson / Schreiber*, a. a. O.（Anm. 119）, §40 Rn. 6.
(269) *Brandis*, a. a. O.（Anm. 49）, S. 130; *Selle*, a. a. O.（Anm. 23）, S. 234-35. このような問題は対案に対しても指摘されていた。*Selle*, a. a. O.（Anm. 23）, S. 72-73.
(270) *Selle*, a. a. O.（Anm. 23）, S. 185-186.
(271) *Brandis*, a. a. O.（Anm. 49）, S. 152-53, 209.
(272) *Brandis*, a. a. O.（Anm. 49）, S. 88-89.
(273) *Selle*, a. a. O.（Anm. 23）, S. 159-160.
(274) Vgl. GG Art. 14; *Selle*, a. a. O.（Anm. 23）, S. 173; *Schmidt-Bleibtren / Klein*, a. a. O.（Anm. 24）, Art. 14, Rn. 48.
(275) *Brandis*, a. a. O.（Anm. 49）, S. 88.
(276) *Selle*, a. a. O.（Anm. 23）, S. 173.
(277) *Selle*, a. a. O.（Anm. 23）, S. 162-163.
(278) *Selle*, a. a. O.（Anm. 23）, S. 185.
(279) *Selle*, a. a. O.（Anm. 23）, S. 164.

(280) *Selle*, a. a. O.（Anm. 23）, S. 166–167.

(281) *von Christoph Christian Dabelow*, Lehrbuch des deutschen gemeinen peinlichen Rechts（Hemmerde und Schwetschke, 1807 ; Includes index 1807）, S. 75.

(282) *Selle*, a. a. O.（Anm. 23）, S. 165.

(283) Vgl. *Selle*, a. a. O.（Anm. 23）, S. 170–171.

(284) *Selle*, S. 226–228.

(285) *Selle*, a. a. O.（Anm. 23）, S. 176–178, 184.

(286) *Brandis*, a. a. O.（Anm. 49）, S. 88.

(287) *Selle*, a. a. O.（Anm. 23）, S. 179.

(288) *Selle*, a. a. O.（Anm. 23）, S. 176, 186.

(289) 宮城浩藏『刑法講義　第一巻　四版』（明治法律學校、一八八七）二四七―二四九丁、磯部四郎『改正増補刑法講義上巻』（八尾書店、一八九三）五一九―五二〇丁、野中勝良『刑法彙論』（明法堂、一八九七）一〇五丁。

(290) 「罰金又は科料を適用するには、一日分の金額を定め、全額を日割にして、幾日分の罰金又は科料という形で言い渡すことができる」（改正刑法準備草案未定稿四九条一項）、「前項の一日分の金額は、二百円以上千円以下の範囲内で、これを定める」（改正刑法準備草案未定稿四九条二項）、「日割によつて罰金又は科料を言い渡すときは、その日数をもつて第四三条による滞納留置の期間とすることができる」（改正刑法準備草案未定稿四九条三項）。

(291) 法務省編「法制審議会刑事法特別部会第二小委員会議事要録（一）」（法務省、一九六四）三二二頁。

(292) 刑法改正準備会・前掲注（8）一二八頁、法務省編・前掲注（291）三二二頁。

(293) 法務省編・前掲注（291）三二二―三二三頁。

(294) 改正刑法準備草案確定稿においては、条数は詰められずに四九条は「（削除）」とされている。

(295) 法務省編・前掲注（291）三二三頁。

(296) 法務省編・前掲注(291)三三三頁。

(297) 法務省編「法制審議会刑事法特別部会第二小委員会議事要録(四)」(法務省、一九六七)二九五頁。

(298) 「罰金は、これを日割にし、日数をもつて科する。但し、法律に特別の定めがある場合は、この限りでない」(改正刑法草案試案甲案三八条一項)、「罰金は、第一級及び第二級とし、第一級罰金は、五十日以上三百六十日以下、第二級罰金は、五十日以上百八十日以下とする」(同草案同三八条二項)、「二個以上の罰金を合算する場合には、七百二十日に至ることができる。罰金を軽減する場合には、五十日未満に下ることができる」(同草案同三八条三項)、「罰金の日額は、二百円以上五千円以下において、これを定める」(同草案同三八条四項)、「罰金の日額は、犯人の資産、収入その他の経済状態を考慮して、これを定める」(同草案同四八条一項)、「日割によらない罰金又は科料を適用する場合においても、前項の事情をあわせて考慮に入れなければならない」(同草案同四八条二項)。

(299) 「罰金は、これを日割にし、日数と日額とをもつて言い渡すことができる」(改正刑法草案試案乙案三八条一項)、「前項の日数は、適用すべき罰金の多額を一日五千円の割合で換算した日数の範囲内で定める」(同草案同三八条二項)、「第一項の日額は、二百円以上五千円以下の範囲内で、犯人の資産、収入その他の経済状態を考慮してこれを定める」(同草案同三八条三項)、「第二項による換算の日数が、一個の罰金について七百日を越え、合算した二個以上の罰金について千日を越えるときは、それぞれこれを七百日又は千日とし、前項の日額は、適用すべき罰金の多額を七百又は千で除した金額にまで至ることができる」(同草案同三八条四項)、「日割によつて罰金を言い渡すときは、その日数をもつて滞納留置の期間とする」(同草案同三八条五項)。

(300) 法務省編・前掲注(297)二九八―二九九、三〇四―三〇五頁。

(301) 「罰金は、日数をもつて科する。但し、法律に特別の定めがある場合は、この限りでない」(改正刑法草案修正試案三八条一項)、「罰金は、第一級、第二級及び第三級とし、第一級罰金は、三十日以上三百六十日以下、第二級罰金は、三十日以上百八十日以下、第三級罰金は、三十日以上六十日以下とする」(同草案同三八条二項)、「二個以上の罰金を合算する場合には、七百二十日に至ることができる。罰金を軽減する場合には、三十日未満に下ることができる」(同草案同三八条三項)、「罰金の日額は、二百円以上五千円以下において、これを定める」(同草案同三八条四項)、「罰金の日額は、犯人の資産、収入その他の経済状態を考慮して、これを定める」(同草案同四八条一項)、「日割によらない罰金又は科料を適用する場合においても、前項の事情をあわせて考慮に入れなければならない」(同草案同四八条二項)。

(302) 法務省編・前掲注(297)三〇七頁。

(303) 法制審議会刑事法特別部会『改正刑法草案　附　同説明書』(法曹会、一九七二)一二五頁。「罰金は一万円以上とする。但し、これを軽減する場合には、一万円未満に下すことができる」とされた(改正刑法草案三八条)。「罰金は一万円以上とする。但し、これを軽減する場合には、一万円未満に下すことができる」とされた(改正刑法草案三八条)。

(304) 法制審議会『改正刑法草案　附　同説明書』(法務省、一九七四)一二九頁。条文は、特別部会によるものから変更されていない。

(305) 「日数罰金制及び短期自由刑に代わる社会奉仕命令制度の検討を含む」(法制審議会刑事法部会「財産刑をめぐる基本問題について」一(一))。検討の経緯については、岩橋義明「財産刑をめぐる基本問題について――法制審議会刑事法部会財産刑検討小委員会の検討結果報告――」ジュリ一〇二三号(一九九三)六〇頁以下参照。

(306) 法制審議会刑事法部会財産刑検討小委員会「『財産刑をめぐる基本問題について』の審議検討経過及び結果について(報告)」(平成五年三月一六日)第二一(三)。

(307) 法制審議会刑事法部会財産刑検討小委員会・前掲注(306)第二一(四)。

(308) ニュージーランドの反則金は、通常、罰金額よりも高額であるにもかかわらず、減額申立てをされる事例は全体の約六割であって、約四割の事例では減額申立てがなされず、そのまま支払われている。第五章参照。行為責任額をどの程度の高さに設定するかによるものの、我が国でも相当数の行為者が全額を直ちに支払うことが予想される。

(309) 行為責任額の量定に不服があり、争う場合には、上訴によるとすべきである。また、支払内容の変更を審理するために、新たな手続を創設する必要がある。支払内容の変更の申立ての期限は、上訴期間と同様に一四日以内（刑訴法三七三条・四一四条）とし、上訴して行為責任額を争うのか、支払内容の変更の申立てを行なうのか、そのまま支払うのかを選択させるようにすべきである。第一段階と第二段階を区別せず、支払内容についても一度に判断することも考えられるが、我が国の場合、事実認定と量刑の手続二分が図られていないため、第一段階と第二段階に分けて量定することが被告人の手続保障に適うと思われる。

(310) 現在、五〇万円以下の罰金刑だけが執行猶予の対象とされているが、この制度の導入にあたり、上限額を撤廃する必要がある。

(311) この制度の導入にあたり、分割払の一部の不払で執行猶予とされた額全ての執行猶予が取消されるとする必要がある。

第九章　貨幣価値の変動に対する罰金刑の調整

第一節　問題設定

罰金刑の場合、死刑や自由刑などの他の刑事制裁とは異なり、金銭の支払を内容とするものであるため、ある犯罪類型において罰金刑が法定刑とされた後や行為者に罰金刑が賦科された後、貨幣価値の変動により、財産的苦痛の量が実質的に変化することとなる。すなわち、(a)インフレーションにより貨幣価値が下落したにもかかわらず、法定刑や賦科額が何ら調整されない場合、行為者が被る苦痛の量が実質的に減少し、当初予定した財産的苦痛を与えることができないこととなってしまう。逆に、(b)デフレーションにより貨幣価値が上昇したにもかかわらず、法定刑や賦科額が何ら調整されない場合、行為者が被る苦痛の量が実質的に増加し、当初予定していたよりも大きな財産的苦痛を与えることとなってしまう。

このような現象は、①賦科段階、すなわち貨幣価値の変動により立法時に妥当とされた法定刑の幅の中ではもはや実質的に適切な量刑ができない場合、②徴収・執行段階、すなわち貨幣価値の変動により言渡し時に妥当とされた賦科額がもはや実質的に適切な額とは言えない場合に問題となる。このうち、①賦科段階の問題は、中長期的な貨幣価値の変動においても、短期的な貨幣価値の変動においても、顕在化しやすいものである。これに対して、②

徴収・執行段階の問題は、短期的な貨幣価値の変動、特に大幅な貨幣価値の変動の際に顕在化しやすいものである。もっとも、いずれの問題も、厳密には期間や程度を問わず、およそ貨幣価値が変動する場合に生じることとなる。

従って、法定刑とされた罰金刑の多額と寡額が想定したよりも重くなったり、軽くなったりする上、経済的状態などの行為者の事情をいかに精密に斟酌して罰金額を算定したとしても、時間の経過により公正さが失われてしまうこととなってしまう。

罰金刑の量定に当たっては、(1)第七章で検討したように、賦科段階において行為者の行為責任の量を表示・表現することを重視しつつ、徴収・執行段階において行為者の事情を考慮して可能な範囲で応報・報復を達成するという罰金刑の目的に適うものであることと、(2)第二章で論じたように、憲法三一条から導き出される実体的デュー・プロセス（substantive due process）の観点から、行為者の法益剥奪に着目して公正・公平な量定を行なうことが要請される。それゆえ、第八章で提案したように、量定の第一段階では、行為者の事情を斟酌することなく、行為責任の量だけを「行為責任額」として金銭によって表示・表現すべきである。行為責任額を直ちに全額支払えない行為者は、量定の第二段階として、減額、支払猶予（延納）、分割払（分納）など、支払内容の変更の申立てを行なうことができるようにすべきである。そして、(a)インフレーション時にも、(b)デフレーション時にも、①賦科段階でも、②徴収・執行段階でも、罰金刑の目的に適った公正・公平な量定を行なう必要がある。

これまでの我が国の貨幣価値の変動の状況について、消費者物価指数などを手掛かりに概観すると、西南戦争（明治一〇年。一八七七年）、日清戦争（明治二七年乃至二八年。一八九四年乃至一八九五年）、日露戦争（明治三七年乃至三八年。一九〇四年乃至一九〇五年）、第一次世界大戦（大正三年乃至七年。一九一四年乃至一九一八年）を契機にその前後の五年ほどで三〇％乃至二三〇％のインフレーションとなり、その後六％乃至三三％のデフレーションとなることが繰り返されてきた。[1] その後、第二次世界大戦（昭和一六年乃至昭和二〇年。一九四一年乃至一九四五年）を契機に極度のインフレーションが進行した。昭和一二年乃至昭和二〇年（一九三七年乃至一九四五年）には、約一二〇〇％のインフレーションとなった。敗戦後のインフレーションはさらに凄まじく、昭和二〇年には年率約三二〇％、昭和二一年には年率約三九〇％となり、昭和二〇年乃至二五年（一九四五年乃至一九五〇年）には、一七〇〇％のインフレーションとなった。[2] その後は、第一次石油危機（昭和四八年。一九七三年）を契機に昭和四九年（一九七四年）に年率二〇％のインフレーションとなったことを除いては、おおむね緩やかなインフレーションが継続してきた。[3] バブル経済崩壊後の平成一〇年（一九九八年）以降、わずかながらデフレーションが続いたものの、[4] デフレーションからの脱却を目指した政策がとられ続けている。[5] かねてから日本銀行が景気対策の名目でこれまでにない規模で断続的に量的緩和を行なうことに対して、ハイパー・インフレーション（hyperinflation）が生じかねないとの懸念も示されていた。[6] このように、我が国の経済は、第二次世界大戦後だけを見ても、ハイパー・インフレーションから緩やかなデフレーションまでを経験しており、今後もそうした可能性を孕んでいると言えよう。

今日に至るまで、我が国の議論においては、罰金刑について、(a)インフレーション時の①賦科段階の問題が意識されてきた。そして、それを解決するために、刑法の総則規定における罰金刑の寡額の引き上げと各犯罪類型の法定刑の引き上げが課題とされ、以下に紹介するような改正が行なわれてきた。また、第八章で触れたように、啓蒙時代の罰金刑改革の中心的論者であるイタリアのフィランギエーリ（*Filangieri*）も、(a)インフレーションへの対応だけを問題としていた。[7] しかし、先に示したような状況を考えると、罰金刑が時間の経過の中で公正さや公平性を維持するためには、大幅なものか緩やかなものかを問わず、(a)インフレーション時及び(b)デフレーション時双方の①賦科段階及び②徴収・執行段階両方の対応を総合的に検討し、準備する必要があるように思われる。そこで、以下ではまず、今日までにとられてきた方策について紹介した上でその問題点を検討し、(a)インフレーション時又は(b)デフレーション時の①賦科段階又は②徴収・執行段階の全ての場合に応用できるかを明らかにすることとしたい。

第二節　我が国における立法及び立法案

我が国においては、旧刑法以来、総則規定に罰金刑に多額の規定はなく、多額は、各則の規定に委ねられてきた。旧刑法において、罰金刑は減軽前で二円以上であった（旧刑法二六条）。その後、明治二三年改正刑法草案はこれを引き上げ、減軽前で五円以上とするとともに（同草案二五条）、各則の多額・寡額をも引き上げた。続いて、明治三四年改正案は、減軽前で一円以上とその寡額を引き下げた（同改正案一五条）。これに対し、翌年の明治三五年改正案は、減軽前で二〇円以上と一転して大幅に引き上げるとともに（同改正案一五条）、やはり各則の多額と寡額双方をも引き上げた。明治四〇年刑法改正案もこれを受け継ぎ（同改正案一五条、一七条）、現行刑法でもこの数字が採用された（刑法一五条、一七条）。

その後、昭和二年（一九二七年）の予備草案では、貨幣価値の変動が考慮され、減軽前で五〇円以上とされた（同草案四〇条）。もっとも、昭和一五年（一九四〇年）の改正刑法假案では、インフレーションが進んだにもかかわらず、満州事変以後のインフレーション下での生活苦が配慮されたせいか[8]、減軽前で再び二〇円以上とされている（同假案四三條）。

さらに、昭和一六年（一九四一年）の改正（昭和一六年法律第六一號）により、戦時国民経済阻害罪（刑法一〇五条ノ四）に最高一〇万円という当時としては非常に高額の罰金刑が情状により自由刑に併科されうることとされ（同条第二項）[9]、第二次世界大戦後に同罪が廃止（昭和二二年法律第一二四号）されるまで規定されていた。このような高額の罰金刑に対応して、労役場留置の期間も最長一年から最長二年に改正された。

第二次世界大戦中及び終戦直後の混乱で生じた短期間の大幅なインフレーションに対応するため、戦後、まず、昭和二二年（一九四七年）の刑法の一部改正（昭和二二年法律第一二四号）で傷害罪などの犯罪類型の罰金額が引き上げられた。

昭和二三年（一九四八年）には、罰臨法が制定された。これは、当時の大幅なインフレーションが一時的変態的現象に留まるとの理解から、インフレーションが終息し、経済事情が正常性を回復した折に廃止することを予定したものであり[10]、「当分の間」との文言が入れられていた（罰臨法一条）。そして、罰金刑の寡額が、減軽前で一〇〇〇円に引き上げられた（罰臨法二条）。それとともに、東京小売物価指数が大正三年（一九一四年）比で二六〇倍、一人あたり国民所得が明治四〇年比で三四〇倍に達していたものの、実質賃金指数は昭和一二年の〇・二八倍と減少していたことから[11]、刑法などの各犯罪類型の多額と寡額が原則として一律五〇倍とされ（罰臨法三条）、その他の法令の罰則も引き上げられた（罰臨法四条[12]）。

その後、大幅なインフレーションは終息したものの、漸次インフレーションが進行したため、昭和三六年（一九六一年）に公表された改正刑法準備草案は、昭和一五年（一九四〇年）の改正刑法假案を土台として[13]、罰金刑の寡額を、減軽前で五〇〇〇円とした（同準備草案三八条）。これは、刑法の施行時と物価指数を比べると、一〇〇〇倍以上上昇しているものの、実際の生活感覚からすると、必ずしも物価指数のみで決することができないとして、罰臨法の五倍としたものであった。[14]しかし、これらの提案は、刑法の全面改正の議論が白熱する中で立法化されなかった。

そして、刑法改正に向けての議論が活発化する中、インフレーションを法定刑に折り込み、一部犯罪類型で法定刑の多額に言渡し額が接近する、いわゆる「頭打ち現象」に対処するため、[15]刑法の全面改正に先行させる形で、昭和四七年（一九七二年）に罰臨法が改正された（昭和四七年法律第六一号）。既になされていた改正刑法草案の審議では、罰金刑の寡額が減軽前で一万円とされていたものの、この額にまで引き上げることはあまりに飛躍しすぎる上、一万円未満の罰金刑とすべき特別法の罰則が存在するとして、[16]罰金刑の寡額は引き上げられたものの、減軽前で四〇〇〇円とされるに留まった（改正後の罰臨法二条）。また、法制定時から物価が三倍、賃金及び一人あたり国民所得が十数倍に上昇し、比較的経済事情が安定するに至った昭和三〇年からも、物価が二倍、賃金が四倍、一人あたり国民所得が六倍、一件あたり平均罰金額が四・八倍になっていることなどの理由により、[17]刑法などの各犯罪類型の多額と寡額が改正前の一律四倍とされ、原規定の二〇〇倍となった（改正後の罰臨法三条）。さらに、その他の法令の罰則も引き上げられた（改正後の罰臨法四条）。

昭和四九年（一九七四年）に最終答申された改正刑法草案は、貨幣価値の変動等を考慮して、[18]罰金刑の寡額を減軽前で一万円としたが（同草案三八条）、やはり刑法の全面改正の議論が紛糾したことにより、寡額が直ちに引き上げられることはなかった。

さらに、その後もインフレーションが徐々に進行し、またも一部犯罪類型に「頭打ち現象」が見受けられるようになったため、[19]平成三年（一九九一年）には、罰金改正法が制定された。ここでは、これまで刑法などの罰則規定と罰臨法の規定を併せて見なければ、罰金刑の多額と寡額が分からないという不便さを解消するため[20]、刑法自体が改正され、罰金刑の寡額が減軽前で一万円に引き上げられた（罰金改正法一条）。また、罰臨法改正以来、消費者物価が二・五倍、労働者賃金が三・五倍、一件あたり平均罰金額が二・五倍となっていることなどの理由により[21]、各犯罪類型の多額と寡額が、原則として改正罰臨法の一律二・五倍とされ、原規定の五〇〇倍となった（罰金改正法一条、四条）。さらに、地方自治法一四条五項（当時。現行一四条三項）を改正し、条例の罰金刑の上限を一〇万円から一〇〇万円に引き上げた（罰金改正法八条）。なお、低額である従前の五〇円の規定は一〇万円に、五〇〇〇円の規定は三〇万円となり、それぞれ二〇〇〇倍と六〇〇倍とされた（同法一条）。

このような罰金刑を中心とする財産刑の動向に対して、既に平成二年（一九九〇年）に、法制審議会は、「財産刑をめぐる基本問題」について法務大臣から諮問を受け、刑事法部会の下に財産刑検討小委員会を設けて議論を行なっていた[22]。そうした中、証券不祥事を受けてなされた平成三年（一九九一年）の証券取引法の改正（平成三年法律第九六号）の際、衆参両議院の証券金融特別委員会が法人処罰の重罰化を行なうべきとする付帯決議を行なった。そこで、同委員会は、自然人行為者と法人の双方を処罰するいわゆる両罰規定において、自然人と法人の刑罰を切り離すことができるかを検討するため、この問題を優先して議論し、「両罰規定の在り方について」として刑事法部会に報告し、平成三年（一九九一年）末、了承された。この中で、両罰規定において、罰金刑の多額が自然人と法人とで連動しなければならないというわけではないとされたため、平成四年（一九九二年）には、証券取引法（当時。現・金融商品取引法）の改正（平成四年法律第七三号）によって連動の切り離しが行なわれ、法人に対する罰金刑の多額が最高三億円にまで引き上げられた（同法二〇七条一項一号）。また、独占禁止法の改正（平成四年法律第八七号）により、多額一億円という規定も誕生した（同法九五条一項一号、二項一号）。平成九年（一九九七年）

には、罰則の整備のための金融関係法律の一部を改正する法律（平成九年法律第一一七号）が制定され、当時の証券取引法、金融先物取引法、商品取引所法で多額が最高五億円とされるなど（当時の証券取引法二〇七条一項一号、金融先物取引法一〇二条一項一号、商品取引所法一六三条一項一号）、高額の規定が続々登場した。現在、金融商品取引法においては、多額が七億円とされるなど（同法二〇七条一項一号）、多額はさらに引き上げられる方向にある。

なお、税法においては、脱税額や還付額を罰金額とできる旨の規定があって（例えば、所得税法二三八条二項、二三九条三項、二四〇条二項、法人税法一五九条二項、相続税法六八条二項など）、こうした場合に数億円の罰金刑が科されており、高額事犯の過半を占めている。

このように、我が国の立法及び立法案においては、物価や経済状況などを参考に、刑法の総則規定における罰金刑の寡額の引き上げと各犯罪類型の法定刑の引き上げが行なわれてきた。しかし、こうした立法に当たって、物価、名目賃金、一人あたり平均国民所得など目安となる指標が意識されたものの、その指標をどのように扱うのかという統一的な基準が決定されることはなく、ややもすると場当たり的な引き上げが行なわれてきた感が否めない。また、時宜にかなった引き上げがなされないために、引き上げがなされる際には、引き上げが急激なものとなってしまうことから財産的苦痛の幅の連続性を維持する必要性が意識され、十分な引き上げができないこともありうる。(23)また、特別法においては、いったん罰金刑が法定されると、当該法律の改正や同種の法制定の際に併せて改正されることがない限り、その法定刑の見直しが行なわれず、適切な額とは到底言えないまま放置されてしまうことも稀ではない。(24)その結果、同じような事情の行為者が同じような犯罪を行ない、刑事政策的に同じ財産的苦痛が与えられるべき場合であっても、時期によって財産的苦痛の程度が異なってしまう可能性が大きい。また、法定刑の引き上げが十分に行なわれず、懲役刑と罰金刑が選択できる場合には、本来、罰金刑が選択されるべき事案に対して、懲役刑が選択されてしまうことにつながり、(25)妥当な量刑選択を妨げることになってしまう。このような状況を回避するために、機動的な改正が必要となるものの、指標となる基準が確立されておらず、時宜にかなった立法を妨げている上、特別法の罰則の数が膨大であるため、改正作業が煩雑に過ぎ、一斉に改正することを困難にしている。(26)加えて、条例に規定された罰金刑の法定刑を法律で改正することはできず、条例の規定との整合性も問題となる。(27)

以上のように、多額と寡額を貨幣の量で法定し、法改正によりその量を随時改定するする方法は、煩瑣に過ぎる上、時宜にかなった対応が行なえない場合も多く、理想的とは言い難い。これを回避するため、法定刑の幅をできる限り広くとるという方法が考えられるものの、(28)ハイパー・インフレーションの際に対応できないばかりでなく、罪刑法定主義を実質的に骨抜きにしてしまうとする批判を受けることとなろう。

そこで、天文学的とも称されるハイパー・インフレーションを経験した第一次世界大戦後のドイツにおいてはいかなる方策がとられていたのか、参考とするため、以下で見てみることとしたい。

第三節　ドイツ戦間期の対応

第一次世界大戦に敗れたドイツでは、他の参戦国と同様、大幅なインフレーションが見受けられた。一九一八年一〇月を一〇〇とする国産品物価は一九一九年七月に一四二・七となった。(29)一九一九年五月七日に締結されたヴェルサイユ条約により、賠償金総額や支払方式は決定されなかったものの、ドイツ政府が差し当たり一九二一年までに二〇〇億金マルク（GM[30]）を戦勝国に支払うこととされると、インフレーションは亢進し、一九一八年一〇月を一〇〇とする国産品物価は一九二〇年二月に五〇六・三に達した。[31] その後、物価の上昇は一時沈静化したものの、一九二一年四月に、賠償金総額が利息を含めて一三二〇億GMと決定され、同年五月に、ドイツ政府に通告されると、再びインフレーションが進行し、一九二一年五月を一〇〇とする国産品物価は一九二一年一二月に二五〇・四に達した。[32] ドイツ政府は、「天文学的」と評された巨額の賠償金の支払を履行しようと努めたものの、その支払能力からは無理があったため、インフレーションが急速に生じ始めたと考えられている。[33] 以下では、第一次世界大戦後にハイパー・インフレーションを経験したドイツで、罰金刑による財産的苦痛を維持するために、次々となされた立法について見てみることとしたい。[34]

一、一九二一年一二月二一日罰金刑の適用領域の拡大及び短期自由刑の制限に関する帝国法

まず、一九二一年一二月二一日罰金刑の適用領域の拡大及び短期自由刑の制限に関する帝国法（Reichsgesetz zur Erweiterung der Anwendungsgebiets der Geldstrafe und zur Einschränkung der kurzen Freiheitsstrafen vom 21. 12. 1921）[35] が制定され、その嚆矢となった。本法は、一九二二年一月一日から施行された。[36] 本法は、軍刑法以外の全ての法規に妥当するものであった。[37] 本法は、帝国法及びラント法、さらに、それらが制定を委任した罰金刑の多額を原則として一律一〇倍に引き上げた。[38] そして、重罪又は軽罪において、多額が一〇倍してもなお一〇万紙幣マルク（M）を下回っている場合、多額は一律一〇万Mとされた。[39] 例外的に一定の金額の倍数と規定している場合には、従前通りとされた。[40] なお、同時に過料（Busse）の多額も一〇倍に引き上げられている。[41] そして、刑法典中の関連規定が一〇倍に引き上げられるなど、規定の整備がなされた。[42]

もっとも、本法においては、罰金刑の多額が引き上げられたものの、我が国の罰金等臨時措置法のように、インフレーションへの対応が前面に押し出されたものではなかった[43]。本法は、軽罪において、罰金刑の定めがない場合又は自由刑との併科が認められている場合で、三月以下の自由刑を科す際に、罰金刑により刑罰目的が達成されうるときには、自由刑に代えて一五万M以下の罰金刑を科すことに主眼が置かれていた[44]。これは、一九一九年ドイツ刑法総則草案（E 1919）の内容を拡充したもので[45]、短期自由刑の弊害を回避し、罰金刑の適用領域を拡大しようとする目的を有していた[46]。[47]

帝国刑法典（RStGB）違反の有罪確定人員を見ると[48]、一九一九年には約二六万人であったが、一九二〇年乃至一九二二年には約四六万乃至約五〇万人となった。このうち、自由刑が賦科された者の割合は、一九一九年乃至一九二一年の六三％前後から一九二二年には四〇・六％へと減少する一方、罰金刑が賦科された者の割合は、一九一九年乃至一九二一年の三六％前後から一九二二年には五八・一％へと増加した。すなわち、本法が施行された直後の一九二二年には、罰金刑を科された者の数及び割合が大幅に増加した。様々な要因が絡み合うためこの理由を説明することは困難であるが、自由刑に代えて罰金刑を賦科することが量刑実務に受け入れられたことが理由の一つであると考えられる[49]。このことは、インフレーションの進行により、財産的苦痛の程度が実質的に目減りし、罰金刑の支払が容易となったこともあって、罰金刑の支払が促進され、罰金刑の不払により代替自由刑を賦科される者の数及び割合が後年に比べて小さかったことにより[50]、罰金刑が回避されることが少なかったことも後押しされたと思われる。また、一方で、後述の一九二三年に比べればインフレーションの程度が大きくなく、罰金刑の感銘力がある程度維持されたことも挙げられよう。

一九二二年六月に元復興大臣で外務大臣として賠償交渉を担っていたラテナウ（*Rathenau*）が暗殺されると、インフレーションがさらに進行することとなった。[51] この結果、罰金額が再び実質的に小さなものとなった。一九二一年一二月を一〇〇とする国産品物価は一九二二年一二月には四〇二二に達した。やがて、ドイツからの賠償金支払が遅延したことを理由に、一九二三年一月一一日、フランスはベルギーとともに、ドイツ有数の鉱工業地帯であるルール（*Ruhr*）地方に出兵してこれを支配下に置いた（ルール占領）。これに対し、ドイツ政府がルール地方全域の生産停止で抵抗したため、たちまち物価が上昇し、経済が混乱するとともに、インフレーションが爆発的に進行することとなった。[52] 一九二二年一二月を一〇〇とする国産品物価は一九二三年四月には三七一に達した。このようにインフレーションが激化する中で、罰金刑においてもインフレーションへの対応が迫られることとなった。その結果、本法の役割は、罰金刑の適用領域の拡大からインフレーションへの対応へと軸足を移すこととなっていった。

二、一九二三年四月二七日罰金法

そこで、インフレーションに対応し、これを刑法典に取り込むために、一九二三年四月二七日罰金法（Geldstrafegesetz vom 27. 4. 1923）が制定され、付随して刑法典の改正が行なわれた。[53] 本法は、一九二三年五月一日から施行された。[54] 本法は、原則として寡額一〇〇〇M又は多額一〇〇〇万M以下であるか多額の定めのない（in unbeschränkter Höch）重罪又は軽罪の罰金刑について、寡額を一〇〇〇M、多額を一〇〇〇万Mとした。[55] また、原則として寡額が三〇〇Mに達しない違反（Übertretungen）の罰金刑について、寡額を三〇〇Mとするとともに、これまでの規定に拘らず、多額を一〇〇〇万Mとした。[56] 例外的に、一定の金額の倍数と規定している場合には従前通りとされた。[57] さらに、重罪又は軽罪で利得目的でなされたものについては、最高一億Mの罰金刑を科しうることとなるとともに、罰金刑の法定がなくとも自由刑とともにかかる罰金刑を科しうることとなった。[58] そして、軽罪又は違反において罰金刑の定めがない場合又は自由刑との併科が認められている場合で、三月以下の自由刑を科す際に罰金刑により刑罰目的が達成されうるときに、自由刑に代えて科される罰金刑も一〇〇〇万M以下にまで引き上げられた[59]。重罪、軽罪又は違反以外の強制罰（Zwangsstrafen）や秩序罰（Ordnungsstrafen）で法定されている罰金刑の多額は、原則として一九一九年一二月三一日以前の一〇〇〇倍とされた[60]。そして、これら全ての罰金刑の引き上げ権限が行政当局に与えられた[61]（同法三条）。なお、同時に過料の多額も一〇〇〇倍に引き上げられている（同法四条）[62]。これらの改正は、原則として全帝国法と全ラント法に妥当した（同法五条）[63]。また、これと並行して、刑法及び関連法規の規定中の寡額が引き上げられるなど、整備がなされた[64]。

本法は、罰金刑に関する規定を単行立法として整備するものであったが、実際上、罰金額の引き上げがその主眼とされたと言える。例えば、一九二一年一二月二一日法が多額の最低を一〇万Mとしていた重罪又は軽罪の罰金刑について、多額の最低が一〇〇倍に引き上げられるなど、本法により多くの犯罪類型で法定刑が大幅に引き上げられた。

三、一九二三年一〇月一三日財産刑及び過料に関する帝国法

その後もインフレーションは止まらず、いっそう激化した[65]。一九二二年一二月を一〇〇とする国産品物価は一九二三年一〇月九日には約一二四〇万に達した。そこで、一九二三年一〇月一三日財産刑及び過料に関する帝国法（Reichsgesetz über Vermögensstrafen und Bussen vom 13. 10. 1923）が制定されることとなった[66]。本法は、一九二三年一〇月二〇日から施行された[67]。本法は、先の一九二三年四月二七日罰金法により改正された刑法典をはじめとする諸規定をさらに改正した。すなわち、原則として寡額三〇〇〇万M又は多額一兆M以下であるか多額の定

めのない重罪又は軽罪の罰金刑について、寡額を三〇〇〇万M、多額を一兆Mとした[68]。また、原則として寡額が一〇〇〇万Mに達しない違反の罰金刑について、寡額を一〇〇〇万Mとするとともに、多額を一〇〇億Mとした[69]。さらに、重罪又は軽罪で利得目的でなされたものについては、最高一〇兆Mの罰金刑を科しうることとなるとともに、罰金刑の法定がなくとも自由刑とともにかかる罰金刑を科しうることとなった[70]。そして、軽罪又は違反において罰金刑の定めがない場合又は自由刑との併科が認められている場合で、三月以下の自由刑を科す際に罰金刑により刑罰目的が達成されうるときに、自由刑に代えて科される罰金刑も、刑法典の規定を参照すること、すなわち一兆M以下又は一〇兆M以下にまで引き上げられた[71]。重罪、軽罪又は違反以外の強制罰や秩序罰で法定されている罰金刑の多額は、一〇〇億倍とされた[72]。一九二三年四月二七日罰金法においては、一九一九年一二月三一日以前の寡額が基準とされたが、今次改正においては、一九二〇年一月一日以降の最新の、多くの場合それ以後に引き上げられた寡額が基準とされることとなり[73]、実際には一〇〇億倍以上とされるものも見られることとなった。そして、行政当局は、これら全ての罰金刑の引き上げ権限が与えられただけでなく、軽罪の刑として多額一兆Mの罰金刑を設定しうることとなった[74]。なお、同時に過料の多額も一〇〇〇億倍に引き上げられている[75]。また、これと並行して、刑法及び関連法規の規定中の価額が引き上げられるなどの整備がなされた[76]。このように、例えば一九二三年四月二七日法が多額の最低を一〇〇〇万Mとしていた重罪又は軽罪の罰金刑について、多額の最低が一〇万倍に引き上げられるなど、本法により多くの犯罪類型で法定刑が、名目上、劇的に引き上げられることとなった。

こうした引き上げは、言渡し段階の問題を一時的にある程度解決するためのものであったが、インフレーションの程度があまりに著しかったため、言渡し後、支払までの期間の言渡し額の実質的な目減りは無視できないものとなった。そこで、帝国統計局（Statistischen Reichsamt）の公表する「生計費に関する帝国指数（Reichsindexzahl）」

を利用して、貨幣価値の変動を調整することとなった[77]。すなわち、判決言渡しの週以後、支払や徴収・執行の週までの指数の変動に合わせて、言い渡された額を調整させることとしたのである[78]。本法施行以前に科された罰金刑で本法施行時に支払われていなかった罰金刑の場合は、判決言渡しの週に代えて本法を施行した週を起算点とすることとなった[79]。煩雑さを避けるため、一〇〇万Ｍ未満の端数は四捨五入された[80]。なお、帝国司法大臣は、かかる指数以外の別の基準となる指数を採用することもできるとされていた[81]。

さらに、尋常でないインフレーションの進行に対処するため、法律によらず、連邦参議院の同意があれば、帝国政府が罰金刑の多額と寡額を改定することができると定められた（同法五条一項一文）[82]。また、連邦政府は、同じく連邦参議院の同意に基づいて、判決言渡し後の貨幣価値の変動の調整の全部又は一部を行なわないことができることも定められた（同法五条一項二文）[83]。

このように、先の一九二一年一二月二一日罰金刑の適用領域の拡大及び短期自由刑の制限に関する帝国法と一九二三年四月二七日罰金法が、インフレーションへの対応以外に、それぞれ罰金刑の適用領域の拡大と罰金刑の関連規定の整備という目的を有していたのに対して、本法の目的はインフレーションに対応することにほぼ尽きている点が特徴的である。このことは、インフレーションの進度が著しいことを受けて、貨幣価値の変動による言渡し後の罰金額の修正や法律によらず政府により罰金刑の多額と寡額が改定されうるとした点に強く窺える。特に、後者は、連邦参議院の同意を要するという要件が付されているものの、事実上、行政による法改正を認めるもので、非常時色の色濃いものとなっている。

一九二三年一一月八日、賠償金支払を中心にヴェルサイユ条約の履行を遵守しようとする政府の方針に反対し、政府の打倒を目指して、国家社会主義ドイツ労働者党（ナチス）（Nationalsozialistische Deutcshe Arbeiterpartei;

Nazis）を率いてヒトラー（*Hitler*）がミュンヘン一揆（Münchener Putsch）を起こした。これは即日鎮圧されたものの、ドイツ社会の動揺は最高潮に達した。

四、一九二三年一一月二三日財産刑および過料に関する法律に基づく命令

先に述べたような立法にも拘らず、この時期のインフレーションの進度は天文学的であった[84]。一九二三年一〇月九日を一〇〇とする国産品物価は一九二三年一一月二〇日には約四七万に達した。この動きにさらに対応するために、一九二三年一一月二三日財産刑および過料に関する法律に基づく命令（Verordnung auf Grund des Gesetzes über Vermögensstrafen und Bussen vom 23. 11. 1923）[85]が制定された。本命令は、同年一二月八日から施行された。本命令は、先に紹介した、一九二三年一〇月一三日財産刑及び過料に関する帝国法による帝国政府への授権に基づくものである。本命令は、先の一九二三年一〇月一三日財産刑及び過料に関する帝国法により改正された刑法典をはじめとする諸規定をさらに改正した。

その中心は、これまで、紙幣マルク（M）によっていた罰金額の表現が今次改正に至って金の価値に依拠する金マルク（GM）となったことにある[86]。すなわち、原則として寡額三GM又は多額一万GM以下であるか、多額の定めのない重罪又は軽罪の罰金刑について、寡額を三GM、多額を一万GMとした[87]。また、原則として寡額が一GMに達しない違反の罰金刑について、寡額を一GMとするとともに、多額を一五〇GMとした[88]。さらに、重罪又は軽罪で利得目的でなされたものについては、最高一〇万GMの罰金刑を科しうることとなるとともに、罰金刑の法定がなくとも自由刑とともにかかる罰金刑を科しうることとなった[89]。このような変更に伴い、刑法典では、軽罪又は違反において、罰金刑の定めがない場合又は自由刑との併科が認められている場合で、三月以下の自由刑を科す際

に罰金刑により刑罰目的が達成されうるときに、自由刑に代えて科される罰金刑は、刑法典の他の条項を参照することとされていたため[90]、一万GM以下又は一〇万GM以下とされることとなった。重罪、軽罪又は違反以外の強制罰や秩序罰で法定されている罰金刑は、原則として寡額を一GM、多額を一〇〇〇GMとされた[91]。そして、行政当局は、これら全ての罰金刑の引き上げ権限が与えられた[92]。なお、同時に過料の寡額も三GM、多額を一万GMとされた[93]。そして、これと並行して、刑法及び関連法規の規定中の価額が改定されるなどの整備がなされた[94]。このようなGMの財産的価値は、帝国財務大臣の定める支払日又は徴収日の換算率によるとされた[95]。そして、GMによる表現となって財産的苦痛が金の量で一定とされたため、一九二三年一〇月一三日財産刑及び過料に関する帝国法が定めていた言渡し後の貨幣価値の変動による調整が不要となり、廃止されることとなった[96]。

このように、GMによる表現で、インフレーションの影響を受け難く、財産的苦痛の量が一定となって一応の安定が図られた[97]。他面で、一九二三年の一年間に三回もの改正がなされ、罰金刑の寡額と多額が大きく改定されるとともに、言渡し後の貨幣価値の変動による調整の制度が制定後に間もなく廃止されるなど、罰金刑の規定がわかり難いものとなったことは否めなかった。

インフレーション対策が最大の政治課題となる中、同年、大連合内閣の首相となっていたシュトレーゼマン（*Stresemann*）は、同年一一月、インフレーションを収拾するため、不動産などを担保とした不換紙幣であるレンテンマルク（Rentenmark）を発行し、従前の一兆Mを一レンテンマルクと交換することとしたことを契機に、インフレーションは沈静化した[98]。

帝国刑法典違反の有罪確定人員は[99]、経済状態の悪化もあって、一九二三年には約六五万人に急増した。このうち、自由刑が賦科された者の割合は、三八・五％へと一九二二年に比べて低下し、罰金刑が賦科された者の割合は六〇・

二%へと増加した。ここでもまた、様々な要因が絡み合うため、この理由を説明することは困難であるが、インフレーションの進行に対して、次々と対応がとられたため、インフレーションによる法定刑や宣告刑の実質的な低下がある程度食い止められたことが理由の一つとして挙げられる。また、自由刑に代えて罰金刑を賦科することが量刑実務に定着したことが考えられる。[100] さらに、一九二三年に有罪確定人員が増加するとともに、自由刑を賦科された者が多くなって過剰収容となったため、罰金刑の賦科が増加したことも理由として挙げられる。[101]

五、一九二四年二月六日財産刑及び過料に関する命令以後

こうした中、短期間の度重なる改正でわかり難くなった罰金刑の規定を整理し、わかりやすくするために、一九二四年二月六日財産刑及び過料に関する命令（Verordnung über Vermögensstrafen und Bussen vom 6. 2. 1924）[102]が制定された。本命令は同年二月一七日から施行された。[103] 本命令は、一九二三年一一月二三日財産刑および過料に関する法律に基づく命令が改定した価額のまま、刑法典の諸規定を明示した。[104] また、その他の規定も改めて明示された。[105] そして、一九二三年一一月二三日財産刑および過料に関する法律に基づく命令の施行された同年一二月八日以前に科された罰金刑であって未払のものについては、執行する際に行政当局によってGMに換算されることとされた。[106] 具体的には、まず、科された罰金刑が貨幣価値による変動により調整される。すなわち、かかる調整は、一九二三年一〇月一三日財産刑及び過料に関する帝国法により制定され、一九二三年一一月二三日財産刑および過料に関する法律に基づく命令で廃止されたため、それぞれの施行日である同年一〇月二〇日より同年一二月八日までの間、有効であった。そこで、同年一〇月二〇日以前に科された罰金刑は同年一〇月二〇日より同年一二月八日までの期間、同年一〇月二〇日以降同年一二月八日までに科された罰金刑は言渡し日より同年一二月八日までの期間、

調整が行なわれる。この際、基準となる生計費に関する帝国指数の一〇兆未満の数値は四捨五入され計算される。その上で、一兆Mを一GMに置換するとされた。[107]一GMに達しない場合には、支払が免除された。[108]

このように、規定の整備が行なわれるとともに、全ての罰金刑がMからGMへと変換されることとなった。また、言渡し後の貨幣価値の変動による調整が一時的に導入されたため、その対応がなされた。このような制度が一時的に導入されてその後に廃止されると、混乱を招きかねず、その対応や計算も煩瑣になりかねないため、利用には一貫した姿勢が必要であることが看取できる。

やがて、悪化した仏独関係とドイツ経済を改善するために、一九二四年、アメリカ合衆国のドーズ（*Dawes*）とマッケンナ（*Mckenna*）を中心とする特別委員会が、アメリカの資本をドイツへ投下するとともに、賠償金支払の方法と支払期限の緩和を定めたドーズ案（Dawes Plan）をまとめた。[109]これを受けて、フランスはルール地方から撤兵し、ドイツ経済は復興の途を歩むこととなり、レンテンマルクの導入ともあいまって、インフレーションが鎮静化することとなった。

こうした流れを受けて、一九二四年一二月一九日貨幣法施行のための第二次命令（Zweite Verordnung zur Durchfuehrung des Muenzgesetzes vom 12. 12. 1924）[110]により、罰金刑の規定においても、GMから金本位制を採用した帝国マルク（RM）へと貨幣単位が改められた。[111]

帝国刑法典違反の有罪確定人員を見ると、[112]一九二〇年代は約三七万人乃至約三九万人であった。このうち、自由刑が賦科された者の割合は、四五・九％へと一九二三年に比べて増加し、その後、一九二〇年代は四〇％前後で推移した。一方、罰金刑が賦科された者の割合は五二・五％へと減少し、その後、一九二〇年代には五〇％台が続いた。ここでもまた、様々な要因が絡み合うため、この理由を説明することは困難であるが[113]、貨幣価値が安定し、罰金刑の賦科が行ないやすくなる状況となる一方で、罰金刑の不払により代替自由刑を科される者の数や割合が増加したこともあって[114]、経済状態の悪い行為者に対して、自由刑に代えて罰金刑を賦科しようとする量刑実務が一九二二年乃至一九二三年に比べて後退したことが理由の一つとして考えられる[115]。また、自由刑の賦科の減少とともに過剰収容が緩和され、罰金刑の賦科の必要性が低下したことも理由となったであろう[116]。

六、小括

以上のように、ドイツの戦間期においては、短期間に立法を頻繁に行なうことにより、我が国に比べ、貨幣価値の変動に対して機動的に罰金額を引き上げようとする姿勢が窺われた。この理由としては、我が国に比べてインフレーションの程度が著しく、調整の必要性が極めて強かったことが考えられる。もっとも、それだけでなく、一九二一年一二月二一日罰金刑の適用領域の拡大及び短期自由刑の制限に関する帝国法に見られるように、罰金刑の適用領域の拡大に関心が向けられており、罰金額の問題が意識されやすかったことも看過できない。

しかし、このような度重なる改正によっても、インフレーションの進行には十分ではなく、言わばいたちごっことなったことは否定できない。特に一九二三年一〇月一三日財産刑及び過料に関する帝国法が、罰金額の改定を政府に授権したことは、正規の立法作業によっては対応できない場合があることを如実に示している。

しかも、こうした立法の頻発によって罰金刑の規定が一般国民にわかり難いものとなり、一九二四年二月六日財産刑及び過料に関する命令が行なったように、現行規定を改めて明示するという努力まで必要となった。

このような問題を解決するために、各則の多額を法定しないことが考えられる。特にドイツにおいては、既に述べた法改正の中で改正対象となっていたように、当時、各則の中で、無制限の額の罰金刑（Geldstrafe von unbegrenzter Höhe, Geldstrafe in unbeschränkter Höhe）と呼ばれる、多額を法定しない罰金刑が存在していた。しかし、こうした規定は、もともとインフレーションとは関係がなく、当時の刑法二七条c第一項が定める行為者の経済状態を完全に斟酌するためのものであった。そのため、罰金刑に改善・更生・社会復帰の目的を持たせようとするヴュルテンベルガー（*Würtenberger*）の見解を参考に、[117]インフレーションへの対応という目的も含めて、我が国においても「無定量の罰金刑」を導入しようとする見解がある。[118]しかし、このように、各則において罰金刑の多額を規定しない場合、論者自身も認めるように、[119]罪刑法定主義違反との批判を免れえない。また、この見解は、逆にデフレーションに対しては寡額を規定しないことで対応しようとするものと考えられるが、これでは、多額も寡額も規定されないこととなってしまい、やはり罪刑法定主義に反しよう。従って、各則において多額及び寡額が把握されることが必要であり、貨幣価値の変動に対しては、別途、方策を考えるべきであろう。

このような中で、特筆すべき制度として、一九二三年一〇月一三日財産刑及び過料に関する帝国法が採用した生計費に関する帝国指数の利用による貨幣価値の変動の調整が挙げられる。これは、言渡し後の貨幣価値の変動に対応して個別の罰金額の調整を行なうものであり、個別に立法や判決を要しない点で便宜に適うと言える。また、貨幣価値の変動をとらえて、罰金額に反映させようとするものであり、時間経過の中で罰金刑の公平性を保とうとする観点からも望ましい。もっとも、このような制度が貨幣価値の変動が一定以上に達した場合にのみ利用されるとすると、一般国民に混乱を及ぼしかねない。特にハイパー・インフレーション時には、貨幣価値の短期的で大幅な変動によって各種の制度が動揺する時期であり、そのような時期だけに利用されるとするといっそう混乱を深めかねない。また、一時期だけ利用した後にこの制度を廃止すると、一九二四年二月六日財産刑及び過料に関する命令が行なったように、制度的な手当が必要となる。さらに、特に利用期間が短期であればあるほど、罰金額の計算が煩瑣になりかねない。そこで、こうした制度を恒常的に利用すべきであるのか、それとも全く利用すべきでないのか、検討が必要となる。また、冒頭で述べた、②徴収・執行段階だけに利用されるべきであるのかについても検討されなければならない。

そこで、次に、②徴収・執行段階の手当として、別の方策がとられているアメリカ合衆国の連邦の制度を見ることとしたい。

第四節　アメリカ合衆国における対応

アメリカ合衆国の連邦法においては、冒頭で述べた、②徴収・執行段階で生じる問題を解決するための参考となり得る方策がとられている。

罰金額が二五〇〇USD以上の場合で、言い渡された額が判決日から一五日以内に全額支払われないときには、一五日目以降、罰金刑の利息（interest）を支払わなければならないとされている。[120]そして、その利息の算定は、連邦財務省証券の過去五二週の平均落札価格から算出される平均利回りに基づき、日割り計算で行なわれる。[121]

また、罰金刑の支払が三一日以上遅れた場合、滞納（delinquency）とされ、九一日以上遅れた場合、不履行（default）とされる。[122]そして、滞納となった場合、制裁金として、言渡された罰金額の一〇%を制裁金（penalty）として罰金刑とは別に支払わなければならず、不履行となった場合、言渡された罰金額の一五%を制裁金として罰金刑とは別に支払わなければならない[123]。

このように、アメリカ合衆国の連邦法では、言渡し後の金額に作用するものとして、利息と制裁金の二本立てで対応している。このうち、制裁金は、その名の通り、制裁としての意味合いが強く、科される量も一〇%又は一五%と一定であって貨幣価値の変動に対応して科されるものとは言い難い。

一方、利息は、貨幣価値の変動に対応するための方策として利用可能であろうか。そもそも、利息という表現自体、罰金刑をあたかも民事上の債務として扱っているかのような印象を与えるものであり、第七章で検討したように、罰金刑の法的性質について、私法上の債務説（zivilrechtlichen Obligationstheorie; Verwandlungstheorie）に依拠しているかのようである。罰金刑の法的性質は純粋な刑罰ととらえるべきであり（純粋刑罰説。Lehre von der reinen Strafnatur der Geldstrafe）、罰金刑に利息を付すことは許されない。

それゆえ、アメリカ合衆国の連邦法で採られている方法は、いずれも貨幣価値の変動について、②徴収・執行段階で生じる問題を解決するための方策として妥当でない。

第五節　貨幣価値の変動に対する調整

それでは、貨幣価値の変動を罰金刑に取り込むために、どのような方法が望ましいだろうか。ドイツにおける生計費に関する帝国指数のような一定の指数による貨幣価値の変動への対応を採用すべきであろうか。

既に見たように、この制度は、一九二三年一〇月一三日財産刑及び過料に関する帝国法により制定され、同年一一月二三日財産刑および過料に関する法律に基づく命令により廃止されたものであり、わずか一か月あまりという極めて短命に終わった制度である。もっとも、この制度がこのように短期間で廃止されたのは、先に紹介したように、GMが採用され、貨幣価値の変動を考慮する必要性が失われたことに主な原因があるのであり、短命であったことを理由にこれを排斥することはできない。また、生計費に関する帝国指数の算出にあたり、生計費を正確に反映させるとは言い難い操作や問題点があったとの批判もあるが、(124) 算出上の問題点から直ちにこれを排斥することも拙速に過ぎよう。

むしろ、徴収・執行段階で生じる問題を解決するという観点から、賦科時に予定された財産的苦痛の実質的な量を維持するために、このような基準となる変動的な指標を設定し、これにあわせて罰金額を調整することは、有益かつ必要である。また、貨幣価値は常に変動するものであり、貨幣量で示された罰金額は常に調整されることが本来望ましい上、かかる制度が一時的に採用されるとかえって採用時期の前後で計算を煩雑にし、一般国民の混乱を招くこととなるから、常時このような調整を行なうことが妥当である。そこで、このような指標を設定し、「貨幣価値の変動による調整」として、貨幣価値の変動が著しい場合だけでなく、恒常的に言渡し後の罰金額を個別に調整すべきである。

これに対して、このように指標を設定し、貨幣価値の変動を調整していくことは、手間がかかり妥当でないとの批判も考えられる。しかし、罰金刑の調停額は巨額であり、そのような手間をかける価値が十分にある。また、判決言渡し日と言い渡された罰金額から現在支払わなければならない額を算出するプログラムは簡単に用意できるため、それほど手間もかからない。また、例えば、インターネット上で入力して行為者自身が算出できるようにすることも容易であろう。

それでは、我が国では、どのような指標を利用すべきか。指標として望ましい条件として、(a)貨幣価値の変動をできる限り正確にとらえるものであること（正確性・反映性）、(b)貨幣価値の変動をできる限り迅速に反映するため、頻繁に算出されるものであること（速報性・頻回算出性）が挙げられる。

まず、アメリカ合衆国にならって、国債の平均売却価格から導かれる平均利回りを利用することが考えられる。確かに、国債の場合、(b)売却回数が多く、頻繁に算出される点では都合がよい。しかし、国債の場合、(a)株価や外国為替などの金融経済の影響を受けやすい上、デフレーション時にも利回りが正の値となるのが通例であり、貨幣価値の変動を常に正確に反映するものとは言い難い。

そこで、ドイツで行なわれたように、物価に直結する指数を利用することが望ましい。我が国においては、総務省統計局が毎月算出している消費者物価指数（Consumer Price Index; CPI）[125]、日本銀行が毎月算出している企業物価指数（旧・卸売物価指数）[126]と企業向けサービス価格指数[127]がある。消費者物価指数は、消費者世帯が購入する各種の商品及びサービスの価格が対象となっている。企業物価指数は、物的商品の取引に限定されており、運輸、通信、金融などのサービスの取引は、企業向けサービス指数で取扱われている。

これらの指数のうち、(b)企業物価指数（旧・卸売物価指数）と企業向けサービス価格指数は、毎月算出され、翌月には公表されるため、貨幣価値の変動を迅速に反映できる点では妥当である。また、(a)前年同月比でも算出されるため、年間を通じて貨幣価値の変動を正確に反映することができる。しかし、いずれも消費者物価指数に比べれば、一般的な物価インフレ指数の代表とは言い難い。また、企業間取引に焦点が当てられており、自然人の行為者に適用することは適切ではない。また、法人についても、当該法人の業務内容がどちらに属するのか、また、両者にまたがる場合にどちらの指数を適用するのかをその都度判断することは煩瑣に過ぎるため、これらの指数を適用することは妥当でない。

これに対し、(a)消費者物価指数は、一般的な物価インフレ指数の代表格とされる。[128]また、前年同月比でも算出されるため、年間を通じて、貨幣価値の変動を反映することができる。また、消費者物価指数の算出方法については、一九二五年以降、国際労働統計家会議（International Committee of Labor Statistician; ICLS）により、四度にわたって国際基準が採択及び改訂されてきた。[129]また、一九八九年には、国際労働機関（International Labour Organization; ILO）により算出方法に関するマニュアルが初めて作成され、[130]一九九四年には、国際連合統計委員会（Statistics Committee）によって設置されたオタワグループ（Ottawa Group）により改訂版のマニュアルが策定された。[131]もっとも、一般に、物価指数には約一％乃至二％の上方バイアスが存在するという問題がある。[132]確かに、このような上方バイアスは、厳密には正確性を損ねると言わざるを得ない。しかし、通常、それほど大きな割合ではない上、賦科時と徴収・執行時の比較に利用するものであるから、利用に耐えうると考えられる。また、価格統制などが行なわれると、インフレーションの進行の程度を正確に反映しないという問題もある。[133]しかし、我が国の現在の経済状況においては、価格統制などが考えられないため、利用可能であると思われる。そして、(b)毎月算出され、翌月には公表されるため、貨幣価値の変動を迅速に反映でき、妥当である。

さらに、この方法が①賦科段階の問題を解決するためにもできるか問題となる。現行法のように、法定刑を貨幣量で示す場合、刻々と変動する貨幣価値にあわせて法改正を行なう必要がある。しかし、これでは、既に見てきたように煩瑣であり、その改正頻度には立法上限界がある一方、他面で改正頻度を高めなければ、貨幣価値の変動を正確に反映することができず、妥当ではない。また、法定刑が非常に細かい数字になってしまい、わかり難いものとなってしまうことも否めない。

そこで、各犯罪類型において、基準となる「単位」の形で法定刑を表現し、単位の量で判決の言渡しを行なうこととし、貨幣価値の変動に応じて一単位がいくらになるかを政令などで明らかにすることが考えられる。(134) この方法は、平成二年（一九九〇年）に法務大臣が法制審議会に対して行なった、「罰金刑を含む財産刑をめぐる基本問題に関して、引続き検討の上、別途御意見を承りたい」（諮問第三八号）との諮問に対して、法制審議会刑事法部会が「罰金額に関する立法形式」として検討項目に掲げた方法である。(135) 例えば、多額が一〇〇単位とされ、立法時に一単位が一万円とされたとする。立法時に比べて量刑時に消費者物価指数が四％上昇した場合、一単位は一〇四〇〇円となり、多額は一〇四万円となる。ここで、被告人に対し、三〇単位の罰金刑が言渡され、立法時に比べて徴収時に三％のインフレーションとなっていたとすると、被告人が徴収時に支払うべき金額は三〇万九〇〇〇円となる。その後、立法時に比べて徴収時に消費者物価指数が二％下落していた場合、被告人が徴収時に支払うべき金額は二九万四〇〇〇円となる。このように、賦科後に消費者物価指数の上昇や下落がどのような順序でどれほどの期間生じようが、支払額は賦科時との貨幣価値の変動で算出されることとなり、利息などは前述のように観念されない。また、利息を観念する必要がないため、計算がさほど煩雑となることもない。

もっとも、この方法に対しては、罪刑法定主義の観点から、刑罰量が法定されているとは言えないとの批判が考えられる。確かに、貨幣による表示ではなく、なじみがない点は否定できない。しかし、単位の量が法定されており、形式的な貨幣量は明らかにされる上、立法府が予定した財産的苦痛の量が実質的に変化するわけではない。また、貨幣価値の変動に迅速に対応することは、公正・公平な刑罰を実現する観点から望ましく、実体的デュー・プロセスに適うと言える。

そして、この方法は、条例においても採用可能である。これに対しては、条例の法定刑を法律及び政令などで調整することが条例制定権（憲法九四条、地方自治法一四条、九六条一項一号）に抵触しないか問題となる。確かに、罰金刑の法定刑を法律で引き上げることは、条例制定権を害することとなろう[136]。しかし、ここでは、基準となる単位で示された名目上の法定刑を変化させるものではない上、地方公共団体の議会が予定した財産的苦痛の量を実質的に変化させるものではないから、条例制定権を害するものではないと考えられる。また、条例制定権が「法律の範囲内」との留保を付けられていることから（憲法九四条）、罰金刑の引き上げの際にこれまでも置かれてきたように、一定期間内に条例中の罰則規定を改定しない場合、当該規定を無効にすると定めることも許されるため、条例中の罰則規定を単位で表現することが促進されると思われる。従って、条例の罰金刑の規定との整合性も確保できると考えられる。

しかし、「単位」によって法定刑や宣告刑を表現することは、一単位あたりの金額からその貨幣量を導き出すことができるとは言え、金銭の量で表現することに比べて、わかり難いことは否めない。それゆえ、賦科段階において、行為者の行為責任の量を表示・表現することを重視するという表示・表現目的に適うものとは言い難い。従って、「単位」による法定刑や宣告刑の表現は、冒頭で述べた、(2)公正・公平な量定には適うものの、(1)罰金刑の目的と相容れず、妥当でない。

そこで、これまでのような貨幣量による法定刑や宣告刑は維持するべきである。その上で、法定刑や宣告刑の金額を法改正のなされた一定時点の貨幣価値によるものとすることを刑法総則に規定することで対処すべきである。また、被告人、被害者及び一般国民に誤解を与えないようにするため、罰金刑を判決で言渡す際には、罰金額が法改正のなされた一定時点の貨幣価値によるものであることを主文で述べなければならないようにすべきである。なお、利息を観念する必要がないこと、立法府が予定した財産的苦痛の量が実質的に変化するわけではないこと、条例においても採用可能であることは、「単位」による法定刑や宣告刑の表現と同じである。

この方法は、貨幣価値の変動を何ら調整しない現在の方法に比べて、多少わかり難いことは否定できず、(1)罰金刑の目的との関係で問題を孕むものの、(2)時間の経過によっても、公正・公平な量定を行なうことができるという長所を考えれば、導入に値すると思われる。

以上のように、消費者物価指数を利用して、貨幣価値の変動を随時反映することにより、①賦科段階と②徴収・執行段階の両段階を通じて、統一的に罰金額を貨幣価値の変動に応じて調整するべきであり、それによって、時間の経過によっても、公平・公正な罰金刑を賦科し、徴収・執行することができる。かかる調整は、量定の第一段階である「行為責任額」においても、量定の第二段階である支払内容の変更の申立てにおいても行なわれなければならない。

こうした調整方法は、罰金刑だけでなく、被害弁償命令、費用支払命令などにおいても利用可能であると考えられる。これらの財産的刑事制裁において、貨幣価値の変動による調整を統一的に利用することにより、個々の財産的刑事制裁がどの程度の財産的苦痛を行為者に与えようとしているのかをわかりやすいものとすることができると考えられる。

（1）　内田真人『デフレとインフレ』（日本経済新聞社、二〇〇三）五〇―五六頁。インフレーションについては、それぞれ、明治九年乃至一四年（一八七六年乃至一八八一年）、明治二五年乃至三一年（一八九二年乃至一八九八年）、明治三四年乃至四〇年（一九〇一年乃至一九〇七年）、大正四年乃至九年（一九一五年乃至一九二〇年）、デフレーションについては、明治一四年乃至一七年（一八八一乃至一八八四年）、明治三一年乃至三二年（一八九八年乃至一八九九年）、明治四〇年乃至四二年（一九〇七年乃至一九〇九年）、大正一〇年乃至昭和六年（一九二一年乃至一九三一年）

の数値である。なお、西南戦争前後のみ、卸売物価指数による数値である。

（2）内田・前掲注（1）五一―五二、五六―五八頁。

（3）内田・前掲注（1）五九―六六頁。

（4）内田・前掲注（1）二六―四一頁。

（5）例えば、日本銀行は、黒田東彦総裁の下、平成二五年（二〇一三）年四月四日に、「量・質ともに次元の違う金融緩和を行う」として、政策委員会・金融政策決定会合において量的・質的金融緩和の導入を決定した（日本銀行「『量的・質的金融緩和』の導入について」）。

（6）「日銀の決断？『量的緩和』が招き寄せる亡国のハイパー・インフレ」週刊東洋経済五六九〇号（二〇〇一）一一六頁以下、一一八―一一九頁。量的緩和に加えて、原油高などの原材料費の高騰と地政学的なリスクの高まりなどにより、大幅な円安となることでハイパーインフレーションが加速する可能性は否定できない。

（7）Vgl. *Dirk von Selle*, Gerechte Geldstrafe: eine Konkretisierung des Grundsatzes der Opfergleichheit (Nomos Verlagsgesellschaft, 1997), S. 49-51.

（8）市川秀雄「罰金刑と教育刑理念――ウュルテンベルガー教授の所論と関連して」季刊刑政一巻四号（一九五三）五六頁以下、六〇―六一頁。

（9）刑法一〇五条ノ四第一項は、「戰時、天災其他ノ事變ニ際シ暴利ヲ得ルコトヲ目的トシテ金融界ノ攪亂、重要物資ノ生産又ハ配給ノ阻害其他ノ方法ニ依リ國民經濟ノ運行ヲ著シク阻害スル虞アル行爲ヲ爲シタル者ハ無期又ハ一年以上ノ懲役ニ處ス」としていた。

（10）川口光太郎「罰金等臨時措置法略解」警時四巻三号（一九四九）一〇頁以下、一〇頁、石山陽ほか「改正罰金等臨時措置法について（上）」曹時二四巻九号（一九七二）三〇頁以下、三一頁。重罰主義の要請や国家収入の増加の目的ではない。石山陽ほか「改正罰金等臨時措置法について（下）」曹時二四巻一〇号（一九七二）一頁以下、一頁。

（11）石山ほか「（上）」・前掲注（10）三三―三四頁。

(12) 引き上げ前後の法定刑の比較表として、警察研究編輯部編「罰金等臨時措置法による罰金及び科料額」警研二〇巻二号(一九四九)五三頁以下。

(13) 植松正「物価と罰金」時法六二八＝六二九号(一九六八)三一頁以下、三三頁。

(14) 刑法改正準備会『改正刑法準備草案　附　同理由書』(法務省、一九六一)一二〇—一二一頁。

(15) 石山ほか「(上)」・前掲注(10)四一頁、原田國男「罰金等臨時措置法の一部を改正する法律について」警研四三巻八号(一九七二)二二頁以下、二三頁、東條伸一郎ほか「罰金刑の見直し(上)」判タ六六八号(一九八八)四八頁以下、五〇頁、池田茂穂「我が国における財産刑運用の実情と問題点について」法総研三一号(一九八九)一頁以下、一一—一七頁。

(16) 石山ほか「(下)」・前掲注(10)二一—三頁、原田・前掲注(15)二五頁。

(17) 石山ほか「(上)」・前掲注(10)三五—四一頁、原田・前掲注(15)二三—二四頁。

(18) 法制審議会刑事法特別部会『改正刑法草案　附　同理由書』(法曹会、一九七二)一二五頁、法制審議会『改正刑法草案　附　同理由書』(法務省、一九七四)一二九頁。

(19) 東條ほか「(上)」・前掲注(15)五〇—五五頁、小島吉晴「罰金額等の引き上げのための刑法等の一部改正」ひろば四四巻九号(一九九一)一六頁以下、一六頁、池田・前掲注(15)五—一一頁、一七—二六頁。

(20) 角田正紀「罰金刑の見直し——罰金の額等の引き上げのための刑法等の一部を改正する法律(平三・四・一七公布法律第三一号)——」時法一四〇八号(一九九一)六頁以下、一〇—一一頁、小島・前掲注(19)一六—一七頁。

(21) 角田・前掲注(20)八—一〇頁、小島・前掲注(19)一六頁。

(22) 法制審議会刑事法部会財産刑検討小委員会報告「『財産刑をめぐる基本問題について』の審議検討経過及び結果について」は平成五年(一九九三年)三月一六日になされた。自由と正義四五巻一号(一九九四)七四頁以下に資料として添付されている。本報告について論評したものとして、浅田和茂「財産刑の改正について」森下忠先生古稀祝賀『変動期の刑事政策・下巻』(成文堂、一九九五)六六五頁以下。

(23) 石山ほか「(上)」・前掲注(10)四四—四五頁。

(24) 石山ほか「(上)」・前掲注(10)四五頁。条例の罰金額の上限の引き上げについても、同様のことが言われる。角田・前掲注(20)二一頁。

(25) 青木正良「罰金額の変遷」立教四九号(一九八八)一四九頁以下、一六五頁。

(26) 曽我部正実「量刑の研究」法務報告四六集一号(一九五八)一五頁以下、青木・前掲注(25)一六七—一六九頁。

(27) 引き上げの際に、条例で定められた罰則の罰金刑の多額が引き上げ後の金額に満たない場合、施行の日から六月(罰臨法附則二項)又は一年(改正罰臨法附則二項及び平成三年刑法改正法附則二項)を経過した後は、当該罰金刑の規定は効力を失うとされた。なお、最高裁は、平成三年(一九九一年)以前に「五千円以下の罰金または拘留」と定めていた条例の場合、罰金刑を定めた部分のみが失効し、拘留を科しうると判示した。最高裁平成一一年四月八日刑集五三巻四号三八七頁。

(28) 池田・前掲注(15)二七頁。

(29) C・B・チュローニ著・東京銀行集会所調査課抄訳『獨逸インフレーションの解剖』(東京銀行集会所、一九三八)六—七頁。

(30) 一GMは四・一九八紙幣マルク(M)とされた。これは、第一次世界大戦前のベルリン市場での対アメリカ合衆国ドル(USD)の平価であり、USDが一時期を除いて金本位制に依拠していたことから「金」マルクと称された。渡辺武『ドイツ大インフレーション——その政治と経済——』(大月書店、一九八九)八—九頁。

(31) チュローニ・前掲注(29)八頁。

(32) チュローニ・前掲注(29)八—一三頁。

(33) 日本銀行調査局『ドイツインフレーションと財政金融政策』(実業之日本社、一九四六)一四—一七頁。

(34) 簡潔にこの流れを説明したものとして、小野坂弘「罰金刑制度の再検討(4・完)」法学三〇巻三号(一九六六)一〇頁以下、三八頁注(1)、小野坂弘「罰金等臨時措置法の改正について」ジュリ五〇三号(一九七二)三三頁以下、三二一―三二三頁。

(35) BGBl 1921 S. 1604. 解説として、小野清一郎「罰金に関するドイツの新立法に就て」法曹界一巻四号（一九二三）一一二頁以下、市川秀雄「無制限額の罰金と無定量の罰金刑――教育刑理念の罰金刑理論への展開」新報五八巻一一号（一九五一）二五頁以下、三六―三七頁。

(36) §10 Abs. 1 Reichsgesetz zur Erweiterung der Anwendungsgebiets der Geldstrafe und zur Einschränkung der kurzen Freiheitstrafen vom 21. 12. 1921.

(37) §9 Reichsgesetz zur Erweiterung der Anwendungsgebiets der Geldstrafe und zur Einschränkung der kurzen Freiheitstrafen vom 21. 12. 1921.

(38) §1 Abs. 1 Satz 1, 2 Reichsgesetz zur Erweiterung der Anwendungsgebiets der Geldstrafe und zur Einschränkung der kurzen Freiheitstrafen vom 21. 12. 1921.

(39) §1 Abs. 1 Satz 1 Reichsgesetz zur Erweiterung der Anwendungsgebiets der Geldstrafe und zur Einschränkung der kurzen Freiheitstrafen vom 21. 12. 1921.

(40) §1 Abs. 2 Reichsgesetz zur Erweiterung der Anwendungsgebiets der Geldstrafe und zur Einschränkung der kurzen Freiheitstrafen vom 21. 12. 1921.

(41) §1 Abs. 3 Reichsgesetz zur Erweiterung der Anwendungsgebiets der Geldstrafe und zur Einschränkung der kurzen Freiheitstrafen vom 21. 12. 1921.

(42) §2 Reichsgesetz zur Erweiterung der Anwendungsgebiets der Geldstrafe und zur Einschränkung der kurzen Freiheitstrafen vom 21. 12. 1921.

(43) 我が国において、この点を指摘するものとして、小野・前掲注（35）一九―二〇頁、市川・前掲注（35）三七頁。

(44) §3 Abs. 1 Reichsgesetz zur Erweiterung der Anwendungsgebiets der Geldstrafe und zur Einschränkung der kurzen Freiheitstrafen vom 21. 12. 1921.

(45) §115 Abs. 2 E 1919.

(46) *Reichs-Justizministerium (Veroffentlicht auf Anordnung)*, Entwürf zu einem deutschen Strafgesetzbuch Zweiter Teil (1920), S. 31. 同草案一一五条二項では、一月以下の自由刑に代えて、罰金刑を科すことができるとされていた。

(47) *Albert Hellwig (erläutert)*, Das Geldstrafengesetz vom 21. Dezember 1921 mit der begründung und der Allgemeinen Verfügung von 22. Dezember 1921. (H. W. Müller, 1922), S. 7; *Christoph Krehl*, Die Ermittlung der Tatsachengrundlage zur Bemessung der Tagessatzhöhe bei der Geldstrafe (Peter Lang, 1985), S. 16.

(48) *von Hermann Stapenhorst*, Die Entwicklung des Verhaeltnisses von Geldstrafe zu Freiheitsstrafe seit 1882 -Eine rechtshistorische Untersuchung anhand von Kriminalstatistiken (Duncker & Humblot, 1993), S. 41-42.

(49) *von Werner Pitschel*, Die Praxis in der Wahl der Geldstrafe (Ernst Wiegandt, 1929), S. 34. 一九二二年には、全犯罪で賦科された罰金刑のうち、約三〇%が自由刑を罰金刑に転換したものであった。*Stapenhorst*, a. a. O. (Anm. 48), S. 43.

(50) 一九二二年には、全犯罪で賦科された罰金刑のうち、代替自由刑が科されたのは、三・九%にすぎなかったが、一九二五年には六・七%となり、その後、一九二六年乃至一九二九年は八・一%乃至九・二%で推移した。*Stapenhorst*, a. a. O. (Anm. 48), S. 51.

(51) 渡辺・前掲注(30)三〇一頁。

(52) チュローニ・前掲注(29)一一一一三頁。日本銀行調査局・前掲注(33)一七頁。

(53) BGBl 1923 I S. 254.

(54) §9 Abs. 1 Geldstrafegesetz vom 27. 4. 1923.

(55) §1 Abs. 2 Geldstrafegesetz vom 27. 4. 1923; §27 Abs. 1 Satz 2 StGB.

(56) §1 Abs. 2 Geldstrafegesetz vom 27. 4. 1923; §27 Abs. 1 Satz 1 StGB.

(57) §1 Abs. 2 Geldstrafegesetz vom 27. 4. 1923; §27 Abs. 2 StGB.

(58) §1 Abs. 2 Geldstrafegesetz vom 27. 4. 1923; §27a StGB.
(59) §1 Abs. 2 Geldstrafegesetz vom 27. 4. 1923; §27b StGB.
(60) §2 Geldstrafegesetz vom 27. 4. 1923.
(61) §3 Geldstrafegesetz vom 27. 4. 1923.
(62) §4 Geldstrafegesetz vom 27. 4. 1923.
(63) §5 Geldstrafegesetz vom 27. 4. 1923.
(64) §§1 Abs. 1 Satz 1; 6-8 Geldstrafegesetz vom 27. 4. 1923.
(65) チュローニ・前掲注（29）一二一一七頁。
(66) BGBl 1923 I S. 943.
(67) §7 Abs. 1 Reichsgesetz über Vermögensstrafen und Bussen vom 13. 10. 1923.
(68) §1 Abs. 2 Reichsgesetz über Vermögensstrafen und Bussen vom 13. 10. 1923; §27 Abs. 1 Satz 1 StGB.
(69) §1 Abs. 2 Reichsgesetz über Vermögensstrafen und Bussen vom 13. 10. 1923; §27 Abs. 1 Satz 2 StGB.
(70) §1 Abs. 3 Reichsgesetz über Vermögensstrafen und Bussen vom 13. 10. 1923;§27a StGB.
(71) §1 Abs. 4 Reichsgesetz über Vermögensstrafen und Bussen vom 13. 10. 1923; §27b StGB. Vgl. §§27, 27a StGB.
(72) §2 Reichsgesetz über Vermögensstrafen und Bussen vom 13. 10. 1923.
(73) §2 Abs. 3 Reichsgesetz über Vermögensstrafen und Bussen. vom 13. 10. 1923.
(74) §2 Abs. 4 Reichsgesetz über Vermögensstrafen und Bussen. vom 13. 10. 1923.
(75) §2 Abs. 2 Reichsgesetz über Vermögensstrafen und Bussen. vom 13. 10. 1923.
(76) §§1 Abs. 1, 4, 5; 2 Abs. 5; 3 Abs. 1 Reichsgesetz über Vermögensstrafen und Bussen vom 13. 10. 1923.
(77) §4 Abs. 1 Satz 1 Reichsgesetz über Vermögensstrafen und Bussen vom 13. 10. 1923.
(78) §4 Abs. 1 Satz 1, 2 Reichsgesetz über Vermögensstrafen und Bussen vom 13. 10. 1923.

(79) §4 Abs. 5 Satz 2 Reichsgesetz über Vermögensstrafen und Bussen vom 13. 10. 1923.

(80) §4 Abs. 1 Satz 3 Reichsgesetz über Vermögensstrafen und Bussen vom 13. 10. 1923.

(81) §4 Abs. 1 Satz 4 Reichsgesetz über Vermögensstrafen und Bussen vom 13. 10. 1923.

(82) §5 Abs. 1 Satz 1 Reichsgesetz über Vermögensstrafen und Bussen vom 13. 10. 1923.

(83) §5 Abs. 1 Satz 2 Reichsgesetz über Vermögensstrafen und Bussen vom 13. 10. 1923.

(84) チュローニ・前掲注（29）一三—一七頁。

(85) BGBl 1923 I S. 1117.

(86) §1 Abs. 2 Verordnung auf Grund des Gesetzes über Vermögensstrafen und Bussen vom 23. 11. 1923; §27 Abs. 1. StGB.

(87) §1 Abs. 2 Verordnung auf Grund des Gesetzes über Vermögensstrafen und Bussen vom 23. 11. 1923; §27 Abs. 1 Satz 1. StGB.

(88) §1 Abs. 2 Verordnung auf Grund des Gesetzes über Vermögensstrafen und Bussen vom 23. 11. 1923; §27 Abs. 1 Satz 2. StGB.

(89) §1 Abs. 3 Verordnung auf Grund des Gesetzes über Vermögensstrafen und Bussen vom 23. 11. 1923; §27a. StGB.

(90) §27b StGB. Vgl. §§27, 27a StGB.

(91) §2 Abs. 1 Verordnung auf Grund des Gesetzes über Vermögensstrafen und Bussen. vom 23. 11. 1923;§2 Geldstrafegesetz vom 27. 4. 1923.

(92) §2 Abs. 1 Verordnung auf Grund des Gesetzes über Vermögensstrafen und Bussen. vom 23. 11. 1923; §3 Geldstrafegesetz vom 27. 4. 1923.

(93) §2 Abs. 1 Verordnung auf Grund des Gesetzes über Vermögensstrafen und Bussen. vom 23. 11. 1923; §4 Geldstrafegesetz vom 27. 4. 1923.

(94) §§1 Abs. 1; 3, 6, 7 Verordnung auf Grund des Gesetzes über Vermögensstrafen und Bussen vom 23. 11. 1923.
(95) §5 Verordnung auf Grund des Gesetzes über Vermögensstrafen und Bussen vom 23. 11. 1923.
(96) §4 Abs. 1, 2 Verordnung auf Grund des Gesetzes über Vermögensstrafen und Bussen vom 23. 11. 1923.
(97) §4 Abs. 3 Verordnung auf Grund des Gesetzes über Vermögensstrafen und Bussen vom 23. 11. 1923.
(98) この経緯について、分析したものとして、渡辺・前掲注(30)三八六―三九四頁。
(99) *Stapenhorst*, a. a. O. (Anm.48), S. 41-42.
(100) *Pitschel*, a. a. O. (Anm. 49) S. 34.
(101) *von Franz Exner*, Studien uber die Strafzumessungspraxis der deutschen Gerichte (E. Wiegandt, 1931), S. 31.
(102) BGBl 1924 I S. 44.
(103) §14 Abs. 1 Verordnung über Vermögensstrafen und Bussen vom 6. 2. 1924.
(104) §1 Verordnung über Vermögensstrafen und Bussen vom 6. 2. 1924. Vgl. §§27ff. StGB.
(105) §§2-6, 8-13 Verordnung über Vermögensstrafen und Bussen vom 6. 2. 1924.
(106) §7 Abs. 1 Verordnung über Vermögensstrafen und Bussen vom 6. 2. 1924.
(107) §7 Abs. 2 Verordnung über Vermögensstrafen und Bussen vom 6. 2. 1924.
(108) §7 Abs. 3 Verordnung über Vermögensstrafen und Bussen vom 6. 2. 1924.
(109) 日本銀行調査局・前掲注(33)17-18頁。
(110) BGBl 1924 I S. 775.
(111) §2 Abs. 1 Satz 1 Zweite Verordnung zur Durchfuehrung des Muenzgesetzes vom 12. 12. 1924.
(112) *Stapenhorst*, a. a. O. (Anm.48), S. 41-42.
(113) 一九二三年にインフレーションの進行により、罰金刑の威嚇力が大きく低下するとともに、賦科された額が実質的に目減りすることとなったことを受けて、裁判所が罰金刑よりも自由刑を選択するようになり、一九二四年の罰金刑を科された者の数及び割合が減少することをもたらしたものの、一九二四年二月六日財産刑及び過料に関する命令により、こうした罰金刑の問題点が解決されたため、一九二五年には罰金刑を科された者の割合が若干増加することとなったとする見解がある。*Stapenhorst*, a. a. O.（Anm. 48）, S. 45. しかし、日々インフレーションの程度を実感できるような状況にあったことを考えると、一九二三年のインフレーションの進行の影響が一九二四年になって現れたり、一九二四年二月六日財産刑及び過料に関する命令の影響が一九二五年になって現れたりしたと理解することは困難であるように思われる。

(114) *Stapenhorst*, a. a. O.（Anm. 48）, S. 51. 数値については、同書注（50）参照。
(115) *Pitschel*, a. a. O.（Anm. 49）, S. 34.
(116) *Exner*, a. a. O.（Anm. 101）, S. 31.
(117) *Würtenberger*, Die Reform des Geldstrafenwesens, 64 ZStW 17（1952）, S. 20 ff. 紹介として、市川・前掲注（8）七五頁以下、同「同（承前）」二巻一号（一九五二）五八頁以下。
(118) 市川・前掲注（35）四一―八頁、市川・前掲注（8）六〇―七四頁。
(119) 市川・前掲注（35）四八頁、市川・前掲注（8）七四頁。
(120) 18 U. S. C. A. §3612（f）（1）. 一五日目が、土曜日、日曜日又は法定の休日にあたる場合は、直後のそれら以外の日を初日として利息が計算される。
(121) 18 U. S. C. A. §3612（f）（2）.
(122) 18 U. S. C. A. §3572（h）,（i）.
(123) 18 U. S. C. A. §3612（g）.
(124) 渡辺・前掲注（30）三六一―三六七頁。
(125) 内田・前掲注（1）一三九、一四六―一四七頁。
(126) 内田・前掲注（1）一三九、一四八―一五一頁。

(127) 内田・前掲注(1)一三九、一五一―一五四頁。
(128) 伊藤隆敏『インフレ・ターゲティング――物価安定数値目標政策』(日本経済新聞社、二〇〇一)一八頁、国際労働機構ほか著・財団法人日本統計協会訳『消費者物価指数マニュアル――理論と実践――』(財団法人日本統計協会、二〇〇五)(五)頁。
(129) 国際労働機構ほか著・前掲注(128)(六)―(七)頁。
(130) ラルフ＝ターヴェイ著・財団法人日本統計協会訳『消費者物価指数ＩＬＯマニュアル』(財団法人日本統計協会、一九九〇)。
(131) 国際労働機構ほか著・前掲注(128)。経緯については、同書(七)頁参照。
(132) 内田・前掲注(1)一五四―一五六頁。①商品やサービスの価格が上昇した場合に割安な商品やサービスの購入を増加させて対応する代替効果、②新規参入の販売店の割安な価格を十分に反映できないこと、③価格を据え置いたまま品質向上がなされた場合の実質的な価格引下げ効果が十分に反映されないことなどがその理由とされる。
(133) ドイツ戦間期におけるこのような問題を指摘するものとして、渡辺・前掲注(30)九―一〇頁。
(134) このような方法に賛同するものとして、青木・前掲注(25)一七一―一七三頁。但し、機動的な調整は行なわず、罰金額を一・五倍又は二倍にするのが妥当になった時点で、基準単位について法改正することで足りるとする。しかし、機動的に調整を行なわないのであれば、時限立法などで法改正を促す方法で足り、このような単位を持ち出す必要性は乏しい。
(135) 「法律では罰金の単位数のみを定め、一単位の金額は、貨幣価値の変動に伴い政令等で定めることの可否」(法制審議会刑事法部会「財産刑をめぐる基本問題について」一(四))。法制審議会刑事法部会財産刑検討小委員会においては、日数罰金制度の採否などと密接に関連するとの意見もあり、その検討を待って検討を行なうとされ、同小委員会では検討されなかった。法制審議会刑事法部会財産刑検討小委員会「『財産刑をめぐる基本問題について』の審議検討経過及び結果について(報告)」(平成五年三月一六日)第二 4。

(136) 中野次雄「罰金等臨時措置法と條例の罰則との関係」自治二五巻五号(一九四九)四一頁以下、四四―四六頁、濱邦久「罰金等臨時措置法の改正と条例の罰則との関係について」自治四八巻一二号(一九七二)五七頁以下、六五頁。

第一〇章　法定刑への罰金刑付加及び罰金刑の徴収・執行に関する理論的検討

第一節　罰金刑の目的

本章で取り上げる法定刑への罰金刑付加の問題及び罰金刑の徴収・執行の問題に通底するのは、罰金刑の目的をどのように考えるべきかということである。なぜなら、第七章で論じたように、国庫収入の増加を図る目的、改善・更生・社会復帰の目的、抑止・威嚇の目的、応報・報復の目的、危険性の除去の目的などのように、罰金刑の目的をその徴収・執行の段階に重点を置いて考えれば、法定刑への罰金刑付加によって罰金刑の不払がもたらされることが罰金刑の存在価値を揺るがす問題として理解されやすいためである。一方で、行為者にも被害者にも一般国民にも明瞭な金額の形で、行為責任の量を表示・表現することを目的とする表示・表現目的のように、罰金刑の目的をその賦科・言渡しの段階に重点を置いて考えれば、法定刑への罰金刑付加による罰金刑の不払は、罰金刑の目的を害するものとは理解され難いように思われるためである。

第七章で論じたように、罰金刑の目的として、国庫収入の増加を図る目的、改善・更生・社会復帰の目的、抑止・威嚇の目的、応報・報復の目的、危険性の除去の目的は、いずれも罰金刑の目的としてあるいは第一の目的として不適切である。罰金刑の法益剥奪の評価単位である金銭の特質を踏まえて、罰金刑は、行為者にも被害者にも一般国民にも明瞭な金額の形で、行為責任の量を表示・表現すること（表示・表現目的）を第一の目的とするべきである。このようにして、行為責任の量を表示・表現することにより、副次的な効果として、行為者にとっては、自己の惹起した結果の重大性を認識することが容易となり、改善・更生・社会復帰の契機とすることができる。また、被害者や一般国民にとっては、被害や犯罪の重大性が公的にわかりやすく認定されることで、刑事司法運営に納得し、刑事司法機関への信頼が醸成されうることとなる。以上のように、罰金刑の徴収・執行段階ではなく、賦科・言渡し段階に着目すべきである。このように考えれば、行為者の経済状態によって全部又は一部の徴収・執行ができない場合にも、罰金刑がその役割を果たすことができる。

もちろん、表示・表現さえすればよいというわけではなく、可能な限り徴収・執行段階で応報・報復の目的の実現が図られなければならない。もっとも、実体的デュー・プロセス（substantive due process）の観点から、行為者に加えられる法益剥奪の程度に着目し、行為者の経済状態を斟酌して実際の支払額を決定する必要がある。徴収・執行段階においては、応報・報復の目的を貫徹することが許されず、行為者の経済状態から制約を受けることになる。

従って、罰金刑の目的は、賦科・言渡し段階において行為者の行為責任の量を表示・表現することと、徴収・執行段階において行為者の事情を考慮して可能な範囲で応報・報復を達成することにあると考えるべきである。このうち、賦科・言渡し段階の表示・表現目的が罰金刑の目的として重視されなければならない。

以下では、このような立場から、法定刑への罰金刑付加の問題及び罰金刑の徴収・執行の問題を順に検討することとしたい。

第二節　法定刑への罰金刑付加

一、検討の視角

ここでは、刑法及び刑事訴訟法の一部を改正する法律（平成一八年法律第三六号）による窃盗罪（刑法二三五条）の法定刑への罰金刑の付加について、検討することとしたい。

そもそも、行為責任や行為者の事情に合わせて適切な量定を行なうことができるため、できる限り多くの刑種が法定刑に予定されていることは望ましいと考えられる。それゆえ、法定刑に新たな刑種が追加されることは、一般に肯定的に評価されるべきである。もっとも、法定刑に新たな刑種が追加されることによって法定刑の上限が引上げられた場合、立法事実などから許される厳罰化であるのかが問題となる。また、従来、刑罰が科されていなかった事案に刑罰が科されるようになった場合、刑罰網の拡大（net-widening）となって不適切ではないかとの問題が生じる。

法定刑への罰金刑の付加については、刑罰網の拡大となったとしても、前述のように、賦科・言渡し段階における表示・表現目的を重視するならば、法定刑への罰金刑付加による不払の増加を考慮する必要は乏しく、行為責任を金銭の量でわかりやすく表示・表現できるようになることから、一般に肯定的に評価されよう。

従って、問題となるのは、刑事政策的に見て窃盗罪の法定刑に罰金刑を付加することが許容される程度を超えた不当な刑罰網の拡大となるなど窃盗罪に特有の事情があるために、否定されるべきであるのかということである。以下では、窃盗罪の法定刑に罰金刑を付加する理由及び不都合について、検討することとしたい。

二、立法経緯と立法趣旨

窃盗罪には、旧刑法以来、各種の改正案も含めて法定刑に罰金刑は規定されておらず、公式の改正案の検討の際にも法定刑に罰金刑を付加するべきか議論されることもなかった[1]。

平成二年（一九九〇年）から平成五年（一九九三年）にかけて開催された法制審議会刑事法部会や同部会財産刑検討小委員会で財産刑の問題が議論され、その中で初めて財産犯の法定刑に罰金刑を加えることが検討された[2]。積極説の理由として、①後述の衆議院及び参議院の各法務委員会の附帯決議があること、②罰金刑がふさわしくない犯罪類型のみを除外し、原則として罰金刑を法定するべきであること、③刑法制定時と比較すると、一部の財産犯の当罰性の評価が変化していること、④ほとんどの諸外国において、財産犯に罰金刑が法定されていること、⑤特に万引き事犯に対して、具体的事例に応じた適正な科刑を実現できること、⑥傷害罪に罰金刑が付加されていることとの均衡から、身体よりも財産を重要な法益ととらえることは理由がないこと、⑦財産犯は必ずしも困窮犯としての側面を持つものではないこと、⑧背任罪のように財産犯の中にも罰金刑が法定されているものもあることが指摘された。これに対して、消極説が優勢であって、その理由として、①窃盗罪に罰金刑が法定されていないために弊害が生じているという事例がないこと、②これまで起訴猶予で処理されていた事案が罰金刑で処理されると処罰範囲が拡大するおそれがあること、③被害者の落ち度も考慮されうる傷害罪の事案と財産犯は異なること、④財産犯には困窮犯が多く、罰金刑の賦科により再度の犯行に追いやられかねないこと、⑤諸外国の場合、刑務所の過剰収容対策として罰金刑が多用されるようになったと考えられるが、我が国では過剰収容の問題が生じていないこと、⑥個別具体的な事案における特別の情状の問題と法定刑に罰金刑を付加するべきかの問題は区別するべきであること、⑦財産犯については、被害者に対する救済の側面を優先するべきであることが指摘された。

そして、罰金改正法に関して、衆参両院の法務委員会で附帯決議がなされ、財産刑の一部に選択刑として罰金刑を導入することの検討が政府に求められた[3]。また、刑法等の一部を改正する法律（平成一六年法律第一五六号）に際しても、衆参両院で法務委員会で附帯決議がなされ、同様の検討について政府として格段の配慮をすべきであるとされた[4]。

こうした経緯の下、平成一七年（二〇〇五年）一〇月六日、法務大臣は、罰金刑の新設等のための刑事法の整備についての諮問第七五号を発した[5]。これを受け、法制審議会は、第一四七回会議において、刑事法（財産刑関係）部会を設置して審議することを決定した。同部会は三回の会議を行ない、同年一二月九日の第三回会議において委員全員の賛成で窃盗罪の法定刑への罰金刑の付加を含む、要綱（骨子）を可決した[6]。平成一八年（二〇〇六年）二月八日、法制審議会は、総会において、同諮問の要綱（骨子）を採択し、同日、法務大臣に答申を行なった。その後、同年二月二四日に第一六四回通常国会に法律案が提出されて審議され、同年四月二五日、刑法及び刑事訴訟法の一部を改正する法律が成立した[7]。

諮問の理由として、法務省の事務当局は、法制審議会刑事法（財産刑関係）部会において[8]、特に万引き事犯の検挙件数の最近約一〇年間における増加傾向が顕著であり、平成五年（一九九三年）、平成六年（一九九四年）と比較して、ほぼ倍増という状況にあることを指摘した。また、窃盗罪が交通業過事件を除く全刑法犯の認知件数の約八〇％を占めていることに照らし、事案に対応した適正な処分や科刑を実現することが我が国の犯罪情勢や市民生活の安全に与える影響は極めて大きいと考えられるとした。その上で、万引き事犯等の中には、安易な気持ちから、偶発的に行なわれ、被害金額が僅少である上、かつ、速やかに被害回復がなされるといった比較的軽微な事案が存在することを述べた。そして、こうした事案については、早い段階で相応の刑罰を科し、一般予防効果及び特別予防効果により同種事犯の再発を防止し、ひいては常習化や他の犯罪傾向への発展を食い止める必要があるものの、窃盗罪の法定刑が懲役刑だけであったことから、起訴すべきか否かの判断に困難を伴うことも少なくなく、[9] 成人の万引き事犯の検挙件数の倍増と相まって、その判断に困難を伴う事案が急増している可能性を示唆した。これらを踏まえ、窃盗罪に選択刑として罰金刑を付加し、事案に対応した適正な事件処理や科刑を目指したいとした。

法務省の事務当局は、同部会での審議において、窃盗罪に選択刑として罰金刑を付加することによって、これまで検察官が懲役刑相当と判断してきた事案に罰金刑を適用していこうとするものではない旨を繰り返し説明した。[10] また、これと関連して、従来、懲役刑が選択されてきた事案を罰金刑とすることによって刑務所の過剰収容問題の解消を図ろうとする意図でもなく、[11] 窃盗罪に選択刑として罰金刑を付加することによって処罰が軽くなると誤解され、国民の規範意識が鈍磨することのないよう運用したいと述べた。[12] もっとも、事務当局も、委員とのやりとりの中で、これまで検察官が懲役刑相当と判断し起訴してきた事案の中にも罰金刑を科される事案が出てくる可能性があることを認めている。[13]

また、参議院の法務委員会においても、[14] 衆議院の法務委員会においても、[15] これまで検察官が懲役刑相当と判断してきた事案に罰金刑を適用していこうとするものではない旨が法務省刑事局長や法務大臣から説明されている。加えて、参議院の法務委員会においては、抑止力や犯罪の再発防止及び常習化の防止などの効果が期待される旨が法務副大臣や法務大臣から述べられた。[16]

ところで、参議院の法務委員会においても、[17] 衆議院の法務委員会においても、[18] 罰金刑の不払により労役場留置とされる者が増加する可能性が確認された。そして、刑罰の実効性を担保するために不払の場合に労役場留置とすることもやむを得ないとの答弁がなされた。

最高裁は、本改正について、「懲役刑の刑期には変更が加えられておらず、選択刑として五〇万円以下の罰金刑が追加されたにとどまるところ、その改正の趣旨は、従来、法定刑が懲役刑に限られていた窃盗罪について、罰金刑の選択を可能として、比較的軽微な事案に対しても適正な科刑の実現を図ることにあり、これまで懲役刑が科されてきた事案の処理に広く影響を与えることを意図するものとは解されない」とした。[19]

三、分析

以上のように、窃盗罪の法定刑に罰金刑を付加し、罰金刑の適用を行なうことがどのような事案を想定しているのかについての立法担当者の説明は一貫している。すなわち、従来、懲役刑相当と判断されてきた事案に罰金刑で臨むことにより、寛刑化を図ろうとするものではなく、従来、懲役刑相当とされてこなかった比較的軽微な事案の一部に罰金刑で臨むことにより、その処罰範囲を拡大しようとするものであると言える。[20]

この点について、最高裁判所も、窃盗罪に選択刑として罰金刑を付加することによって、これまで懲役刑相当と判断されてきた事案に罰金刑を適用していこうとするものではないとの考え方に基本的に沿う判断を行なっている。もっとも、「広く影響を与えることを意図するものとは解されない」（傍点筆者）と留保をすることで、法制審議会刑事法（財産刑関係）部会において指摘された、これまで検察官が懲役刑相当と判断し起訴してきた事案の中にも、罰金刑を科される事案が出てくる可能性があることを認めていると考えられる。

それゆえ、窃盗罪の法定刑に罰金刑を付加する立法事実や立法動機は、これまで法定刑の変更について指摘されてきたような、現実の科刑状況の変化に法定刑を適合させる立法追随型（量刑支障型）[21]や、量刑基準を変える評価変更型ではない[22]。刑種の選択肢を増やし、処罰範囲を拡大する類型であるので法定刑の変更によって現実の科刑状

況を変えようとする立法主導型であると言える。(23)

もっとも、窃盗罪の法定刑に罰金刑を付加することについて、かつての同部会財産刑検討小委員会では消極的な意見が多かったにもかかわらず、なぜ今回その方針が転換されたのかについては、立法担当者の説明から明らかではない。この間、我が国でも過剰収容が進んだものの、その対策として窃盗罪の法定刑に罰金刑を付加しようとするわけではないことは明言されている。そうだとすれば、この間、道路交通法の一部を改正する法律（平成一三年法律第五一号）（道交法一一七条一項・二項・一一七条の五第一項・七二条一項前段、一一七条の二第一号・六五条一項、一一七条の二第三号・六六条、一一七条の二第四号・七五条一項三号、一一七条の二第五号・七五条一項四号、一一七条の三・六八条、一一七条の四第二号・六四条、一一七条の四第三号・一二三条・七五条一項一号、一一七条の四第四号を改正）(24)や、道路交通法の一部を改正する法律（平成一六年法律第九〇号）（道交法一一八条の二・六七条三項を改正）(25)による法定刑の多額の引上げや賦科額の高額化が、世上の一定の支持を得るとともに、一応の抑止効果が確認されたように見えるなど、いわば罰金刑が再評価されたことが一因であると考えるのが妥当であるようにも思われる。(26)

しかし、窃盗罪の法定刑に罰金刑を付加し、罰金刑の適用を行なう目的については、立法担当者及び最高裁判所と、法務大臣及び法務副大臣の答弁に距離があるように思われる。すなわち、立法担当者及び最高裁判所が述べる事案に対応した適正な科刑の内実は、行為責任に見合った責任刑を賦科するという応報・報復色の強いものであるのに対し、法務大臣及び法務副大臣が述べる抑止力などの目的は、抑止・威嚇、改善・更生・社会復帰の目的ととらえられるためである。

ただし、いずれの目的も、罰金刑の目的をその徴収・執行の段階に重点を置いて考える点は共通している。そのため、罰金刑の不払がもたらされることが罰金刑の存在価値を揺るがす問題として理解されている。刑罰の実効性を担保するために不払の場合に労役場留置とすることもやむを得ないとする考え方はこのことを裏付けるものである。

このように、罰金刑の不払を重大な問題ととらえることは、罰金刑を賦科する対象を限定することにつながると考えられる。なぜなら、罰金刑が不払となる可能性が高い被告人には、罰金刑を回避するよう運用されると思われるためである。従って、これまで検察官が懲役刑相当と判断してきた事案の多くが経済状態の悪い者によると思われることからすれば、これらの事案に対し、不払が予想される罰金刑が賦科されることはほとんどないと予想される。それゆえ、この点では、立法担当者の意図通りの運用がなされることとなろう。もっとも、立法担当者の想定以上に罰金刑を求めて起訴される下限が押し下げられる可能性がある。事案が軽微であればあるほど、罰金額が小さくなり、経済状態がそれほどよくなくとも、不払となり難くなるため、賦科される対象が拡大する可能性がある。そうなれば、過度の刑罰化であって、刑罰網の不当な拡大と評価されることとなろう。

これに対し、表示・表現目的のように、罰金刑の目的をその賦科・言渡しの段階に重点を置いて考えれば、罰金刑の不払が直ちに罰金刑の目的を害するものとは理解され難い。それゆえ、この立場からは、罰金刑を賦科する対象を限定する必要は乏しい。なぜなら、罰金刑が不払となる可能性が高い被告人であっても、その行為責任が表示・表現されれば、罰金刑を賦科する意味があると考えられるためである。従って、これまで検察官が懲役刑相当と判断してきた事案の多くに罰金刑が賦科される可能性が拡がることになる。常習的に軽微な窃盗を反復し、刑務所と社会を往復する者に懲役刑を科すことは、過剰収容をもたらす一因となっている。これらの者に罰金刑を賦科し、行為者の行為責任の量を表示・表現し、行為者の事情を考慮して、可能な範囲で応報・報復を達成すれば足りるとすることで、効果があまり期待できない過剰な収容を回避することができよう。もっとも、この立場からも、罰金刑を求めて起訴される下限が押し下げられる可能性がある。不払の問題が意識され難いため、前述の立場よりも、賦科される対象が野放図に拡大する可能性がある。そのため、法定刑に罰金刑の寡額も示し、賦科される対象に歯止めをかける必要がある。

第三節　罰金刑の徴収・執行

罰金刑の目的をその徴収・執行の段階に重点を置いて考える場合は当然のこととして、その賦科・言渡しの段階に重点を置いて考える場合であったとしても、行為者の事情を考慮して、可能な範囲で応報・報復を達成することにあると考えれば、罰金刑の徴収・執行をできる限り図る必要がある。そこで、罰金刑の徴収・執行に関する現行制度と問題点について触れた上で、その解決策について検討することとしたい。

我が国では、罰金刑の支払猶予や分割払についての法律上の規定はなく、一部納付の申出（徴収事務規程一六条前段）や納付延期の申出（同規程一七条）に対して、実務上、量刑後に検察官の許可の下で個別に対処がなされているにすぎない(27)。また、罰金刑の執行は検察官の命令によるとされており、この命令は執行力のある債務名義と同一の効力を有すると定められているが（刑訴法四九〇条一項。民事執行法二二条、二五条）、罰金刑を言渡した裁判の正本又は謄本を執行前に送達することを要しないとされているのみであって（刑訴法四九〇条二項但書。民事執行法二九条参照）、その他は民事執行法などの私法上の規定によるとされている（刑訴法四九〇条二項本文）。それゆえ、検察官が一部納付や納付延期を許可する以外には、強制執行や労役場留置（刑法一八条）の可能性を示唆して支払を促すほかなく、支払確保のための手段に乏しい。前述のように、道路交通法の一部を改正する法律による二度の法定刑の多額の引上げや賦科額の高額化も影響してか、近時、徴収不能や未済となる額が急増している。[28]

第六章で紹介したように、ニュージーランドにおいては、一部減額・全額免除、支払猶予・分割払、氏名公表、銀行口座からの控除、資産差押え及び資産売却、給与差押え、社会奉仕作業、拘禁刑といった罰金刑の不払に対する手段が多数用意されている。言わば、徴収方法及び執行方法の個別化が図られている。これまで、我が国では、自由刑や保護観察において、処遇の個別化を図るべきであるとされてきた。これに対し、罰金刑においては、一回的な支払で済んでしまうこともあって、徴収方法及び執行方法の個別化については強く意識されてこなかった。しかし、犯罪者の所得状況、資産状況及び社会的地位がそれぞれ異なることから、量刑の場面だけでなく、徴収及び執行の場面でも、個々の犯罪者を取り巻く状況を考慮し、最も適切な徴収方法及び執行方法をとることを可能にすべきである。それゆえ、ニュージーランドで採用されている方法を参考に、我が国でも、徴収方法及び執行方法の個別化を図るべく、多様な手段を制度として用意すべきである。

さらに、我が国では、罰金刑が不払の場合、犯罪者の事情などを考慮する手続なく、自動的に労役場留置へと移行することとなっている（刑訴法五〇五条・四七二条・四七三条・四八〇条乃至四八二条・四八四条乃至四八九条参照）。このような労役場留置のあり方については、判例上、合憲とされてきたが[29]、適正手続保障（憲法三一条）や法の下の平等（憲法一四条）の観点から問題がある。

第一に、犯罪者の罰金刑の不払に至る事情が一切考慮されず、自動的に労役場留置とされることは、適正手続を十分に保障しているとは言い難いと考えられる。アメリカ合衆国では、罰金刑の不払に対して労役場留置は予定されておらず、拘禁刑が科されることとなっているところ、連邦最高裁判所は、資産があるにもかかわらず故意に不払としている場合（故意の不払）や資産がないにもかかわらず所得を得る努力を行なっていない場合（所得獲得努力怠慢）には法廷侮辱罪を理由に制裁として拘禁刑が許される余地があるものの、努力をしたにもかかわらず不払の場合には適正手続の観点から拘禁刑以外の代替策を検討しなければならないと判示していることが参考となろう。(30)

第二に、労役場留置の期間が当該犯罪類型により自由刑とされうる期間の上限を超えることも何ら規制されておらず、法の下の平等に反しかねない。先の判決以前に、アメリカ合衆国の連邦最高裁判所は、当該犯罪類型によって科しうる拘禁刑の上限を超える期間にわたって不払の制裁として拘禁刑を科すことは、連邦憲法修正一四条の平等原則に反し、許されないと判示していることが、(31)ここでもまた、参考になろう。

そもそも、労役場留置の利用は、犯罪者の生活を維持したり、執行に要する費用を抑えたりするなどの罰金刑の長所を没却するものである。従って、我が国においても、不払時の対応として、多くの手段を用意し、まずは、それらの手段の検討及び利用を行なうよう改めるべきである。労役場留置又はそれに代わる自由刑の利用は、例えばスウェーデンなどに倣って、(32)資産があるにもかかわらず、資産を隠匿するなどして支払を免脱しようとする悪質な者などに限定するべきである。

第四節　おわりに

以上のように、窃盗罪の法定刑に罰金刑が付加されることにより、罰金刑の適用範囲がどのように推移するかは、罰金刑の目的をどのように考え、いかなる量定方法を採用するかにかかっている。これまで検察官が懲役刑相当と判断してきた事案の多くに罰金刑を賦科しようとすることを目指すのであれば、第七章で検討したように、罰金刑の目的を表示・表現目的ととらえ、第八章で提案したように、それに見合った量定方法を採用する必要がある。また、第六章で紹介したニュージーランドにおける罰金刑の徴収・執行の方法を参考に、徴収方法及び執行方法の個別化を図るとともに、罰金刑の不払時の制裁のあり方を改めることで、罰金刑の特徴を活かし、その有効性を向上させ、その適用領域を拡大することができる。

（1） 旧刑法三六六条は、「人ノ所有物ヲ竊取シタル者ハ竊盜ノ罪ト爲シ二月以上四年以下ノ重禁錮ニ處ス」としていた。以後、明治二三年改正刑法草案三五二條が、「暴行、脅迫ヲ用ヒスシテ盜罪ヲ犯シタル者ハ竊盜ノ罪ト爲シ二月以上四年以下ノ有役禁錮ニ處ス」とし、明治三四年改正案二七三條が、「人ノ動産ヲ竊取シタル者ハ竊盜ノ罪ト爲シ一〇年以下ノ懲役ニ處ス」とし、明治三五年刑法改正案二七二條が、「他人ノ財物ヲ竊取シタル者ハ竊盜ノ罪ト爲シ一〇年以下ノ懲役ニ處ス」とするなど文言に若干の変遷が見られたが、罰金刑を法定刑とすることがないことは共通していた。刑法（平成七年法律第九一号による改正前のもの）は、明治三五年刑法改正案二七二條を踏襲し、「他人ノ財物ヲ窃取シタル者ハ窃盜ノ罪ト為シ一〇年以下ノ懲役ニ処ス」とした。改正刑法草案三三〇条は、これを口語化し、「他人の財物を窃取した者は、窃盗の罪とし、一〇年以下の懲役に処する」とするに留まった。但し、同草案三三一条は、「占有者の同意を得ないで、他人の自動車、航空機その他原動機を備えた乗物を一時的に使用した者は、三年以下の懲役、一〇万円以下の罰金又は拘留に処する」としていた。刑法研究会試案（昭和五八年）、現代用語化・日弁連試案（昭和五八年）、日弁連案（平成五年）では、窃盗罪の法定刑に罰金刑が付加されている。

（2） 法制審議会刑事法部会財産刑検討小委員会「『財産刑をめぐる基本問題について』の審議検討経過及び結果について（報告）」（平成五年三月一六日）第二二（一）イ。内容については、ジュリ一〇二三号（一九九三）六二頁以下、自正四五巻一号（一九九四）七四頁以下参照。第二次世界大戦前からの罰金刑をめぐる立法改正作業の経緯については、中山研一「財産刑の適用範囲の拡大について」同号二八頁以下参照。

（3）平成三年（一九九一年）三月一二日の衆議院法務委員会では、「政府は、次の諸点について格段の努力をすべきである。一　罰金が選択刑として定められていない財産犯……に罰金刑を導入することを検討すること」とされた。また、平成三年（一九九一年）四月九日の参議院法務委員会では、「罰金を含む財産刑については、法定刑の定め方、刑の量定の方法、執行の合理化等各般にわたり、更に検討を加える必要があるが、政府は特に、次の諸点について格段の努力をすべきである。……三　罰金が選択刑として定められていない財産犯……の犯罪につき、罰金刑を選択刑として導入することを検討すること」とされた。

（4）平成一六年（二〇〇四年）一一月一六日の衆議院法務委員会では、「政府は、本法の施行に当たり、次の事項について格段の配慮をすべきである。……二　強盗等の罰則については、近年の犯罪情勢等を踏まえ、財産犯の一部の罪に罰金刑を選択刑として新設するなど、他の財産犯に係る罰則の在り方も含め、さらに検討に努めること」とされた。また、平成一六年（二〇〇四年）一一月三〇日の参議院法務委員会では、「政府は、本法の施行に当たり、次の事項について格段の配慮をすべきである。……三　強盗等の盗犯に係る罰則については、近年の犯罪情勢等を踏まえ、財産犯全体の罰則の在り方を視野に入れつつ、罰金刑を選択刑として導入するなども含めて、さらに検討に努めること」とされた。

（5）諮問第七五号は、「近年における……窃盗の……罪等の実情等にかんがみ、早急に、これらの罪につき罰金刑を新設するなどその法定刑を改正する…必要があると思われるので、別紙要綱（骨子）について御意見を承りたい。」とし、別紙の要綱（骨子）は、「第一　……窃盗の……罪等の法定刑の改正……三　窃盗の罪（刑法二百三十五条）の法定刑を十年以下の懲役又は五十万円以下の罰金刑とすること」とされていた。

（6）答申に至る経緯を概説したものとして、久木元伸「罰金刑の新設のための刑事法の整備についての法制審議会答申」警論五九巻三号（二〇〇六）一四八頁以下。議事録を詳細に検討したものとして、中山研一「罰金刑の新設のための

刑事法の整備について（一）――法制審議会刑事法（財産刑関係）部会の議事録の検討――」判時一九四五号（二〇〇六）三頁以下、同「同・（二）」一九四六号（二〇〇六）二一頁以下、同「同・（三）」一九四八号（二〇〇七）一五頁以下、同「同・（四）・完」一九四九号（二〇〇七）三頁以下。

（7）立法解説として、牛山敦「刑法及び刑事訴訟法の一部を改正する法律（平成一八年法律第三六号）」自正五七巻九号（二〇〇六）一一三頁以下、久木元伸「『刑法及び刑事訴訟法の一部を改正する法律』について」警論五五巻七号（二〇〇六）九八頁以下、眞田寿彦ほか「刑法及び刑事訴訟法の一部を改正する法律」ジュリ一三一八号（二〇〇六）六七頁以下、眞田寿彦「『刑法及び刑事訴訟法の一部を改正する法律』について」警時六一巻七号（二〇〇六）一三頁以下、同「『刑法及び刑事訴訟法の一部を改正する法律』について」警察公論六一巻八号（二〇〇六）二八頁以下、安永健次「『刑法及び刑事訴訟法の一部を改正する法律』について」ヴァリ二四巻七号（二〇〇六）九頁以下、同「『刑法及び刑事訴訟法の一部を改正する法律』について」刑ジャ五号（二〇〇六）八四頁以下、同「『刑法及び刑事訴訟法の一部を改正する法律』について」捜研五五巻六号（二〇〇六）二頁以下、同「罰金刑の新設のための刑事法の整備」時法一七七五号（二〇〇六）三一頁以下。

（8）法制審議会刑事法（財産刑関係）部会第一回会議議事録。

（9）起訴すべきか否かの判断に困難を伴う事例として、①直近一年間に万引きによる起訴猶予を二回受けている女子大学生（当時二三歳）がさしたる動機もなく、スーパーマーケットにおいて販売価格合計一五〇〇円相当の食品を万引きした事案、②万引きによる起訴猶予処分歴三回を有する主婦（当時五九歳）が、支払う金を惜しんで、スーパーマーケットにおいて販売価格合計二七〇〇円相当の日用品を万引きした事案で、いずれもすぐに被害品が回復され、家族が身元を保証し、今度こそきちんと監督する旨誓約しているような場合が紹介されている。安永・前掲注（7）ヴァリ一二頁。

（10）法制審議会刑事法（財産刑関係）部会第一回会議議事録。

（11）法制審議会刑事法（財産刑関係）部会第一回会議議事録。

(12) 法制審議会刑事法(財産刑関係)部会第二回会議議事録。この点については、平成一八年(二〇〇六年)四月六日の参議院法務委員会において、委員から同様の懸念が示されたが、そのような趣旨の改正ではない旨が答弁されている。第一六四回国会参議院法務委員会会議録八号[大林宏法務省刑事局長(政府参考人)発言](荒木清寛委員の質疑に対する回答)。

(13) 法制審議会刑事法(財産刑関係)部会第一回会議議事録。

(14) 第一六四回国会参議院法務委員会会議録八号[大林宏法務省刑事局長(政府参考人)、河野太郎法務副大臣、杉浦正健法務大臣発言](荒井正吾委員、松岡徹委員、荒木清寛委員の質疑に対する回答)。本法案は参議院先議であった。

(15) 第一六四回国会衆議院法務委員会会議録一九号[大林宏法務省刑事局長(政府参考人)、杉浦正健法務大臣発言](細川律夫委員の質疑に対する回答)。

(16) 第一六四回国会参議院法務委員会会議録八号[河野太郎法務副大臣、杉浦正健法務大臣発言](松岡徹委員の質疑に対する回答)。なお、法制審議会刑事法(財産刑関係)部会においても、検察官出身と思われる委員から、遊び感覚や利得・転売目的の万引き犯に対して、相応の罰金を科すことにより、万引きが経済的に割に合わないことを自覚させ、再犯防止を図ることができるとする意見が述べられていた。法制審議会刑事法(財産刑関係)部会第一回会議議事録。

(17) 第一六四回国会参議院法務委員会会議録八号[大林宏法務省刑事局長(政府参考人)発言](松岡徹委員の質疑に対する回答)。

(18) 第一六四回国会衆議院法務委員会会議録一九号[大林宏法務省刑事局長(政府参考人)発言](細川律夫委員の質疑に対する回答)。

(19) 最判平一八年一〇月一〇日刑集六〇巻八号六〇三頁。大野勝則ほか「本件判批」ジュリ一三四〇号(二〇〇七)一〇五頁以下参照。

(20) 大野ほか・前掲注(19)一〇六頁。

(21) 立法追随型及び立法主導型については、小島透「法定刑の引上げと量刑――罰金額等の引上げ(平成三年)における統計データから見た科刑状況の変化とその検討――」岡山理科大学紀要B 人文・社会科学三九号(二〇〇三)六五頁以下、六六―六七頁、同「刑事司法の運用に対する法定刑変更の効果――統計データから見た法定刑変更と量刑等の関係――」法時七八巻四号(二〇〇六)九八頁以下、九八―九九頁。量刑支障型及び評価変更型については、原田國男「法定刑の変更と量刑」刑ジャ一号(二〇〇五)五〇頁以下、五〇―五二頁(『裁判員裁判と量刑法』(成文堂、二〇一一)所収、二三頁以下)、同「法定刑の変更と量刑について」刑雑四六巻一号(二〇〇六)三二頁以下、三二―三四頁(前掲書所収、四七頁以下)、同「選択刑としての罰金刑の新設と量刑への影響」刑ジャ六号(二〇〇七)一五頁以下、一七―一八頁(前掲書所収、五九頁以下)。

(22) 原田「選択刑」・前掲注(21)一八―二一頁。立法追随型と量刑支障型、立法主導型と評価変更型はほぼ同じ分類枠組の概念であるとする。しかし、量刑支障型及び評価変更型はいずれも司法段階での量刑判断に限局して着目するものであるのに対し、立法追随型及び立法主導型は起訴段階なども含んだ判断全体を包含するものであるため、ほぼ同じ概念ではなく、評価変更型は立法主導型の一部を指示する概念にすぎないと理解すべきであろう。

(23) 今井猛嘉「罰金刑の改正を巡る理論的課題」刑ジャ六号(二〇〇七)二頁以下、三、五頁は、「法定刑のオプション整備」であり、重罰化ではないとする。

(24) 改正の詳細については、交通制度研究会編『道路交通法の解説――平成一三年改正――』(大成出版社、二〇〇三)二八―二九頁。

(25) 改正の詳細については、交通制度研究会編『道路交通法の解説――平成一六年改正――』(大成出版社、二〇〇四)四〇―四一頁。

(26) 法制審議会刑事法(財産刑関係)部会においては、罰金刑に関する国民の感覚が変化しつつあることを交通事犯の処罰などの例を挙げて指摘し、罰金刑を再評価する動きであるとする意見が出されていた。法制審議会刑事法(財産刑関係)部会第一回会議議事録。もっとも、窃盗をやめられないクレプトマニア(Kleptomania)である者に対して、罰金刑が妥当かについては、より注意深く議論すべきである。クレプトマニアについては、竹村道夫監修・河村重実著『彼女たちはなぜ万引きがやめられないのか?――窃盗癖という病――』（飛鳥新社、二〇一三）参照。

(27)「徴収金について納付義務者から納付すべき金額の一部につき納付の申出があったときは、徴収主任は、事情を調査し、その事由があると認めるときは、一部納付願を徴して検察官の許可を受ける」（徴収事務規程一六条前段）、「前条前段の規定は、徴収金について納付義務者から納付延期の申出があった場合に準用する」（同規程一七条一項本文）。

(28) 川本哲郎「罰金刑の執行について」犯非一四三号（二〇〇五）一一三頁以下、一一四―一一七頁、同「罰金刑の運用をめぐる課題」刑ジャ六号（二〇〇七）九頁以下、一〇―一一頁。

(29) 最判昭二五年六月七日刑集四巻六号九五六頁。

(30) *Bearden v. Georgia, 461 U. S. 660, 668, 672-674 (1983)*. 本件の紹介として、英米刑事法研究会「貧困による罰金の不払いを理由とするプロベイションの取消しと修正一四条」判タ五三九号（一九八五）一四四頁以下［酒井安行］。第二章参照。条文上も、被告人が貧困であるために、支払能力を欠くという理由だけでの拘禁刑が賦科されることは禁止されている。18 U. S. C. A. §§3613A (a), 3614 (c) (2000).

(31) *Williams v. Illinois, 399 U. S. 235, 240-244 (1970)*. さらに、連邦最高裁は、この理が、当該犯罪類型に拘禁刑の定めが制定法上ない場合にも妥当し、この場合には、不払があっても拘禁刑を科しえないとしている。*Tate v. Short, 401 U. S. 395, 397-401* (1971).

(32) スウェーデンでは、罰金刑の不払に対する拘禁刑の利用がこのような事案に限定されている。拙稿「ハンス・ヴーン・フーファル著『スウェーデンにおける罰金刑の不払に対する拘禁刑』」関法五五巻六号（二〇〇六）二〇一頁以下、二〇四、二〇六頁。

第一一章　罰金刑の適用領域拡大に向けた罰金刑に関する前科の封印

第一節　問題意識

罰金刑を法定する犯罪類型を限定せず、又は罰金刑を法定する犯罪類型を限定しつつも刑法総則において自由刑に代えて罰金刑を賦科することを認めることによって、罰金刑の適用領域が拡大した場合、罰金刑に対する国民の印象はどのように変化するのであろうか。また、罰金刑の言渡しを受けた犯罪者に対する様々な扱いがそれによって変化するのであろうか。

第一章で見たように、我が国における罰金刑の賦科は、道路交通法違反及び保管場所法違反並びに自動車運転過失致死傷罪に対するものが大半を占めている。

これに対して、本書においては、第七章で論じたように、罰金刑の適用領域をおよそ全ての罪種に拡大すべく、罰金刑の目的を表示・表現目的とすることが望ましいと分析した上、第八章において罰金刑の新たな量定方法を提案した。

現在のところ、我が国における罰金刑の適用領域が道路交通関係に集中しているために、我が国では罰金刑が賦科されたことや罰金刑が賦科された者に対して概して寛容であると言ってよいだろう。しかし、我が国においても、罰金刑の適用領域が拡大されることによって、罰金刑が賦科されたことや罰金刑が賦科された者に対する視線が厳しいものとなって、社会生活において様々な不利益を受けるようになるのであれば、罰金刑の適用領域拡大の足枷となりかねない。

この点において参考となるのは、ニュージーランドの状況である。ニュージーランドにおいては、ほぼ全ての犯罪で罰金刑を賦科することが可能であることもあって、罰金刑に対する国民の感覚や罰金刑の言渡しを受けた犯罪者に対する扱いが我が国とは相当異なる。すなわち、ニュージーランドにおいては、罰金刑の言渡しを受けたことに対する国民の視線は厳しく、罰金刑の言渡しを受けた犯罪者は就職、住居の賃借、分割払の申請、保険の契約など様々な場面で不利益を被っているとされる。(1) ニュージーランド司法省の推計によれば、人口四〇〇万人あまりのうち、万引きのような比較的軽微な犯罪を若い頃に行なって罰金刑などの軽微な刑罰や命令を賦科された経験があるものの、現在は遵法的である市民が五〇万人いるとされ、その多くが社会生活の様々な場面で過去に犯した犯罪によりその犯罪の重大性に比してより大きな不利益を負ってきたとされる。(2)

このような状況を踏まえれば、我が国でも罰金刑の適用領域が拡大すれば、罰金刑が賦科されたことや罰金刑が賦科された者に対する視線が厳しいものとなって、社会生活において様々な不利益を受けるようになるだけでなく、そのことが罰金刑の適用領域拡大の足枷となる可能性は決して小さくない。

ニュージーランドにおいては、罰金刑などの言渡しを受けた犯罪者が不当な不利益を被らないよう、二〇〇四年五月一一日に刑事記録（封印）法案（The Bill of Criminal Records（Clean Slate）Act）が議会へ上程され、第三読会で審議され、同月一六日、二〇〇四年刑事記録（封印）法（Criminal Records（Clean Slate）Act 2004）が成立した。(3)

本稿は、かかる法律を紹介した上で、我が国の前科や犯歴事務を巡る状況やこれまでの経緯を踏まえつつ、罰金刑に関する前科の取扱いについて検討することとしたい。

第二節　ニュージーランドの二〇〇四年刑事記録（封印）法

一、制度の概観

本法は、所定の適格要件を満たしている場合、自然人に対する有罪判決の効力に関わるあらゆる刑事記録を原則として封印する封印枠組（Clean Slate Scheme）を創設するものである。(4)

封印枠組は、罰金刑をはじめとする非拘禁刑を賦科された者が適格要件を満たせば、当該犯罪を行なったこと及び刑罰を賦科されたことを封印して前科がないと回答することを認め、他の者が当該犯罪や刑罰賦科の事実にアクセスすることを禁止することを基本的な枠組としている。とりわけ、他の者が封印枠組を無視して前科について尋ねることを犯罪とし、禁止している点が特徴的である。

二、封印枠組の適格要件

以下の八つの全ての要件を満たす場合に封印枠組において適格（eligible）とされる。

第一に、その者が自然人でなければならない。自然人が死亡している場合、適格性はないとされる。(5) これは、封印枠組が過去の有罪認定から犯罪者を解放することで犯罪者の社会復帰を促進することを目的としており、死者にはそのような利益を得さしめる必要が乏しいためであると考えられる。

第二に、その者が、犯罪に対する有罪認定の結果として、量刑又は特定命令（specified order）が最後に科された日以後、更生期間（rehabilitation period）が満了した場合、又は、後述のように更生期間を満了する前に封印枠組が適用されるよう裁判所に申立ててかかる命令がなされた場合である。(6)

ここで、犯罪とされるのは、あらゆる制定法に基づいて処罰される作為又は不作為であって、正式起訴に基づいて有罪認定されるか、略式起訴に基づいて有罪認定されるかは問わない。(7) 有罪認定とは、ニュージーランドの通常裁判所によってあらゆる犯罪に対してなされた有罪認定を言い、一九七一年国軍懲戒法（Armed Forces Discipline Act 1971）(8) に基づいてニュージーランドの軍裁判所（the Court Martial）や懲戒官（disciplinary officer）によって犯罪に対してなされた有罪認定は含まれない。(9)

また、量刑とは、ニュージーランドの裁判所によって言渡されたものに限定される。(10) また、特定命令とは、ニュージーランドの裁判所によってなされた指示であって、有罪認定後の手続打切り（convicted and discharged）(11)、量刑のための召喚時の出頭（appear for sentence if called on）(12)、接触禁止（must not associate with a person or class of persons）(13)、運転免許の取得禁止又は剥奪（disqualified from holding or obtaining a driver licence）(14)、車両の没収（an offender's motor vehicle be confiscated）(15)、その他量刑言渡しに代わる命令を言う。(16) いずれも、外国の裁判所によって言渡されたものは含まれない。

そして、更生期間とは、自然人に関して最後に量刑をされた日又は有罪認定されずに特別命令を最後に科された日から七年以上の連続した期間を言う。(17)

このように、一定の期間内に再犯をした者は、原則として封印枠組の適格性がないとされている。立法に当たって、司法省はイングランド及びウェールズ、カナダ、オーストラリアのいくつかの州などの類似の法律を調査し、更生期間が三〇年間とされていることを確認していた[18]。本法が更生期間を七年としたのは、軽微な犯罪を犯した者と有罪認定されていない者を比較した場合、軽微な犯罪を犯した者が再犯なくして七年経過すれば、その再犯率が有罪認定されていない者の犯罪率と有意の差がないとの研究成果に基づいたのだとされる[19]。ここから、再犯を行なっていない者だけを過去の有罪認定から解放する目的が認められる。

第三に、その者が拘禁刑（custodial sentence）を過去に科されていない場合である[20]。

ここで、拘禁刑には、(a)矯正トレーニング（corrective training）、(b)不定期刑（preventive detention）[21]、(c)在宅拘禁（home detention）により執行された拘禁刑、(d)ボースタル訓練（borstal training）、(e)拘禁センター訓練（detention centre training）、(f)一日の全ての時間の拘禁を求めるあらゆる他の刑事制裁が含まれる[22]。これに対して、非拘禁刑（non-custodial sentence）には、社会奉仕作業（community work）、監督（supervision）及び集中監督（intensive supervision）などの社会内量刑（community-based sentence）、通常の在宅拘禁、罰金刑（fine）[23]、被害弁償（reparation）[24]、拘禁刑の執行猶予（suspended sentence of imprisonment）、特別命令などが含まれる[25]。

このように、拘禁刑を受刑した者は、封印枠組の適格性がないとされている。これは、本法がかつての犯罪行為を終局的に過去に封じ込めることを目的としているところ[26]、拘禁刑が科されるような中程度及び重大な犯罪者に関する刑事記録はその重大さから封印されるべきでないと考えられているためである。一方、軽微事犯は過去の有罪認定などからの解放が目指されている。既に一九八六年以来、警察は有罪認定を受けずに終局した軽微事犯に関して、その刑事記録へのアクセスを認めないなどの取扱いをしており、本法は、そうしたディヴァージョンにおいて不利益を負わない者たちと同様に、過去に軽微な犯罪で有罪認定を受けた人々に過度な不利益を負わせないようにしようとするものである。[27]

当局者は、本法について、犯罪に対してソフトに臨もうとする（soft on crime）ものではないとしている。[28] 前述のように更生期間が定められている上、軽微事犯からの解放を図ろうとしていることを考えれば、刑罰が不当に大きな不利益をもたらさないことを主に目指していると言える。それゆえ、少なくとも、本法は重大犯罪に対してソフトに臨もうとすることとは一線を画している。

第四に、その者に対して、その者の利益の観点から、公共の安全のために又はその者若しくはその者の属する集団の安全のために、触法行為に対し、量刑に代えて、精神病の治療及びケアの実施を内容とする命令が科されていない場合である。[29]

このように、触法精神障害者は、封印枠組の適格性がないとされている。

第五に、その者が特定犯罪（specified offence）により有罪認定されていない場合である。[30]

ここで、特定犯罪には、(a)近親姦（incest）、性的な用意などをした一六歳以下の若年者との接触（meeting young person under 16 following sexual grooming, etc）、チャイルドセックスツアー（child sex tours）の組織化又は促進、女性の外性器の切除（genital mutilation）など、[31] (b)二〇〇五年犯罪修正法（Crimes Amendment Act 2005）[32]施行後の扶養家族の構成員、一二歳以下の児童、一六歳以下の若年者との性的行為（sexual conduct）、ニュージーランド国外における児童又は若年者との性的行為、重大な障害を有する者に対する性的搾取（sexual exploitation）[33]、(c)二〇〇五年犯罪修正法施行前の養護下又は保護下にある女子少年若しくは一二歳以下の女子少年との性行為（sexual intercourse）、一二歳未満の女子少年とのわいせつ行為、一二歳以上一六歳未満の女子少年との性行為又はわいせつ行為、重大な知的障害を有する女性又は女子少年との性行為、女性と女子少年とのわいせつ行為、一六歳以下の男子少年とのわいせつ行為、肛門性交、ニュージーランド国外における児童との性的行為[34]、(d)一九〇八年犯罪法（Crimes Act 1908）における一定の性犯罪[35]、(e)(a)乃至(d)の未遂、共謀（conspiracy）、共犯（accessory）[36]が含まれる。

このように、性犯罪者は、封印枠組の適格性がないと除外されている。

第六に、その者が罰金刑又は被害弁償（reparation）を裁判所により科されている場合、全額支払済みであるか、全額の支払が免除されたときである[37]。

このように、刑事制裁の執行が未了である者は、封印枠組の適格性がないとされている。これは、刑事制裁の執行が未了であるにもかかわらず、前科が封印されれば、これらの刑事制裁の感銘力が失われるなど不適切であるためであろう。

第七に、その者が有罪認定後の手続打切りなどの際に[38]、費用（cost）又は損害賠償（compensation）を支払うよう裁判所に命じられている場合、全額支払済みであるか、全額の支払が免除されたときである[39]。

このように、手続打切りの条件の執行が未了である者は、封印枠組の適格性がないとされている。これは、第六の要件同様、手続打切りの条件の執行が未了であるにもかかわらず、前科が封印されれば、不適切であるためであろう。

第八に、その者がアルコールや各種の薬物に関連した犯罪を複数回行なっていることを理由とした運転免許の取得又は保持を排除する命令を受けていないか、かかる命令が継続していない場合である[40]。

このように、薬物事犯を累行する者は、封印枠組の適格性がないとされている。

いったん封印枠組において適格とされた後、適格な個人が別の犯罪に関して有罪認定された場合、その者は封印枠組の適格性を失う(41)。この場合、適格性は、当該有罪判決に関してその者が刑事制裁又は特定命令を科された日以後に更生期間が満了したとき、裁判所により適格性を認める命令がなされたときなどに再び認められる(42)。

以上のように、一定の期間内に再犯をした者、拘禁刑を受刑した者、触法精神障害者、性犯罪者、刑事制裁の執行が未了である者、手続打切りの条件の執行が未了である者、薬物事犯を累行する者は、封印枠組の適格性がないとされている。再犯者、拘禁刑を受刑した者、触法精神障害者、性犯罪者、薬物事犯を累行する者は、社会に危険をもたらし、その前科を封印することが適切でないと考えられているのであろう。本法は、これらの者の前科を封印することで社会復帰を後押しする利益よりも、前科を封印させるべきでないとの社会的要請を重視していると言える。

三、封印枠組の適格申立て手続

封印枠組の適格要件に該当する場合、封印枠組は自動的に適用されるため、申立てなどの特段の手続は不要である。

また、適格要件の一部を満たさない場合であっても、以下の三つのうちのいずれかに該当するときには、その者は封印枠組の適格性を認めるよう申立てをすることができる。

第一に、封印枠組の適格要件について更生期間以外の要件を満たす者が、(a)犯罪に対する有罪認定に対して科された直近の刑事制裁が非拘禁刑であること、(b)有罪認定がなされた犯罪がその後に廃止され、当該犯罪を構成していた法律がもはや犯罪を構成していないこと、(c)非拘禁刑の執行が終了したことの全ての要件を満たす場合、更生期間を満了することなくして封印枠組の適格性を認めるよう地方裁判所に申立てができる(43)。申立人がかかる(a)乃至

(c)の事項に関する証拠を提出したとき、書記官は更生期間を満了することなくして封印枠組の適格性を認める旨の命令を出さなければならない[44]。

第二に、封印枠組の適格要件について更生期間以外の要件を満たす者が、(a)犯罪に対する有罪認定に対して科された直近の刑事制裁が拘禁刑であること、(b)有罪認定がなされた犯罪がその後に廃止され、当該犯罪を構成していた法律がもはや犯罪を構成していないこと、(c)拘禁刑の執行が終了したことの全ての要件を満たす場合、当該拘禁刑の賦科に拘らず、更生期間を満了することなくして封印枠組の適格性を認めるよう地方裁判所に申立てができる[45]。申立人がかかる(a)乃至(c)の事項に関する証拠を提出したとき、地方裁判所は当該拘禁刑の賦科に拘らず、更生期間を満了することなくして封印枠組の適格性を認める命令を出すことができる[46]。この判断に当たって、地方裁判所は、過去の有罪認定を了知することが一定の場合に適切であることを認識し、地域社会の安全におけるより広い公共の利益と刑事記録を封印する個人の利益を衡量しなければならない[47]。裁判所は、あらゆる裁判所規則に従い、申立ての処理に役立ちうるあらゆる陳述、書面、情報、事項を証拠として求め又は受領することができる[48]。地方裁判所は、適切であると思料する場合、高等裁判所（High Court）へ申立てを移送することができる[49]。

第三に、封印枠組の適格要件について特定犯罪に関わる要件以外の要件を満たす者が、性犯罪の多くを含む特定犯罪に対する有罪認定に対して科された直近の刑事制裁が非拘禁刑である場合、当該有罪認定に拘らず、封印枠組の適格性を認めるよう地方裁判所に申立てができる[50]。地方裁判所は、当該有罪認定に拘らず、封印枠組の適格性を認める命令を出すことができる。利益衡量、証拠の収集、移送については拘禁刑が賦科され、廃止された場合と同様である[51]。

一方、前述の適格要件を満たしていなければ、その者がたとえ更生していると認められたとしても、封印枠組は適用されず、適格申立て手続はなしえない[52]。

このように、量刑後に当該犯罪が廃止された場合、当該量刑が非拘禁刑であるときには封印枠組の適格性を申立てに対して義務的に認めなければならないのに対して、当該量刑が非拘禁刑であるときには封印枠組の適格性を申立てに対して裁量的に認めれば足りるとされている。これは、拘禁刑のときには、行為の重大性が勘案され、前科を封印することで社会復帰を後押しする利益よりも、前科を封印させるべきでないとの社会的要請が重視されることも少なくないためであると言える。同様に、特定犯罪に対する有罪認定に対して科された直近の刑事制裁が非拘禁刑である場合、特定犯罪に性犯罪が多く含まれることもあって、前科を封印させるべきでないとの社会的要請が重視されることも少なくないためであると考えられる。

後二者の場合で、地方裁判所が適格性を認めなかったときには、その者は地方裁判所の決定に対して高等裁判所に上訴することができる[53]。また、高等裁判所に上訴された事件又は地方裁判所が高等裁判所に移送した事件に対して、高等裁判所が適格性を認めなかったときには、高等裁判所の決定に対して上訴裁判所（Court of Appeal）に異議申立てをすることができる[54]。いずれの上訴も、関連する裁判所規則に従って、決定後二八日以内又はその期間の満期の前後になされた申立てにより高等裁判所又は上訴裁判所が認容する期間内になされなければならない[55]。上訴裁判所は、再度聴聞を行ない[56]、異議申立てがなされた決定を是認し、破棄し、修正することができる[57]。

いずれの申立ても、裁判所に棄却された後に再度行なうことができる[58]。上訴し、裁判所に棄却された場合であっても同様に再度申立てを行なうことができる[59]。但し、裁判所は、些末かつ濫用的で裁判所の手続を悪用するものであると考える再度の申立てについては、棄却することができる[60]。

以上を含めた封印枠組に関するあらゆる手続は、法的扶助などを担う[61]二〇〇〇年法的サーヴィス法（Legal Services

Act 2000）[62]の適用対象の民事手続とされている[63]。

四、封印枠組の適用効果

自然人が適格要件を満たしている場合、以下の二つの効果が生ずる。

第一に、原則として、その者の刑事記録について尋ねるあらゆる質問に対して、その者自身が刑事記録が存在しないと回答することができる[64]。すなわち、封印枠組が適用される場合、前科を有する者は前科を封印し、前科がないと回答することが原則として許される。

ここで、存在するにもかかわらず、存在しないと回答することができる刑事記録の種類は、①有罪認定されるに至った訴追、②有罪認定、③賦科された量刑、④有罪認定の結果として科された命令である[65]。それゆえ、例えば、有罪認定されなかった訴追、ニュージーランド国外でなされた有罪認定、反則金（infringement fee）[66]の賦科は対象とならない。一方、有罪認定であれば、裁判所を問わないため、青少年裁判所（Youth Court）においてなされた有罪認定も存在しないと回答することができる刑事記録に当たる。

ニュージーランドには、警察証明書（Police Certificate）や警察許可書（Police Clearance）がないため[67]、ニュージーランド国外での居住などのために犯罪歴の有無や程度を証明する場合、一九九三年プライヴァシー法（Privacy Act 1993）[68]に基づいて刑事記録の謄本を入手して提示することで証明しなければならない[69]。犯罪歴がないことを証明する場合、刑事記録が存在しないという内容の書類によって証明することになる。

(a)ニュージーランド外において、外国法の管轄の下で、(b)ニュージーランドにおいて、移民の申立てや外国の税関書面における質問など外国法によって扱われる事項に関連して刑事記録についてなされる質問に対して、刑事記録を有しないと回答する権限も認めている[70]。

もちろん、その者が刑事記録を有していることを述べ、記録を開示し、記録の開示に同意することを妨げるものではない[71]。また、その者自身がその者自身の刑事記録についての情報を要求し、又は謄写するよう求める権利は害されない[72]。

合法的な権限なくして、自己の刑事記録に関する質問に対して回答する際に封印枠組の効果を無視するよう求めた場合、犯罪とし、略式手続で一万ニュージーランドドル（ＮＺＤ）（約六〇万円。一ＮＺＤ六〇円で換算。以下同じ）以下の罰金刑を科される[73]。

第二に、原則として、その者の刑事記録へのアクセスを保持し又は行なう政府機関及び法執行機関（law enforcement agency）により封印を受ける権利を有する[74]。

ここで、かかる開示又は封印に関して対象となる刑事記録の種類は、国家により保存されている電子記録を含むあらゆる公的記録のうち、①有罪認定されるに至った訴追、②過去になされた有罪認定のリストのあらゆる項目を含む有罪認定、③過去になされた量刑のリストのあらゆる項目を含む量刑、④有罪認定の結果として科された命令である[75]。また、法執行機関には、司法省、警察、労働局（Department of Labour）、内国歳入局（Inland Revenue Department）、ニュージーランド税関サーヴィス（New Zealand Customs Service）などが含まれる[76]。

刑事記録を保持し、アクセスする司法長官、あらゆる他の政府機関の長官、法執行機関、その被用者又は請負人は、(a)原則として、本人以外から開示をなすよう要求された場合、その者の刑事記録を封印するとともに、(b)例外的に刑事記録へのアクセスが認められた場合、当該目的以外の目的のためにその者の刑事記録を使用させてはならない[77]。この履行を確保するために、司法長官及びあらゆる他の政府機関の長官は、政府機関又は法執行機関に当該長官、被用者、請負人に対して政策の実現や手続の履行を含むあらゆる合理的な手段を実施しなければならない。[78]

合法的な権限なくして封印枠組の効果を無視してその者の刑事記録の開示を求め、又はその者の刑事記録の開示について同意するよう求めた場合、犯罪とし、略式手続で一万NZD（約六〇万円）以下の罰金刑を科される。[79] また、刑事記録のアクセスについて合法的な権限を有していないことを認識し、又は合法的な権限の有無について過失（reckless）があった場合であって、封印するよう求められる者の刑事記録又は刑事記録に関する情報を自然人、法人又は機関に開示したとき、犯罪とし、略式手続で二万NZD（約一二〇万円）以下の罰金刑を科される。[80]

また、以上の申立て及び上訴がなされた場合、記載することができると裁判所が命じない限り、申立人又は上訴人の氏名及びその特定をもたらす事項をあらゆる報告又は報告書において記載してはならない。[81] 裁判所は、記載の可否の判断に当たって、申立人又は上訴人を含むあらゆる個人の利益及び公共の利益を考慮しなければならない。[82] 裁判所が記載することができると命じていないにもかかわらず、これに違反した場合、犯罪とし、略式裁判で有罪認定された場合、自然人のときには三月以下の拘禁刑若しくは一〇〇〇NZD（約六万円）以下の罰金刑又はその併科とし、法人のときには五〇〇〇NZD（約三〇万円）以下の罰金刑を科される。[83]

このように、過去の犯罪や刑罰賦科の事実を日常生活において封印し、刑事記録へのアクセスを認めないことで、軽微事犯の社会復帰を促進しようとしている。

五、封印枠組の適用除外

自然人が適格要件を満たしている場合であっても、以下に述べる適用除外に当たるときには効果が生じない。すなわち、第一に、適用除外に当たるときには、その者の刑事記録について尋ねるあらゆる質問に対してその者自身が刑事記録を有しないと回答することは許されず、刑事記録が存在すると回答しなければならない。[84] 第二に、適用除外に当たるときには、その者の刑事記録へのアクセスを保持し又は行なう政府機関及び法執行機関による封印を受ける権利を有さず、政府機関若しくは法執行機関、それらの被用者又は請負人は、その者の刑事記録又は刑事記録についての情報を開示することができる。[85]

もちろん、適格要件を満たす自然人の刑事記録又は刑事記録についての情報が例外的に開示された者、法人又は政府機関若しくは法執行機関を含む機関は、その者、法人又は機関に開示された目的以外の目的で適格要件を満たす自然人の刑事記録又は刑事記録についての情報を利用してはならない。[86] また、刑事記録の保持又はアクセスを行なう政府機関若しくは法執行機関又はそれらの被用者若しくは請負人は、例外的に開示された目的を除き、例外的に開示された目的以外のあらゆる目的で適格要件を満たす自然人の刑事記録又は刑事記録についての情報を利用してはならない。[87]

適用除外となるのは、以下の場合である。

第一に、(a)適格要件を満たす自然人の刑事記録又は刑事記録についての情報が特定の目的のために必要である場合である。[88] 具体的には、(i)法執行機関又はその機能が法執行機関に対応する外国の機関若しくは組織の予防、検挙、捜査、訴追の業務の遂行、(ii)法執行機関による刑事制裁の執行又は施設に再度収容（remand）された受刑者の管理、(iii)ニュージーランド保安情報機関（New Zealand Security Intelligence Service）の保安関係の業務の遂行のいずれかに当たる場合に限定される。

第二に、(b)適格要件を満たす自然人の刑事記録又は刑事記録についての情報が、裁判所又は各種の法廷（tribunal）におけるあらゆる刑事若しくは民事の手続又はニュージーランド・パロール・ボード（Parole Board）の手続に関連する場合である。[89] これらの手続には量刑手続が含まれる。

第三に、(c)適格要件を満たす自然人が、火器等免許（firearms licence）の申立てなど[90]の一九八三年武器法（Arms Act 1983）[91]に基づくあらゆる種類の申立てをした場合であって、当該個人がその申立ての目的に照らして適切な者かどうかを警察職員が考察するときである。[92] これは、銃器を悪用した犯罪を予防するためであると考えられる。

第四に、(d)適格要件を満たす自然人が特定の雇用を求めて応募する場合である。[93] 具体的には、(i)ニュージーランドの国家保安に関連する地位、(ii)裁判官（Judge）、治安判事（Justice of the Peace）、地域治安判事（Community Magistrate）、(iii)警察職員、刑務所職員、プロベーション・オフィサー、保安関係職員に限定される。これは、法執行機関の廉潔性を守るためであると考えられる。

第五に、(e)適格要件を満たす自然人が児童又は青少年の養護又は保護に関する支配的な役割を担うべく申立てる場合である。[94] 例えば、養親又は幼児若しくは青少年の養護者となるべく申立てる場合である。これは、すぐ後に述べる児童虐待に関する問題をはじめとして児童の養育に支障となる問題が生じないようにするためであると考えられる。

第六に、(f)適格要件を満たす自然人の刑事記録又は刑事記録についての情報が一九八九年児童、青少年及び家族法（Children, Young Persons, and Their Families Act 1989）[95]における児童若しくは青少年の不適切な取扱若しくはネグレクトの調査又はその種の状況の調査から生じる児童又は青少年の収容命令（custody order）[96]などの手続に関連する場合である。[97] これには、家族集団会議（family group conference）[98]又は児童若しくは青少年が養護又は保護を必要としているとの家庭裁判所の宣言（declaration）を求める申立てにおける考慮などが含まれる。[99]

第七に、(g)適格要件を満たす自然人の刑事記録又は刑事記録についての情報が政府機関若しくは法執行機関と契約するあらゆる被用者又は政府機関若しくは法執行機関により承認された研究を実施するあらゆる者に対して犯罪歴の情報へのアクセスを必要とする研究事業と関連して与えられる場合である。[100]

以上のように、適格要件を満たす場合であっても、刑事記録がその判断のために重要であるときには、例外的に刑事記録が存在することの回答が強制されるとともに、刑事記録へのアクセスが認められている。

六、本法の施行日及び適用範囲

施行日は命令によって総督（Governor-General）により定められた日と定められ[101]、二〇〇四年刑事記録（封印）法施行令（Criminal Records（Clean Slate）Act Commencement Order 2004）により[102]、本法成立の約六か月後の二〇〇四年一一月二九日とされた。

即時施行されなかったのは、司法省及び警察がＩＴシステムと業務内容を変更するためであった[103]。

本法は、本法施行後に刑事記録に関してなされた質問及び刑事記録についての情報の開示に関してなされた要求に対する回答はもちろん、施行前に刑事記録に関してなされた質問に対する本法施行日以後の回答にも、刑事記録又は刑事記録についての情報の開示に関して本法施行前になされた要求に対する本法施行後の回答にも、適用される[104]。そして、その対象は量刑及び特定命令の全てに及ぶ[105]。

第三節　我が国の前科や犯歴事務を巡る状況

それでは、我が国の前科や犯歴事務を巡る状況はどのようになっているのか。

一、前科

そもそも、前科とは法律上の用語ではなく、過去に犯罪を行ない、刑罰を執行された事実を有することを表現する一般的な用語である。(106)

一般に、前科を有するいわゆる刑余者は、我が国においても、就職、婚姻、交際等の様々な社会生活の場面で不利益を被っており、その家族にまで累が及ぶことも少なくない。(107) このような社会生活における事実上の不利益に加えて、刑の執行猶予の要件（刑法二五条参照）など、法律において不利益な取扱いが規定されていることもある。法律において規定されている不利益な取扱いの多くは、刑余者が再び犯罪を行なった場合に生ずるものであるが、再び犯罪を行なっていない場合であっても、社会生活に不利益をもたらしうるものが存在する。それがいわゆる資格制限であって、裁判所法四六条一号のように、法律が前科の存在を理由にその者が特定の資格に就くことを制限するものであり、その規定は多岐に及ぶ。(108) この不利益を永続させないために、資格制限を消滅させるべく、後述する刑の消滅（刑法三四条の二）などの規定がある。

二、犯歴事務

前科に関するいわゆる犯歴事務は、検察庁と各市区町村で行なわれている。(109) 検察庁では、検察運営及び裁判の適正に資することを目的として、電子計算機又は犯歴票などへの前科の登録が実施されている。各市区町村では、前述の資格制限に係る身分証明事務及び選挙人名簿調製事務に資することを目的として、前科を有する者の戸籍事務を管掌するに当たって犯罪人名簿への前科の登録が行なわれている。

このうち、有罪の確定裁判が罰金以上の刑に処するものであるときには[110]、地方検察庁の犯歴係の検察事務官が裁判を受けた者の戸籍事務を管掌する市区町村長にその裁判内容を原則として通知することとされている（犯歴事務規程[111]三条四項、七条四項）。例外的に、少年のときに犯した罪にかかる裁判であって、確定のときにその裁判に係る刑の執行猶予を受け終わったこととなるもの、刑の執行猶予を猶予するもの及び刑の執行猶予を免除するものは通知されない[112]。また、道交法違反及び保管場所法違反の犯歴については、罰金以下の刑に処せられた場合、昭和三七年（一九六二年）六月以降、通知しないこととされている[113]。

三、前科照会

検察庁は、検察運営及び裁判の適正に資することを目的として犯歴を管理しているため、一般人からの照会だけでなく、前科を欠格事由とする資格を管掌する行政官庁が欠格事由の該当を判断する資料として前科を把握するために検察庁に照会する場合であっても、原則として回答していない[114]。かかる照会は、資格制限に係る身分証明事務を取扱う市区町村に対してなされなければならない[115]。

もっとも、市区町村の犯罪人名簿の記載だけでは、恩赦に該当するか、刑の言渡しの効力が失われているかなどが明確でない場合もある。後述のように、刑の消滅（刑法三四条の二）については、罰金以上の刑に処せられたことが刑の消滅の中断事由になるとされているにもかかわらず、前述のように、道交法違反及び保管場所法違反については罰金以下の刑について検察庁から市区町村長に対して通知がなされておらず、刑の消滅の有無が確認できないためである。[116] そのため、罰金刑を欠格事由としている場合や叙位叙勲等の調書作成のために道交法違反及び保管場所法違反の犯歴を把握する必要がある場合、市区町村長は、その旨を明記して検察庁に照会を行なった上で、行政官庁に回答することとなる。[117]

四、犯歴に係る個人情報の取扱い[118]

行政機関が個人情報ファイルを保有しようとするとき及び通知した事項を変更しようとするときには、原則として行政機関の長が総務大臣に対して所定の事項を予め通知しなければならない（行政機関の保有する個人情報の保護に関する法律一〇条一項）。しかし、「犯罪の捜査……に関する法律の規定に基づく……公訴の提起若しくは維持のために作成し、又は取得する個人情報ファイル」、すなわち犯歴に係る個人情報ファイルについては、適用除外とされており、通知の必要はない（同法一〇条二項二号）。

また、行政機関の長は、原則として当該行政機関が保有している個人情報ファイルについて個人情報ファイル簿を作成し、公表しなければならない。しかし、犯歴に係る個人情報ファイルについては、適用除外とされており、作成及び公表の必要はない（同法一一条二項一号）。

さらに、何人も、行政機関の長に対し、原則として当該行政機関の保有する自己を本人とする保有個人情報の開示、訂正、利用停止を請求することができる（同法一二条以下）。しかし、「刑事事件若しくは少年の保護事件に係る裁判、検察官、検察事務官若しくは司法警察職員が行う処分、刑若しくは保護処分の執行、更生緊急保護又は恩赦に係る保有個人情報（当該裁判、処分若しくは執行を受けた者、更生緊急保護の申出をした者又は恩赦の上申があった者に係るものに限る。）」については、適用除外とされており、そうした請求は本人であっても認められない。

これらの情報を開示情報とすると、就職や婚姻の際に前科がないことを証明するためにこれらの情報を提示するよう求められる危険性があり、前科がある場合には社会復帰を妨げるおそれがあるためである[119]。

従って、ニュージーランドとは異なり、我が国では、刑余者本人であっても、前科に関わる情報を開示するよう検察庁及び市区町村役場に請求することはできない。

五、刑の消滅など

以上のように、我が国の前科や犯歴事務を巡る状況を見れば、前科に関して照会がなされるのは、再犯時を除けば、資格制限に関わるものがそのほとんどを占めていると言える。そこで、資格制限の消滅のための刑の消滅（刑法三四条の二）などの規定を概観することとしたい。

我が国には、刑の言渡し、刑の免除の言渡し、刑の執行猶予の言渡しが一定の期間を経過すれば、「効力を失う」とする規定が存在する（刑法三四条の二、二七条）。

まず、刑の言渡し及び刑の免除の言渡しについては、「禁錮以上の刑の執行を終わり又はその執行の免除を得た者が罰金以上の刑に処せられないで一〇年を経過したときは、刑の言渡しは、効力を失う。罰金以下の刑の執行を終わり又はその執行の免除を得た者が罰金以上の刑に処せられないで五年を経過したときも、同様とする」（刑法三四条の二第一項）、「刑の免除の言渡しを受けた者が、その言渡しが確定した後、罰金以上の刑に処せられないで二年を経過したときは、刑の免除の言渡しは、効力を失う」としている（刑法三四条の二第二項）。

これらの規定の趣旨は、有罪の言渡しを受けた者が、現行法令上、権利又は法律上の資格の制限などの不利益な取扱いの対象とされることが少なくないところ、これらの法律上の不利益取扱いが長期にわたると、有罪の言渡しに必然的に伴う不利益を超えた不当な権利侵害となるとともに、有罪の言渡しを受けた者が社会生活において事実上被る不利益と相まってその社会復帰を困難にするおそれを生じさせるため、一定の善行期間と引換えにこれを回避するとともに、犯罪者の更生意欲を高めることにある。(120) 刑の言渡し又は刑の免除の言渡しの法律上の効果は、実際のところ、各種の資格制限（裁判所法四六条一号など）のみであるため、いわゆる法律上の復権と位置付けられている。(121)

本条の効果は、刑の言渡し又は刑の免除の言渡しが法律上なかった場合と同一の状態になることである。(122) 本条に遡及的な効果はなく、将来に向かって有罪の言渡しを受けなかった者と同一に取り扱われるのみである。(123) それゆえ、有罪の言渡しが消滅しても、過去に有罪の言渡しを受けた事実、ひいては有罪の言渡しを受けるに至った犯罪行為などの過去の歴史的事実が消滅するわけではなく、(124) 判例も同様に解している。(125)

次に、刑の執行猶予の言渡しについては、「刑の執行猶予の言渡しを取り消されることなく猶予の期間を経過したときは、刑の言渡しは、効力を失う」としている（刑法二七条）。

この規定の趣旨は、刑法三四条の二の趣旨と同様であり、同じく前科を消滅させる効果を有する。(126)

本条の効果も、刑法三四条の二の趣旨と同様であって、刑の執行猶予の言渡しが法律上なかった場合と同一の状態になることである。本条にも遡及効はなく、将来効しかない。(127) それゆえ、ここでもまた、刑の執行猶予の言渡しが消滅しても、過去に刑の執行猶予の言渡しを受けた事実、ひいては刑の執行猶予の言渡しを受けるに至った犯罪行為などの過去の歴史的事実が消滅するわけではなく、(128) 判例も同様に解している。(129)

少年については、資格制限に関して特則を設けており、「少年のとき犯した罪により刑に処せられてその執行を受け終り、又は執行の免除を受けた者は、人の資格に関する法令の適用については、将来に向つて刑の言渡を受けなかつたものとみなす」（少年法六〇条一項）、「少年のとき犯した罪について刑に処せられた者で刑の執行猶予の言渡を受けた者は、その猶予期間中、刑の執行を受け終つたものとみなして、前項の規定を適用する」としている（少年法六〇条二項）。

これは、少年時の犯罪については、その可塑性、教育可能性、再犯予防などを考慮して、できる限り早期に資格制限から解放しようとするものである[130]。少年院送致が資格制限をもたらさないことと比して、刑罰を言い渡された犯行当時少年の犯罪者の不利益が大きくなりすぎないようにするという配慮もあろう。本条の効果は、刑法三四条の二及び二七条とは異なり、有罪の言渡しが法律上なかった場合と同一の状態になることではなく、資格制限からの解放のみである[131]。本条にも遡及効はなく、将来効しかない[132]。もちろん、有罪の言渡しの効力を法律上早期に失わせるものですらないので、過去に有罪の言渡しを受けた事実、ひいては有罪の言渡しを受けるに至った犯罪行為などの過去の歴史的事実が消滅するわけではない。

このように、我が国の刑法三四条の二及び二七条が刑の言渡し、刑の免除の言渡し、刑の執行猶予の言渡しが一定の期間を経過すれば「効力を失う」と規定することにより、また、少年法六〇条が資格制限法令に関して特則を設けることにより、資格制限を行なう法的根拠が消滅し、資格を回復して就業に役立てることが主に想定されている。一方、これらの規定により、刑の言渡し、刑の免除の言渡し、刑の執行猶予の言渡しを受けた事実、ひいてはそれらの言渡しを受けるに至った犯罪行為などの過去の歴史的事実が消滅するわけではないとされており、就労等にあたってこれらの事実を封印することを許すものとはされていない。

六、恩赦

刑の消滅などと同様の法律効果をもたらすものとして、恩赦のうち、大赦（恩赦法二条）、特赦（同法四条）、復権（同法一〇条）がある。

まず、大赦は、原則として、「有罪の言渡を受けた者については、その言渡は、効力を失う」とされており（同法三条一号）、特赦は、「有罪の言渡の効力を失わせる」とされている（同法五条）。

これらの法的効果は、刑法三四条の二及び二七条と同じく、有罪の言渡しが法律上なかった場合と同一の状態になることである。いずれも、「有罪の言渡に基く既成の効果は、大赦、特赦……によって変更されることはない」とされているため（恩赦法一一条）、遡及的な効果はなく、将来に向かって有罪の言渡しを受けなかった者と同一に取り扱われるのみである。[133] それゆえ、ここでもまた、有罪の言渡しの効力が失われても、過去に有罪の言渡しを受けた事実、ひいては有罪の言渡しを受けるに至った犯罪行為などの過去の歴史的事実が消滅するわけではない。

また、復権は、「資格を回復する」とされている（同法一〇条）。「有罪の言渡に基く既成の効果は……復権によって変更されることはない」とされているため（恩赦法一一条）、遡及的な効果はなく、将来に向かって有罪の言渡しを受けなかった者と同一に取り扱われるのみである。これは刑の言渡しが法律上あったとしつつも将来に向かって資格制限から解放するのみであって、[134] ここでもまた、過去に有罪の言渡しを受けた事実、ひいては有罪の言渡しを受けるに至った犯罪行為などの過去の歴史的事実が消滅するわけではない。

七、小括

以上のように、日本ではニュージーランドとは異なり、刑余者本人であっても、前科に関わる情報を開示するよう検察庁及び市区町村役場に請求することはできないこともあって、我が国の前科や犯歴事務の関心は、刑余者が再び犯罪を行なった場合を除けば、刑余者に対する資格制限にあると言える。

資格制限の弊害を取り除くため、刑の消滅など各種の恩赦が規定されているものの、いずれも有罪の言渡しを受けた事実、ひいてはそれらの言渡しを受けるに至った犯罪行為などの過去の歴史的事実を消滅させるわけではないとされており、就労等にあたってこれらの事実を封印することを許すものではない。

このように、我が国の前科や犯歴事務の関心は、資格制限という刑余者が被る法律上の不利益にのみ向けられており、刑余者がその前科を知られることによる社会生活における事実上の不利益を解消しようとするものではない。

それでは、どのような経緯や議論を経て、前科や犯歴事務を巡る我が国の現在の制度や運用がもたらされるようになったのか。以下、節を改めて紹介するとともに検討することとしたい。

第四節　我が国の前科や犯歴事務を巡る法令の変遷

一、旧刑法における公権の剥奪及び停止並びに復権

明治一三年（一八八〇年）に制定された旧刑法（明治一三年太政官布告第三六号）は、附加刑として、剥奪公権（同法一〇条一号）、停止公権（同法一〇条二号）を定めていた。

これらは、フランス法を模範にその条文を翻訳してほぼそのまま規定したものであって、その淵源はローマ法に求められる。(135)もっとも、フランス法が剥奪公権を主刑としても規定していたのに対し、旧刑法は剥奪公権を附加刑

としていた[136]。類似の規定は、唐律の除名や新律綱領の追奪位記、除族にも見られた[137]。

剥奪される権利は、国民の特権（同法三一条一号[138]）、官吏となる権利（同法三一条二号[139]）、勲章、年金、位記、貴号、恩給を有する権利（同法三一条三号[140]）、外国の勲章を佩用する権利（同法三一条四号[141]）、兵籍に入る権利（同法三一条五号[142]）、裁判所において証人となる権利（事実を陳述する場合を除く）（同法三一条六号）、後見人となる権利（親族の許可を得て子孫のためにする場合を除く）（同法三一条七号[143]）、分散者の管財人となる権利又は会社及び共有財産を管理する権利（同法三一条八号[144]）、学校長、教師、学監となる権利（同法三一条九号）であった。剥奪公権においては、これら全ての剥奪が行なわれ、このうちの一部のみを剥奪することは許されなかった[145]。このうち前六者は公権であるのに対し、後六者は公権とは言い難いものであったが[146]、「公権」と総称されていた。また、剥奪公権及び停止公権は、名誉を侵害する加辱の刑罰であるとされ、財産に対する侵害は副次的なものにすぎないと考えられていた[147]。

重罪（同法一条一号）の刑に処せられた者は、剥奪公権を宣告されなくとも公権を終身剥奪するとされていた（同法三二条）。また、重禁錮又は軽禁錮（同法八条一号、二号）に処せられた者は、剥奪公権を宣告されなくとも現在の官職を失い、その刑期の間、公権を停止するとされていた（同法三三条）。また、軽罪の刑において、監視（一〇条四号、三七条以下）に付せられた者及び主刑を免じて監視に付せられた者は剥奪公権を宣告されなくとも、監視の期限の間、公権の行使を停止するとされていた（同法三四条）。このほか、同様にフランス法に倣って[148]、重罪の刑に処せられた者は、主刑の執行が満了するまで禁治産とされた（同法三五条[149]）。

剥奪公権及び停止公権は、期満免除が認められず（同法六〇条一項）、原則として終身刑であるものの、フランス法に倣って[150]、裁判上の復権が認められていた。旧刑法は、「公権ヲ剥奪セラレタル者ハ主刑ノ終リタル日ヨリ五年ヲ経過スルノ後其情状ニ因リ将来ノ公権ヲ復スルコトヲ得」（同法六三條一項）、「主刑ノ期満免除[151]ヲ得タル者ハ監視ニ付シタル日ヨリ五年ヲ経過スルノ後亦同シ」（同法六三條二項）とし、その手続については治罪法（明治一三年太政官布告第三七号）四七〇條乃至四七六條が規定していた。復権は、犯罪者に改善を促すために有用であると考えられていた[152]。そして、その法的効果は将来に向かって及ぶものとされており、剥奪されていた公権が復権によって自動的に復するのではなく、公権を今後得る能力を回復するとされていた[153]。

明治二二年（一八八九年）に制定された大日本帝国憲法は、「天皇ハ大赦特赦減刑及復権ヲ命ス」（同憲法一六條）と定めており、天皇は大権事項として恩赦を行うことができるとされた[154]。こうした中、明治二三年（一八九〇年）に制定された明治刑訴法は、復権に関する治罪法の規定をおおむね引き継いだ。

このように、旧刑法においては、公権の剥奪及び停止並びに法律上の復権が規定されていた。公権の剥奪は、犯罪者に反省悔悟を促し、再犯予防と更生への努力を犯罪者に期待するものであったが[155]、いったん公権を剥奪されれば、国民ではないとの感覚が持たれて公権が剥奪された者が疎外されることとなった[156]。もっとも、資格制限を定める法令が増加するのと相まって、有罪の言渡しに伴う権利利益の制約の対象は公権から職業に関する資格へとその重点が変化していった。

二、現行刑法施行後の法令及び議論の状況

明治四〇年（一九〇七年）に制定された現行刑法（明治四〇年法律第四五号）は、旧刑法とは異なり、剥奪公権や停止公権を規定しなかった。また、これと軌を一にする形で、執行猶予に関する刑法二七条を除けば、旧刑法に置かれていた法律上の復権の制度は現行刑法に定められなかった。

そこで、前述の大日本帝国憲法の規定を踏まえ、刑余者のうち改悛した者を社会的に復活させてその能力を社会のために発揮させようと[157]、大正元年（一九一二年）に恩赦令（大正元年勅令第二三号）が作られた[158]。とは言え、旧刑法に規定されていた復権については、現行刑法には定められないままであった。

こうした中、この時期、刑余者が前科によって社会的な信用を得られないために生業に就くことができずに窮乏に陥り、さらには刑余者以外の者と交際することができずに再犯を惹き起こしてしまうのであって、刑余者が個人の性格等の要因以外に社会的な要因をも伴っている場合に再犯が生じているという状況を問題視する見解が登場した[159]。この観点から、刑余者に対する社会における不適切な制約を一日も早く取り除くべきであり、刑余者の信用を得られなくしてしまうような社会的な要因を国家がなくすか減少させるべきことが主張されたのである[160]。

こうした主張及び指摘は、刑余者が受けるあらゆる不利益を取り除くべきとするものであって、法律上の不利益に限らず、むしろ社会生活における事実上の不利益の減殺を目指すものであった。

そして、刑余者が被る社会生活における事実上の不利益を減殺するため、実際に改善したと判断される者の前科の抹消を法令により行なうべきとする主張も登場した[161]。同時に、実際に改善したと判断される者の資格を制限して職業上の地位を奪うことが問題視され、法令上その救済を図るべきことも主張されたのである[162]。

こうした主張を受けて、前科に関する我が国における議論は、前科の抹消と資格制限の消滅の二つの柱を中心に進むこととなったのである[163]。

大正一〇年（一九二一年）に設置された臨時法制審議会は、大正一五年（一九二六年）に刑法改正ノ綱領を決議した。その中で、「三一　公権ノ喪失及停止ヲ刑トスル規定ヲ設クルコト」、「十二　刑ノ免除ヲ受ケ又ハ刑ノ執行ヲ終リ若ハ刑ノ執行ノ免除ヲ受ケタル者ニ対シ法律上、裁判上判決ノ効力ヲ消滅セシムヘキ規定ヲ設クルコト」とし、法律上又は裁判上の判決の効力を消滅させることによって、法律上の不利益の解決を図ろうとした。

昭和一五年（一九四〇年）、刑法並監獄法改正調査委員會総會は、改正刑法假案を決議した。同假案は、「刑ノ執行ヲ終リ又ハ刑ノ執行ノ免除ヲ得タル者禁錮以上ノ刑ニ處セラルルコトナク十年ヲ經過シタルトキハ刑ノ言渡ハ其ノ効力ヲ失フ」（同假案一一九條一項）、「……刑ノ免除ノ言渡ヲ受ケタル者其ノ言渡後禁錮以上ノ刑ニ處セラルルコトナク二年ヲ經過シタルトキハ……刑ノ免除ノ言渡ハ其ノ効力ヲ失フ」（同假案一一九條二項）とし、同假案が新設した資格喪失について、「資格ヲ喪失シタル者禁錮以上ノ刑ニ處セラルルコトナク十年ヲ經過シタルトキハ將来ニ向テ資格ヲ回復ス」（同假案一二一條）とした。

改正刑法假案一一九條一項、二項の規定の大枠は、それぞれ現行刑法三四条の二第一項前段、第二項と同じであり、同假案が現行刑法三四条の二の源となっていることが確認できる。そして、その要件は、同假案の方が現行刑法よりも緩やかである。すなわち、刑の消滅までの期間はそれぞれ同じであるものの、現行の刑法三四条の二第一項前段、第二項は罰金以上の刑に処せられないことを要件としているが、假案は禁錮以上の刑に処せられないことを要件としており、たとえ罰金刑に処せられても有罪の言渡しの効力が失われるとしているためである。

また、改正刑法假案は、右の原則に加えて、「刑ノ執行ヲ終リ又ハ刑ノ執行ノ免除ヲ得タル者善行ヲ保持シ禁錮以上ノ刑ニ處セラルルコトナク五年ヲ經過シタルトキハ裁判所ハ刑ノ言渡其ノ効力ヲ失フ旨ノ言渡ヲ為スコトヲ得……刑ノ免除ノ言渡ヲ受ケタル者其ノ言渡後善行ヲ保持シ禁錮以上ノ刑ニ處セラルルコトナク一年ヲ經過シタルトキハ裁判所ハ……刑ノ免除ノ言渡其ノ効力ヲ失フ旨ノ言渡ヲ為スコトヲ得」とし（同假案一二〇條）、資格喪失及び資格停止に関して、「資格ヲ喪失シ又ハ停止セラレタル者善行ヲ保持シ資格喪失ニ付テハ五年、資格停止ニ付テハ其ノ期間ノ三分ノ一ヲ經過シタルトキハ裁判所ハ將来ニ向テ資格ヲ回復スル旨ノ言渡ヲ為スコトヲ得」としていた（同假案一二二条）。

これらは、裁判所が個別に早期に有罪の言渡し又は資格喪失若しくは資格停止の効力を失わせることを認める、いわゆる裁判上の復権であって、(164) 現行刑法三四条の二には見られない規定である。

さらに、假案は、「刑ノ言渡其ノ効力ヲ失ヒタルトキハ命令ノ定ムル所ニ依リ其ノ登録ヲ除去スヘシ」としていた（同案一二五条）。

これは、資格制限の消滅を図るだけでなく、前科の登録を抹消するものであって、前科の照会が今日よりも容易になしえた当時にあっては画期的な提案であった。

このように、假案にあっては、現行刑法の刑の消滅の原型が作り出されただけでなく、裁判所が個別に早期に有罪の言渡しの効力を失わせる制度（裁判上の復権）を導入することが提案されるとともに、有罪の言渡しの効力が失われた際には前科の登録を抹消する法的効果（前科登録の抹消）をもたらすという提案もなされていた。とりわけ前科登録の抹消は、刑余者が被る資格制限という法律上の不利益だけでなく、社会生活における事実上の不利益をも解消しようとするものであって、刑余者が被るあらゆる不利益を取り除くべきとの議論を踏襲していたと考えられる。

三、刑法三四条の二の新設及び以降の議論状況

ところが、第二次世界大戦終戦後、昭和二二年（一九四七年）の改正（昭和二二年法律第一二四号）により新設された刑法三四条の二は、前述の通り、刑の消滅までの期間が假案と同じであるものの、假案が禁錮以上の刑に処せられないことを要件としているのに対して、罰金以上の刑に処せられないことを刑の消滅の要件としており、假

案に比べて刑の消滅の要件が厳しいものとされた。また、裁判上の復権を導入する提案についても、前科登録の抹消の提案についても、刑法改正の際には採用されなかった。

改正刑法草案の審議に先立って作られた刑法改正準備草案は、「禁固以上の刑の執行を終り、又はその執行の免除を得た者が、禁固以上の刑に処せられることなく一〇年を経過したときは、刑の言渡は、効力を失う。罰金以下の刑の執行を終り、又はその執行の免除を得た者が禁固以上の刑に処せられることなく五年を経過したときも、同じである」（同草案一〇八条一項）、「刑の免除の言渡を受けた者が、その言渡の確定した後、禁固以上の刑に処せられることなく二年を経過したときは、刑の免除の言渡は、効力を失う」とした（同草案一〇八条二項）。

このように、禁固以上の刑に処せられないことを刑の消滅の要件とすることは寛大な復権を認めるものであるとの疑問も呈せられたが[165]、過失犯など軽微事犯の罰金によって刑の消滅が認められない事態は妥当でないと考えられ[166]、假案に倣って、罰金刑の言渡しを受けたとしても刑の消滅に影響しないとされた。刑の消滅までの期間は、假案と同じとされていたが、この時期になると、その期間が長すぎることが強く批判されるようになった[167]。

そして、ここでもまた、裁判上の復権を導入するという提案も、前科登録の抹消の提案も採用されなかった[168]。この時期になると、とりわけ前者については、裁判所における手続の過程で刑余者が刑余者であることを明らかにせざるを得ず、かえって社会復帰を困難にすることになってしまうとの反対が有力となっていた[169]。

昭和四九年（一九七四年）に法制審議会で決議された改正刑法草案は、刑の執行を終えた者に対して刑の言渡しに伴う資格制限などの効果をできる限り早く消滅させることによって社会復帰を促進させようと[170]、三年以下の懲役若しくは禁固又は罰金の刑の消滅までの期間を短縮した。すなわち、「三年を超える禁固もしくはこれより重い刑の執行を終り、又はその執行を免除された者が、禁固以上の刑に処せられることなく一〇年を経過したときは、刑の言渡は、効力を失う。三年以下の懲役もしくは禁固の執行を終り、又はその執行を免除された者が、禁固以上の刑に処せられることなく五年を経過したときも同じである」（同草案九六条一項）、「罰金以下の刑の執行を終り、又はその執行の免除された者が、禁固以上の刑に処せられることなく三年を経過したときも、前項と同じである」（同草案九六条二項）、「刑の免除の言渡を受けた者が、その言渡の確定後、禁固以上の刑に処せられることなく二年を経過したときは、刑の免除の言渡は、その効力を失う」とした（同草案九六条三項）。

また、同草案は、従前の議論を踏まえて、裁判上の復権を採用せず、有罪の言渡しに伴って資格制限を任意的に排除することを認めた。「裁判所は、刑の執行猶予を言い渡す場合において、必要と認めるときは、刑に処せられた者に対する人の資格制限に関する法令の適用を排除する旨の言渡しをすることができる」と規定したのである（同草案七〇条）。

以上のように、第二次世界大戦終戦後の議論は、刑余者が被る社会生活における事実上の不利益を意識しつつも、刑余者が被る法律上の不利益をいかに解消するかという点に限定するものがほとんどであった[171]。中には、社会生活における事実上の不利益を解消するために、法律上、刑の言渡しの効力を失わせ、犯罪人名簿から前科を抹消すれば足りるとする意見も散見できるほどであった[172]。

社会生活における事実上の不利益の解消を目指そうとする数少ない見解にあっても、前科が封印されないことを前提に、前科があることを理由に就労が制約されてはならないという主張であって[173]、前科を封印して刑余者が社会生活における事実上の不利益を被ることを回避しようとするものではなかった。

四、小括

前述のように、我が国の前科や犯歴事務の関心は、資格制限という刑余者が被る法律上の不利益にのみ向けられており、刑余者がその前科を知られることによって被る社会生活における事実上の不利益を解消しようとするものではない。このような傾向は、とりわけ第二次世界大戦終戦後に顕著である。

もっとも、明治以降、問題関心がこのように限定されていたわけではない。既に見たように、現行刑法施行後、第二次世界大戦終戦前には、刑余者が受けるあらゆる不利益を取り除くべきとし、資格制限という法律上の不利益に限らず、むしろ社会生活における事実上の不利益の減殺を目指そうとする主張がなされた。このような議論を受けて、刑法改正假案において前科登録の抹消が提案されている。

刑余者が被る社会生活における事実上の不利益に鑑みれば、そうした不利益の減殺を目指そうとする方向性は、今日に至ってもその価値を全く減じておらず、その価値は次節で述べる社会状況の変化を踏まえれば、むしろ増していると言ってよい。

それでは、刑余者が被る社会生活における事実上の不利益を減殺し、罰金刑の適用拡大の足枷とならないようにするためにはどのようにすればよいか。節を改めて検討することとしたい。

第五節　前科の封印による罰金刑の適用拡大の促進

刑余者が被る社会生活における事実上の不利益を減殺するためには、刑の消滅などの制度を充実させるだけでは不十分である。なぜなら、刑余者が資格制限によって就労できなくなるという事態は刑余者が被る社会生活における事実上の不利益のうちごく一部にすぎないためである。また、前科を理由に社会生活において事実上不利益な取扱いをしてはならないと定めることも、実効性を欠くこと甚だしいと思われる。

社会生活における事実上の不利益を減殺するためには、ニュージーランドのように、一定の要件を満たした場合、日常生活において前科を封印することが望ましい。すなわち、刑余者が犯罪を行なったこと及び刑罰を賦科されたことを封印して前科がないと回答することを認め、他の者がかかる封印を無視して前科について尋ねることを犯罪とし、禁止することが妥当である。

問題となるのは、どのような要件で前科の封印を認めるかである。とりわけ犯罪又は刑罰の重大性に関する要件をいかに設定するかが問題となる。

この点、ニュージーランドのように、重大な犯罪を惹起した場合や重い刑罰が賦科された場合に前科の封印を認めないとすると、懲役刑の服役を終えた犯罪者の社会復帰が困難なままとなってしまって妥当でなく、犯罪や刑罰が重大な場合であっても、前科の封印を認めるべきとする見解も考えられ、争いがあろう。

他方、罰金刑については、前科の封印を認めることにおそらく異論はほとんどないものと思われる。

それゆえ、我が国でも、まずは罰金刑に関して前科の封印を認めることとし、国民の理解を得ながら、封印の対象を順次拡大することが望ましい。このように、罰金刑に関する前科の封印を認めることによって、罰金刑の適用領域をおよそ全ての罪種に拡大することの足枷となることを回避できるであろう。

ここで、罰金刑に関する前科の封印を実効あらしめ、罰金刑を賦科された者に不相当に大きい社会生活における事実上の不利益を被らせることを避けるために喫緊に取り組むべき問題がある。それは、軽微事犯に関する実名報道である。

我が国においては、実名報道が広く行なわれており、軽微事犯についても実名が報道されることが少なくない。このような報道による社会的制裁は決して小さなものではなく、いったん実名で報道されれば、就学、就業、結婚、その他の日常生活に多大な影響を及ぼす。とりわけ、近時、インターネットの普及により、この影響は相当大きなものとなっている。すなわち、従来であれば、新聞の社会面や地方版に小さく掲載されるだけであった事件の記事がインターネットで公開されることによって数多くのサイトに転載され、元の記事が時間の経過により削除された後であっても、転載先のサイトで公開され続けるという事態が多数発生している。そのため、罰金刑が賦科されてその支払が済み、既に一定の時間が経過した事件についても、検索サイト等で氏名の検索を行うことにより、大まかではあるものの、その者の前科の有無を誰でもたやすく調査できる状況がある。加えて、全ての軽微事犯の記事がインターネットで公開されるわけではなく、公開されるかどうかは、検挙や判決の際の重要なニュースの量などに依存している。統一的な基準で公開されているわけではないために、公平性を欠くこと甚だしいという問題もある。

確かに、報道の自由は表現の自由（憲法二一条一項）から導き出される崇高な憲法上の権利であり、知る権利の保障の観点からも尊重されなければならない。しかし、軽微事犯の実名報道については、特にインターネットが普及した今日にあっては、得られる利益よりも犯罪者が被る不利益のほうが格段に大きく、その必要性は極めて疑わしい。そして、罰金刑に関する前科の封印を不可能にし、罰金刑を賦科された者に不相当に大きい社会生活における事実上の不利益を被らせることになる。

それゆえ、軽微事犯に関する実名報道を罰金刑に関する前科の封印と合わせて禁止する必要がある。このようにして、罰金刑に関する前科の封印を実効あらしめ、罰金刑を賦科された者に不相当に大きい社会生活における事実上の不利益を被らせることを避け、罰金刑の適用拡大を図るべきである。

（1） Goff, P., *Clean Slate Act to help 500,000 Kiwis* (*press release about the commencement of the legislation*), 25 November, 2004.
（2） Goff, *supra* note 1. 例えば、一五歳のときに軽微な犯罪を行なった高齢女性から今でも犯罪者であるとレッテルを貼られている感覚を持っているとの感想や、一七歳のときに軽微な窃盗を行った男性が五五年間犯罪者であるとのスティグマを経験してきたとの声が司法省に寄せられている。
（3） 2004 No 36; s. 1 of Criminal Records（Clean Slate）Act 2004.
（4） s. 3 (1) of Criminal Records（Clean Slate）Act 2004. See s. 3 (3) of Criminal Records（Clean Slate）Act 2004.
（5） s. 4 "individuals" of Criminal Records（Clean Slate）Act 2004.
（6） s. 7 (1) (a) of Criminal Records（Clean Slate）Act 2004.
（7） s. 4 "offence" of Criminal Records（Clean Slate）Act 2004.
（8） 1971 No 53.
（9） s. 4 "conviction" of Criminal Records（Clean Slate）Act 2004. 通常裁判所において有罪認定された交通事犯は含まれる。
（10） s. 4 "sentence" of Criminal Records（Clean Slate）Act 2004.
（11） s. 4 "specified order" (a) of Criminal Records（Clean Slate）Act 2004; s. 108 of Sentencing Act 2002 (2002 No 9); s. 347 of Crimes Act 1961 (1961 No 43) etc.
（12） s. 4 "specified order" (b) of Criminal Records（Clean Slate）Act 2004; s. 110 of Sentencing Act 2002 etc.
（13） s. 4 "specified order" (c) of Criminal Records（Clean Slate）Act 2004; s. 112 of Sentencing Act 2002 etc.

(14) s. 4 "specified order" (d) of Criminal Records (Clean Slate) Act 2004; s. 124 of Sentencing Act 2002 etc.
(15) s. 4 "specified order" (e) of Criminal Records (Clean Slate) Act 2004; s. 128 of Sentencing Act 2002 etc.
(16) s. 4 "specified order" (f) of Criminal Records (Clean Slate) Act 2004.
(17) s. 4 "rehabilitation period" of Criminal Records (Clean Slate) Act 2004.
(18) Goff, *supra* note 1.
(19) Goff, *supra* note 1.
(20) s. 7 (1) (b) of Criminal Records (Clean Slate) Act 2004.
(21) 不定期刑については、拙稿「ニュージーランドの不定期刑」関法五八巻一号（二〇〇八）九二頁以下参照。
(22) s. 4 "custodial sentence" of Criminal Records (Clean Slate) Act 2004. 二〇〇二年量刑法（Sentencing Act 2002; 2002 No 9）以前の同種刑事制裁を含む。
(23) 詳細については、第六章参照。
(24) 詳細については、第二章参照。
(25) s. 4 "non-custodial sentence", "community-based sentence" of Criminal Records (Clean Slate) Act 2004; ss. 4 "community-based sentence", 44 of Sentencing Act 2002 etc.
(26) *Re Owen* [*2005*] *2 NZLR 536*.
(27) Goff, *supra* note 1.
(28) Goff, *supra* note 1.
(29) s. 7 (1) (c) of Criminal Records (Clean Slate) Act 2004; s. 34 (1) (b) of the Criminal Procedure (Mentally Impaired Persons) Act 2003 (2003 No 115); Mental Health (Compulsory Assessment and Treatment) Act 1992 (1992 No 46); Intellectual Disability (Compulsory Care and Rehabilitation) Act 2003 (2003 No 116).
(30) s. 7 (1) (d) of Criminal Records (Clean Slate) Act 2004.

(31) s. 4 "specified offence" (a) of Criminal Records (Clean Slate) Act 2004; ss. 130, 131B (1), 144C, 204A, 204B of Crimes Act 19 No 61.

(32) 2005 No 41.

(33) s. 4 "specified offence" (b) of Criminal Records (Clean Slate) Act 2004; ss. 131, 132, 134, 138, 144A of Crimes Act 1961.

(34) s. 4 "specified offence" (c) of Criminal Records (Clean Slate) Act 2004; ss. 131–134, 138–140A, 142, 144A of Crimes Act 1961 (before the commencement of the Crimes Amendment Act 2005; repealed).

(35) s. 4 "specified offence" (d) of Criminal Records (Clean Slate) Act 2004; ss. 153–155, 208, 211, 213–218 of Crimes Act 1908 (1908 No 32) (repealed).

(36) s. 4 "specified offence" (e)–(g) of Criminal Records (Clean Slate) Act 2004.

(37) s. 7 (1) (e) of Criminal Records (Clean Slate) Act 2004.

(38) ss. 106, 108, 110 of Sentencing Act 2002.

(39) s. 7 (1) (f) of Criminal Records (Clean Slate) Act 2004.

(40) s. 7 (1) (g), (2) of Criminal Records (Clean Slate) Act 2004 of Criminal Records (Clean Slate) Act 2004; ss. 65, 100 of Land Transport Act 1998; ss. 30A, 30C of Land Transport Act 1962 (repealed).

(41) s. 8 (1) of Criminal Records (Clean Slate) Act 2004.

(42) s. 8 (2) of Criminal Records (Clean Slate) Act 2004.

(43) s. 9 of Criminal Records (Clean Slate) Act 2004.

(44) s. 9 (2) of Criminal Records (Clean Slate) Act 2004.

(45) s. 10 of Criminal Records (Clean Slate) Act 2004.

(46) s. 10 (2) of Criminal Records (Clean Slate) Act 2004.

(47) s. 10 (5) of Criminal Records (Clean Slate) Act 2004.

(48) s. 10 (6) of Criminal Records (Clean Slate) Act 2004.

(49) s. 10 (8) of Criminal Records (Clean Slate) Act 2004.

(50) s. 10 (3), (4) of Criminal Records (Clean Slate) Act 2004.

(51) s. 10 (5), (6), (8) of Criminal Records (Clean Slate) Act 2004.

(52) *Re Owen [2005] 2 NZLR 536.*

(53) s. 12 (1) of Criminal Records (Clean Slate) Act 2004.

(54) s. 12 (2) of Criminal Records (Clean Slate) Act 2004.

(55) s. 12 (3) of Criminal Records (Clean Slate) Act 2004.

(56) s. 12 (4) of Criminal Records (Clean Slate) Act 2004.

(57) s. 12 (5) of Criminal Records (Clean Slate) Act 2004.

(58) s. 11 (1) (a) of Criminal Records (Clean Slate) Act 2004.

(59) s. 11 (1) (b) of Criminal Records (Clean Slate) Act 2004.

(60) s. 11 (2) of Criminal Records (Clean Slate) Act 2004.

(61) s. 3 of Legal Services Act 2000.

(62) 2000 No 42.

(63) s. 23 of Criminal Records (Clean Slate) Act 2004.

(64) ss. 3 (2) (a), 4 "Clean Slate Scheme" (a), 14 (1), (2), (4) of Criminal Records (Clean Slate) Act 2004. See s. 19 of Criminal Records (Clean Slate) Act 2004.

(65) s. 4 "criminal record" (a) of Criminal Records (Clean Slate) Act 2004.

(66) ニュージーランドでは、第五章で紹介したように、道路交通関係以外に対しても反則金が賦科されている。

(67) http://www.justice.govt.nz/services/get-a-copy-of-your-criminal-record.

(68) 1993 No 28.

(69) ss. 6 "Principle 6", 33 (b) Privacy Act 1993. 記録に誤りがある場合、一九九三年プライヴァシー法に基づき、訂正を求めることができる。ss. 6 "Principle 7", 33 of (c) Privacy Act 1993.

(70) s. 14 (3) (b) of Criminal Records (Clean Slate) Act 2004.

(71) s. 14 (3) (a) of Criminal Records (Clean Slate) Act 2004.

(72) s. 21 (1), (3) of Criminal Records (Clean Slate) Act 2004.

(73) s. 18 (1) (a), (2) of Criminal Records (Clean Slate) Act 2004.

(74) ss. 3 (2) (b), 4 "Clean Slate Scheme" (b), 14 (4) of Criminal Records (Clean Slate) Act 2004. See s. 19 of Criminal Records (Clean Slate) Act 2004.

(75) s. 4 "criminal record" (b) of Criminal Records (Clean Slate) Act 2004.

(76) s. 4 "law enforcement agency" of Criminal Records (Clean Slate) Act 2004; Schedule 5 of Privacy Act 1993 (1993 No 28).

(77) ss. 15, 16 of Criminal Records (Clean Slate) Act 2004. See s. 19 of Criminal Records (Clean Slate) Act 2004.

(78) s. 15 (2) of Criminal Records (Clean Slate) Act 2004.

(79) s. 18 (1) (b), (2) of Criminal Records (Clean Slate) Act 2004.

(80) s. 17 of Criminal Records (Clean Slate) Act 2004.

(81) s. 13 (1), (2) of Criminal Records (Clean Slate) Act 2004.

(82) s. 13 (3) of Criminal Records (Clean Slate) Act 2004.

(83) s. 13 (4) of Criminal Records (Clean Slate) Act 2004.

(84) s. 19 (1), (3) of Criminal Records (Clean Slate) Act 2004.

(85) s. 19 (2), (3) of Criminal Records (Clean Slate) Act 2004.
(86) s. 20 (1) of Criminal Records (Clean Slate) Act 2004.
(87) s. 20 (2) of Criminal Records (Clean Slate) Act 2004.
(88) s. 19 (3) (a) of Criminal Records (Clean Slate) Act 2004.
(89) s. 19 (3) (b) of Criminal Records (Clean Slate) Act 2004.
(90) s. 23 (1) of Arms Act 1983. See s. 2 of Arms Act 1983.
(91) 1983 No 44.
(92) s. 19 (3) (c) of Criminal Records (Clean Slate) Act 2004.
(93) s. 19 (3) (d) of Criminal Records (Clean Slate) Act 2004.
(94) s. 19 (3) (e) of Criminal Records (Clean Slate) Act 2004. 幼児又は青少年の教育の実施について支配的でない役割であるときは除かれる。
(95) 1989 No 21.
(96) ss. 101–109 of Children, Young Persons, and Their Families Act 1989.
(97) s. 19 (3) (f) of Criminal Records (Clean Slate) Act 2004; ss. 15, 17 of Children, Young Persons, and Their Families Act 1989.
(98) ss. 20–38 of Children, Young Persons, and Their Families Act 1989.
(99) ss. 67–73 of Children, Young Persons, and Their Families Act 1989.
(100) s. 19 (3) (g) of Criminal Records (Clean Slate) Act 2004.
(101) s. 2 of Criminal Records (Clean Slate) Act 2004.
(102) SR 2004/377.
(103) http://www.justice.govt.nz/services/criminal-records/about-the-criminal-records-clean-slate-act-2004.

(104) ss. 6 (1), 24 of Criminal Records (Clean Slate) Act 2004.
(105) s. 6 (2) of Criminal Records (Clean Slate) Act 2004.
(106) 冨永康雄『前科登録と犯歴事務　四訂版』（日本加除出版、二〇一二）二頁。
(107) 中野次雄「恩赦制度の運用と刑事政策」ジュリ九三四号（一九八九）四四頁以下、四九頁、原一馬『日本の恩赦と前科抹消』（財団法人佐賀県更生保護協会、一九九五）一五五頁、冨永・前掲注（106）四頁。
(108) 資格制限法令をまとめたものとして、冨永・前掲注（106）二五〇頁以下。
(109) 冨永・前掲注（106）五頁。
(110) 拘留、科料、刑の免除についても、以前は資格制限がなされることがあったものの、極めて少なかったため、市区町村長への通知はなされてこなかった。冨永・前掲注（106）四六頁。現在、拘留、科料、刑の免除について、資格制限がなされる規定は見当たらない。
(111) 昭和五九年四月二六日法務省刑総訓第三二九号訓令。
(112) 少年の犯歴の扱いについては、冨永・前掲注（106）八五頁以下参照。
(113) 冨永・前掲注（106）一七、二二、四六―四七頁。
(114) 冨永・前掲注（106）二六頁。
(115) 冨永・前掲注（106）二六―二七頁。
(116) 冨永・前掲注（106）一五六―一五七頁。
(117) 冨永・前掲注（106）一七、二六―二七頁。道交法違反及び保管場所法違反の犯歴を把握する必要が明記されていない場合、これらの犯歴が法令上の欠格事由となることはごく稀であるため、調査及び回答はなされない。同二七頁。
(118) 詳しくは、冨永・前掲注（106）三三―三五頁。
(119) 冨永・前掲注（106）三五頁。
(120) 団藤重光編『注釈刑法（一）　総則（一）　§§一～三四の二』（有斐閣、一九六四）二四九頁［所一彦］、冨永・前

掲注（106）一三〇―一三二頁、大塚仁ほか編『大コンメンタール刑法　第一巻（序論・一条～三四条の二）第二版』（青林書院、二〇〇四）七〇三頁［栗田啓二ほか］、西田典之ほか編『注釈刑法第一巻　総論　§§一～七二』（有斐閣、二〇一〇）二五三頁［佐藤隆之］。

(121) 団藤編・前掲注（120）二四八頁［所］、大塚ほか編・前掲注（120）七一〇頁［栗田ほか］、西田ほか編・前掲注（120）二五三、二五七頁［佐藤］。

(122) 西田ほか編・前掲注（120）二五七頁［佐藤］。

(123) 団藤編・前掲注（120）二五一頁［所］、大塚ほか編・前掲注（120）七一一頁［栗田ほか］、西田ほか編・前掲注（120）二五七頁［佐藤］。

(124) 団藤編・前掲注（120）二五一頁［所］、冨永・前掲注（106）二、一三五―一三六頁、大塚ほか編・前掲注（120）七一一―七一二頁［栗田ほか］、西田ほか編・前掲注（120）二五七頁［佐藤］。

(125) 本条により刑の言渡しが法律上効力を失った場合であっても、公判廷において審問することができるとするものとして、最判昭二五年五月三〇日刑集四巻五号八八九頁、量刑判断の資料とすることができるとするものとして、最判昭二九年三月一一日刑集八巻三号二七〇頁（但し、真野毅裁判官の反対意見がある）。

(126) 団藤編・前掲注（120）二二四頁［藤木英雄］。

(127) 団藤編・前掲注（120）二二四頁［藤木］、大塚ほか編・前掲注（120）六四三頁［豊田健］、西田ほか編・前掲注（120）二一三―二一四頁［金光旭］。

(128) 団藤編・前掲注（120）二二四―二二五頁［藤木］、冨永・前掲注（106）二頁、大塚ほか編・前掲注（120）六四三―六四八頁［豊田］、西田ほか編・前掲注（120）二一四頁［金］。

(129) 本条により刑の執行猶予の言渡しが法律上効力を失った場合であっても、量刑判断の資料とすることができるとするものとして、最判昭三三年五月一日刑集一二巻七号一二九三頁、刑の執行猶予の言渡しの対象となっていた犯罪の前後にまたがる数罪の併合罪関係を否定しないとするものとして、最判昭四五年九月二九日刑集二四巻一〇号一四二一頁。

(130) 団藤重光ほか『新版少年法〔第二版〕』(有斐閣、一九八四)四三〇頁、田宮裕編『少年法逐条解説』(有斐閣、一九八六)二九五頁、田宮裕ほか編『注釈少年法　第三版』(有斐閣、二〇〇九)四八四頁。

(131) 田宮裕ほか編・前掲注(130)四八四—四八五頁。もちろん、刑法三四条の二、二七条の要件を満たせば、各条の効果が発生する。

(132) 田宮裕ほか編・前掲注(130)四八四—四八五頁。

(133) 原・前掲注(107)九〇頁。

(134) 原・前掲注(107)九六—九七頁、富永・前掲注(106)一五四—一五五頁。

(135) 井上操『刑法述義　第一編』(岡島竇文舘、一八八三)四一八、四二四—四二六、四七二丁、ボアソナード述「刑法草案註《ママ》解第一」『刑法草按註解』(元老院、一八八四)一二四丁、宮城浩藏『刑法講義　第一巻　四版』(明治法律學校、一八八七)二六六、二八五丁。

(136) 井上操・前掲注(135)四一八丁、ボアソナード・前掲注(135)一二四丁。

(137) 井上操・前掲注(135)四一七丁参照、宮城・前掲注(135)二六六丁。

(138) 参政権を言うとする見解が支配的であった。堀田正忠『刑法釋義　第壹篇』(瀛開社、一八八四)二八七丁、井上操・前掲注(135)四三一—四三四丁、宮城・前掲注(135)二七〇丁、富井政章『刑法論綱』(岡島竇文舘、一八八九)三二五丁、磯部四郎『改正増補刑法講義　上巻』(八尾書店、一八九三)五五四丁、井上正一『訂正日本刑法講義　再版』(明法堂、一八九三)三七五丁、江木衷『現行刑法原論　再版』(有斐閣書房、一八九四)一六八丁、野中勝良『刑法彙論』(明法堂、一八九七)一一二丁、龜山貞義『刑法講義　巻之一』(講法會、一八九八)二五五丁。

(139) 公権の中で最も重要とされていた。堀田・前掲注(138)二九〇丁。反対、江木・前掲注(138)一六九丁。

(140) 勲章とは、一等から八等に至る大小の綬章、従軍記章、褒賞を言う。年金とは、文武の官吏の功労に対して毎年下賜される金員を言う。位記とは、正一位から従九位に至る位階の叙任の際に記して下賜する書状を言う(明治二〇年勅令第一〇号により、正一位から従八位までとされた）。貴号とは、皇族、華族及び士族を言い、剥奪される対象となるのは、華族及び士族のみである。恩給とは、陸海軍人や官吏に対して下賜される金員を言う。堀田・前掲注（138）二九四―二九五丁、井上操・前掲注（135）四四〇―四四一丁、宮城・前掲注（135）二七三―二七五丁、磯部・前掲注（138）五五八―五六〇丁、井上正一・前掲注（138）三七八―三七九丁、江木・前掲注（138）一七〇―一七一丁、野中・前掲注（138）一一五―一一六丁、龜山・前掲注（138）二五六丁。

（141）外国の勲章は、外国の政府が授与するものであるため、日本政府が当該勲章を剥奪することはできず、勲章の佩用を禁ずることができるのみであった。井上操・前掲注（135）四四六―四四七丁、ボアソナード・前掲注（135）一三〇丁、堀田・前掲注（138）三〇五―三〇六丁、宮城・前掲注（135）二七五丁、富井・前掲注（138）三二七丁、磯部・前掲注（138）五六〇丁、井上正一・前掲注（138）三七九―三八〇丁、江木・前掲注（138）一七〇―一七一丁、野中・前掲注（138）一一五―一一六丁、龜山・前掲注（138）二五八丁。

（142）兵籍に入ることは義務性と権利性が併存すると考えられていた。井上操・前掲注（135）四四七―四四八丁、ボアソナード・前掲注（135）一三二丁、宮城・前掲注（135）二七五丁、富井・前掲注（138）三三八丁、磯部・前掲注（138）五六一丁、井上正一・前掲注（138）三八〇―三八一丁、龜山・前掲注（138）二五八―二五九丁。

（143）立法当時、後見人の制度は、華族及び士族について定められているのみであって、平民についてはその習慣があるにすぎなかった。井上操・前掲注（135）四六一丁、堀田・前掲注（138）三一四―三一五丁。

（144）分散者とは、金銭の支払をできなくなってその家の資産が分散したとされた商人のことを言い、フランス商法に規定されていたものの、立法当時の我が国では規定されていなかった破産者に関する概念であった。井上操・前掲注（135）四六四丁、堀田・前掲注（138）三一七丁、龜山・前掲注（138）二六一丁。

（145）磯部・前掲注（138）五五一丁、江木・前掲注（138）一六七丁、龜山・前掲注（138）二六二―二六三丁。

（146）堀田・前掲注（138）二八一丁。

（147）富井・前掲注（138）三二四―三二五丁、磯部・前掲注（138）五四八丁、井上正一・前掲注（138）三七一丁、江木・

前掲注（138）一六六丁、野中・前掲注（138）一〇九丁。

（148）井上操・前掲注（135）四八二丁。

（149）服役中に売買等を行なえば、快楽を得ることができ、刑罰による苦痛を減殺してしまうことから規定されていたとするものとして、堀田・前掲注（138）三三六丁、龜山・前掲注（138）二七〇―二七一丁。また、刑務所職員への賄賂を用意して逃走に役立てることなどを引き起こしかねないことからも規定されていたとするものとして、井上操・前掲注（135）四八三丁。両者の理由から規定されていたとするものとして、宮城・前掲注（135）二九一―二九二丁、富井・前掲注（138）三三二―三三三丁、磯部・前掲注（138）五九四―五九五丁、井上正一・前掲注（138）三九三丁、野中・前掲注（138）一三一―一三二丁。

（150）井上操・前掲注（135）七五四丁。

（151）期満免除は現在の刑の時効に類似するものである。旧刑法五八条以下参照。

（152）井上操・前掲注（135）七五五丁、宮城・前掲注（135）四二五―四二六丁、井上正一・前掲注（138）三七二丁。

（153）宮城・前掲注（135）四三一―四三二丁、富井・前掲注（138）四四三―四四四丁、江木・前掲注（138）二七〇―二七一丁、龜山・前掲注（138）三三三丁。

（154）泉二新熊『刑事學研究』（集成社、一九二〇）四八四―四八五頁。

（155）堀田・前掲注（138）二八二丁参照。賦科される者の職業や地位によって、自由刑よりも大きな苦痛をもたらす場合もある一方、全く苦痛をもたらさない場合もあることが指摘されていた。井上操・前掲注（135）四一八―四二二丁、堀田・同二八二―二八五丁、野中・前掲注（138）一一一丁参照。

（156）岡坂吉朗「復権史素描」更生保護三七巻二号（二〇〇四）二三頁以下、二五―二八頁。

（157）泉二・前掲注（154）四八五頁。

（158）詳しくは、岡坂・前掲注（156）二七―三〇頁。

（159）大場茂馬『最近刑事政策根本問題』（三書樓、一九〇九）六六―七二頁。

(160) 大場・前掲注(159)七一―七三頁。
(161) 泉二・前掲注(154)四七一頁以下。
(162) 泉二・前掲注(154)一七頁以下。
(163) 正木亮『刑法と刑事政策　増訂初版』(有斐閣、一九六八)一八六頁以下。
(164) 假案は、「資格ヲ喪失シ又ハ停止セラレタル者其ノ喪失又ハ停止ト同時ニ禁錮以上ノ刑ニ処セラレタル場合ニ於テハ其ノ執行ヲ終リ又ハ其ノ執行ヲ受クルコトナキニ至リタル日ヨリ前二條ノ期間ヲ起算ス」(同案一二三條)、「前三條ノ場合ニ於テハ刑ノ言渡ハ其ノ効力ヲ失フ」としていた(同案一二四條)。
(165) 青柳文雄「法例・時効・刑の消滅」法時三二巻八号(一九六〇)七一頁以下、七七頁。
(166) 臼井滋夫「刑の時効、刑の消滅」ジュリ四〇一号(一九六八)一〇七頁以下、一一〇頁。このような考え方は、改正刑法草案においても踏襲された。法制審議会『改正刑法草案　附　同説明書』(法務省、一九七四)一五九頁。
(167) 内田文昭「刑の消滅」平場安治ほか編『刑法改正の研究一　概論・総則』(東京大学出版会、一九七二)三三五頁以下、三三八頁。このような考え方は、改正刑法草案においても踏襲された。正木・前掲注(163)一九三―一九四頁。
(168) 両提案が採用されなかったことを強く批判するものとして、法制審議会・前掲注(166)一五九頁。
(169) 平野龍一『矯正保護法』(有斐閣、一九六三)一二七頁。森下忠『刑事政策大綱〔新版第二版〕』(成文堂、一九九六)三四一―三四二頁は、裁判所の決定により非公開で審理されること、本人が刑余者であることが発覚しないように調査がなされることを指摘して、こうした反対が失当であるとする。
(170) 法制審議会・前掲注(166)一五九頁。
(171) 例えば、第一六回会議(第二日)議事速記録」『法制審議会刑事法特別部会会議議事速記録』(法務大臣官房司法法制調査部、一九六八)二二三―二三三頁参照。
(172) 中野・前掲注(107)四九―五〇頁。
(173) 福田雅章「犯罪前歴者に対する職業制限を克服するための法理――アメリカ法の展望に関する覚書――」一橋法学

研究一四号（一九八四）七九頁以下。

【著者紹介】

永田 憲史（ながた・けんじ）

略 歴

1976年　三重県生まれ
1999年　京都大学法学部卒業
2001年　京都大学大学院法学研究科民刑事法専攻修士課程修了
　　　　日本学術振興会特別研究員（DC 1）
2004年　日本学術振興会特別研究員（DC 1）任期満了退職
2005年　京都大学大学院法学研究科民刑事法専攻博士課程研究指導認定退学
2005年　関西大学法学部専任講師
2008年　関西大学法学部准教授　（現在に至る）

1998年　司法試験合格

著 書

『死刑選択基準の研究』（関西大学出版部、2010）
『わかりやすい刑罰のはなし―死刑・懲役・罰金―』（関西大学出版部、2012）
『GHQ 文書が語る日本の死刑執行―公文書から迫る絞首刑の実態―』（現代人文社、2013）

財産的刑事制裁の研究
――主に罰金刑と被害弁償命令に焦点を当てて――

A Study of Monetary Criminal Sanctions: Fines and Restitution Orders

2013年10月30日　発行

著　者　永 田 憲 史

発行所　関 西 大 学 出 版 部
〒564-8680 大阪府吹田市山手町3-3-35
TEL 06-6368-1121　FAX 06-6389-5162

印刷所　株式会社 遊 文 舎
〒532-0012 大阪市淀川区木川東4-17-31

ISBN 978-4-87354-568-4 C3032　落丁・乱丁はお取替えいたします。

Chapter 12
Fines in the Japanese Criminal Justice System

1. Punishments in the Japanese Criminal Justice System

The Japanese Penal Code[1] provides for six principal punishments and one additional punishment. The following are the principal punishments, in order of severity from most severe to least severe (§10 (1) Penal Code):

(a) the death penalty (*Shikei*) (§11 Penal Code);

(b) imprisonment with labor (*Chōeki*) (§12 Penal Code);

(c) imprisonment without labor (*Kinko*) (§13 Penal Code);

(d) fines (*Bakkin*) (§15 Penal Code);

(e) petty imprisonment without labor (*Kōryu*) (§16 Penal Code);

(f) petty monetary punishment (*Karyō; Togaryō*) (§17 Penal Code).

The following is an additional punishment:

(g) confiscation (*Bosshū*) (§19 Penal Code).

In 2011, the death penalty, imprisonment with labor, imprisonment without labor, fines, petty imprisonment without labor, and petty monetary punishment of 22; 59,897; 3,229; 365,474; 8; and 2,964 persons, respectively, became final and binding (See Graph 1).

In Japan, the death penalty is still carried out. Hanging at a penal institution (§11 (1) Penal Code), which, in practice, is a detention house (Kōchisho), is the accepted method of execution.

Imprisonments with labor are frequently inflicted in Japan. These sentences are usually between one month and twenty years (§12 (1) Penal Code). However, in aggravated cases, for example, accumulative crimes, the term may be extended to thirty years (§14 (2) Penal Code). When a defendant is sentenced to imprisonment with labor for a period of not more than three years, a court may order a suspension of execution of the sentence, which is suspended for a minimum period of one year, and a

1) 1907 No. 45.

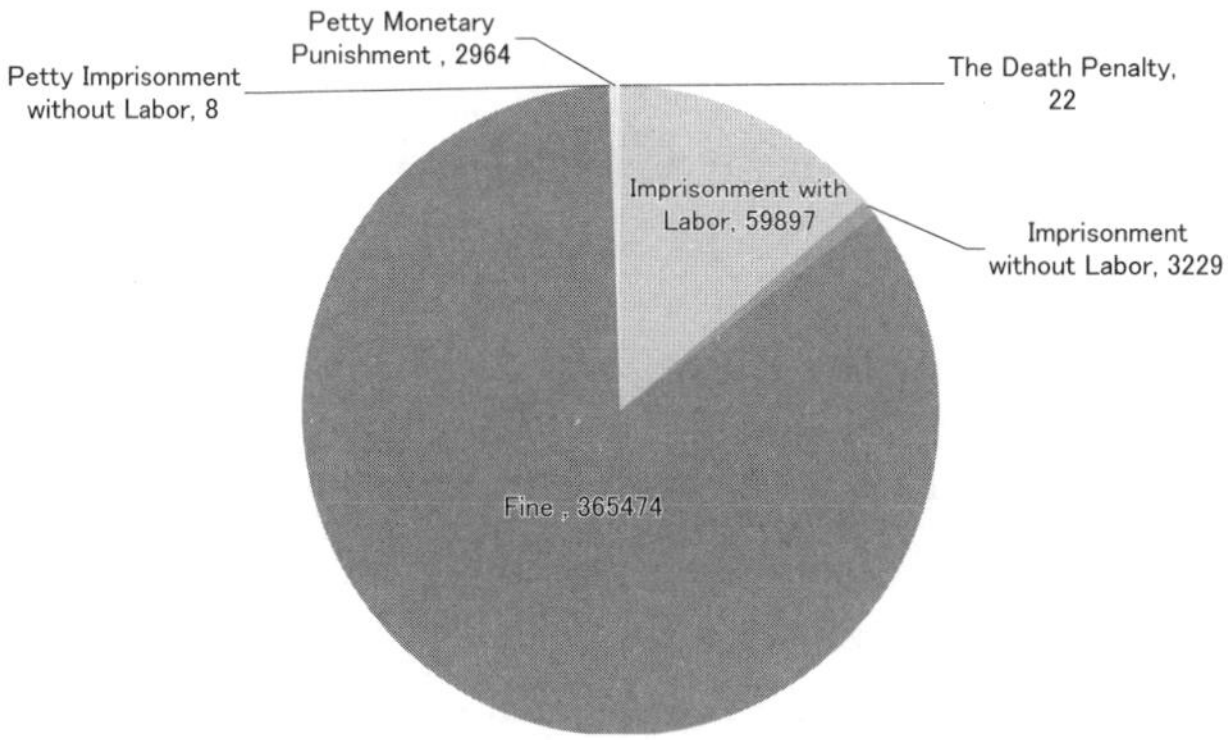

Graph 1: The Sentencing in 2011
Source: Prosecution Annual Statistics

maximum period of five years from the day on which the sentence becomes final and binding (§25 (1) Penal Code). In practice, courts often utilize these kinds of suspensions.

Imprisonments without labor are seldom imposed in Japan. The imprisonments are between one month and twenty years, just as with imprisonments with labor (§13 (1) Penal Code). In the aggravated cases, here, as well, the term may be extended to thirty years (§14 (2) Penal Code), and the regulation regarding suspension of execution of the sentence with imprisonments without labor is equal to imprisonments with labor. Imprisonments without labor are usually imposed with suspensions of execution of the sentence. Those who are sentenced to imprisonments without labor may work if they would like (§93 Act Concerning Penal Detention Facilities and Treatment of Inmates etc.[2]).

Fines are the most frequently inflicted punishments in Japan. In principle, fines are not supposed to be less than 10,000 yen. When an offender is unable to pay in full, he shall be sent to a work house (*Rōekijō*) (§18 Penal Code).

2) 2005 No. 50.

Petty imprisonments without labor and petty monetary punishments are also seldom inflicted in Japan. Petty imprisonments without labor are between one and twenty nine days. Petty monetary punishments range between 1,000 and 9,999 yen.

Courts may not exclusively order confiscations because they are an additional punishment. In practice, courts often order confiscations in addition to imprisonment with labor.

Under Japanese law, probation is not a punishment. Probation may be additionally imposed with suspension of execution of the sentence (§25/2 Penal Code).

Further, Japanese law does not regulate restitution, compensation, and reparation as criminal sanctions.

The Road Traffic Act[3)] provides for traffic infringement fees (Kōtsū-Hansokukin) (§§125-130/2 Road Traffic Act) in lieu of fines. However, traffic infringement fees are not punishments, but administrative dispositions.

Japanese law has not introduced community service orders as a form of punishment. The 2011 Penal Code reform bill intended to add community service as a condition of probation with suspension of execution of the sentence (§25/2 Penal Code).

2. History and the Status Quo of Fines in Japan

Fines are often considered one of the oldest forms of punishment in some countries. However, fines are a much more recent occurrence in Japan, having been adopted for the first time in the former Japanese Penal Code of 1880[4)].

Japanese law has been greatly influenced by Chinese law. Although

3) 1960 No. 105.

4) 1880 No. 36. This Code was not an act passed by the Parliament, but an ordinance by the former Cabinet (*Dajōkan*), established in 1868. There was no Parliament in Japan until 1890.

Chinese law did not introduce fines into law until the nineteenth century, it did allow for compensation to victims. Therefore, both the first ordinance concerning crimes and punishments in 1871 (*Shinritu-Kōryō*) and the second ordinance in 1873 (*Kaitei-Ritsurei*) during the Meiji era, which was considered to be the beginning of modern Japanese society, did not include fines as a form of punishment.

The former Penal Code of 1880, which was modeled after the French Penal Code, imposed fines as punishments against misdemeanors. The 1907 Penal Code, modeled after the German Penal Code, did not distinguish between felonies and misdemeanors. However, fines were primarily reserved for less serious crimes, and courts did not often impose fines before the end of the World War II in 1945.

After the end of the World War II, fines had increased at an accelerated rate due to the augmentation of traffic offenses. Since then, fines have been the most frequently inflicted punishment in Japan (See Graph 2). In 1965, the fines of 4,510,896 persons became final and binding. Most of the offenses were committed in violation of the Road Traffic Act.

Offenses against the Road Traffic Act resulted in a heavy workload for police, public prosecutor's office, and courts. In practice, almost fines were not imposed in ordinary procedures, but in summary proceedings instead (§§461-470 Criminal Procedure Act[5]). Nevertheless, the load was still too heavy. In addition, the relevant authority was apprehensive regarding the fact that since most Japanese people ended up with criminal records due to fines, it became somewhat commonplace; thus, in the process, fines seemed to lose their power of deterrence.

Therefore, in 1967, the legislators reformed the Road Traffic Act and introduced "traffic infringement fees" in lieu of fines. The fees are not punishments, but administrative dispositions imposed by police officers. Due to the introduction of the fees, the number of fines rapidly decreased to 1,567,357 in 1969. However, the number of fines increased again after 1969, with the fines of 2,537,090 persons becoming final and binding in

5) 1948 No. 131.

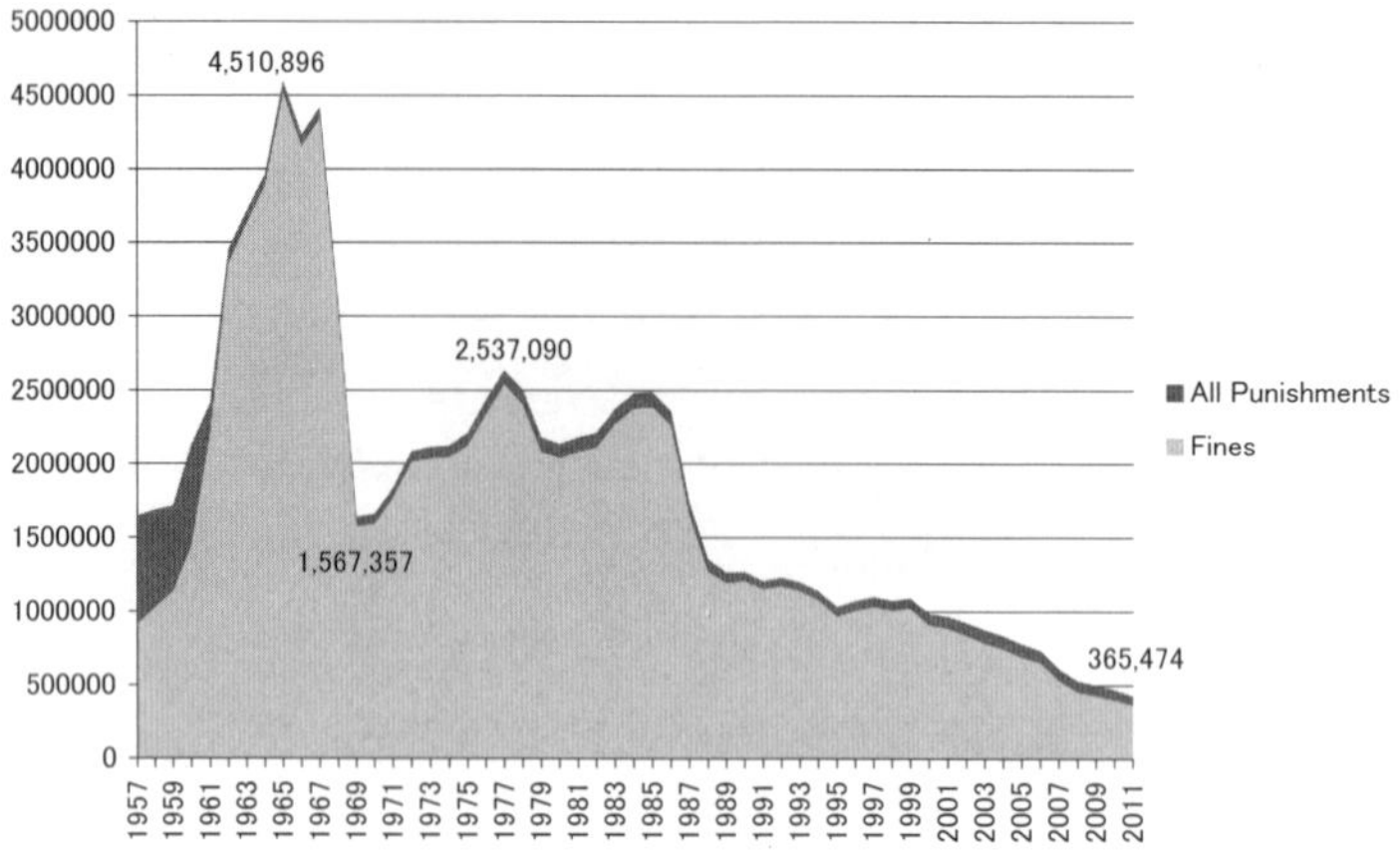

Graph 2: Fines in the Period 1957–2011

*Including ordinary first instance and summary proceeding

Source: Prosecution Annual Statistics

1977.

In 1987, public prosecutor's office decided not to charge persons for causing injury through negligence in driving (former §211 Penal Code[6]) if the injury of the victim is expected to heal in under two weeks. As a result, fines for causing injury through negligence in driving have decreased. In 2011, the fines of 365,474 persons became final and binding. Nevertheless, fines still remain the most frequently inflicted punishment in Japan (See Graph 2).

As mentioned above, all fines are not imposed in ordinary procedures, but in summary proceedings instead. In 2011, courts, via summary proceedings, sentenced 370,724 persons to pay fines, while 2,740 persons were sentenced to pay fines in ordinary procedures (See Graph 3).

6) The Penal Code had categorized causing death or injury through negligence in driving into causing deaths or injuries through negligence in the pursuit of social activities (former §211 Penal Code) before the reform in the Code in 2001 (2001 No. 138).

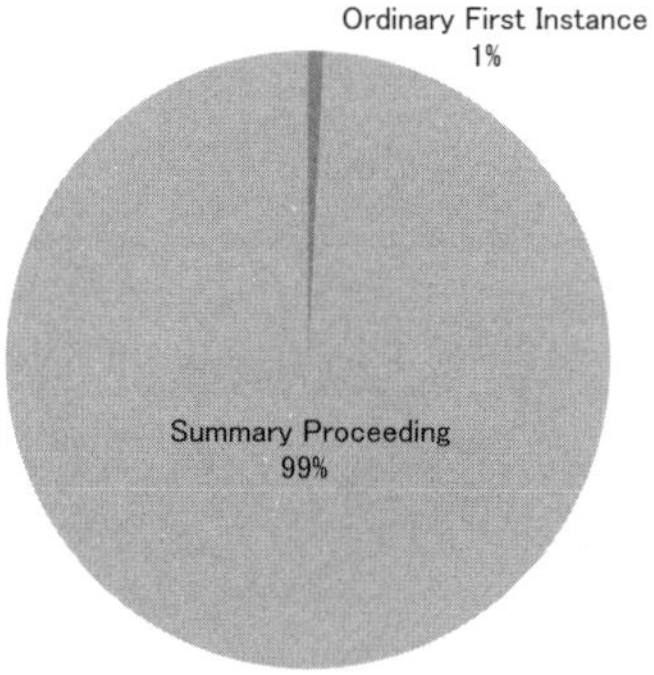

Graph 3: Procedure of Fines in 2011
Source: Judiciary Annual Statistics

A 1999 accident in which an intoxicated truck driver killed two children on the expressway triggered the court to impose the largest fine to date at that point in time. Japanese people paid close attention to the harm caused by drunk driving; in 2001, legislators reformed the Road Traffic Act[7)] in order to increase the statutory penalty on drunk driving to up to 500,000 yen (former §§65 (1), 117/2 No.1 Road Traffic Act) and up to 300,000 yen (former §§65 (1), 117/2/2 No. 1 Road Traffic Act). As a result, the amount of fines has increased since 2001. From 2001 to 2007, courts frequently handed out sentences to pay fines of 500,000 or 300,000 yen for the offense of drunk driving. In 2007, in an attempt to curtail drunk driving, legislators again reformed the Road Traffic Act[8)] to increase the statutory penalty for drunk driving up to 1,000,000 yen (§§65 (1), 117/2 No.1 Road Traffic Act) and up to 500,000 yen (§§65 (1), 117/2/2 No. 1 Road Traffic Act). Since 2007, courts have frequently imposed these higher fines.

According to the 2011 statistics regarding Road Traffic Act offenses and offenses related to the Act Concerning Preparing for Parking for

7) 2001 No. 51.
8) 2007 No. 90.

Automobiles etc.[9], fines imposed on 28; 3,985; 24,845; 13,590; 6,811; 159,680; and 54,984 persons, respectively, were fined minimally 1,000,000 yen; between 500,000 yen and 1,000,000 yen; not less than 300,000 yen but less than 500,000 yen; not less than 200,000 yen but less than 300,000 yen; not less than 100,000 yen but less than 200,000 yen; not less than 50,000 yen but less than 100,000 yen; and less than 50,000 yen, respectively. The statistics concerning all crimes in 2011 show that the fines of 1,003; 17,829; 60,766; 39,564; 35,386; 160,859; and 55,232 persons were fined the abovementioned yen amounts. According to the 2011 statistics, there were two peaks (See Graph 4). One consists of fines between 50,000 and 100,000 yen mainly imposed for relatively small traffic offenses, for example, speeding (§§22, 118 (1) No. 1, (2) Road Traffic Act). The other peak includes fines between 300,000 and 500,000 yen, almost all of which were imposed against drunk drivers.

By the way, Japanese tax law provides that courts may impose fines consisting of the amount equal to the tax evasion. In practice, courts

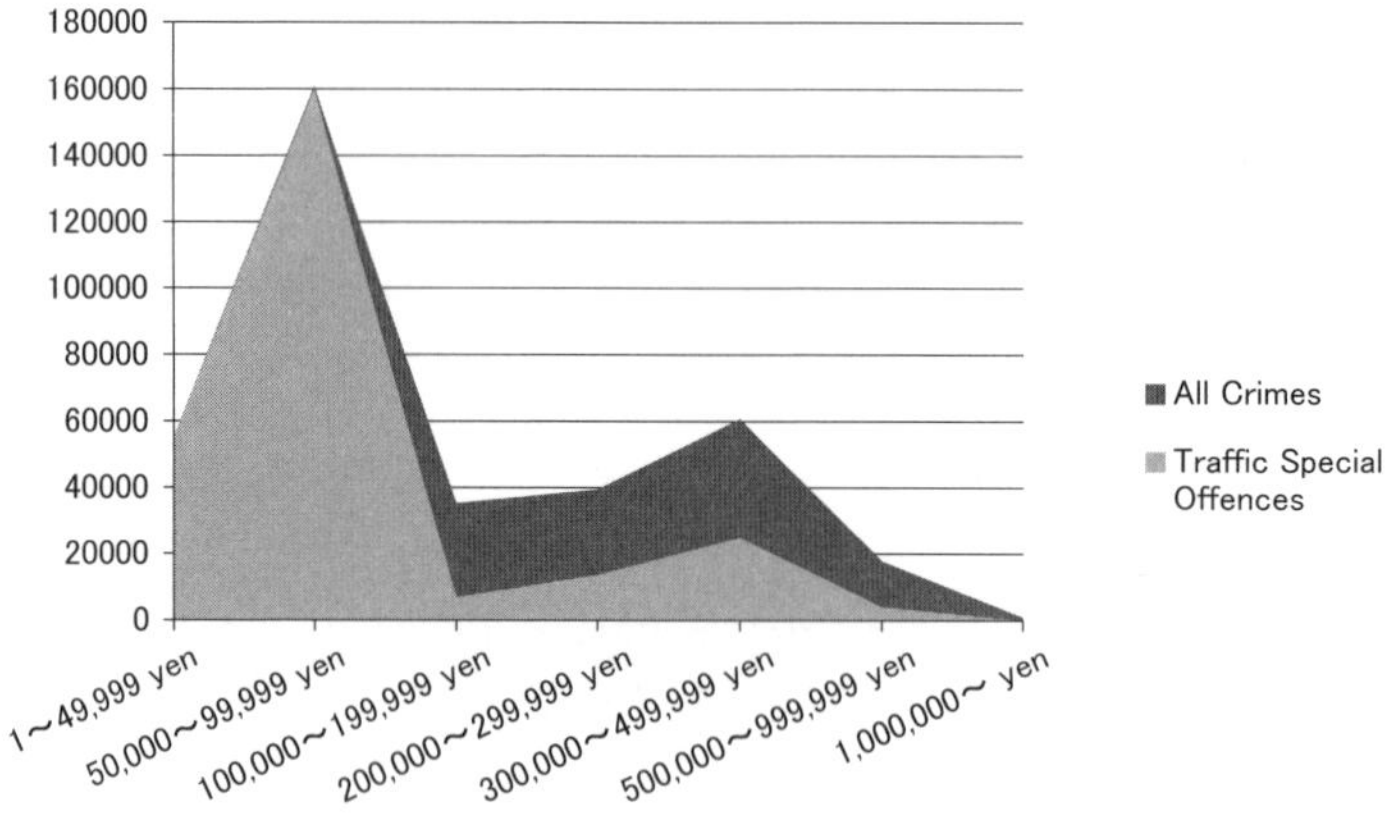

Graph 4: The Amount of Fines in 2011

*Including ordinary first instance and summary proceeding

Source: Judiciary Annual Statistics

9) 1962 No. 145.

occasionally impose fines of a few hundred million yen against tax evaders (for example, §§238 (2), (4), 239 (2), (4), 240 (2) the Income Tax Act[10]), §68 (2), (4) the Accessions Tax Act[11])).

Such high fines have resulted in an increase of work house admittances in lieu of payment.

Until 2006, the Penal Code included only one punishment, which was imprisonment with labor, against thieves, including shoplifters (former §235 Penal Code). In other words, the Penal Code did not provide for fines for thefts. Approximately 100 years ago, legislators acted under the assumption that thieves were unable to pay fines because they were so poor that they were forced to steal and would certainly not be able to afford a fine. Therefore, if a public prosecutor charged a shoplifter with theft, and a court found him guilty, the court could only sentence the offender to imprisonment with labor with or without suspension of the execution of his sentence. However, sentencing a shoplifter to imprisonment with labor, even with suspension of the execution of sentence, was believed to be too severe, so the shoplifter was usually not prosecuted.

The 2006 Penal Code reform[12]) changed this by allowing for courts to impose fines on thieves. The legislators enacted an act that made it possible to impose fines against people, who had been arrested two or three times for theft, particularly shoplifters, but had never been prosecuted. According to the 2011 statistics, fines were imposed against 8,521 who had committed acts of theft.

Even with fines being imposed on a variety of offenses, the majority of the fines are still imposed in relation to traffic offenses (See Graph 5). The fines of 265,103 and 55,442 persons were imposed for violations of the Road Traffic Act and the Act Concerning Preparing for Parking for Automobiles etc., and causing death or injury through negligence in driving (§211 (2) Penal Code), respectively.

10) 1965 No. 33.

11) 1950 No. 73.

12) 2006 No. 36.

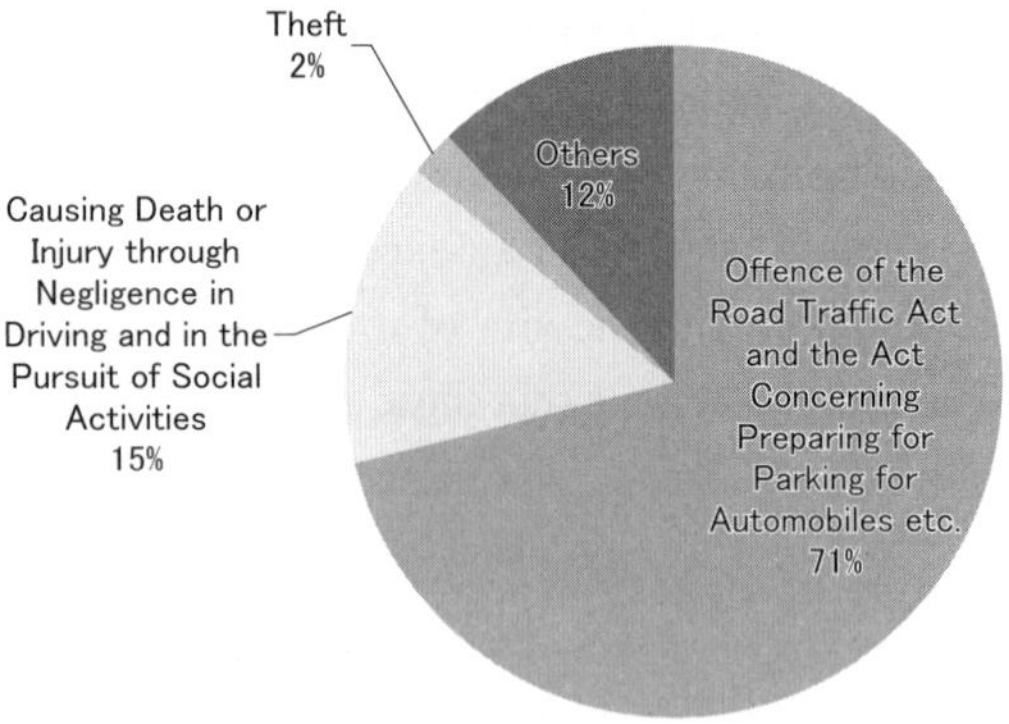

Graph 5: Fines in 2011
*Including ordinary first instance and summary proceeding
Source: Judiciary Annual Statistics

Even so, the total number of imposed fines has decreased, while the amount has increased. We should pay attention to such a change.

3. The Nature of Fines[13)]

Fines are not considered as civil compensation for damages against the state, but as punishments instead. In Japan, most scholars have asserted that since the late nineteenth century, the nature of fines has been a pure punishment. Therefore, even if a non-paying offender dies, the successor is not required to pay the fine on behalf of the deceased. However, the Criminal Procedure Act provides for two exceptions. The first stipulates that the authority may execute on the inherited property, insofar as the fine was imposed against the offense of acts or regulations on taxation or other public impositions or on monopolies (§491 Criminal Procedure Act). The second stipulates that the authority may require the consolidated corporate body, in lieu of the corporate body dissolved in the consolidation body, to

13) Detail: See, Chapter 7 in this book (in Japanese).

pay the fine (§492 Criminal Procedure Act).

However, these exceptions are not appropriate for the nature of punishment. In addition, the Act concerning the Punishment of Executives of the Corporate Body[14] states that an executive of a corporate body who abuses the consolidation with the aim of escaping payment of a fine may be punished. Therefore, I believe that these provisions should be repealed.

4. The Purpose of Fines[15]

There is no provision that defines the purpose of fines in Japanese law. Some scholars insist that the purpose of fines is reformation. However, in practice, unlike imprisonment with or without labor, there is no opportunity to treat those who are sentenced to pay fines. It is difficult to reform offenders when their punishment is to pay fines. Additionally, non-paying offenders cannot be reformed in light of this purpose. Naturally, not all offenders are arrested and punished.

Some scholars assert that the purpose of fines is deterrence. They believe that the higher fine amounts will show the offender that the cost is greater than the benefit. However, higher amount of fines may not be appropriate for substantive due process, because such fines are out of proportion with the crimes. In addition, poor offenders who are unable to pay in full do not recognize that the cost of fines is greater than the benefit. Naturally, not all offenders are arrested and punished.

Other scholars maintain that the purpose of fines is retribution. They believe that the amount of the fine reflects the liability of the offender. However, fines against those who are unable pay in full do not lead to full retribution. In addition, not all offenders are arrested and punished.

As previously discussed, most scholars assert that the purpose of fines is reformation, deterrence, or retribution. These purposes are premised on the offenders paying in full. In other words, the discussion concerning the

14) 1915 No. 18. This act comprises a single section.

15) Detail: See, Chapter 7 in this book (in Japanese).

purpose of fines is focused on the purpose of the payment. However, it is to be expected that not all offenders can pay in full, which renders the reasons behind the issuing of fines obsolete.

Therefore, I believe that the discussion regarding the purpose of fines should not focus on payment, but on sentencing. In sentencing, courts express the amount of the gravity of the offense and the liability of the offender. In other words, the amount of the fine reflects the gravity of the offense and the liability of the offender. Expressing this gravity and liability through the amount of money is much clearer than a punishment of a length of time, for example, years, months, or days. Therefore, I believe that the Japanese Penal Code should regulate the fine as a punishment for the purpose of expressing the harm caused against the community and the state. When the fine expresses the amount of the harm caused by the offense, the offender acknowledges the results of his criminal act. In addition, other people, including crime victims, believe that the state has acknowledged the harm.

5. The Sentencing Method of Fines[16)]

Courts in Japan inflict fines as a lump sum. Most scholars have argued that the Japanese Penal Code should adopt the day-fines system as the sentencing method.

In this system, courts take into consideration "the number of days" and "the amount of the daily fines." The gravity of the crimes decides the number of days, while the amount of daily fines is decided mainly according to the income of the defendant.

Japanese legislators have considered whether Japanese law should adopt the day-fines system. In 1961, Japanese legislators attempted to introduce the day-fines system for the first time. They attempted to adopt this system in the Preparatory Draft of Reformed Penal Code (*Kaisei-Keihō-Junbi -Sōan*), but it was ultimately left out (See §49 Preparatory Draft of

16) Detail: See, Chapter 8 in this book (in Japanese).

Reformed Penal Code[17]). From 1964 to 1974, some legislators attempted to introduce this system in the Draft of Reformed Penal Code (*Kaisei -Keihō-Sōan*) again; however it was ultimately left out again. The public prosecutors opposed adoption of this system on the grounds that it would create the difficult task of proving the defendant's income. In 1990, the legislators considered whether the day-fines system should be adopted again. Once again, the public prosecutors opposed to adopt this system on the same grounds. As a result, Japanese law has never introduced the day-fines system.

It is often argued that in this system the amount of daily fines is difficult for courts to assess. In addition, two problems must be pointed out. First, it is more difficult for people to understand the gravity of the crime by deciding the number of days than by expressing punishment in terms of a total amount of money. Second, it is difficult for courts to assess the defendant's property in determining the amount of daily fines. Therefore, I do not believe that Japanese law should adopt the day-fines system. However, this does not mean that imposing lump sum fines is the best system for Japan. I propose a third system. In this system, courts would only take into account the gravity of the offense, just as one would do using the sentencing method of the day-fines system, and then decide the fine in a total amount, as is done in the US under the federal restitution orders[18]. As mentioned above, the amount of the fine expresses the

17) Repealed.

18) 18 U. S. C. §§3663, 3663A, 3664. In America, the federal Victim and Witness Protect Act (VWPA; P. L. 97-291, *96 Stat.* 1248) in 1982 made the restitution order a criminal sanction with the purpose of reparation to the crime victims. However, many poor offenders could not pay restitution to crime victims. In 1996, another federal act, the Mandatory Victim Restitution Act (MVRA; P. L. 104-132, *110 Stat.* 1227), regulated mandatory full restitution for many types of crimes. MVRA requires full restitution, but in fact poor offenders pay very little restitution according to the court-ordered payment plans. MVRA changed the purposes of restitution orders to include not only reparation, but also reformation. When the court imposes a restitution order on the defendant, the defendant acknowledges the

amount of harm against the community and the state. Those who have sufficient money to pay the amount of the fine must pay in full. If the offender claims that he is unable to pay in full, the court will decide on a payment or installment plan similar to the method of the restitution orders in US federal law. For example, the court sentences an offender to pay a fine of 1,000,000 yen and the offender has 400,000 yen and earns net 30,000 yen per month. He must pay 400,000 yen at once, and the court will establish a payment or installment plan in which, for example, he must pay 30,000 yen every month for 20 months.

6. The Amendment to the Amount of Fines in the Case of Inflation and Deflation[19)]

If prices have inflated or deflated after an offender was sentenced to a fine, it is only fair that the amount to be paid should be amended by the courts or authorities. For example, a 1,000,000-yen fine handed out during sentencing must be transformed into a 1,030,000-yen fine against 3 percent inflation, and into a 980,000-yen fine against 2 percent deflation. Therefore, I believe that Japanese law should introduce the system that uses, for example, the Consumer Price Index (CPI) to amend the amount of fines according to inflation or deflation.

7. Collecting and Executing Fines[20)]

Japanese law provides that the execution of sentences, including fines, should be directed by a public prosecutor (§472 (1) Criminal Procedure Act). Fines must be executed by order of the public prosecutor (§490 (1) first sentence Criminal Procedure Act). Such an order has the same effect

amount of the harm that he caused and can undertake the process of reformation. See, Chapters 2 and 11 in this book (in Japanese).

19) Detail: See, Chapter 9 in this book (in Japanese).

20) Detail: See, Chapter 6 in this book (in Japanese).

as a title of obligation (§490 (1) second sentence Criminal Procedure Act); therefore, a fine is executed without a new judgment. The execution of fines is implemented in accordance with the Civil Execution Act[21)] and any other acts concerning compulsory enforcement (§490 (2) Criminal Procedure Act). In practice, the public prosecutor's assistant officers usually execute fines.

As mentioned above, most offenders who are required to pay fines are not sentenced in the ordinary procedure, but in the summary proceedings. Courts usually order defendants to pay fines provisionally, particularly in the summary proceedings. As a result, most defendants pay fines on a provisional basis as soon as the court imposes a sentence to pay fines; thus, fines are seldom executed in civil execution or compulsory enforcement.

Under the Japanese Penal Code, when an offender does not pay an imposed fine, authorities have only one option. The Penal Code stipulates that a delinquent offender is sent to a work house (*Rōekijō*) located in prison in lieu of payment of the fine (§18 Penal Code). However, authorities cannot send juveniles to a work house (§54 Juvenile Act[22)]).

In some countries, courts determine the term of detention in lieu of payment of the fine when an offender becomes delinquent. On the contrary, Japanese courts must rule on the term of detention in a work house in the case of default of the full payment in advance (§18 (4) Penal Code). In practice, courts determine the amount of conversion per day, usually 5,000 yen per day. In principle, Japanese law provides that the term of the detention in a work house shall be between one day and two years. (§18 (1) Penal Code). When fines are imposed cumulatively, the term of detention must not exceed three years (§18 (3) first sentence Penal Code). The Japanese Supreme Court held that sending an offender to a work house is not imprisonment with labor, but is considered to be "a

21) 1979 No. 4.
22) 1948 No. 168.

special executing method for fines[23]". However, Japanese law states that authorities treat a person sent to a work house and a person serving an imprisonment with labor term similarly (§288 Act Concerning Penal Detention Facilities and Treatment of Inmates etc.).

It must be noted that the number of people sent to work houses has increased over the last two decades. I believe that there are two reasons for this increase. One reason can be attributed to the deep recession in Japan, while the other is due to the higher fines imposed on drunk-driving offenders. However, most offenders sent to work houses are frequently released after they have been confined for a few days because the members of their family, particularly parents, pay in full on behalf of the offenders.

Some scholars maintain that sending offenders to work houses is unconstitutional in light of equal protection of the laws (Art. 14 Japanese Constitution). On the contrary, the Supreme Court has held that sending offenders to work houses is, indeed, constitutional[24]. However, even though this has been deemed to be constitutional, it should be still avoided. Since the main purpose of fines is to express the harm caused by the offender, I believe that sending non-paying offenders to work houses must be limited to only two types of offenders: (1) an offender who plans to escape from paying the fine by hiding his assets although he has sufficient money to pay in full; and (2) an offender with few assets who does not work despite his capability to earn income.

In other countries, criminal law usually provides for various methods for collecting and executing fines. However, as mentioned above, in Japan, the authorities have only one option in the Penal Code when an imposed fine is unpaid by an offender. There is not even any provision for installment or deferment of paying fines, although authorities admit installments and deferments do occur in practice (§§16 first sentence, 17 (1) main clause Regulation Concerning the Disposition of Collecting

23) Supreme Court, June 7, 1950, *4 (6) Supreme Court Criminal Reporter (Keishū)* 956.

24) Supreme Court, June 7, 1950.

Business[25]). Above all, installments tend to be used to interrupt the prescription of the fine[26].

I believe that Japanese law should adopt various collecting and executing methods to help non-paying offenders pay fines, similar to the fashion of other countries' law. For example, New Zealand authorities can lock tires of the car owned by a non-paying offender[27]. This method likely ensures that the unpaid offender pays the fine when he has sufficient money to do so.

8. Traffic Infringement Fees[28]

In Japan, traffic infringement fees are imposed on minor traffic offenders (*Kōtsū-Hansokukin*) (§§125-130/2 Road Traffic Act). These fees are not punishments, but administrative dispositions. As mentioned above, the fees were introduced in 1967 to decrease imposing fines. A police officer will give minor offenders of the Road Traffic Act (§§126, 127, 128 (1) Road Traffic Act) a paper requiring payment of a traffic infringement fee within ten days. The paper is blue, so it has been dubbed "the blue ticket."

Minor offenses of the Road Traffic Act are required to pay these fees (§125, Table 2 Road Traffic Act), and include low- or middle-class speeding (§§22, 118 (1) No. 1, (2) Road Traffic Act); using a mobile phone while driving (§§71 No. 5/5, 119 (1) No. 9/3, (2) Road Traffic Act); missing a halt sign (§§43, 119 (1) No. 2, (2) Road Traffic Act); violating one-way traffic (§§8 (1), 119 (1) No. 1/2, (2) Road Traffic Act); going through a red light (§§7, 119 (1) No. 1/2, (2) Road Traffic Act); and parking illegally (§§44, 45, 119/2 (1) No. 1, (2), 119/3 (1) No. 1, (2) Road

25) Ministry of Justice of Criminal Affairs Bureau General Affairs Section Official Directive of 1996 No. 196.

26) The period of prescription for fines is three years (§32 No. 6 Penal Code).

27) s. 94 (3) of Summary Proceedings Act 1957 (1957 No 87) (NZ).

28) Detail: See, Chapter 5 in this book (in Japanese).

Traffic Act); among others. According to the 2010 National Police Agency statistics, 7,577,519 cases were required to pay these fees in 2010. If the offender pays the police the fee within ten days, the police officer cannot refer the case to the public prosecutor (see §128 (2) Road Traffic Act). On the contrary, if the offender refuses to pay the fee, the public prosecutor may charge him with an offense of the Road Traffic Act in the court. The court may not sentence an offender to pay the traffic infringement fee, but to pay a fine instead.

As mentioned above, the relevant authorities were apprehensive when traffic infringement fees were introduced, as they felt that fines could lose their power of deterrence. To my regret, most Japanese people recognize traffic infringement fees as a kind of fine. In addition, the amount of a traffic infringement fee is much lower than that of a fine imposed in the same case. For example, a court may hand out a sentence to pay a fine of 100,000 yen against an illegal parking offender, while a police officer may require a fee of only 25,000 yen. Therefore, over 99 percent of offenders required to pay the fees pay them. Unfortunately, some drivers consider offenses of the Road Traffic Act to be less serious. However, speeding, using a mobile phone while driving, and the other violations listed above can cause serious accidents. The small fee amount leads to misunderstanding regarding the gravity of a particular offense, which is one of the major concerns regarding traffic infringement fees.

Some scholars maintain that traffic infringement fees may be unconstitutional. For example, when the person required to pay the fee wishes to claim his innocence, he must do so in court after the prosecution. If he is found guilty, he must pay a higher amount of the fine than that of the fee. In addition, this person would have a criminal record of the fine. Therefore, this system frequently leads people to reluctantly pay fees, even if they feel they have done nothing wrong. Thus, some scholars have pointed out that traffic infringement fees deprive the person required to pay the fee of the opportunity to claim his innocence, thereby resulting in these kinds of fees being unconstitutional in light of due process and the right of access to the courts (Art. 31, 32 Japanese Constitution).

Because traffic infringement fees are claimed to be both unconstitutional and ineffective, I propose abolishing the fees in Japan. The offenses against the Road Traffic Act, which could cause serious accidents, should be handled in court using fines. In sentencing, an offender can, and should, acknowledge the dangerousness of their driving (see chapter 4).

9. Fines against Corporate Bodies

Traditionally, the Japanese Penal Code has not regulated the liability of a corporate body, but only of a natural person. Some scholars have pointed that a corporate body is not a natural person, and thus, it has no criminal capability and no criminal liability. However, most scholars have argued that a corporate body also has criminal capability and criminal liability because a corporate body plays important role in Japanese society.

Most Japanese Acts provide for penalties against both natural persons and corporate bodies against criminal acts of natural persons who belong to a corporate body. Until 1991, Japanese law had provided that the maximum amount for the fines of any statutory penalties against a corporate body is same as that against a natural person. Even though corporate bodies sometimes include large enterprises, the amount of their fines was low, for example, 500,000 yen.

In 1991, the monetary punishments committee of the legislative council concluded that the maximum amount of fines of any statutory penalties against a corporate body may be different from that against a natural person. The 1992 reform of Securities Exchange Act[29] increased the statutory penalty against a corporate body up to three hundred million yen (former §207 (1) No. 1 Securities Exchange Act). Today, the Financial Instruments and Exchange Act[30], which is the former Securities Exchange Act, provides for a maximum amount of seven hundred million yen (§§197, 207 (1) No. 1 the Financial Instruments and Exchange Act).

29) 1948 No. 25.

30) The name of this act was changed in 2006 (2006 No. 65).

10. Consolidation of Both Fines and Petty Monetary Punishments

Petty monetary punishment was adopted in the former Penal Code of 1880. It had been used against minor offenses, particularly offenses against order and discipline in community, for example, the offense of the Ordinance of Minor Punishment to keep Order and Discipline[31]. Until 1947, petty monetary punishments had not been frequently imposed by courts, but by police officers in the Ordinance of Summary Imposition of Punishments against Minor Offenses[32]. Since 1948, petty monetary punishments have often been imposed against the offenses of the Minor Offence Act[33] and the Road Traffic Act. The petty monetary punishments of 637,098 persons became final and binding in 1957 (See Graph 6). Most

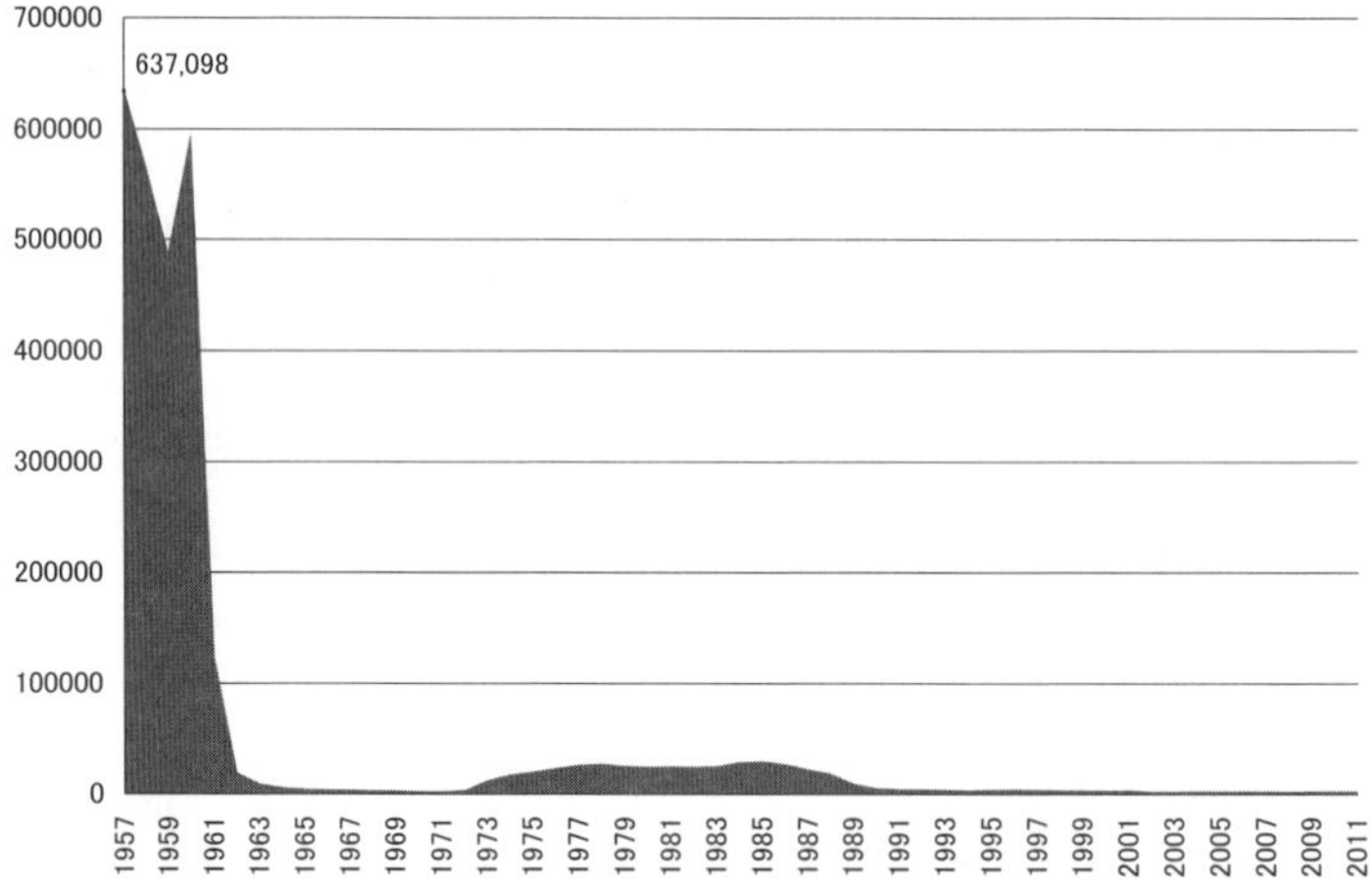

Graph 6: Petty Monetary Punishments in the period 1957–2011
*Including ordinary first instance and summary proceeding
Source: Prosecution Annual Statistics

31) Ordinance of Home Office of 1908 No. 16 (repealed).
32) Ordinance of the former Cabinet of 1886 No. 31 (repealed).
33) 1948 No. 39.

of the offenses were also against the Road Traffic Act. Because the amount of petty monetary punishments has become too low, the number of petty monetary punishments had decreased over the last 50 years to 2,964 in 2011.

Some scholars have argued that petty monetary punishments should be consolidated into fines because there has been a heavy decrease in court-ordered petty monetary punishments. On the other hand, most scholars have pointed out that there are a few differences, including the history, between petty monetary punishments and fines; therefore, both punishments should not be consolidated. For example, courts may not order suspension of execution of the sentence with petty monetary punishments, while they may order it with fines (§25 (1) Penal Code). Imposing a petty monetary punishment does not lead to discretionary revocation of suspension of execution of the sentence, while imposing a fine may lead to it (§26/2 No. 1 Penal Code). Similarly, imposing a petty monetary punishment does not lead to discretionary revocation of the parole, while imposing a fine may lead to it (§29 (1) No. 1 Penal Code). In addition, the prescription period for petty monetary punishments is one year, while that for fines is three years (§32 No. 6, 7 Penal Code). Therefore, it is maintained that Japanese law should not consolidate petty monetary punishments and fines.

However, these differences are not much. Therefore, I believe that Japanese Penal Code should consolidate petty monetary punishments into fines.

11. Conclusion

In Japan, as mentioned above, fines are the most frequently inflicted punishments, and are virtually limited to traffic offenses. Japanese law has not yet adopted the day-fines system as a sentencing method; courts usually decide the monetary amount regardless of the financial situation of a particular defendant. Therefore, fines in Japan are different from that in other countries, and thus, I believe that Japanese fines have been "Galápagosized". Japanese legislators should reform the purpose and the

sentencing method of fines in order to enable courts to utilize fines for wider variety of crimes and offenders.

Chapter 13
Summary

A Study of Monetary Criminal Sanctions: Fines and Restitution Orders

1. Fines in Japanese Criminal Justice (Chapter 1)

The Japanese Penal Code regulates the death penalty *(Shikei)*, imprisonment with labor *(Chōeki)*, imprisonment without labor *(Kinko)*, fines *(Bakkin)*, petty imprisonment without labor *(Kōryu)*, petty monetary punishment *(Karyō; Togaryō)* as principal punishments, and confiscation *(Bosshū)* as an additional punishment.

Fines have been the most frequently inflicted punishments in Japan. The fines of 4,510,896 persons became final and binding in 1965. Most of the offenses were against the Road Traffic Act. Due to the introduction of "traffic infringement fees *(Kōtsū-Hansokukin)*" in the Road Traffic Act in 1967, the number of fines has decreased. The fines of 365,474 people became final and binding in 2011. Nevertheless, fines are the most inflicted punishments in Japan.

Thanks to reform in the Penal Code in 2006, courts may sentence fines for thefts. However, the inflicted fines are still mainly for offenses against the Road Traffic Act and causing deaths or bodily injuries through negligence in driving.

Fines have been getting higher since 2001. For example, courts often sentence fines of 500,000 yen against drunk-driving offenders. When some poor offenders can't pay fines, they are sent to the work house *(Rōekijō)* located in prisons in lieu of payment of fines.

However, all people who receive a fine are not necessarily poor in Japan. Some people have enough money to pay fines. The supposition that "offenders are poor" is not necessarily correct, at least in Japan.

I think that courts can come to impose fines for more types of crimes and offenders if Japan reforms the purpose and the sentencing method of

fines.

Therefore this book mainly focuses on the purpose and sentencing method of fines in addition to restitution orders, costs/fees, confiscations, and traffic infringement fees.

2. Restitution Order as a Criminal Sanction (Chapter 2)

(1) Restitution Order as a Criminal Sanction in U. S. Federal Law

Although restitutions and reparations to the victims are one of the oldest sanctions against the causing of harm, which includes deaths, injuries, and destruction of property, the Japanese Penal Code does not include restitution order as a punishment.

In many countries scholars have argued that restitution to the crime victims should be of higher priority than payment of fines and should become the punishment. However, the purposes in inflicting restitutions and reparations were various: reformation, deterrence, retribution, reparation, etc. The purposes of reformation, deterrence, and retribution are offender-oriented while that of reparation is victim-oriented.

In America the federal Victim and Witness Protect Act (VWPA) in 1982 made the restitution order a criminal sanction with the purpose of reparation to the crime victims. But many poor offenders could not pay restitution to crime victims. In 1996 another federal act, the Mandatory Victim Restitution Act (MVRA) regulated mandatory full restitution for many types of crimes. MVRA requires full restitution, but in fact poor offenders pay little restitution according to the court-ordered payment plans. MVRA changed the purposes of restitution orders to include not only reparation, but also reformation. When the court imposes a restitution order on the defendant, the defendant acknowledges the amount of the harm which he caused and can undertake the process of reformation.

I think that the Japanese Penal Code should regulate the restitution order as a punishment for the purpose of expressing the harm caused by the offenses. When a restitution order expresses the amount of the harm caused by the offenses, the offender acknowledges the impact of his

criminal act. In addition, crime victims and others believe the state has acknowledged their harm.

(2) Compensation Order as a Civil Remedy in Japan

In 2007 a compensation order was introduced in Japan not as a criminal sanction, but as a civil remedy.

The legislators explained that restitution orders as a criminal sanction did not necessarily require full reparation due to offenders' adverse economic conditions. In addition, they pointed out that crime victims were not involved in the procedure for deciding the restitution to them.

However, restitution orders in U. S. federal law require full restitution. In addition, in New Zealand, reparations as a criminal sanction involve crime victims in the process. Therefore I guess that the Japanese legislators did not understand the U. S. federal restitution orders and New Zealand's reparations as a criminal sanction enough.

Compensation orders as a civil remedy and restitution orders as a criminal sanction are not exclusive of each other. Therefore I think that the Japanese Penal Code should adopt restitution orders as criminal sanctions as another option that is helpful of crime victims.

3. The Costs/Fees Payment Orders as a Criminal Sanction (Chapter 3)

The Japanese Criminal Procedure Act provides that the court may order the defendant to pay only the cost of the trial.

On the contrary, in most American jurisdictions, statutes require perpetrators to pay the costs or fees incurred from law enforcements through the criminal justice system, including, for example, investigation costs, probation costs, treatment costs in correctional settings, etc.

Undoubtedly, the reason for collecting costs or fees incurred in the administration of criminal justice is fiscal.

However, it should be pointed out that another purpose of collecting costs or fees is to express the costs or fees caused by the perpetrators' acts.

As I argued in chapter 2, here, too, expressing the amount of the costs or fees makes offenders acknowledge the harm against community caused by his criminal acts, and can encourage the offender to reform himself. In addition, people are satisfied that justice has been served by requiring offenders to pay costs or fees.

Therefore I think that an offender must pay the costs or fees incurred after his prosecution in Japan. I propose that Japanese law should regulate "the costs/fees payment order" as a criminal sanction.

4. The Purpose of Confiscations (Chapter 4)

Most scholars have argued that confiscations have two characteristics. One is removing the dangerous object from the community, as in the case of illegal drugs. Another is depriving the offenders of the profits they made, such as profits made on the sale of illegal drugs. These characteristics are equal purposes of confiscation.

I think that there is one more purpose: removing the object related to the act prohibited by the criminal law. For example, the knife the offender used for self-defense is not dangerous by its nature, but we want to remove it from the community on the grounds that it relates to the criminal case.

5. Traffic Infringement fees (Chapter 5)

In Japan, traffic infringement fees are imposed on minor traffic offenders. These fees are not punishments but administrative dispositions.

A minor offender of the Road Traffic Act can be required to pay the traffic infringement fee by a police officer. If the offender refuses to pay the fees, the prosecutor can charge him with an offense of the Road Traffic Act in the courts.

The amount of the traffic infringement fees is much lower than that of the fines in the same case in Japan, while the amount of the infringement fees is higher than that of the fine in the same case in New Zealand.

Because it is argued that there are both unconstitutional and practical

problems in traffic infringement fees, I propose abolishing these fees in Japan.

6. Collecting and Executing Fines in New Zealand (Chapter 6)

When an imposed fine is unpaid by an offender in Japan, the authorities have only one option. The Japanese Penal Code regulates that a delinquent offender is sent to the work house located in prison in lieu of payment of the fine.

In contrast, New Zealand law prepares various methods for collecting and executing fines.

For example, New Zealand authorities can lock with chains tires of the car owned by a nonpaying offender. This method ensures that the unpaid offender pays the fine when he has enough money to do so.

I think that Japanese law should adopt various collecting and executing methods to help unpaid offenders to pay fines after the fashion of New Zealand law.

7. The Purpose of Fines (Chapter 7)

Fines are not civil compensations to damages against the state, but punishments in nature. Therefore even if a nonpaying offender died, the successor must not be required to pay the fine on behalf of the deceased. In light of the nature of punishment, especially substantive due process, when imposing fines, courts must take into account the defendants' means for the payment of fines, especially their income and property.

The discussion concerning the purpose of fines has focused on the purpose of the payment. In other words, most scholars have claimed that these purposes are reformation, deterrence, or retribution.

These purposes are premised on what the offenders pay in full. However, it is to be expected that not all offenders can pay in full. What the offender does not pay in full cannot then achieve these purposes.

Therefore I think that Japan should impose not in "the number of days" but in the amount of money. The amount of the fine reflects the gravity of the offense. Expressing this gravity through the amount of money is clearer than a punishment of a length of time, for example, years, months, or days. As I offered in chapter 2 and 3, here, too, I think that the Japanese Penal Code should regulate the fine as a punishment for the purpose of expressing the harm against the community and the state. When the fine expresses the amount of the harm caused by offenses, the offender acknowledges the results of his criminal act. In addition, other people including crime victims believe the state has acknowledged the harm.

As a result, the purposes of restitution orders, costs/fees payment orders, confiscations, and fines are to express the harm against crime victims (see chapter 2), to recover the costs/fees incurred in law enforcements (see chapter 3), to remove the dangerousness in the object from the community, to deprive the offenders of the profits he made, and to remove the object used in a way prohibited by the criminal law (see chapter 4), and to express the harm against the community and the state (see chapter 7), respectively.

8. The Sentencing Method of Fines (Chapter 8)

Courts in Japan inflict fines as a total amount of money. Most scholars have argued that the Japanese Penal Code should adopt the day-fines system as the sentencing method.

In the day-fines system, courts sentence to both "the number of days" and "the amount of the daily fines." The gravity of the crimes leads to "the number of days." "The amount of the daily fines" is decided mainly according to the income of the defendant. It is often argued that in this system, "the amount of the daily fines" is difficult for courts to assess. In addition, two problems must be pointed out. In the first place, it is more difficult for people to understand the gravity of the crime by deciding "the number of days" than by expressing punishment in a total amount of money. In the second place, it is difficult for courts to assess the

defendant's property in determining "the amount of daily fines." Therefore I do not think that Japanese law should adopt the day-fines system.

Further, I do not claim that imposing fines as simply a total amount of money is the best system in Japan. I propose a third way:

I propose that the court only takes account of the gravity of the offense after the fashion of the sentencing method of the day-fines system and decides the fine in a total amount of money after the fashion of the U. S. federal restitution orders. The amount of the fine expresses the harm against the community and the state. Those who have enough money to pay the amount of the fine must pay in full. If the offender claims that he can not pay in full, the court decides a payment or installment plan similar to the sentencing method of the restitution orders in U. S. federal law. For example, the court sentences an offender to pay 1,000,000-yen fine, and the offender has 400,000 yen and earns net 30,000 yen per month. He must pay 400,000 yen at once and the court will establish a payment or installment plan in which, for example, he must pay 30,000 yen every month for 20 months.

9. The Amendment to the Amount of Fines in the Case of Inflation and Deflation (Chapter 9)

If prices have inflated or deflated after an offender was sentenced a fine, the amount that should be paid by him should be amended by the courts or authorities in light of justice. For example, a 1,000,000-yen fine when sentencing must be transformed into a 1,030,000-yen fine against three percent inflation, and into a 980,000-yen fine against two percent deflation.

Therefore I think that Japanese law should introduce the system that uses, for example, the Consumer Price Index to amend the amount of fines according to inflation or deflation.

10. Fines against Thefts and the Sanctions against the Nonpaying Offender (Chapter 10)

(1) Fines against Thefts

In Japan, the Penal Code includes only one punishment, that of imprisonment with labor, against thieves, including shoplifters. The legislators assumed that all thieves could not pay fines due to their poorness. Therefore if a prosecutor charged a shoplifter with theft, and a court found him guilty, the court had to sentence the offender to imprisonment with labor with or without suspension of the execution of his sentence. In this case, a court did not have the option of imposing a fine. It was thought that sentencing a shoplifter to imprisonment with labor, even with suspension of the execution of sentence, was too severe, so the shoplifter was usually not prosecuted.

In 2006, thanks to reform of the Penal Code, courts became able to impose fines on thieves. The legislators prepared fines against those who had been arrested two or three times against thefts, especially shoplifters, and had never prosecuted against them.

I think that this reform was appropriate because courts obtained another sentencing option for shoplifters. In addition, this reform also furthered the fines' purpose of expressing the harms.

(2) The Sanctions against the Nonpaying Offender

Because I think that the main purpose of fines is to express the harm caused by the offender, I propose that confinements or sending nonpaying offenders to the work houses must be limited to only two types of offender.

One is the offender who plans to escape from paying the fine by hiding his assets although he has enough money to pay in full. Another is the offender with few assets who does not work despite his capability to earn income.

11. The Clean Slate for Criminal Records Concerning Fines (Chapter 11)

Because almost all fines in Japan are restricted to traffic offenses, people are quite indifferent to whether a perpetrator has been fined in the past.

On the contrary, fines in New Zealand are not limited to traffic cases, but appear in the sentencing of many types of crimes including thefts, embezzlements, bodily injuries, sexual assaults, etc., so it is more noteworthy when someone has a record of imposing fines in the past. When getting a job, contracting to carry insurance, or renting an apartment, people are usually asked whether they have a record of imposing fines or not. Those who have such criminal records are put at a disadvantage in their daily lives.

In light of balancing the crime and the punishment, New Zealand introduced the clean slate system in 2004. This system focuses mainly on the offenders sentenced to fines. In principal, the offender acquires a clean slate if he has had no criminal record for seven years after the court-imposed fine.

I think that Japanese law should follow New Zealand's lead and adopt the clean slate system concerning the sentencing of fines.

12. Fines in the Japanese Criminal Justice System (Chapter 12)

In Japan, fines are the most frequently inflicted punishments, and are virtually limited to traffic offenses. Japanese law has not yet adopted the day-fines system as a sentencing method; courts usually decide the monetary amount regardless of the financial situation of a particular defendant. Therefore, fines in Japan are different from that in other countries, and thus, I believe that Japanese fines have been "Galápagosized". Japanese legislators should reform the purpose and the sentencing method of fines in order to enable courts to utilize fines for wider variety of crimes and offenders.